제1회 펀드투자권유자문인력 실제유형 모의고사

www.sdedu.co.kr

문항 및 시험시간

평가영역	문항 수	시험시간	비 고
펀드투자권유자문인력	100문항	120분	

펀드투자권유자문인력

제1회 실제유형 모의고사

문 항 수 : 100문항
응시시간 : 120분

펀드일반 법규(13문항)

★★
01 자본시장법상 집합투자증권의 발행에 대한 설명으로 적절하지 않은 것은?

① 투자신탁의 수익증권은 신탁업자의 확인을 받아 집합투자업자가 발행한다.
② 투자신탁의 수익증권은 예탁결제원을 명의인으로 하여 일괄예탁방법으로 발행한다.
③ 투자회사의 주권은 해당 투자회사가 발행하며, 신주발행에 관한 사항은 해당 투자회사의 주주총회에서 결정한다.
④ 투자회사는 보통주만 발행할 수 있다.

★★
02 자본시장법에서 정하고 있는 수익자총회 결의사항에 해당하는 것을 모두 묶은 것은?

가. 주된 투자대상자산의 변경
나. 신탁업자의 변경
다. 환매기간의 단축
라. 집합투자업자의 변경

① 가, 나, 다
② 나, 다, 라
③ 가, 나, 라
④ 가, 나, 다, 라

★★
03 투자회사에 대한 설명으로 적절하지 않은 것은?

① 투자회사도 일반 주식회사와 마찬가지로 이사, 이사회, 주주총회가 있다.
② 투자회사는 법인이사 2인과 감독이사 1인을 선임해야 하는데, 법인이사는 집합투자업자가 되며 감독이사는 독립적인 감독기능 수행을 위해 집합투자업자와 일정한 관계에 있는 자는 감독이사에 선임될 수 없도록 한다.
③ 투자회사의 이사회 소집은 각 이사가 하며, 과반수 출석과 출석이사 과반수의 찬성으로 의결한다.
④ 투자회사는 내부감사가 없는 대신 외부감사가 의무화되어 있다.

★★
04 집합투자기구의 등록에 대한 설명으로 적절하지 않은 것은?

① 투자신탁 외 형태의 펀드(회사형펀드, 투자합자조합, 투자익명조합)는 등록신청 당시 자본금 또는 출자금이 10억원 이상이어야 한다.
② 집합투자업자 또는 투자회사 등은 금융위에 등록한 집합투자기구 관련 사항이 변경된 경우에는 2주 이내에 그 내용을 금융위에 변경등록해야 한다.
③ 공모펀드의 경우 집합투자기구 등록신청서와 증권신고서를 동시에 제출하는 경우에는, 증권신고서 절차로 일원화하여 증권신고서가 수리된 때에 등록된 것으로 의제한다.
④ 사모펀드의 경우 사모펀드를 설정・설립한 날로부터 2주 이내에 사후보고를 해야 한다.

★★★
05 금융소비자보호법상 전문금융소비자에 대한 설명으로 적절하지 않은 것은?

① 투자성 상품 중 장외상품 거래의 경우 주권상장법인은 일반금융소비자로 대우받다가 자신이 전문금융소비자로 대우를 받겠다는 의사를 서면으로 표시하는 경우 전문금융소비자에 포함된다.
② 대출성 상품의 경우 상시근로자 10인 이상의 법인・조합・단체, 겸영여신업자 그리고 특정목적을 위해 설립된 법인(PFV 등 SPC)은 전문금융소비자에 포함된다.
③ 판매대리・중개업자는 예금성 상품을 제외한 투자성 상품, 보장성 상품, 대출성 상품에서 전문금융소비자로 포함된다.
④ 대부업자의 경우에는 예금성 상품을 제외한 투자성 상품, 보장성 상품, 대출성 상품에서 전문금융소비자로 포함된다.

★★
06 판매보수 및 판매수수료에 대한 설명으로 적절하지 않은 것은?

① 판매보수와 판매수수료는 그 징구 근거가 다르기 때문에 두 가지를 모두 받을 수도 있고 판매보수만을 받거나 판매수수료만을 받을 수도 있다.
② 투자매매업자 또는 투자중개업자는 집합투자증권의 판매와 관련하여 판매수수료와 판매보수를 받는 경우 집합투자기구의 운용실적과 연동하여 판매수수료 또는 판매보수를 받을 수 없다.
③ 판매보수는 집합투자증권을 판매한 투자매매업자 또는 투자중개업자가 투자자에게 지속적으로 제공하는 용역의 대가로 집합투자기구로부터 받는 금전을 말한다.
④ 판매보수의 경우, 투자자의 투자기간에 따라 판매보수율이 증가하는 경우로서 2년이 넘는 시점에 적용되는 판매보수율이 100분의 1 미만인 경우 그 시점까지는 100분의 1에서부터 1,000분의 15까지의 범위에서 정할 수 있다.

★★

07 **집합투자업자가 투자신탁재산의 효율적 운용을 위하여 자신의 명의로 직접 투자대상자산을 취득·처분할 수 있는 것을 모두 고르면 몇 개인가?**

> 가. 전자단기사채의 매매
> 나. 헤지목적 장외파생상품의 매매
> 다. 양도성예금증서(CD)
> 라. 비상장주식의 매매
> 마. 환매조건부의 매매

① 1개
② 2개
③ 3개
④ 4개

★★

08 **다음 빈칸에 들어갈 내용으로 옳게 연결된 것은?**

> • 집합투자업자는 원칙적으로 집합투자기구의 계산으로 금전을 차입할 수 없지만 일시적 자금부족에 대응하는 차원의 차입은 예외적으로 허용된다. 단, 이 경우에도 차입금총액은 차입 당시 (　　　)를 초과할 수 없다.
> • 집합투자업자는 집합투자재산을 운용함에 있어 이해관계인과 거래를 할 수 없으나, 이해관계인이 되기 (　　　) 이전에 체결한 계약에 따른 거래 등의 경우는 이해관계인과의 거래가 허용된다.

① 펀드순자산총액의 10%, 3개월
② 펀드순자산총액의 10%, 6개월
③ 펀드자산총액의 10%, 3개월
④ 펀드자산총액의 10%, 6개월

★★

09 **자산운용보고서에 대한 설명으로 틀린 것을 모두 묶은 것은?**

> 가. 집합투자업자는 자산운용보고서를 작성하여 해당 집합투자재산을 보관·관리하는 신탁업자의 확인을 받아 3개월에 1회 이상 투자자에게 교부해야 한다.
> 나. 자산운용보고서를 투자자에게 교부하는 시점은 기준일로부터 2개월 이내이며, 교부하는 방법은 해당 펀드의 투자자에게 직접 또는 전자우편의 방법으로 한다.
> 다. 투자자가 소유하고 있는 집합투자증권의 평가금액이 10만원 이하인 경우는 자동으로 자산운용보고서 교부대상에서 제외된다.
> 라. 자산운용보고서의 작성·교부비용은 집합투자기구에서 부담한다.

① 가, 나
② 다, 라
③ 가, 다
④ 나, 다, 라

★★
10 자본시장법상 집합투자기구의 종류가 아닌 것은?

① 증권집합투자기구
② 혼합자산집합투자기구
③ 재간접집합투자기구
④ 단기금융집합투자기구

★★
11 집합투자재산 평가 및 기준가격 변경에 대한 설명으로 적절하지 않은 것은?

① 집합투자재산은 원칙적으로 시가로 평가하고, 평가일 현재 신뢰할 만한 시가가 없는 경우에는 공정가액으로 평가해야 한다.
② 단기금융집합투자기구(MMF)는 그 집합투자증권이 현금등가물로 처리되기 때문에 그 보유자산을 장부가로 평가하고, 장부가로 평가한 기준가격과 시가・공정가액으로 평가한 기준가격의 차이를 수시로 확인해야 하며, 그 차이가 1,000분의 5를 초과하거나 초과할 염려가 있는 경우 집합투자규약에서 정하는 바에 따라 필요한 조치를 취해야 한다.
③ 집합투자업자 또는 투자회사 등은 기준가격을 매일 공고・게시해야 하는 바, 외화자산 또는 재간접펀드에 투자하는 경우 등 기준가격을 매일 공고・게시하는 것이 곤란할 경우 집합투자규약에서 정한 공고・게시주기를 15일의 범위 내에서 별도로 정할 수 있다.
④ 투자신탁의 집합투자업자나 투자회사 등이 기준가격을 변경하는 때에는 사전에 신탁업자의 확인을 받은 후 그 변경 내용을 금융위에 보고해야 한다.

★★
12 자산보관・관리보고서에 대한 설명으로 적절하지 않은 것은?

① 집합투자재산을 보관・관리하는 신탁업자는 사유발생일로부터 3개월 이내에 자산보관・관리보고서를 작성하여 투자자에게 제공해야 한다.
② 자산보관・관리보고서를 작성하는 사유는 회계기간의 종료, 존속기간의 종료 등이다.
③ 투자자가 수령 거부의사를 서면으로 표시한 경우, 10만원 이하 투자자의 경우로서 집합투자규약에 미교부를 정하고 있는 등의 경우에는 자산보관・관리보고서를 제공하지 않아도 된다.
④ 자산보관・관리보고서를 작성 및 교부하는 데 드는 비용은 신탁업자가 부담한다.

★★
13 외국 집합투자증권의 특례에 대한 설명으로 적절하지 않은 것은?

① 국내의 판매회사를 통하여 판매하여야 한다.
② 금융투자협회가 제정한 표준약관에 따라야 한다.
③ 적격 연락책임자(집합투자업자, 판매회사, 법무법인, 회계법인)를 국내에 두어야 한다.
④ OECD 가맹국(속령 포함), 홍콩이나 싱가포르의 법률에 따라 발행된 것도 판매할 수 있다.

직무윤리 및 투자자분쟁예방(15문항)

★★
14 금융투자산업의 직무윤리가 다른 분야에 비해 더 강조되는 이유에 대한 설명으로 적절하지 않은 것은?

① 금융투자업은 고객의 자산을 위탁받아 운영, 관리하는 것을 주요 업무로 하기 때문이다.
② 금융투자상품에 투자성이 있기 때문이다.
③ 합리적 인간상을 전제로 금융소비자를 대하기 때문이다.
④ 금융투자업종사자를 보호하는 안전장치로서의 역할이 타 산업보다 강하기 때문이다.

★★
15 금융투자회사의 표준윤리준칙 제4조의 '신의성실원칙'에 대한 설명으로 적절하지 않은 것은?

① 권리의 행사와 의무를 이행함에 있어서 행위준칙이 된다.
② 법률관계를 해석함에 있어서 해석상의 지침이 된다.
③ 법규의 형식적 적용에 의해 야기되는 불합리와 오류를 시정하는 역할을 한다.
④ 신의칙 위반이 법원에서 다투어지는 경우, 이는 강행법규 위반은 아니므로 당사자의 주장이 있어야만 법원이 신의칙 위반 여부를 판단할 수 있다.

★★
16 과당매매가 있을 경우 이해상충이 발생한다. 그렇다면 '과당매매'로 판단할 수 있는 기준이라고 볼 수 없는 것은?

① 일반투자자가 부담하는 수수료 총액
② 일반투자자의 재산상태 및 투자목적에 적합한지의 여부
③ 일반투자자의 투자지식이나 경험에 비추어 당해거래에 수반된 위험을 잘 이해하고 있는지의 여부
④ 매매회전율이 높았을 때의 수익달성 여부

★★
17 이해상충이 발생할 가능성이 큰 경우로서 아래의 행위는 자본시장법상 정보교류차단의무에 의해 금지된다. 그렇다면 아래의 사항 중 그 금지대상이 아닌 것은?

① 차단대상의 금융투자상품 매매에 대한 정보를 제공하는 행위
② 차단대상의 계열사에 직원을 파견하여 근무하는 행위
③ 차단대상 부서 간에 사무공간 출입문을 공동으로 이용하는 행위
④ 차단대상 부서 간에 공동으로 수행하는 광고 및 마케팅 행위

★★
18 금융소비자보호법상의 투자권유준칙을 이행하는 순서를 나열한 것이다. 그 순서가 옳은 것은?

> ㉠ 해당 고객이 투자권유를 원하는지 아니면 원하지 않는지를 확인한다.
> ㉡ 해당 고객이 일반투자자인지 전문투자자인지를 확인한다.
> ㉢ 일반투자자인 경우 면담, 질문 등을 통하여 투자목적, 투자경험, 재산상황 등을 파악하고 파악한 정보는 서명, 기명날인, 녹취 그 밖의 방법으로 확인을 받고, 확인받은 내용을 금융소비자에게 지체없이 제공한다.
> ㉣ 파악한 투자자정보로부터 투자자유형을 분류하고, 해당 투자자유형에 맞는 금융투자상품을 권유한다.
> ㉤ 투자자유형에 맞게 선택한 금융투자상품에 대해 그 중요한 사항을 설명하고, 설명한 내용을 일반투자자가 이해하였음을 서명, 기명날인, 녹취 그 밖의 방법으로 확인을 받아야 한다.

① ㉠ → ㉡ → ㉢ → ㉣ → ㉤
② ㉡ → ㉠ → ㉢ → ㉣ → ㉤
③ ㉠ → ㉡ → ㉣ → ㉢ → ㉤
④ ㉡ → ㉠ → ㉣ → ㉢ → ㉤

★★
19 금융소비자보호법 제21조에 해당하는 '부당권유의 금지대상'을 모두 묶은 것은?

> 가. 거짓 내용을 알리거나, 불확실한 사항에 대해 단정적 판단을 제공하거나 확실하다고 오인할 소지가 있는 내용을 알리는 행위
> 나. 전문투자자로부터 투자권유의 요청을 받지 아니하고 방문・전화 등 실시간 대화의 방법을 이용해서 장내파생상품을 사전안내하는 행위
> 다. 투자권유를 받은 투자자가 이를 거부하는 의사를 표시한 후 1개월이 지나서 다시 투자권유를 하는 행위
> 라. 투자권유를 받은 투자자가 이를 거부하는 의사를 표시한 후 다른 종류의 금융투자상품에 대해 투자권유를 하는 행위

① 가
② 가, 나
③ 가, 나, 다
④ 가, 나, 다, 라

★★
20 재산상이익의 제공 및 수령에 관한 규정(금품수수에 관한 규정)에 대한 설명으로 적절하지 않은 것은?

① 재산상이익의 제공한도는 협회가 정하며, 수령한도는 금융투자회사가 자율적으로 정해서 내부통제기준에 반영 및 준수하도록 하고 있다.
② 사용범위가 공연이나 운동경기관람, 도서・음반의 구입 등 문화활동에 한정된 상품권은 제공 및 수령이 가능하다.
③ 거래상대방만 참석한 여가 및 오락활동에 수반되는 비용을 제공한 경우는 부당한 금품수수의 대상으로서 금지된다.
④ 특정상대방으로부터 10억원을 초과하여 재산상이익을 제공하였거나 수령한 경우에는 해당 시점에서 즉시 공시해야 한다.

★★
21 **금융투자회사의 표준윤리준칙 제16조 대외활동에 대한 설명으로 적절하지 않은 것은?**

① 임직원이 외부강연이나 기고 등의 대외활동을 할 때 회사의 의견이 아닌 사견은 밝힐 수 없다.
② 회사가 승인하지 않은 중요정보나 홍보물 등을 배포하거나 사용하는 행위는 금지된다.
③ 임직원과 고객 간의 이메일은 사용장소에 관계없이 표준내부통제기준 및 관계법령의 적용을 받는다.
④ 임직원의 사외대화방 참여는 공중포럼으로 간주되어 언론기관과 접촉할 때와 동일한 윤리기준을 준수해야 한다.

★★
22 **표준내부통제기준상 준법감시인에 대한 설명으로 적절한 것은?**

① 준법감시인은 감사위원회의 지휘를 받아 금융투자회사 전반의 내부통제업무를 수행한다.
② 준법감시인을 임면하려는 경우에는 주주총회 결의를 거쳐야 한다.
③ 준법감시인의 업무독립성상 겸임금지의무가 있지만, 내부통제위원회를 설치하지 않아도 되는 회사의 경우 위험관리 업무에 대해서는 겸임이 가능하다.
④ 준법감시인은 자신의 준법감시업무를 절대 위임할 수 없다.

★★
23 **내부통제기준에 대한 설명으로 적절하지 않은 것은?**

① 금융투자회사는 금융회사지배구조법상의 의무로서 내부통제기준의 기준과 절차를 정해야 한다.
② 금융투자회사가 내부통제기준을 제정할 때는 이사회 결의를 거치며, 이를 변경할 경우는 주주총회의 보통결의를 거쳐야 한다.
③ 내부통제위원회는 대표이사를 위원장으로 하며 반기별 1회 이상 회의를 개최해야 한다.
④ 최근 사업연도말 현재 자산총액이 5조원 미만인 금융투자회사는 내부통제위원회를 설치하지 않아도 되지만, 해당 금융투자회사가 운용하는 집합투자재산이나 투자일임재산 및 신탁재산의 전체 합계액이 20조원을 상회할 경우는 설치면제 대상에서 제외된다.

★★
24 **금융감독기구의 행정제재에 대한 설명으로 적절하지 않은 것은?**

① 금융투자업자를 대상으로 금융투자업의 인가나 등록을 취소할 수 있다.
② 금융투자업자를 대상으로 6개월 이내의 기간 동안 업무의 전부 또는 일부의 정지의 제재를 부과할 수 있다.
③ 투자자보호와 건전한 거래질서를 위해 필요할 경우, 금융투자업자의 고유재산운용에 관한 사항에 대해 금융투자회사에 필요한 조치를 명할 수 있다.
④ 금융투자업자의 임원을 대상으로 해임요구 등을 할 수 있지만, 직원을 대상으로는 면직요구 등을 할 수 없다.

★★
25 개인정보보호법상 보호대상에 있는 개인정보를 모두 묶은 것은?

> 가. 살아있는 개인의 주민등록번호, 여권번호
> 나. 살아있는 개인의 신용카드번호
> 다. 살아있는 개인으로서 영상을 통해서 개인을 알아볼 수 있는 정보
> 라. 사망자의 금융거래내역

① 가
② 가, 나
③ 가, 나, 다
④ 가, 나, 다, 라

★★★
26 금융투자협회 분쟁조정위원회의 분쟁조정절차에 대한 설명이다. 빈칸을 옳게 연결한 것은?

> • 당사자 간에 합의가 성립하지 않은 경우 협회는 조정신청서 접수일로부터 30일 이내에 위원회에 사건을 회부하며, 위원회는 회부된 날로부터 30일 이내에 심의하여 조정 또는 각하 결정을 함을 원칙으로 하나, 부득이한 경우는 ( ) 이내에서 기한을 연장할 수 있다.
> • 조정의 결과에 중대한 영향을 미치는 새로운 사실이 나타난 경우, 분쟁조정신청 당사자는 조정결정의 통지를 받은 날로부터 ( ) 이내에 재조정신청을 할 수 있다.

① 15일, 20일
② 15일, 30일
③ 20일, 20일
④ 20일, 30일

★★
27 의심거래보고제도(STR ; Suspicious Transaction Report)에 대한 설명으로 적절하지 않은 것은?

① STR의 보고기준은 '금융거래와 관련하여 수수한 재산이 불법재산이라고 의심되는 합당한 근거가 있는 경우' 등인데 2013년 이후로 금액기준은 보고기준과 무관하다.
② 고액현금거래보고제도(CTR)를 보완하는 기능을 한다.
③ 금융기관 임직원이 의심거래를 허위로 보고하거나 보고된 내용을 누설하는 경우 1년 이하의 징역 또는 500만원 이하의 벌금을 부과받게 된다.
④ 금융기관이 의심거래를 보고하지 않거나 감독기관의 명령・지시・검사를 거부하는 경우 건당 1천만원 이하의 과태료 또는 기관의 영업정지가 가능하다.

★★
28 금융거래에 있어서 고객에 대해 '금융거래목적과 자금거래원천'을 확인해야 하는 경우를 모두 묶은 것은?

> 가. 신규로 계좌를 개설하는 경우
> 나. 일회성 거래가 1,000만원 이상인 경우
> 다. 자금세탁의 우려가 있는 경우
> 라. 위험기반접근법(Risk Based Approach)에 따라 고위험고객・거래로 분류된 경우

① 가, 나
② 다, 라
③ 나, 다, 라
④ 가, 나, 다, 라

펀드 구성・이해(16문항)

★★
29 증권신고서에 대한 설명으로 적절하지 않은 것은?

① 국채, 지방채, 특수채, 국가 또는 지자체에서 원리금의 지급을 보증한 채무증권 등 안정성이 높은 증권에 대해서는 증권신고서 제출의무가 면제된다.
② 증권의 모집 또는 매출의 총액이 10억원 이상일 경우 그 발행인이 증권신고서를 금융위에 제출하여 수리되지 않으면 모집 또는 매출을 할 수 없다.
③ 집합투자기구의 집합투자증권은 증권신고서의 신고대상에서 제외된다.
④ 사모투자신탁이나 모투자신탁의 경우 증권신고서의 제출대상이 되지 않는다.

★★
30 증권신고서의 효력발생일과 관련하여, 빈칸을 옳게 연결한 것은?

> • 증권시장에 상장된 환매금지형집합투자기구 : 수리된 날로부터 (　　　　) 후
> • 일반적인 환매금지형집합투자기구 : 수리된 날로부터 (　　　　) 후

① 7일, 10일
② 10일, 7일
③ 7일, 15일
④ 10일, 15일

★★★
31 정정신고서의 제출이 필수인 사항으로 모두 묶은 것은? (일괄신고서 제출이 아닌 경우)

> 가. 집합투자기구 등록사항의 정정
> 나. 집합투자기구 간의 합병계약이 체결된 때
> 다. 집합투자재산 등에 중대한 영향을 미치는 소송이 제기된 때

① 가, 나
② 나, 다
③ 가, 다
④ 가, 나, 다

★★
32 집합투자업자의 투자설명서에 대한 설명으로 적절하지 않은 것은?

① 발행인은 증권신고서의 효력이 발생하는 날에 금융위에 투자설명서 및 간이투자설명서를 제출하고, 발행인의 본점・금융위・한국거래소와 청약사무를 취급하는 장소 등에 비치해야 한다.
② 투자설명서는 증권신고서에 기재된 내용과 다른 내용을 표시하거나 그 기재사항을 누락하면 안 되며, 이를 위반할 경우 손해배상책임을 질 수 있다.
③ 집합투자업자는 연 1회 이상 다시 고친 투자설명서를 금융위에 추가로 제출하여야 하며, 금융위에 변경등록을 한 경우 변경등록의 통지를 받은 날로부터 5일 이내에 그 내용을 반영한 투자설명서를 금융위에 추가로 제출하여야 한다.
④ 증권신고서가 수리된 후 효력이 발생하기 전에 간이투자설명서를 사용하는 경우, 해당 설명서에 '해당 설명서가 신고서의 효력발생 전에 교부하는 것이라는 사실'을 명시해야 한다.

★★
33 투자신탁의 수익자총회에 대한 설명으로 적절하지 않은 것은?

① 수익자총회는 집합투자업자가 소집하며 자본시장법에서 정한 사항에 대해서만 결의할 수 있다.
② 해당 집합투자기구의 집합투자증권을 5% 이상 소유한 투자자의 요구나 신탁업자의 요구에 의하여 집합투자업자가 총회를 소집할 수 있다.
③ 수익자총회의 결의는 출석한 수익자 의결권의 과반수와 발행된 수익증권 총좌수의 1/4 이상의 찬성으로 결의한다.
④ 수익자는 수익자총회의 출석하지 아니하고 서면에 의해 의결권을 행사할 수 있다.

★★
34 투자신탁의 해지에 있어서, 사유발생 시 지체 없이 해지하고 금융위에 보고해야 하는 사안이 아닌 것은?

① 수익자전원이 해지에 동의하는 경우
② 신탁계약에서 정한 신탁계약기간의 종료
③ 수익자총회에서의 투자신탁해지 결의
④ 투자신탁의 피흡수합병

★★
35 **자본시장법상 집합투자기구로서 투자신탁의 법률상 지위 등에 대한 설명으로 적절하지 않은 것은?**

① 투자신탁은 계약관계이므로 집합투자기구가 법률행위의 주체가 될 수 없다.
② 투자신탁 집합투자재산의 소유자는 집합투자업자이다.
③ 집합투자업자가 대부분의 사항에 대해 의사결정을 하지만, 신탁계약의 중요사항에 대해서는 수익자총회에서 결정한다.
④ MMF를 포함한 대부분의 펀드가 투자신탁으로 설정한다.

★★
36 **단기금융집합투자기구(MMF)의 투자대상이 되는 단기금융상품에 해당하지 않는 것은?**

① 잔존만기가 6개월 이내인 양도성예금증서
② 잔존만기가 1년 이상 5년 이내인 국채증권
③ 잔존만기가 1년 이내인 지방채증권, 특수채증권
④ 잔존만기가 6개월 이내인 환매조건부매수채권

★★
37 **종류형집합투자기구에 대한 설명으로 적절하지 않은 것은?**

① 여러 클래스에 투자된 자산을 합쳐서 운용하므로 규모의 경제를 달성할 수 있다.
② 판매보수나 운용보수, 수탁보수 등을 달리하여 판매할 수 있다.
③ 이미 만들어진 비종류형집합투자기구도 종류형집합투자기구로 전환할 수 있다.
④ 종류(클래스)의 수에는 제한이 없다.

★★
38 **ETF의 상장폐지와 관련하여, 빈칸을 옳게 연결한 것은?**

> ETF의 상장과 상장폐지는 한국거래소의 증권상장규정에서 정하는 바에 따르며, 상장이 폐지되는 경우에는 상장폐지일로부터 (　　　) 이내에 펀드를 해지해야 하며, 해지일로부터 (　　　) 이내에 금융위원회에 보고해야 한다.

① 10일, 7일
② 10일, 10일
③ 10일, 2주
④ 30일, 2주

★★
39 **펀드의 환매청구의 가능 여부에 따른 분류로 옳은 것은?**

① 개방형펀드, 폐쇄형펀드
② 추가형펀드, 단위형펀드
③ 모집식펀드, 매출식펀드
④ 상장형펀드, 비상장형펀드

★★
40 **인덱스펀드(Index Fund)에 대한 설명으로 적절하지 않은 것은?**

① 인덱스펀드는 액티브펀드와 달리 인덱스수익률을 운용의 목표로 하며, 인덱스수익률을 정확히 추정하기 위해서 완전복제법(Fully Replication)으로 인덱스를 구성하는 것이 일반적이다.
② 인덱스펀드는 운용보수가 액티브펀드보다 낮고 매매비용도 낮아서 장기투자 시 액티브펀드 대비 우월한 수익을 실현할 수 있는 중요한 원인이 될 수 있다.
③ 인덱스펀드는 추종대상 지수의 가격움직임이 곧 인덱스펀드의 수익률이 되므로 투자자가 보유펀드의 수익률 예상을 명쾌하게 할 수 있다.
④ 액티브운용을 아무리 잘한다 하더라도 장기간 동안 인덱스수익률을 초과한다는 것은 매우 어렵기 때문에, 장기투자자의 경우 인덱스수익률을 취득하는 것만으로도 충분히 목적을 달성할 수 있다.

★
41 **파생결합증권에 투자하는 파생상품펀드 중에서, 우리나라에서 가장 대표적인 형태는 무엇인가?**

① 주가연계파생상품펀드
② 금리연계파생상품펀드
③ 환율연계파생상품펀드
④ 상품연계파생상품펀드

★★
42 **자본시장법상 특별자산펀드에 대한 설명으로 적절하지 않은 것은?**

① 특별자산펀드란 펀드재산의 50%를 초과하여 특별자산에 투자하는 펀드이다.
② 자본시장법은 특별자산에 대해 포괄적 정의로서 '증권과 부동산을 제외한 경제적 가치가 있는 자산'으로 정의하고 있다.
③ 자본시장법은 공모방식으로 설립되는 공모선박투자회사를 자본시장법상의 특별자산펀드의 하나로 인정하고 있다.
④ 특별자산펀드는 운용특례로서 파생상품 등에 대한 투자가 금지된다.

★★
43 **신탁(信託)에 대한 설명으로 적절하지 않은 것은?**

① 대부분의 신탁은 위탁자와 수탁자 간의 신탁계약에 의해 설정된다.
② 신탁이 설정되면 신탁재산은 더 이상 위탁자의 재산이 아니다.
③ 신탁재산에 대해서는 강제집행, 담보권의 실행 등을 위한 경매, 보전처분, 국세 등 체납처분을 할 수 없는데, 이는 신탁 전의 원인으로 발생한 권리에도 동일하게 적용된다.
④ 수탁자가 사망하거나 파산한 경우에도 신탁재산은 파산재단이나 상속재산에 포함되지 않는다.

★★

44 연금저축계좌에 대한 설명으로 적절하지 않은 것은?

① 운영형태와 계약당사자에 따라 연금저축신탁, 연금저축펀드, 연금저축보험으로 구분된다.
② 가입연령에 제한이 없으나 연금저축신탁은 판매가 중지된 상태이다.
③ 적립기간 중 최대 연간 600만원까지 세액공제 혜택이 있으며, 연금수령 시 연간 일정금액 초과 수령할 경우에는 종합과세된다.
④ 5년 이상 적립 후 연금수령은 55세부터 가능하고, 연금지급기간은 10년 이상 연단위로 정할 수 있으며, 연금수령 시 5.5%~3.3%의 차등세율로 과세된다.

펀드영업실무(8문항)

★★

45 표준투자권유준칙 중 '투자권유를 희망하지 않는 투자자'에 대한 판매 시의 내용으로 적절하지 않은 것은?

① 투자자가 투자권유에 필요한 정보를 제공하지 않거나 투자권유를 희망하지 않는 경우 '투자권유 희망 및 투자자정보 제공여부 확인' 내용이 포함된 확인서를 받은 뒤 후속 판매절차를 진행한다.
② 임직원은 투자자로부터 별도의 변경요청이 없으면 투자자의 일반적 투자자 성향에 대한 정보를 파악한 날로부터 1년 이내의 기간을 정하여 투자자정보가 변경되지 않은 것으로 간주할 수 있다.
③ 투자자가 투자자문업자로부터 투자자문을 받고 투자자문계약과 결합된 판매회사의 판매계좌를 통해 투자자문결과에 따른 금융투자상품 등의 구매의사가 전달되는 경우, 해당 금융투자상품을 판매하는 판매회사는 적합성 원칙 및 설명의무를 생략할 수 있다.
④ 임직원은 투자자에게 파생상품 등을 판매하려는 경우에는, 투자권유를 하지 않더라도 면담・질문 등을 통하여 그 투자자의 투자목적, 재산상황 및 투자경험 등의 정보를 파악해야 한다.

★★

46 적합성보고서의 교부대상에 대한 설명으로 적절하지 않은 것은?

① 적합성보고서는 투자자의 올바른 투자판단을 유도하기 위하여 추천사유 및 유의사항 등을 기재한 것이다.
② 적합성보고서의 교부대상자는 신규투자자, 고령투자자 및 초고령투자자이다.
③ 적합성보고서의 교부대상 금융투자상품은 ELD, ELS, ELF, ETF, ELT이다.
④ 적합성보고서는 계약 체결 이전에 투자자에게 교부해야 한다.

★★
47 **수익증권저축의 종류별 내용에 대한 설명으로 적절하지 않은 것은?**

① 임의식은 저축금 인출요건, 저축기간, 저축금액 등을 정하지 않고 저축하는 방식으로, 동일계좌 추가납입이 가능하며 저축재산의 인출 시 환매수수료가 부과된다.
② 거치식은 저축기간 중 수익금에 대한 인출이나 사전에 정한 일정금액에 대한 인출이 가능하며, 이때 환매수수료는 부과되지 않는다.
③ 정액적립식은 저축기간을 일정기간 이상으로 정하고 저축기간 동안 일정금액 또는 좌수를 매월 저축하는 방식을 말하는데, 저축자가 계속하여 3개월 이상 납입하지 않으면 14일 이상의 기간 동안 납입최고를 한 후 계약을 해지할 수 있다.
④ 판매회사는 저축자의 요청에 따라 기존에 정한 저축기간의 종료 또는 저축목표금액의 도달과 관계없이 저축기간을 연장하거나 저축금액 또는 목표금액의 감액이나 증액을 할 수 있다.

★★
48 **소규모 집합투자기구의 해지와 관련하여, 빈칸에 들어갈 수 없는 것은?**

소규모 투자신탁을 해지함에 있어 저축자가 그 상환금으로 판매회사로부터 안내받은 수익증권을 매수하여 저축하는 경우 (　　　)를 면제하고, 그 수익증권을 환매하는 경우에는 (　　　) 및 (　　　)를 면제한다.

① 선취판매수수료　　② 후취판매수수료
③ 판매보수　　④ 환매수수료

★★
49 **납세의무의 성립시기를 잘못 연결한 것은?**

① 상속세 : 상속이 개시된 때
② 부가가치세 : 과세기간이 끝나는 때
③ 증권거래세 : 매매거래가 확정되는 때
④ 종합부동산세 : 부동산의 등기를 완료한 때

★★
50 **다음 중 종합과세의 대상소득이 아닌 것은?**

① 이자소득　　② 배당소득
③ 양도소득　　④ 기타소득

★★
51 다음 중 상속세 비과세 대상을 모두 묶은 것은?

> 가. 상속개시일 전 10년 이내에 피상속인이 상속인에게 증여한 재산
> 나. 신탁재산
> 다. 지방자치단체에 유증한 재산

① 가
② 나
③ 다
④ 나, 다

★★
52 소득세법상 집합투자기구가 되는 요건의 내용으로 적절하지 않은 것은?

① 자본시장법에 의한 집합투자기구일 것
② 당해 집합투자기구의 설정・설립일로부터 매년 1회 이상 결산・분배할 것
③ 금전으로 위탁받아 금전으로 환급할 것
④ 사모집합투자기구가 아닐 것

펀드운용 및 평가(8문항)

★★
53 '연 4%, 6개월 복리채, 만기 2년'인 채권에 100만원을 투자하였을 경우 만기에 지급받는 세전 금액은 얼마인가? (근사치)

① 1,081,600원
② 1,082,432원
③ 1,082,856원
④ 1,171,659원

★★★
54 5년 만기 국고채(복리채)를 5%에 매입하여 1년이 지난 후 4%에 매도하였다. 이때의 연단위 투자수익률은 얼마인가?

> • 채권투자수익 = 이자수익 + 자본손익
> • 이자수익은 매입당시 금리로, 자본손익은 '(−) × 매도 시의 듀레이션 × 금리변화분'으로 계산함

① +3%
② +9%
③ −6%
④ −12%

★★
55 채권운용전략 중 적극적인 운용전략에 해당하지 않는 것은?

① 듀레이션조절전략
② 수익률곡선타기전략
③ 사다리형만기전략
④ 탄환형채권운용전략

★★
56 다음 중 상대가치평가모형에 해당하지 않는 것은?

① PER평가모형
② PBR평가모형
③ EV/EBITDA모형
④ FCF모형

★★
57 추세분석에 대한 설명으로 적절하지 않은 것은?

① 추세를 이용하는 매매 중에서 주가가 상승할 때 매도하고 주가가 하락할 때 매수하는 전략은 추세순응전략이다.
② 역추세전략은 추세반전을 미리 예상하여 최고점에서 매도하고 최저점에서 매수포인트를 잡아가는 전략으로서, 정보력이나 분석력이 약한 대부분의 일반투자자들에게는 위험이 높은 전략이다.
③ 역추세전략에서는 설정된 추세선의 확인과 동 추세선의 붕괴, 즉 주가의 추세선 이탈현상이 발생할 때는 새로운 추세선의 예측이 중요하다.
④ 일반적으로 추세순응전략은 단기적(1년 이내)으로, 역추세전략은 장기적(3년 이상)으로 사용한다.

★★
58 옵션의 시장리스크 측정방법과 관련하여, 빈칸을 옳게 연결한 것은?

- (　　　　)은 옵션매수포지션만 가진 은행이 선택할 수 있는 방법으로 표준 가이드 라인에 의해 리스크의 양을 부과한다.
- (　　　　)은 옵션매도포지션을 보유한 은행이 선택할 수 있는 방법으로 옵션포지션의 델타는 물론 감마 및 베가 등을 주어진 공식에 따라 산출하여 리스크의 양을 부과한다.
- (　　　　)은 좀 더 복잡하고 정교한 옵션포지션을 보유한 은행이 선택할 수 있는 방법으로 옵션포지션의 기초자산가격과 변동성을 두 축으로 하는 시나리오분석을 통해 리스크의 양을 부과한다.

① 간편법, 델타플러스법, 시나리오법
② 델타플러스법, 간편법, 시나리오법
③ 간편법, 시나리오법, 델타플러스법
④ 델타플러스법, 시나리오법, 간편법

★★
59 각 벤치마크의 개념에 대한 설명으로 적절하지 않은 것은?

① 시장지수 : 자산유형에 소속된 모든 대상 종목을 포함한 것으로서 운용의 특이한 제약조건이 없는 경우에 적합하며 KOSPI, KOSPI200, KOBI가 대표적이다.
② 스타일지수 : 자산유형 중 특정분야에 집중투자하는 경우에 적합하며 가치주지수, 성장주지수가 대표적이다.
③ 합성지수 : 2개 이상의 시장지수나 섹터지수를 합성하여 계산하며, 혼합형펀드에 투자할 경우 적합하다.
④ 정상포트폴리오 : 일반성이 적은 집합투자기구를 평가하기 위한 것으로, 포트폴리오 보험펀드에 투자할 경우 적합하다.

★★
60 다음 〈보기〉의 조건에 따를 때 해당 포트폴리오의 샤프비율(Sharpe Ratio)은 얼마인가?

〈보 기〉

포트폴리오수익률 15%, 포트폴리오의 벤치마크수익률 9%, 포트폴리오의 표준편차 5%, 무위험수익률 3%

① 0
② 1.2
③ 2.4
④ 3.0

파생상품펀드 법규(7문항)

★★
61 자본시장법상 금융투자상품에 대한 설명으로 적절하지 않은 것은?

① 금융투자상품은 '투자성이 있는 것'으로 정의할 수 있다.
② 금융투자상품은 증권과 파생상품으로 구분된다.
③ 파생상품은 파생결합증권, 장내파생상품, 장외파생상품으로 구분된다.
④ 원화로 표시된 양도성예금증서는 금융투자상품에서 제외된다.

★★
62 파생상품의 종류에 대한 설명으로 적절하지 않은 것은?

① 선도(Forward) : 장래의 특정시점에 대상자산의 인도와 대금의 수령을 정하는 계약이다.
② 옵션(Option) : 어느 한쪽의 의사표시로 산출된 금전 등을 수수하는 거래를 성립시킬 수 있는 권리를 부여하는 약정이다.
③ 스왑(Swap) : 장래 일정기간에 미리 정한 가격으로 산출된 금전 등을 교환할 것을 약정하는 계약이다.
④ 파생상품은 자본시장법상 장내파생상품과 장외파생상품으로 구분되며, 장내파생상품은 한국거래소가 개설한 시장에서 거래되는 것으로 제한하고, 해외거래소에서 거래되는 것은 모두 장외파생상품으로 본다.

★★
63 **자본시장법은 적정성 원칙과 관련하여 '파생상품 등'의 개념을 도입하였고, 이에는 파생상품펀드가 포함된다. 그렇다면 파생상품펀드의 정의와 관련하여 빈칸을 옳게 연결한 것은?**

> 아래에 해당하는 펀드는 자본시장법상 파생상품펀드에 해당된다.
> • 파생상품매매에 따른 위험평가액이 펀드자산총액의 (　　　　)를 초과하는 경우
> • 펀드자산총액의 (　　　　)를 초과하여 파생결합증권에 투자하는 경우

① 10%, 30%
② 10%, 50%
③ 20%, 30%
④ 20%, 50%

★★
64 **파생결합증권 및 파생상품에 투자할 경우의 운용규제에 대한 설명으로 적절하지 않은 것은?**

① 동일종목의 파생결합증권에 대해서는 각 펀드자산총액의 100분의 40까지 투자할 수 있다.
② 적격요건을 갖추지 못한 자와의 장외파생상품을 매매할 수 없다.
③ 공모펀드의 경우 파생상품 매매에 따른 위험평가액이 펀드순자산총액의 100분의 100을 초과하여 투자하는 행위는 금지된다.
④ 동일 거래상대방과의 장외파생상품 매매에 따른 거래상대방 위험평가액이 각 펀드자산총액의 100분의 10을 초과하여 투자하는 행위는 금지된다.

★★
65 **파생상품 매매에 따른 위험평가액의 산정방법에 대한 설명으로 옳은 것은?**

① 선도 : 기초자산의 가격에 거래량과 승수를 곱하여 산정한다.
② 옵션매수 : 기초자산의 가격에 델타를 곱한 금액으로 한다.
③ 옵션매도 : 기초자산의 가격에 베가위험액을 더한 금액으로 산정한다.
④ 통화스왑 : 수취하기로 한 통화의 명목원금으로 산정한다.

★★
66 **파생상품펀드의 위험지표 공시의무에 대한 설명으로 적절하지 않은 것은?**

① 파생상품매매에 따른 위험평가액이 펀드자산총액의 10%를 초과할 경우 해당 집합투자업자에게 위험지표공시의무가 부과된다.
② 위험지표공시의무상 공시대상 위험지표는 '계약금액, 만기시점의 손익구조, 시나리오별 손익구조변동, 최대손실예상금액'의 4가지이다.
③ 모든 공시대상 위험지표는 매일 공시할 것을 원칙으로 한다.
④ 해당 투자자가 그 위험수준을 쉽게 알 수 있도록 위험지표를 인터넷 홈페이지 등을 이용해서 공시하고, 그 펀드의 투자설명서에 해당 위험지표의 개요 및 위험지표가 공시된다는 사실을 기재하여야 한다.

★★
67 파생상품펀드에 적용되는 강화된 투자자보호제도에 해당하지 않는 것은?

① 적합성 원칙
② 적정성 원칙
③ 차등화된 투자권유준칙 제정의무
④ 투자권유대행인의 파생상품 투자권유위탁 제한

파생상품펀드 영업(8문항)

★★
68 주가연계파생상품(ELS, ELD, ELF)과 관련하여, 틀린 것을 모두 묶은 것은?

〈보 기〉

가. ELS의 기초자산으로서 개별종목 주식은 기초자산이 될 수 있지만 주가지수는 기초자산이 될 수 없다.
나. ELS는 집합투자업자가 발행한다.
다. ELF는 투자매매업자가 운용한다.
라. ELS는 예금자보호가 되지만 ELF는 예금자보호가 되지 않는다.

① 가
② 나, 다
③ 다, 라
④ 가, 나, 다, 라

★★
69 워런트(Warrant) 형태에 대한 설명으로 적절하지 않은 것은?

① 콜워런트는 방향성투자의 상승형을, 풋워런트는 방향성투자의 하락형을 말한다.
② 기초자산가격이 상승하든 하락하든 일정한 쿠폰(제시수익률)을 받거나 혹은 받지 못하는 구조는 디지털(Digital)형이다.
③ 기초자산이 특정구간에 있을 때에는 지속적으로 수익이 상승하지만 특정구간을 넘어서면 일정한 수익만을 받는 구조는 레인지(Range)형이다.
④ 기초자산가격이 일정수준(Barrier)에 도달하면 기존의 수익구조가 사라지는 것은 낙아웃(Knock out)형이다.

★★
70 워런트에 투자하는 펀드는 크게 원금보존추구형과 원금비보존형으로 구분할 수 있는데, 그렇다면 원금보존추구형에 대한 설명으로 적절하지 않은 것은?

① 채권을 편입한 상태에서 채권의 이자에 해당하는 금액만큼 워런트에 투자하여 원금보존추구가 가능하다.
② 원금보존추구형 구조에서의 펀드수익률은 기초자산의 가격변동과 투자한 채권의 운용결과로 결정되는데, 낮은 신용등급의 회사채를 편입할 경우 기대수익은 개선되지만 신용위험이 증가한다.
③ 자본시장법 개정(2013.5.28)으로 '원금보존추구형 파생결합증권'이 파생결합사채로 변경되어, 채권과 워런트에 투자하여 원금보존형으로 설계한 경우는 채권형펀드로 분류된다.
④ 워런트 발행사가 파산할 경우 펀드에 투자한 원금을 초과하는 손실이 발생할 수 있다.

★★
71 **원금비보존형파생상품펀드의 쿠폰(제시수익률)에 영향을 주는 요인으로 적절하지 않은 것은?**

① 변동성이 클수록 쿠폰이 상승한다.
② 행사가격이 낮으면 상환가능성이 상승해서 투자자에게 유리해지므로 쿠폰이 낮아진다.
③ 원금손실가능성과 연계되는 낙인(KI ; Knock In) 조건이 높을수록 쿠폰이 높아진다.
④ 2 stock형에서 기초자산이 되는 두 종목의 상관관계가 높을수록 쿠폰이 높아진다.

★★
72 **금리연계파생상품펀드에 대한 설명으로 적절하지 않은 것은?**

① 금리는 주가에 비해 변동성이 낮아서 안정적인 투자수익률을 원하는 투자자의 니즈를 충족하므로, 공모형펀드로 설정・설립하는 것이 일반적이다.
② 일반적으로 금리연계파생상품펀드는 만기가 길고 발행사의 중도상환 권리가 내재되어 있다.
③ 기초자산인 금리의 수준이 거시경제의 영향을 많이 받으므로, 경제에 대한 이해도 수반되어야 한다.
④ 금리가 일정범위 안에 머문 날짜를 계산하여 쿠폰이 결정되는 레인지 어크루얼(Range Accrual) 상품이 대표적인 상품이다.

★★
73 **상품연계파생상품펀드에 대한 설명으로 적절하지 않은 것은?**

① 전통적인 투자대상과 높은 상관관계를 보이기 때문에 위험이 분산된 포트폴리오를 구성함에 있어서 효율적인 수단을 제공한다.
② 상품(Commodity) 가격은 물가상승을 반영하므로 상품에 대한 투자는 인플레이션 헤지(Hedge)에 있어서 효과적인 수단이 된다.
③ 상품(Commodity)의 거래방식은 다른 자산들과 달리 현물이 아닌 선물을 기준으로 하는 것이 대부분이며, 따라서 현물인수 시의 상당한 보관비용을 회피할 수 있고 현물매수와 달리 투자금액의 전부가 소요되지 않는다는 장점이 있다.
④ 상품(Commodity)의 거래방식은 다른 자산들과 달리 현물이 아닌 선물을 기준으로 하는 것이 대부분이며, 매수한 선물의 만기도래에 따른 실물인수를 회피하기 위해서 선물만기를 연장하는 롤오버 거래를 해야 하고 이때 롤오버 위험에 노출된다.

★★
74 **포트폴리오보험형펀드에 대한 설명으로 적절하지 않은 것은?**

① 포트폴리오 가치의 하락위험을 일정수준으로 제한하면서 주가상승 국면에서 가치상승의 일정 부분을 확보하는 효율적인 위험관리기법이다.
② '주가상승 시 매도, 주가하락 시 매수'라는 운용방식을 취한다.
③ 주식시장이 오름세를 보이면 수익은 발생하지만 일반적인 주식형펀드에 비해 수익률이 상대적으로 낮으며, 하락장에서는 하락위험을 일정수준으로 제한하기는 하지만 원금손실이 발생할 수 있다는 점에 유의해야 한다.
④ 방어적풋전략, 이자추출전략, 옵션복제전략이 대표적인 포트폴리오보험전략에 속한다.

★★
75 시장중립형(Market Neutral)펀드에 대한 설명으로 적절하지 않은 것은?

① 시장의 움직임에 연동되는 인덱스형펀드와 달리 시장의 방향성과 무관하게 사전에 정해진 목표수익률을 추구하는 절대수익(Absolute Return)추구형펀드이다.
② '저위험, 저수익' 유형에 속하는 펀드로서 보수적인 개인투자자나 기관투자자에게 적합하다.
③ 대부분의 전략을 차익거래에 의존하지만 거래비용 때문에 차익거래가 일어나지 않는 경우가 많다.
④ 시장이 추세를 보이는 구간에서는 성과가 양호할 수 있으나, 시장이 등락을 반복하거나 하락하는 구간에서는 성과가 부진할 가능성이 있다.

파생상품펀드 투자 · 리스크관리(10문항)

★★
76 선물거래의 경제적 기능에 대한 설명으로 적절하지 않은 것은?

① 선물시장에서 형성되는 가격은 경제주체들의 미래 자산가격에 대한 예상이 반영되어 결정되므로, 경제주체들에게 미래 자산가격에 대한 귀중한 정보를 제공하게 된다.
② 선물시장은 미래 자산가격의 불확실성을 토대로 서로 예상이 다른 투자자 사이에서 위험이 거래되는 시장인데, 이러한 거래는 가격 변동성이 작은 종목일수록 더 활발하게 일어난다.
③ 선물시장의 존재는 현물시장만이 존재하는 경우에 비해 양 시장을 모두 효율적으로 만든다.
④ 선물시장은 현물과 달리 가격하락에 대한 투자도 가능하며, 현물보다 증거금율이 낮아서 거래비용이 적게 든다.

★★
77 한국거래소의 통화선물거래에 대한 설명으로 적절하지 않은 것은?

① 만기일은 당사자 간에 합의하여 정한다.
② 신용위험 없이 반대매매를 자유롭게 할 수 있다.
③ 일일정산제도가 있다.
④ 유지증거금제도가 있다.

★★
78 달러원환율이 $1 = ₩1,200이다. 원화이자율이 2%(연율), 달러이자율이 1%(연율)일 경우 이자율등가식(Interest Rate Parity)에 의한 1년 만기 균형선물환가격은 얼마인가? (단위 : $1당 원화)

① 1,188원
② 1,200원
③ 1,212원
④ 1,248원

★★
79 **다음 빈칸에 들어갈 내용으로 옳은 것은?**

( )는 동일한 품목 내에서 만기가 서로 다른 두 선물계약에 대해 각각 매수와 매도포지션을 동시에 취하는 전략으로서, 만기가 다른 선물계약의 가격변동 폭이 서로 다르다는 점을 전제로 하여 포지션을 구축하는 특징이 있다.

① 시간스프레드
② 수직스프레드
③ 대각스프레드
④ 상품 간 스프레드

★★
80 **잔존만기 3개월, 행사가격이 달러당 1,200원인 유럽형 미국달러 풋옵션의 프리미엄이 30원이다. 현재 달러당 환율이 1,180원일 경우 이 풋옵션의 시간가치는 얼마이며 또 이 풋옵션의 Moneyness는? (환율은 달러원환율 또는 USD/KRW이며, Moneyness는 내가격, 등가격, 외가격 여부를 말한다.)**

① 10원, 내가격
② 10원, 외가격
③ 30원, 내가격
④ 30원, 외가격

★★★
81 **옵션합성전략 중 변동성이 클수록 수익이 나는 포지션은? (단, C는 콜옵션, P는 풋옵션이며 괄호 안 숫자는 행사가격이다.)**

① C(80)매도 + C(85)매수
② C(85)매수 + P(85)매수
③ P(80)매도 + C(85)매도
④ P(80)매수 + P(85)매도

★★
82 **옵션민감도 지표에 대한 설명으로 적절하지 않은 것은?**

① 델타 : 옵션프리미엄 변화/행사가격 변화
② 감마 : 델타의 변화/기초자산가격 변화
③ 쎄타 : 옵션프리미엄 변화/시간의 변화
④ 로우 : 옵션프리미엄 변화/금리 변화

★★
83 **신용파생상품인 신용부도스왑(CDS)의 프리미엄 결정요인에 대한 설명으로 적절하지 않은 것은?**

① 거래의 만기가 길어질수록 프리미엄이 높아지는데, 이는 거래의 만기가 길어질수록 보장매도자는 높은 위험을 부담해야 하고 위험을 측정하기도 어려워지기 때문이다.
② 채무불이행(Default)의 가능성이 높아질수록 프리미엄이 높아진다.
③ 신용등급이 높은 보장매도자와 계약을 맺을 경우 보다 높은 프리미엄을 지불해야 한다.
④ 준거자산의 신용과 거래상대방인 보장매도자 신용 간의 상관관계(Correlation)가 높을수록 프리미엄이 높아진다.

★★
84 **경계옵션 중에서 '배리어가 행사가격 아래에 있으며, 만기가 되기 전에 기초자산가격이 배리어를 건드리게 되면 옵션이 유효화되는' 옵션은 무엇인가?**

① Up & Out 옵션
② Up & In 옵션
③ Down & Out 옵션
④ Down & In 옵션

★★
85 **파생결합증권 또는 장외파생상품의 계약조건 변경 혹은 조기종결과 관련된 설명으로 적절하지 않은 것은?**

① 발행사의 채무불이행 사유(Event of Default) 발생시 구조변경 사유에 해당한다.
② 기초자산 또는 기초자산과 관련한 선물, 옵션의 거래가 제한되거나 지연되는 경우 및 거래소가 정상적으로 거래가격을 제공하지 못하는 경우에는 파생결합증권 혹은 장외파생상품의 조기종결 혹은 구조변경 사유가 된다.
③ 기초자산의 가격에 중요한 영향을 줄 수 있는 사건이 발생하면 발행조건이 변경되거나 조기종결을 하게 된다.
④ 외국계 투자은행과 직접 장외파생상품을 거래한 경우에는 기초자산 및 관련거래 등이 모두 한국물이어도 외환시장의 붕괴가 조기종결의 사유가 되기도 한다.

부동산펀드 법규(5문항)

★★
86 **자본시장법상의 부동산펀드에 대한 설명으로 옳은 것은?**

① 부동산펀드가 직접 개발사업시행자로서 부동산개발사업에 투자하는 경우 법인격이 있는 투자회사나 투자유한회사의 형태가 적합하다.
② 모든 부동산펀드는 환매금지형으로 설정・설립해야 한다.
③ 환매금지형부동산펀드는 해당 집합투자증권을 발행한 날로부터 60일 이내에 증권시장에 상장해야 한다.
④ 환매금지형부동산펀드는 공모펀드일 경우 법적형태와 관계없이 상장의무가 부과된다.

★★
87 **자본시장법상 부동산펀드가 되기 위해서는 펀드재산의 50%를 초과하여 '부동산 등'에 투자해야 하는데, 그렇다면 '부동산 등에 투자하는 행위'에 해당하는 것을 모두 묶은 것은?**

가. 민법상 토지와 그 정착물을 취득한 후 매각하는 방법
나. 분양권을 취득한 후 매각하는 방법
다. 호텔에 투자하여 임대료를 수취하는 방법
라. 리조트에 투자하여 직・간접적으로 운영하는 방법

① 가, 나
② 가, 나, 다
③ 가, 다, 라
④ 가, 나, 다, 라

★★
88 **부동산펀드에서 취득한 부동산은 원칙적으로 일정기간 내에 처분이 제한된다. 이에 대한 설명으로 적절하지 않은 것은?**

① 국내에 있는 부동산 중 주택법 제2조 제1호에 따른 주택을 취득한 경우에는 취득 후 1년 이내에는 처분이 제한된다.
② 국내에 있는 부동산 중 주택법 제2조 제1호에 따른 미분양주택을 취득한 경우에는 취득 후 3년 이내에는 처분이 제한된다.
③ 국내에 있는 부동산 중 주택법 제2조 제1호에 따른 주택에 해당하지 않는 부동산을 취득한 경우에는 취득 후 1년 이내에는 처분이 제한된다.
④ 국외에 있는 부동산을 취득한 경우에는 집합투자규약에 정하는 기간 이내에는 처분이 제한된다.

★★
89 **집합투자업자가 펀드재산으로 부동산 개발사업에 투자하고자 하는 경우 사업계획서를 작성해야 하는 바, 다음 중 사업계획서에 포함되는 사항으로 적절하지 않은 것은?**

① 부동산개발사업 추진일정
② 자금의 조달・투자 및 회수에 관한 사항
③ 공사시공 등 외부용역에 관한 사항
④ 부동산의 거래비용

★★★
90 **공모형 부동산펀드의 금전 대여에 대한 설명으로 적절하지 않은 것은?**

① '부동산개발사업을 영위하는 법인'에 대하여 일정 요건 충족 시 금전을 대여할 수 있다.
② 금전을 대여하는 경우, 그 대여금의 한도는 해당 부동산펀드의 순자산액의 200%로 한다.
③ 집합투자규약에서 금전의 대여에 관한 사항을 정하고 있어야 한다.
④ 집합투자업자가 부동산에 대하여 담보권을 설정하거나 시공사 등으로부터 지급보증을 받는 등 대여금을 회수하기 위한 적절한 수단을 확보하여야 한다.

부동산펀드 영업(5문항)

★★★
91 다음의 부동산 물권 중 용익물권이 아닌 것은?

① 지상권
② 지역권
③ 저당권
④ 전세권

★★
92 임대형부동산펀드의 수익 및 위험 등에 대한 설명으로 적절하지 않은 것은?

① 임대소득과 매각차익이 수익의 원천이다.
② 실물형부동산펀드의 대표라고 할 수 있으며, 자본시장법상 임대형부동산펀드와 유사한 내용을 가지고 있는 상품은 리츠(REITs)이다.
③ 적정수준의 임대수익 확보를 위해서는 임대료 이외의 기타소득도 병행하여 수령할 필요가 있는데, 기타소득 중에서 임대수익에 대한 기여도가 가장 높은 것은 주차료이다.
④ 적정수준의 임대수익을 확보하지 못하는 위험 중 가장 큰 위험은 공실률위험이다.

★★
93 경공매형부동산펀드에 대한 설명으로 적절하지 않은 것은?

① 경매나 공매절차를 통해 시장가격보다 낮은 가격으로 부동산을 취득하여 적정수준에 매도하고자 하는 '가치투자형 부동산펀드'의 성격을 가지고 있다.
② 펀드재산으로 투자할 부동산 등을 미리 정하지 않은 상태에서 펀드자금을 모집하고, 펀드자금을 모집한 후에 비로소 투자할 부동산 등을 탐색하여 투자한다.
③ 아파트나 토지 등을 대상으로 하는 경매나 공매는 낙찰가율이 상승하여 부동산펀드에서 투자자가 원하는 수준의 펀드수익률을 달성하기 어려울 수 있다.
④ 일반적으로 펀드규모가 클수록 안정적인 수익확보가 가능하므로 펀드규모는 클수록 좋다.

★★★
94 개발형부동산펀드의 주요 점검사항을 나열하였다. 틀린 항목의 수는?

가. 부동산개발사업을 성공적으로 추진하기 위해 필요한 요소들이 사업계획서상에 충분히 포함되어 있는가?
나. 부동산개발사업을 추진하기 위해 필요한 사업부지가 충분히 확보되어 있는가?
다. 토지를 조성하거나 건축물 등을 신축하기 위해 우량한 시공사가 선정되어 있는가?
라. 부동산개발사업을 추진함에 필요한 인·허가는 받았는지 또는 받을 가능성이 충분한가?
마. 당해 부동산개발사업의 사업성이 충분한지, 즉 조성한 토지 또는 신축한 건축물 등의 분양·매각 또는 임대가능성이 충분한가?
바. 부동산펀드 운용전문인력의 전문성이 충분한가?
사. 부동산펀드 규모가 적정한가?

① 0개
② 1개
③ 2개
④ 3개

★★
95 다음 〈보기〉의 내용은 프로젝트파이낸싱(PF)의 특징 중에서 무엇과 가장 부합하는가?

〈보 기〉

특정 프로젝트의 시행법인이 당해 프로젝트파이낸싱의 차주(借主)의 지위를 가지게 되며, 당해 프로젝트 시행법인에 출자하여 실질적으로 프로젝트를 영위하는 실질사업자는 프로젝트파이낸싱으로 인해 발생하는 제반의무를 부담하지 않거나 또는 일정한 범위에서 제한적으로 의무를 부담한다.

① 프로젝트 자체의 미래사업성에 근거한 자금조달
② 비소구금융 또는 제한적 소구금융
③ 부외금융(Off Balance)
④ 채권자에 대한 다양한 신용보강

부동산펀드 투자 · 리스크관리(5문항)

★★
96 다음 중 부동산에 영향을 미치는 것이 나머지 셋과 다른 것은?

① 주가의 상승
② 물가의 상승
③ 금리의 상승
④ 통화량의 증가

★★
97 부동산시장의 특징에 대한 설명으로 적절하지 않은 것은?

① 부동산시장에 참여하는 수요자와 공급자는 일반적으로 상당히 제약되어 있는데, 이는 부동산의 고정성으로 인하여 부동산시장은 근본적으로 지역성을 띨 수밖에 없음을 의미한다.
② 같은 단지의 같은 평형 그리고 같은 동의 같은 층의 아파트라도 방향과 전망은 동일하지 않은 것은 부동산상품의 비동질성을 의미하는데, 이로 인하여 부동산은 표준화된 대량생산을 하기에는 원천적인 한계가 있다.
③ 인터넷의 발달 등으로 부동산과 관련된 다양한 정보들이 시장에 공개되거나 유통됨으로써, 부동산시장의 정보비대칭성은 주식시장 수준으로 크게 개선되었다.
④ 부동산을 거래할 경우 취득세, 양도소득세 등과 같은 거래비용이 주식이나 채권에 비해서 너무 과도할 정도로 많은 편이다.

★★
98 대체투자(Alternative Investment)의 한 종류로서 부동산펀드에 대한 설명으로 적절하지 않은 것은?

① 전통적인 투자자산과는 상관관계가 낮은 경향이 있다.
② 장기투자가 대부분이므로 장기간 환매불가기간(Lock Up Period)이 있다.
③ 부동산운용에 대한 벤치마크가 많은 편이어서 성과를 측정하기가 용이하다.
④ 실제 거래 시 거래가격은 개별적으로 가치평가된 가격이 아니라 협상에 의해서 달라진다.

★★
99 임대형부동산펀드에 대한 설명으로 옳은 것은?

① 부동산의 매입가격은 감정평가금액만을 고려하여 결정한다.
② 건설 중인 부동산을 매입하는 경우에는 가급적 잔금비율을 줄여 건축기간 중 발생하는 위험에 노출되는 금액을 최소화한다.
③ 주요 임차인의 임대계약은 가급적 장기로 체결하여 임대수입 변동 가능성을 최소화한다.
④ 임대형부동산펀드는 사업초기의 위험이 가장 높으며, 매각시험의 위험은 가장 낮다.

★★
100 다음 〈보기〉에서 나열한 위험에 모두 노출되는 부동산펀드는?

〈보 기〉

법률위험, 자산평가위험, 비용증가위험

① 대출형부동산펀드
② 임대형부동산펀드
③ 경공매형부동산펀드
④ 개발형부동산펀드

What is your passcode?

펀드투자권유자문인력 실제유형 모의고사

제1회

PASSCODE

편드투자권유자문인력 실제유형 모의고사

제2회

시대에듀

제2회
펀드투자권유자문인력 실제유형 모의고사

문항 및 시험시간

평가영역	문항 수	시험시간	비 고
펀드투자권유자문인력	100문항	120분	

펀드투자권유자문인력

제2회 실제유형 모의고사

문 항 수 : 100문항
응시시간 : 120분

펀드일반 법규(13문항)

★
01 자본시장법상 집합투자기구의 종류로 분류된 것이 아닌 것은?

① 재간접펀드
② 증권펀드
③ 혼합자산펀드
④ 단기금융펀드

★★
02 투자신탁 수익자총회에 대한 설명으로 적절하지 않은 것은?

① 집합투자업자가 정당한 사유 없이 수익자총회를 소집하기 위한 절차를 거치지 아니하는 경우에는 그 신탁업자 또는 개별 수익자는 금융위원회의 승인을 받아 수익자총회를 개최할 수 있다.
② 출석한 수익자의 의결권 과반수와 발행된 수익증권 총좌수의 4분의 1 이상의 수로 결의한다. 다만, 신탁계약으로 정한 결의사항에 대하여는 출석한 수익자의 의결권 과반수와 발행된 수익증권의 총좌수의 5분의 1 이상의 수로 결의할 수 있다.
③ 연기수익자총회에서는 출석한 수익자의 의결권 과반수와 발행된 수익증권 총좌수의 8분의 1 이상으로 의결할 수 있다.
④ 신탁계약의 변경 등의 결의에 반대하는 수익자가 그 수익자총회의 결의일부터 20일 이내에 수익증권의 매수를 청구할 수 있다.

★★★
03 투자신탁에서의 환매연기절차로 옳은 것은?

① 집합투자업자 환매연기 결정 → 수익자총회 의결 → 수익자 통지 → 금융위 보고
② 수익자총회 의결 → 집합투자업자 환매연기 결정 → 금감위 보고 → 수익자 통지
③ 집합투자업자 환매연기 결정 → 수익자총회 의결 → 수익자 통지
④ 수익자총회 의결 → 집합투자업자 환매연기 결정 → 수익자 통지

★★
04 **자본시장법상 투자신탁의 집합투자업자가 투자신탁재산의 효율적 운용을 위하여 자신의 명의로 직접 투자대상자산을 취득・처분하기 위한 방법 등을 설명한 것으로 적절하지 않은 것은?**

① 집합투자업자는 투자신탁재산별로 미리 정하여진 자산배분명세에 따라 취득・처분 등의 결과를 공정하게 배분하여야 한다.
② 집합투자업자는 투자신탁재산을 일괄적으로 취득・처분한 후 투자신탁재산별 규모에 비례한 자산배분명세표를 작성하여야 한다.
③ 집합투자업자는 투자위험회피 목적에 한정한 선물환거래 등의 장외파생상품매매를 직접 수행할 수 있다.
④ 집합투자업자의 준법감시인은 투자신탁재산의 취득・처분 등의 주문서와 자산배분명세서의 적정성 및 그 이행여부를 확인하여야 한다.

★★★
05 **다음 빈칸에 들어갈 내용으로 옳게 연결된 것은?**

> ( )의 ( )는 운용지시가 법령・정관・투자설명서에 위반되는지 여부를 확인하고 위반이 있는 경우 ( )에게 보고하여야 한다.

① 투자신탁, 신탁업자, 감독이사
② 투자신탁, 자산보관회사, 집합투자업자
③ 투자회사, 신탁업자, 법인이사
④ 투자회사, 자산보관회사, 감독이사

★★★
06 **자본시장법상 집합투자증권의 거래가격 산정에 대한 설명으로 적절하지 않은 것은?**

① 집합투자증권의 판매가격은 투자자가 금전을 납입한 후 최초로 산정되는 기준가격으로 판매한다.
② 집합투자증권을 환매하는 경우 환매청구일 후에 산정되는 기준가격으로 해야 한다.
③ MMF 판매규모의 10% 상당금액과 100억원 중 작은 금액의 범위 내에서 개인투자자로부터 환매청구일에 공고되는 기준가격으로 판매업자는 자기의 계산으로 환매에 응할 수 있다.
④ 장마감후 거래란 예외적으로 주문접수 종료시점 이후에 접수된 주문을 종료시점 이전 접수주문과 같은 거래가격으로 적용하는 불법적인 거래를 말한다.

★
07 **다음 중 투자회사의 주식발행 및 명의개서 업무 등을 수행하는 자는?**

① 집합투자업자
② 자산보관회사
③ 일반사무관리회사
④ 감독이사

★
08 **일반 사모펀드에 대한 설명으로 적절하지 않은 것은?**

① 판매회사는 일반 사모펀드의 판매 시 핵심상품설명서를 투자자에게 교부하고, 그 핵심상품설명서를 사용하여 투자권유 또는 판매하여야 한다.
② 일반 사모펀드를 일반투자자에게 판매하려는 판매업자는 집합투자업자의 운용행위가 핵심상품설명서에 부합하는지 여부를 확인하고, 부합되지 않은 경우 그 집합투자업자에게 운용행위의 철회・변경 또는 시정을 요구하여야 한다.
③ 일반 사모펀드의 집합투자증권을 판매하는 금융투자업자가 그 일반 사모펀드의 광고 시에는 일반적인 대중매체를 이용하여야 하므로 투자자에게 개별적으로 알릴 필요는 없다.
④ 적격투자자는 일반 사모펀드에 3억원 이상을 투자하여야 하며, 위험 레버리지가 200%를 초과하는 일반 사모펀드에 대한 투자는 5억원 이상이어야 한다.

★★
09 **금융소비자보호법상 과징금 부과 사유에 해당하지 않는 것은?**

① 설명의무의 위반
② 적합성 및 적정성의 원칙 위반
③ 부당권유금지 위반
④ 광고규제 위반

★★★
10 **금융소비자보호법상 금융소비자보호에 대한 설명으로 적절하지 않은 것은?**

① 청약철회권은 금융회사의 고의 또는 과실여부 등 귀책사유가 없더라도 일반금융소비자가 행사가능하다.
② 금융소비자의 위법계약해지권은 계약체결일로부터 5년 이내이며, 이 5년의 범위 안에서 위법계약 사실을 안 날로부터 1년 이내에 행사하여야 한다.
③ 금융소비자의 자료열람권을 요구받은 금융기관은 6영업일 이내에 자료를 열람하게 하여야 한다.
④ 전문금융소비자에게는 방문판매에 대한 장외파생상품을 사전안내할 수 있다.

★★
11 **금융소비자보호법에서 정하고 있는 내용으로 적절하지 않은 것은?**

① 위법계약해지의 효력은 소급하지 않고 장래에 대하여 효력이 발생한다.
② 금융상품판매업자가 설명의무를 위반하여 금융소비자에게 손해를 발생시킨 경우에는 그 손해를 배상할 책임을 진다. 또한, 설명의무상 고의 및 과실이 없었음을 금융상품판매업자가 입증하여야 한다.
③ 투자성 상품, 보장성 상품 또는 대출성 상품에 관한 계약 체결 및 그 이행으로 인해 금융소비자의 재산상 피해가 발생할 우려가 있다고 인정되는 경우에는 금융위원회가 해당 금융상품 계약체결의 권유 금지 또는 계약체결의 제한・금지를 명할 수 있다.
④ 금융감독원의 분쟁조정위원회 구성 시 소비자단체와 금융업권 추천위원은 동수(同數)로 지명된다.

★★★
12 기관전용 사모펀드에 대한 설명으로 적절하지 않은 것은?

① 기관전용 사모펀드의 업무집행사원은 1억원 이상의 자기자본・임원요건, 2명 이상의 운용인력, 이해상충 발생가능성을 관리할 수 있는 내부통제기준, 건전한 재무상태와 사회적 신용요건을 갖추어 금융위에 등록하여야 한다.
② 기관전용 사모펀드는 1인 이상의 무한 책임사원과 1인 이상의 유한 책임사원으로 하되 사원의 총수는 100인 이하이어야 한다.
③ 기관전용 사모펀드는 다른 회사 또는 다른 기관전용 사모펀드와 합병할 수 있다.
④ 파생상품 매매 및 그에 따른 위험 평가액의 현황, 채무보증 또는 담보제공 현황 그리고 금전차입 현황 등에 대하여 금융위에 보고하여야 한다.

★
13 방문(전화권유)판매 규제에 대한 설명으로 적절하지 않은 것은?

① 투자권유를 하기 전에 금융소비자의 개인정보 취득경로, 권유하려는 금융상품의 종류・내용을 사전안내하여야 한다.
② 일반금융소비자를 대상으로 사전안내 시 사모펀드, 고난도금융투자상품, 장내 및 장외 파생상품 등은 사전안내가 불가하지만 전문금융소비자에게는 장외파생상품을 사전안내할 수 있다.
③ 금융상품판매업자등은 야간(오후 9시부터 다음날 오전 8시까지)에는 연락할 수 없지만 고객이 요청하는 경우에는 예외로 한다.
④ 일반금융소비자 자신에게 연락금지요구권이 있음과 행사방법 및 절차를 알려야 한다.

직무윤리 및 투자자분쟁예방(15문항)

★
14 지배구조법상 내부통제의 주체 중 준법감시인에 대한 회사의 위반행위에서 과태료 부과 금액이 가장 큰 것은?

① 준법감시인에 대한 별도의 보수지급기준 및 평가기준을 마련하지 않은 경우
② 준법감시인의 임면 사실을 금융위원회에 보고하지 않은 경우
③ 이사회 결의를 거치지 아니하고 준법감시인을 임면한 경우
④ 준법감시인이 자산운용업무를 겸직하거나 이를 겸직하게 한 경우

★★
15 금융소비자보호법에 대한 내용으로 적절하지 않은 것은?

① 자료열람요구권 : 금융소비자는 분쟁조정 또는 소송의 수행 등 권리구제를 위한 목적으로 금융회사에 자료 등의 열람・제공・(녹취인 경우) 청취를 요구할 수 있는 권리이다.
② 설명의무 위반 : 금융소비자가 아닌 금융회사가 고의 또는 과실이 없음을 입증하여야 한다.
③ 소액분쟁사건 조정 이탈 금지 : 일반금융소비자가 신청한 사건으로서 권리나 이익의 가액이 2천만원 이내이어야 한다.
④ 위법계약해지권 : 해지의 효력은 소급적용이 가능하며, 계약체결일로부터 5년 이내에 해지요구가 가능하다(단, 금융소비자가 위법계약 사실을 안 날로부터 1년 이내에 해지 요구가 가능함).

★★
16 **금융소비자보호의무에 대한 설명으로 적절하지 않은 것은?**

① 상품의 개발 단계에서부터 판매 이후의 단계까지 전 단계에 걸쳐 적용한다.
② 상품판매 이후의 단계인 해피콜 제도는 금융소비자가 상품가입 후 7영업일 이내에 판매직원이 아닌 제3자가 전화를 통해 불완전판매 여부를 확인하는 제도이다.
③ 금융소비자보호 총괄책임자(CCO)는 상근감사 직속으로 독립적 지위를 가진다.
④ 우리나라는 현재 금융소비자보호법에 따라 관련 절차 등이 규정되어 있다.

★
17 **다음 빈칸에 들어갈 내용으로 옳게 연결된 것은?**

금융투자회사의 표준윤리준칙 제4조에서는 '회사와 임직원은 (   )과(와) (   )를(을) 가장 중요한 가치관으로 삼고, (   )에 입각하여 맡은 업무를 충실히 수행하여야 한다'라고 규정하고 있다.

① 공정 – 공평 – 기회균등의 원칙
② 수익성 –효율성 – 투자자보호의 원칙
③ 정직 – 신뢰 – 신의성실의 원칙
④ 합리성 – 수익성 – 소비자보호의 원칙

★
18 **금융기관의 내부통제위원회 설치의무가 면제되는 기준으로 적절하지 않은 것은?**

① 최근 사업연도 말 현재 자산총액이 7천억원 미만인 상호저축은행
② 최근 사업연도 말 현재 자산총액이 5조원 미만인 금융투자업자(단, 최근 사업연도 말 현재 그 금융투자업자가 운용하는 집합투자재산, 투자일임재산 및 신탁재산의 전체합계액이 20조원 이상인 경우는 제외)
③ 최근 사업연도 말 현재 자산총액이 5조원 미만인 보험회사
④ 최근 사업연도 말 현재 자산총액이 7천억원 미만인 여신전문금융회사

★★
19 **금융투자업종사자의 대외활동에 대한 설명으로 옳은 것은?**

① 금전적인 보상이 있는 경우는 본인의 소득이므로 회사에 신고할 필요는 없다.
② 사외 대화방 참여는 공중포럼이 아니므로 언론접촉과 동일한 윤리기준을 적용하지 않는다.
③ 회사의 공식의견이 아닌 사견은 대외활동 시 발표할 수 없다.
④ 특정 금융투자상품의 분석을 하는 경우 자료의 출처를 명시하고 그 내용을 인용하거나 기술적 분석에 따른 투자권유는 자유롭게 할 수 있다.

★
20 **내부제보제도(Whistle Blower)에 대한 설명으로 적절하지 않은 것은?**

① 제보의 대상은 법규 위반, 부조리 및 부당행위 등의 윤리기준 위반행위가 있거나, 있을 가능성이 있는 경우이다.
② 제보자는 육하원칙에 따라 정확한 사실만을 제보하여야 한다.
③ 제보자가 제보로 인하여 신분상의 불이익을 당한 경우 준법감시인에게 원상회복, 전직 등의 신분보장조치를 요구할 수 있다.
④ 제보자의 신분 및 제보 사실은 어떠한 경우라도 보장된다.

★★★
21 **금융투자회사의 표준내부통제기준에 따른 준법감시인의 권한 및 업무에 대한 설명으로 적절하지 않은 것은?**

① 이사회와 감사의 지휘를 받아 그 업무를 수행한다.
② 내부통제체제 및 내부통제기준의 적정성을 정기적으로 점검하고 이의 개선 또는 개정을 요구할 수 있다.
③ 이사회, 감사위원회, 기타 주요회의에 대한 참석 및 의견을 진술할 수 있다.
④ 위임의 범위와 책임의 한계가 명확히 구분된 경우, 준법감시업무를 담당하는 임직원에게 준법감시업무의 일부를 위임할 수 있다.

★
22 **자본시장법상 시장질서 교란행위에 대한 설명으로 옳은 것은?**

① 시세를 고정할 목적 등의 거래의 목적성이 있어야 한다.
② 대상자는 미공개 중요정보의 내부자, 준내부자, 1차 수령자이다.
③ 타인의 해킹 등을 통해 취득한 정보이지만 이를 단순히 전달하는 것은 위반행위가 아니다.
④ ETF의 유동성 지원업무상의 단순 프로그램 오류로 시세에 영향을 미치는 경우도 위반행위에 포함될 수 있다.

★★★
23 **직무윤리 위반에 대한 제재와 관련된 설명으로 적절하지 않은 것은?**

① 금융위원회는 금융투자업자에 대한 인가·등록의 취소권을 가진다.
② 금융위원회는 위법행위를 한 금융투자업자의 직원 해고를 요구할 수 있다.
③ 금융투자협회는 회원에 대한 금전적 제재를 가할 수 있다.
④ 금융투자협회는 회원을 제명할 수 있다.

★★
24 고객확인제도(CDD / EDD)에 대한 설명으로 적절하지 않은 것은?

① CDD는 고객별・상품별 위험도가 낮은 경우로서 확인항목은 고객의 신원정보와 실제소유자에 관한 사항을 확인하여야 한다.
② EDD는 CDD에 확인사항에 추가하여 고객의 거래목적과 자금의 원천을 확인하여야 한다.
③ 금융기관은 제3자를 통해 고객확인의무를 이행할 수도 있다.
④ 저위험・중위험 고객인 경우 고객위험평가를 1년마다 재수행하여야 한다.

★★
25 개인정보보호법에 대한 설명으로 적절하지 않은 것은?

① 개인정보는 개인의 생존여부에 관계없는 개인정보로서 성명, 주민등록번호 및 영상 등을 통하여 개인을 알아볼 수 있는 정보이다.
② 주민등록번호와 여권번호는 고유식별정보에 해당하고, 정당의 가입이나 진료기록은 민감정보에 해당한다.
③ 개인신용카드번호는 개인정보법의 대상이 아니다.
④ 개인정보법은 금융실명법이나 신용정보법에 대한 일반법에 속한다.

★★★
26 금융투자협회의 분쟁조정제도에 대한 설명으로 적절하지 않은 것은?

① 본인 또는 그 대리인의 신청도 가능하다.
② 회원의 영업행위와 관련한 분쟁조정과 회원 간의 착오매매와 관련한 분쟁조정이 그 대상이다.
③ 조정신청서 접수일로부터 30일 이내에 분쟁조정위원회에 사건을 회부하며, 위원회는 회부된 날로부터 60일 이내에 심의하여 조정 또는 각하한다.
④ 조정안을 수락한 경우 민법상 화해계약의 효력을 갖는다.

★
27 특정금융거래보고법상의 의심스러운 거래(STR)와 고액현금거래(CTR)에 대한 설명으로 적절하지 않은 것은?

① 금융기관이 1거래일 동안 특정인으로부터 지급한 금액과 영수한 금액의 합계액이 1천만원 이상일 경우에는 CTR 대상이다.
② 실제 현금거래가 아닌 대체거래로 고객의 요청에 따른 출금 후 현금으로 입금한 경우는 CTR에서 제외되나 STR에는 해당한다.
③ CTR은 금융거래 발생 후 30일 이내에 보고하여야 하며, STR로 판단 시 지체 없이 보고하여야 한다.
④ 공공단체와의 현금입출금거래, 100만원 이하의 무매체 입금거래, 그리고 수표거래・계좌이체・인터넷뱅킹 등을 이용한 거래는 CTR 대상이 아니다.

★
28 각국의 자금세탁방지제도에 대한 설명으로 적절하지 않은 것은?

① OECD뇌물방지협약(반부패협약)은 뇌물수뢰행위가 아닌 공여행위를 형사처벌하는 것이 목적이며, 규제대상은 외국공무원으로 민간인 간의 뇌물공여행위는 제외된다.
② 미국의 해외부패방지법(FCPA)은 미국시민권자 등 또는 외국기업이 미국 영토 내에 있는 동안 사업을 획득하거나 유지하기 위하여 외국정부 및 행정부처의 관리자나 직원 또는 국제기구 등에 뇌물을 제공하는 경우 규제대상이 된다.
③ 해외금융계좌 납세자협력법(FATCA)은 미국의 납세의무자가 직접 미국 재무부에 해외금융계좌잔액을 신고하는 제도이다.
④ 다자간 조세정보 자동협정(MCAA)의 보고기준은 CRS(Common Reporting Standards)이다.

펀드 구성 · 이해(16문항)

★★★
29 정정신고서에 대한 설명으로 적절하지 않은 것은?

① 금융위는 기제출한 증권신고서에 기재된 증권의 취득 또는 매수의 청약일 전일까지 정정신고서의 제출을 요구할 수 있다.
② 금융위가 정정할 것을 요구한 날부터 그 증권신고서는 수리되지 아니한 것으로 간주한다.
③ 정정신고서가 수리된 날에 그 증권신고서의 효력이 발생한다.
④ 일괄신고서를 제출한 자는 그 발행예정기간 종료 전까지 정정신고서를 제출할 수 있다.

★★
30 일괄신고서 제도에 대한 설명으로 적절하지 않은 것은?

① 일괄신고서 제도를 활용할 경우 집합투자업자는 최초 신고 이후 해당 집합투자기구의 증권이 추가로 발행되더라도 그 증권신고서를 추가로 제출할 의무가 없다.
② 일괄신고서의 발행예정기간은 해당 집합투자의 존속기간으로 한다.
③ 일괄신고서 제도는 모집 또는 매출할 판매회사를 정하여 신고한 후 신고된 범위 내에서 증권을 발행하는 제도이다.
④ 일괄신고서를 제출한 자는 발행예정기간 중 3회 이상 그 증권을 발행하여야 한다.

★★
31 집합투자기구의 투자설명서 교부면제 대상자가 아닌 자는?

① 신용평가업자
② 발행인에게 용역을 제공하지 않는 변호사
③ 해당 발행 증권의 연고자
④ 이미 취득한 것과 같은 내용의 집합투자증권을 추가 취득하는 자

★★★

32 **수익자총회의 결의에 대한 설명으로 적절하지 않은 것은?**

① 집합투자기구의 집합투자증권의 5% 이상을 소유한 수익자는 집합투자업자에게 수익자총회의 소집을 요구할 수 있다.
② 수익자총회의 결의는 출석한 수익자의 의결권 과반수와 발행된 수익증권 총좌수 1/4 이상의 찬성으로 결의한다.
③ 신탁계약에서 정한 수익자총회의 결의사항은 출석한 수익자의 의결권 과반수와 발행된 수익증권 총좌수 1/5 이상의 수로 결의할 수 있다.
④ 수익자는 수익자총회에 출석하지 아니하고 서면에 의해 의결권을 행사할 수 있으며, 간주의결권(Shadow Voting)의 요건 중 하나로서 수익자총회의 의결권을 행사한 총좌수가 발행된 총좌수의 1/4 이상이어야 한다.

★★

33 **단기금융집합투자기구(MMF)가 투자 · 운용할 수 있는 거래가 아닌 것은?**

① 5% 이내의 MMF가 보유한 증권의 대여
② 우체국에 예치
③ 다른 MMF의 집합투자증권 매입
④ 단기사채 매입

★★★

34 **다음 중 특수한 형태의 집합투자기구에 대한 설명으로 옳은 것을 모두 묶은 것은?**

가. 모자형집합투자기구는 하위투자기구에만 투자자가 투자하는 반면, Fund of Funds는 그 투자기구 자체에 투자자가 투자하게 된다.
나. 전환형집합투자기구는 집합투자규약에 법적형태가 서로 다른 집합투자기구 간의 전환이 가능하다.
다. 종류형집합투자기구를 설정하고자 하는 때에는 종류별(Class) 판매보수와 판매수수료에 대한 사항을 포함하여야 하며, 종류(Class) 수에는 제한이 없으나, 기존에 이미 만들어진 비종류형집합투자기구는 종류형집합투자기구로 전환할 수 없다.
라. 전환형펀드는 각 펀드의 투자자에게 다른 펀드로 전환할 수 있는 전환권이 부여되어 있는 반면, 목표달성형펀드는 규약의 규정에 의하여 집합투자업자가 펀드에서 일정 수익이 달성되면 의무적으로 펀드를 해지(Spot Fund)하거나 또는 보다 안전성 높은 자산으로 투자대상자산을 변경하도록 하고 있으므로 이 두 개의 펀드는 다른 유형의 펀드이다.

① 가, 나
② 나, 다
③ 다, 라
④ 가, 라

★★★
35 **상장지수집합투자기구(ETF)에 대한 설명으로 적절하지 않은 것은?**

① 발행시장(Primary Market)에서는 투자매매업자・투자중개업자 또는 지정참가회사(AP)가 ETF의 설정과 해지를 한다.
② ETF 설정・해지 시 신탁원본을 금전 또는 증권실물로 설정 및 해지할 수 있다.
③ 유통시장(Secondary Market)에서는 일반투자자들과 지정참가회사가 ETF수익증권을 매매한다.
④ ETF의 상장폐지 시 상장폐지일로부터 90일 이내에 펀드를 해지하여야 하며, 해지일로부터 10일 이내에 금융위에 보고하여야 한다.

★★★
36 **종류형펀드에 대한 설명으로 적절하지 않은 것은?**

① 펀드의 난립을 방지하고 여러 클래스에 투자된 자산을 합쳐서 운용할 수 있는 규모의 경제를 달성할 수 있다.
② 종류(Class) 수에는 제한이 없으며, 기존에 이미 만들어진 비종류형집합투자기구도 종류형집합투자기구로 전환할 수 있다.
③ 판매업자의 판매보수는 클래스별로 차별할 수 있다.
④ 특정 종류의 투자자가 수익자총회를 개최할 경우 다른 종류의 투자자로부터 동의를 받아야 한다.

★★
37 **펀드를 설정하기 전에 미리 투자자로부터 펀드의 투자에 대하여 청약을 받고 그 청약대금을 확보한 후에 펀드의 설정을 요청하는 펀드는?**

① 모집식 펀드
② 매출식 펀드
③ 개방형 펀드
④ 추가형 펀드

★★★
38 **원금비보존형 파생상품펀드의 쿠폰(제시수익률)에 영향을 주는 요인에 대한 설명으로 적절하지 않은 것은?**

① 기초자산의 변동성이 클수록 쿠폰이 상승한다.
② 상환조건이 낮을수록 쿠폰이 낮아진다.
③ KI(Knock-In)이 낮을수록 쿠폰이 낮아진다.
④ 기초자산이 두 종목인 경우 상관관계가 낮을수록 쿠폰이 낮다.

★★
39 **파생결합증권 구성요소에 대한 설명으로 옳지 않은 것은?**

① 기초자산은 제시수익률에 영향을 주는 자산이다.
② 발행사는 상환시점에 헤지 운용한 결과를 투자자에게 지급한다.
③ 기초자산이 주식인 경우에도 파생결합증권은 만기를 가지고 있다.
④ 대부분 중도환매(Unwinding)가 가능하다.

★★★
40 **다음 중 실물형부동산펀드가 아닌 것은?**

① 임대형부동산펀드
② 대출형부동산펀드
③ 경공매형부동산펀드
④ 개발형부동산펀드

★★
41 **특별자산펀드에 대한 설명으로 적절하지 않은 것은?**

① 원칙적으로 환매금지형으로 설정하여야 하며 공모인 경우 집합투자증권을 최초로 발행한 날로부터 90일 이내에 증권시장에 상장하여야 한다.
② 통화, 일반상품, 신용위험 등의 위험으로 합리적이고 적정한 방법을 통해 가격·이자율·지표·단위의 산출이나 평가가 가능한 것을 기초로 하는 파생상품은 특별자산이 될 수 있다.
③ 특별자산펀드에 대해서는 운용특례로서 금전의 차입을 허용하고 있다.
④ 특별자산펀드를 금융위원회에 등록하는 경우에는 특별자산의 평가방법을 기재한 서류를 별도로 첨부하여야 한다.

★★
42 **특정금전신탁에 대한 설명으로 적절하지 않은 것은?**

① 단독운용신탁의 특성상 최저가입금액이 다른 금융상품에 비해 높지만 최저금액에 대한 법령상의 제한은 없다.
② 자본시장법에서는 신탁재산인 금전을 보험상품으로 운용하는 것을 원칙적으로 금지하고 있다.
③ 고객과 신탁회사의 합의에 의해 일정 기준의 수익을 초과하는 수익의 일정부분을 수익보수로서 취득할 수 있다.
④ 제3자를 수익자로 지정하는 경우에도 증여세가 부과되지 않는 것이 특정금전신탁의 특징이다.

★★★
43 **연금저축에 대한 설명으로 적절하지 않은 것은?**

① 연금저축계좌에는 연금저축신탁, 연금저축펀드, 연금저축보험으로 구분되며 국내거주자이면 가입자연령 제한은 없다.
② 전체 금융기관을 합산하여 신탁금액은 퇴직연금의 근로자 납입분 등과 합산한 연간 1,800만원 한도이며 연간 최고한도 600만원까지 세액공제 혜택이 있다.
③ 연금수령기간은 가입일로부터 5년이 경과하고 만 55세 이후부터 10년차 이상으로 분할 수령하여야 한다.
④ 연금소득금액(사적연금)이 연간 1,500만원을 초과할 경우 분리과세가 아닌 종합과세되어야 한다.

★★
44 투자전략에 의한 펀드의 분류 중 패시브 운용전략 펀드로만 옳게 묶은 것은?

> 가. Bottom-up Approach형 펀드
> 나. Top-down Approach형 펀드
> 다. 포트폴리오 보험형 펀드
> 라. 시스템트레이딩형 펀드

① 가, 나
② 나, 다
③ 다, 라
④ 가, 라

펀드영업실무(8문항)

★
45 판매회사의 투자권유에 대한 설명으로 적절하지 않은 것은?

① 전문금융소비자에게 방문, 전화 등 실시간 대화의 방법으로 고난도금융투자상품, 고난도투자일임계약, 고난도금전신탁계약, 사모펀드, 장내파생상품, 장외파생상품을 권유할 수 없다.
② 권유하는 펀드를 운용하는 집합투자업자가 판매회사와 계열회사에 속할 경우, 이 사실을 투자자에게 고지하고 계열회사등이 아닌 집합투자업자가 운용하는 유사한 펀드를 함께 투자권유하여야 한다.
③ 판매회사가 이미 투자자정보를 알고 있는 투자자에 대하여는 기존 투자자성향과 그 의미에 대해 설명하고 투자권유를 하는 것이 바람직하다.
④ 고령투자자 및 초고령의 투자자에게 ELS, ELT, DLS, DLF, DLT 등을 판매하고자 하는 경우 추천사유 및 유의사항 등을 기재한 적합성 보고서를 계약체결 이전에 투자자에게 교부하여야 한다.

★★
46 수익증권저축거래에 대한 설명으로 적절하지 않은 것은?

① 저축자가 세금정산의 목적으로 수익증권을 모두 환매하고 즉시 그 환매자금으로 해당 수익증권을 재매입하는 경우, 이 재매입한 수익증권의 환매수수료 계산시작일은 당초의 수익증권의 매입일이다.
② 소규모 투자신탁을 해지함에 있어서 그 상환금으로 판매회사에서 안내받은 수익증권을 매수하는 경우 환매수수료와 판매보수는 면제한다.
③ 저축재산에서 발생한 이익분배금은 별도의 약정이 없는 한 해당 투자신탁의 수익증권을 매수하고 그 수익증권을 환매하는 경우에는 환매수수료를 면제한다.
④ 투자신탁의 수익증권 양도 시 저축자 간의 과세금액을 확정하기 위하여 환매 후 즉시 그 환매자금으로 해당 수익증권을 재매수 시 환매수수료는 면제한다.

★
47 1,000만원을 국내 주식형 투자신탁에 투자한 후 전부 환매한 투자자의 매매내역이 아래와 같은 경우 환매 후 수령금액은? (단, 환매수수료는 90일 미만 시 이익금의 70%이며, 원천징수되는 배당소득세는 15.4%이다.)

(단위 : 원)

매매일자	구 분	기준가격	과표기준가격
2024.1.8.	매 입	1,000	1,000
2024.3.8.	전액환매	1,200	1,050

① 10,523,000원
② 10,600,000원
③ 11,692,000원
④ 11,923,000원

★★
48 소득세법상 거주자가 종합소득 확정신고가 필요한 경우로 옳은 것은?

① 근로소득만 있는 경우
② 근로소득과 양도소득만 있는 경우
③ 퇴직소득과 양도소득만 있는 경우
④ 근로소득과 사업소득만 있는 경우

★★★
49 상속재산에 포함되지 않는 것은?

① 유증재산
② 신탁재산
③ 공과금
④ 퇴직금

★★
50 소득세법상 집합투자기구의 일부손익과세제외 규정에 대한 설명으로 적절하지 않은 것은?

① 상장주식의 장내 매매차익은 과세제외된다.
② 비상장주식의 매매차익은 과세된다.
③ 채권매매차익과 환차익은 과세제외된다.
④ 주식의 배당소득이나 채권의 이자소득은 과세된다.

★★
51 **부동산펀드 운용에 따른 과세와 관련된 설명으로 옳은 것은?**

① 부동산 취득 등기 시 취득세, 등록면허세 그리고 종합부동산세를 납부하여야 한다.
② 부동산펀드 소유의 토지와 건물을 거래상대방에게 공급할 경우 토지분에 대하여 부가가치세를 납부하여야 한다.
③ 부동산펀드에 귀속된 부동산 양도소득세는 펀드단계에서 과세되지 아니하고 투자자의 환매금 또는 이익분배금의 수령 시 양도소득으로 과세된다.
④ 부동산펀드가 소유한 주택은 종합부동산세의 과세대상에 해당한다.

★★
52 **집합투자기구로부터의 이익에 대한 과세와 관련된 설명으로 적절하지 않은 것은?**

① 집합투자기구에 대한 일부손익과세제외 제도를 두어 투자자의 직접투자와의 과세형평을 완전히 실현하고 있다.
② 집합투자업자, 신탁업자, 투자매매·중개업자가 받은 모든 보수와 수수료는 투자자의 과세소득을 계산함에 있어서 차감된다.
③ 결산분배금을 재투자특약에 의하여 원본에 전입하는 경우 이익을 현실적으로 지급받은 것은 아니지만 이를 지급받은 것으로 보아 수입시기로 하고 있다.
④ 원본손실 가능성이 있는 투자자산의 매매차익은 결산 시 과세하지 않고 투자기간 동안 전체손익을 통산하여 환매 시 과세할 수 있다.

펀드운용 및 평가(8문항)

★
53 **채권수익률에 대한 설명으로 적절하지 않은 것은?**

① 채권의 만기수익률(Yield to Maturity)은 한 개의 수익률이므로 잔존만기 이전에 현금흐름이 발생하면 이를 적용할 수 없다.
② 할인채 또는 무이표채의 만기수익률을 현물이자율(Spot Rate)이라고 한다.
③ 만기수익률이 현재 시점에서 적용되고 있는 만기까지의 이자율이라면 내재이자율은 현재시점에서 요구되는 미래기간에 대한 이자율이다.
④ 1년 만기의 할인율이 6%이고 2년 만기의 할인율이 6.5%일 경우 내재이자율은 약 7%가 된다.

★★★
54 **채권의 듀레이션에 대한 설명으로 적절하지 않은 것은?**

① 이표채의 표면금리가 높을수록 듀레이션이 짧아진다.
② 채권의 잔존만기가 길수록 듀레이션은 길어진다.
③ 시장금리가 높을수록 듀레이션은 길어진다.
④ 할인채와 복리채의 만기와 듀레이션은 일치한다.

★★
55 채권투자에 따른 위험을 회피하기 위한 방법에 대한 설명으로 적절하지 않은 것은?

① 채권금리 상승에 따른 위험을 회피하기 위해 변동금리부채권을 매입한다.
② 신용스프레드가 확대될 가능성이 높을 경우 크레딧물(Credit Bond)을 매도한다.
③ 국채금리가 상승할 가능성이 높을 경우 국채선물을 매수한다.
④ 채권금리 상승에 따른 위험을 회피하기 위해 이자율스왑계약에서 고정금리 지급 포지션을 취한다.

★★
56 주가배수를 활용한 상대가치평가방법에 대한 설명으로 적절하지 않은 것은?

① 기업의 우수 인적자원은 많지만 고정자산 투자가 작아 자산가치 평가가 어려운 기술주의 평가에는 PSR을 적용할 수 있다.
② PBR은 주가와 수익의 유량(Flow)관계이고, PER은 주가와 순자산과의 저량(Stock)관계를 나타낸다.
③ EV/EBITDA의 EV는 보통주의 시가총액, 우선주의 시장가치 그리고 순차입금의 합계이다.
④ 경제상황의 악화로 시장의 주가 수준이 극도로 낮아진 상황에서 기업의 현금흐름의 중요성이 상대적으로 높아질 때에 EV/EBITDA 분석은 타 비율분석보다 높은 유용성을 가진다.

★★
57 기업가치분석에 있어 잉여현금흐름(FCF : Free Cash Flow)모형에 대한 설명으로 적절하지 않은 것은?

① 잉여현금흐름이란 영업활동으로 인한 현금흐름으로 세후영업이익에서 투하자본증가액을 차감한 값이다.
② 기업의 특정 사업부의 가치를 부문별로 추정할 수 있는 유연성을 가진다.
③ 미래의 잉여현금흐름을 추정하고 이를 보통주 자기자본비용으로 할인한 현재가치의 합계를 발행주식수로 나누어 주당 주식가치를 추정할 수 있다.
④ 배당평가모형이나 이익평가모형의 한계점을 극복한 모형이다.

★★★
58 기술적 분석의 한계점에 대한 설명으로 적절하지 않은 것은?

① 분석자별로 차트 해석이 달라질 수 있다.
② 시장의 변화요인을 정확히 분석할 수 없다.
③ 이론적인 검증이 어렵다.
④ 회계처리방법 및 분식결산에 따른 문제점이 있다.

★★★

59 다음과 같은 조건이 주어진 경우 측정치를 구한 것으로 옳은 것은?

- 집합투자기구의 평균수익률 : 11%
- 집합투자기구의 벤치마크 평균수익률(시장수익률) : 9%
- 무위험 평균수익률 : 6%
- 집합투자기구 수익률의 표준편차(총위험) : 5%
- 집합투자기구의 베타 : 1.2
- 집합투자기구의 추적오차(Tracking Error) : 2%

	샤프비율	젠센의 알파	정보비율
①	0.4	1.2	2.5
②	1.0	1.4	1.0
③	1.0	1.4	0.4
④	2.5	1.4	1.6

★

60 다음 중 ESG요소를 반영한 책임투자 관련 글로벌 이니셔티브에 대한 설명으로 적절하지 않은 것은?

① ESG란 Environmental, Social, Governance의 약어이다.

② UN Global Compact는 전 세계 기관투자자들의 지속가능한 사회적 책임을 촉진하기 위한 UN산하 국제기구로서, 글로벌 최대의 자발적인 지속가능 이니셔티브이다.

③ UN SDGs란 유엔총회에서 채택된 전 세계의 빈곤문제를 해결하고 지속가능한 발전을 실현하기 위하여 사회적 포용, 경제성장, 지속가능한 환경의 3대 분야에 대해 유엔과 국제사회가 달성해야 할 목표를 제시하는 이니셔티브이다.

④ TCFD는 지배구조, 경영전략, 리스크관리, 지표 및 목표의 구분에 따라 기후변화와 관련된 정보공시 프레임워크를 제시하여 점차 글로벌 표준으로 자리 잡고 있다.

파생상품펀드 법규(7문항)

★★
61 **자본시장법상 명시적으로 금융투자상품에서 제외된 것이 아닌 것은?**

① 원화로 표시된 양도성예금증서
② 신탁법상의 관리형신탁 수익권
③ 신주인수권부 증서
④ 상법상의 주식매수선택권(Stock Option)

★★★
62 **자본시장법상 파생상품 등에 대한 설명으로 적절하지 않은 것은?**

① 파생상품펀드는 자본시장법상 구분되는 펀드의 한 가지 종류이다.
② 사모 파생상품펀드는 환매금지형이라도 상장할 수 없다.
③ 미국선물협회의 규정에 따라 장외에서 이루어지는 외국환거래는 장내파생상품이다.
④ 장외파생상품은 파생상품으로서 장내파생상품이 아닌 것을 말한다.

★
63 **자본시장법상 증권의 정의에 대한 설명으로 적절하지 않은 것은?**

① 채무증권 : 국채증권, 지방채증권, 특수채증권, 사채권, 기업어음증권, 그 밖에 이와 유사한 것으로서 지급청구권이 표시된 것
② 지분증권 : 법률에 의해 직접 설립된 법인이 발행한 출자증권
③ 파생결합증권 : 기초자산의 가격・이자율・지표・단위 또는 이를 기초로 하는 지수 등의 변동과 연계하여 미리 정하여진 방법에 따라 지급하거나 회수하는 금전등이 결정되는 권리가 표시된 것
④ 투자계약증권 : 특정 투자자가 그 투자자와 타인(다른 투자자를 포함) 간의 공동사업에 금전 등을 투자하고 주로 본인이 수행한 공동사업의 결과에 따른 손익을 귀속받는 계약상의 권리가 표시된 것

★★★
64 **밑줄 친 부분의 설명과 관련하여 장외파생상품 매매상대방 적격요건에 대한 설명으로 적절하지 않은 것은?**

> 집합투자업자는 펀드재산으로 파생상품에 운용함에 있어서 장외파생상품 매매를 하는 경우 <u>적격요건을 갖추지 못한 자</u>와의 매매는 금지된다.

① 상대방은 국가, 한국은행, 은행 등과 같이 일반투자자로의 전환청구를 할 수 없는 전문투자자이어야 한다.
② 상대방이 민법 또는 상법상의 보증인을 둔 경우는 적격요건에 해당한다.
③ 상대방이 신용평가회사(외국의 신용평가업자 포함)에 의하여 투자적격등급 이상으로 평가받은 경우는 적격요건에 해당한다.
④ 상대방이 담보물을 제공한 경우는 적격요건에 해당한다.

★★
65 스왑거래의 위험평가액에 대한 설명으로 적절하지 않은 것은?

① 통화스왑(CRS) : 지급하기로 한 통화의 명목원금
② 금리스왑(IRS) : 고정금리를 지급하는 경우 만기까지 지급하기로 한 금전총액, 변동금리를 지급하는 경우 만기까지 지급할 것으로 예상되는 금전총액의 시가평가금액
③ 신용부도스왑(CDS) : 보장매도자의 경우 지급하기로 한 금전총액, 보장매수자의 경우 신용사건 발생 시 지급하기로 한 명목금액
④ 총수익스왑(TRS) : 수취하기로 한 금전총액이 부(−)의 값을 가지는 경우 지급하기로 한 금전총액과 수취하기로 한 금전총액의 절댓값을 더한 금액, 수취하기로 한 금전총액이 양(+)의 값을 가지는 경우 지급하기로 한 금전총액

★★★
66 금융투자업규정상 최대손실예상금액(VaR)에 대한 설명으로 적절하지 않은 것은?

① VaR는 보유포지션의 장부가치 × 신뢰구간 배수 × 표준편차 × $\sqrt{\text{보유기간}}$ 으로 산정한다.
② VaR는 10영업일의 보유기간 및 99%의 단측 신뢰구간을 적용하여 일일단위로 측정되어야 한다.
③ 10영업일보다 짧은 보유기간을 사용하여 VaR를 산정한 후 이를 10영업일에 상당하는 수치로 전환시켜 산정할 수 있다.
④ VaR는 1년 이상의 자료관측기간을 기초로 하여 측정되어야 하며, 시장상황에 따라 최소한 3개월에 1회 이상 자료구성을 수정・보완시키되, 시장가격의 중대한 변동이 있는 경우에는 수정・보완기간을 단축하여야 한다.

★★
67 고난도 펀드의 요건에 대한 설명으로 적절하지 않은 것은?

① 파생결합증권 및 파생상품에 운용하는 비중이 펀드자산총액의 20%를 초과하는 복잡성을 가진다.
② 펀드에 편입된 파생결합증권 및 파생상품으로부터 발생하는 최대원금손실 가능금액이 펀드자산총액의 20%를 초과하는 손실가능성을 가진다.
③ ETF를 투자자가 직접 매매하는 경우에도 요건을 갖추면 고난도 펀드에 해당한다.
④ 재간접펀드인 경우 피투자 고난도 펀드의 최대원금손실 가능금액을 합산한다.

파생상품펀드 영업(8문항)

★★
68 투자자 강모 씨는 향후 국내 주식시장의 움직임에 대해 불확실한 전망을 하고 있지만 평소 분석해온 A 기업 주가 수익률이 시장지수(KOSPI200)보다는 더 우수할 것으로 예상하고 있다. 강 모 씨의 본인의 전망에 근거한 가장 바람직한 투자전략은?

① KOSPI200 선물 매수, A 기업 주식 매수
② KOSPI200 선물 매도, A 기업 주식 매수
③ KOSPI200 선물 매수, A 기업 주식 매도
④ KOSPI200 선물 매도, A 기업 주식 매도

★
69 워런트 투자구조 중 '기초자산이 특정구간에 있을 때 지속적으로 수익이 상승하지만 특정구간을 넘어서면 일정한 수익만을 받는 구조'에 해당하는 것은?

① 디지털(Digital)
② 낙인(Knock In)
③ 낙아웃(Knock Out)
④ 스프레드(Spread)

★★★
70 일정비율보험전략(CPPI)과 시간불변 포트폴리오보존전략(TIPP)에 대한 설명으로 적절하지 않은 것은?

① CPPI는 보장치가 시간에 따라 무위험이자율로 증가하는 특징이 있다.
② 쿠션값에 승수를 곱하여 위험자산에 투자하여 옵션매수를 복제한다.
③ TIPP는 CPPI의 보장치 조정방법을 개선한 것으로 투자 개시 이후 포트폴리오의 최고가치의 일정 비율을 방어하도록 설계한 것이다.
④ 하락장이나 횡보장에서는 CIPP가 TIPP보다 우수한 것으로 알려져 있다.

★★★
71 최근 A 기업은 B 기업 인수를 시도하면서 B 기업 주주에게 1주당 A 기업 주식 0.5주와 교환해 주는 합병계획을 발표하였다. 현재 시장에서는 A 기업은 1만원에 거래되고 있고, B 기업은 3천원에 거래되고 있다. 합병차익거래 전략으로 옳은 것은?

① A 기업 1주 매수, B 기업 2주 매수
② A 기업 1주 매수, B 기업 2주 공매도
③ A 기업 2주 공매도, B 기업 1주 매수
④ A 기업 1주 공매도, B 기업 2주 매수

★★
72 구조화형 펀드(금융공학펀드)에 대한 설명으로 적절하지 않은 것은?

① 일정수준 원금보존 성격을 가지고 있다.
② 중도환매 시 ELF 대비 상대적으로 낮은 환매수수료가 부과된다.
③ ELF 대비 운용전략 수정이 용이하다.
④ ELF 대비 세금면에서는 불리하다.

★★
73 워런트(Warrant) 투자형에 대한 설명으로 적절하지 않은 것은?

① 워런트는 옵션과 유사한 용어이다.
② 가격위험과 신용위험에 노출된다.
③ 거래소에 상장된 ELW는 파생상품이다.
④ 워런트투자는 원금보존 추구가 가능하다.

★★
74 신용파생상품에 대한 설명으로 적절하지 않은 것은?

① CLN(Credit Linked Notes)의 경우 기초자산이 여러 개의 기업으로 이루어지고 이 중 하나라도 파산하면 책임을 지는 상품(First to Default)으로 진화하였다.
② First to Default 형태의 CLN은 1개 종목을 기초자산으로 한 CLN보다 훨씬 높은 프리미엄을 받을 수 있다.
③ 펀드에서 Protection Buyer로서 CDS(Credit Default Swap)를 거래한다면 신용 리스크를 제거하면서 고수익을 올릴 수 있는 기회가 된다.
④ 합성 CDO는 다양한 채권의 신용위험인 CDS(Credit Default Swap)만을 채권에서 분리하여 따로 만들어진 투자상품이다.

★★
75 환리스크 헤지에 대한 설명으로 적절하지 않은 것은?

① 규칙으로 정해진 것은 아니지만 채권형 펀드는 투자원금의 전액을 헤지하는 경우가 많다.
② 전 세계적으로 분산투자된 펀드에 투자한 경우 환헤지를 하지 않을 수도 있다.
③ 한국거래소의 장내선물로 헤지 시 미달러화가 아닌 통화일 경우에도 통화선물거래를 한 번만 하면 되지만 통화선물의 유동성이 선물환의 경우보다 현저히 떨어지는 단점이 있다.
④ 옵션의 무비용전략을 활용하면 초기자금부담 없이 합성선물을 만들 수 있지만 KIKO처럼 불필요한 포지션 발생에 따른 과도한 손실발생이 우려되기도 한다.

파생상품펀드 투자 · 리스크관리(10문항)

★★★
76 거래소 선물거래의 일일정산에 의한 추가증거금이 가장 큰 거래는?

① 개시증거금 300만원, 유지증거금 220만원, 증거금잔액 200만원
② 개시증거금 300만원, 유지증거금 210만원, 증거금잔액 220만원
③ 개시증거금 330만원, 유지증거금 220만원, 증거금잔액 230만원
④ 개시증거금 330만원, 유지증거금 210만원, 증거금잔액 200만원

★★
77 한국거래소에서 투자자 A, B, C의 코스피200선물 거래가 다음과 같다. 장 마감후의 상황을 적절하게 표시한 것은?

> (1) 오전 10시경
> • 320p에 A는 1계약 매수, B는 1계약 매도
> (2) 오전 11시경
> • 321p에 C는 1계약 매도, B는 1계약 매수
> (3) 오후 3시경
> • 320p에 A는 1계약 매수, C는 1계약 매도

	누적 거래량	미결제약정 수량
①	3	0
②	2	1
③	3	2
④	2	3

★★★
78 코스피200 선물의 근월물의 가격이 320point, 원월물 가격이 322point로 현재 2point 차이다. 그러나 이 두 선물의 가격차는 통상 3point이므로 곧 정상가격인 3point로 확대될 것으로 예상하는 투자자의 전략은?

① 근월물 매수, 원월물 매도
② 근월물 매도, 원월물 매수
③ 근월물 매수, 원월물 매수
④ 근월물 매도, 원월물 매도

★★
79 1년 만기 국채 원금 100의 만기수익률이 5이고 현재 주가지수 100인 상태에서 풋옵션 매도(행사가격 85)로 인한 프리미엄이 4일 경우의 리버스 컨버터블(RC)의 손익분기점이 되는 주가지수는?

① 109
② 105
③ 85
④ 76

★★★
80 초기에 순수입이 발생하는 콜(C) 약세스프레드 전략은? (단, 괄호 안의 숫자는 행사가격이다.)

① C(85)매수, C(80)매도
② C(85)매수, C(80)매수
③ C(85)매도, C(80)매도
④ C(85)매도, C(80)매수

★★
81 외환시장과 단기금융시장에서 원-달러 환율과 한국과 미국의 이자율에 대한 정보가 다음과 같을 경우 아래 내용 중 적절한 것은?

- 현물환율 : $1 = ₩1,200
- 1년 만기 시장 선물환율 : $1 = ₩1,230
- 원화이자율 : 연 4%
- 달러이자율 : 연 2%

① 시장 선물환율은 할인상태에 있다.
② 시장 선물환율이 균형 선물환율보다 저평가되어 있다.
③ 무위험이자율 차익거래 시 원화 대출, 달러화 차입이 발생한다.
④ 매수차익거래가 발생한다.

★★★
82 원-달러 통화스왑의 경우 환율이 1,300원/$일 때 두 당사자 사이에 초기 자금교환액수가 1억 3천만원과 10만달러였다. 만일 통화스왑 만기에 환율이 1,200원/$가 되었다면 두 당사자가 만기 시 재교환하는 자금의 액수는?

① 100,000달러 대 120,000,000원
② 100,000달러 대 130,000,000원
③ 108,333달러 대 120,000,000원
④ 108,333달러 대 130,000,000원

★★

83 3개월 후에 달러 여유자금 100만불이 생기는 고객은 금리 하락을 헤지하고자 한다. 해당 여유자금을 3개월만 예치하고자 할 때 금리선도계약(FRA)의 헤지전략으로 옳은 것은?

① FRA 3×3 매도
② FRA 3×3 매수
③ FRA 3×6 매수
④ FRA 3×6 매도

★★★

84 원금 1,000만달러, 지급주기 6개월, 만기 3년 고정금리(상대금리는 6개월 LIBO이다)는 5%인 금리스왑 시작 시점의 LIBOR금리가 5%, 6개월 후 LIBOR금리가 4%라면 금리스왑 시작 시점 후 6개월이 지난 시점에서 고정금리 수취자가 수취 혹은 지급해야 할 금액은 얼마인가?

① 5만달러 지급
② 5만달러 수취
③ 10만달러 지급
④ 수취 또는 지급할 금액 없음

★★

85 파생결합증권(동일한 구조의 장외파생상품 포함)의 운용사에 대한 설명으로 적절하지 않은 것은?

① 파생결합증권의 매입일 경우에는 유가증권발행신고서, 장외파생상품 거래일 경우는 ISDA 계약서 등이 파생상품펀드의 투자설명서 내용과 상충하는지 여부를 면밀히 검토하여야 한다.
② 파생결합증권의 매입 혹은 장외파생상품의 거래에 따른 신용리스크는 운용사의 몫이므로 신용리스크 관리에 만전을 기해야 한다.
③ 파생상품의 특성인 상품유동성 리스크에 직면할 개연성이 많아 운용사는 Bid/Offer의 가격 폭의 현저한 확대 등의 상품유동성 리스크를 최소화하는 거래상대방을 선택하여야 한다.
④ 법인격이 없는 펀드를 대신해서 운용사는 수탁은행과 더불어 장외파생상품을 거래하게 되면 신용보강에 대한 문제가 발생할 수 있다.

부동산펀드 법규(5문항)

★★
86 자본시장법상 부동산펀드에 대한 설명으로 적절하지 않은 것은?

① 부동산펀드가 직접 개발사업시행자로 부동산개발사업에 투자하는 경우 법인격이 있는 투자유한회사나 투자회사의 형태를 활용할 수 있다.
② 부동산펀드는 리조트 등을 직접 운영하는 방식으로도 투자할 수 있다.
③ 부동산투자합자회사의 경우 집합투자업자인 무한책임사원에게 이익과 손실을 우선적으로 부담하게 할 수 있다.
④ 일반사모펀드의 경우 투자자 간 손익의 순위와 분배에 대하여 집합투자규약에 달리 정할 수 있다.

★
87 부동산 공모펀드가 펀드재산의 100% 투자 가능한 것이 아닌 것은?

① 부동산개발회사가 발행한 지분증권
② 부동산투자목적회사가 발행한 지분증권
③ 부동산투자회사가 발행한 증권
④ 주택저당채권담보부증권

★★★
88 자본시장법상 집합투자업자가 부동산개발사업에 투자하는 경우에 작성하는 '사업계획서'에 포함되는 내용이 아닌 것은?

① 추정손익에 관한 사항
② 부동산의 거래비용
③ 자금의 조달・투자・회수에 관한 사항
④ 공사시공 등 외부용역에 관한 사항

★★★
89 부동산펀드의 운용특례에 대한 설명으로 적절하지 않은 것은?

① 부동산의 개발・임대・관리 및 개량업무와 그에 부수한 업무는 제3자에게 업무를 위탁할 수 있다.
② 실물부동산의 경우에는 취득 후 일정기간 처분에 제한이 있지만 부동산 관련 권리를 취득하는 경우에는 언제라도 처분이 가능하다.
③ 부동산펀드가 아닌 펀드가 부동산을 취득함에 있어 차입금 한도는 펀드순자산의 70%이다.
④ 집합투자업자가 투자신탁재산을 등기할 경우 그 신탁원부에 수익자를 기록하지 않을 수 있다.

★★
90 **자본시장법상 부동산펀드의 차입과 대여에 대한 설명으로 적절하지 않은 것은?**

① 은행, 보험회사, 상호저축은행, 다른 부동산펀드는 차입기관에 포함된다.
② 부동산펀드가 아닌 펀드에서 부동산을 취득함에 있어 금전을 차입하는 경우에 그 차입금의 한도는 해당 펀드에 속하는 부동산 가액의 70%이다.
③ 사모 부동산펀드의 경우에는 집합투자업자가 부동산에 대하여 담보권을 설정하거나 시공사 등으로부터 지급보증을 받는 등 대여금을 회수하기 위한 적절한 수단을 확보하지 않아도 된다.
④ 부동산중개사업을 영위하는 법인을 대상으로 금전을 대여할 수 있다.

부동산펀드 영업(5문항)

★★
91 **부동산의 제한물권에 대한 설명으로 적절한 것은?**

① 지상권은 최장기간에 대한 제한은 있지만 최단기간에 대한 제한은 없다.
② 유치권은 점유로서 공시되므로 등기가 필요 없다.
③ 지역권의 경우 승역지는 반드시 1필의 토지이어야 하나 요역지는 토지의 일부도 가능하다.
④ 저당권은 점유를 포함하며 반드시 등기·등록에 의한 공시를 하여야 한다.

★
92 **부동산 등기법상 가등기의 효력에 해당하는 것은?**

① 물권변동적 효력
② 순위확정적 효력
③ 점유적 효력
④ 청구권보전의 효력

★★
93 **부동산에 일물일가의 법칙이 적용되지 않는 이유와 관련된 부동산 특성에 속하는 것은?**

① 부증성
② 개별성
③ 영속성
④ 부동성

★★
94 **부동산펀드와 부동산투자회사(REITs)에 대한 설명으로 적절하지 않은 것은?**

① 부동산펀드의 근거법은 자본시장법이며, 부동산투자회사의 근거법은 부동산투자회사법이다.
② 부동산투자회사는 부동산펀드와는 달리 자금의 집합체가 아니라 상법상 주식회사이므로 주주총회, 이사회, 감사 등의 내부구성요소를 가진다.
③ 부동산펀드는 순자산의 2배까지 자금차입이 가능하며, 부동산투자회사는 자기자본의 2배까지 차입이 가능하다. 단, 부동산투자회사는 주주총회의 특별결의로 자기자본의 10배까지 차입도 가능하다.
④ 부동산펀드와 자기관리형 부동산투자회사는 법인세 과세대상이 아니다.

★★★
95 **실물형부동산펀드가 아닌 것은?**

① 대출형
② 임대형
③ 개량형
④ 경공매형

부동산펀드 투자 · 리스크관리(5문항)

★
96 **부동산투자의 위험 중 개발위험을 회피하기 위한 수단에 해당하는 것은?**

① 담보부 차입거래
② 리싱 패키지
③ EPC 계약
④ 풋백옵션(Put Back Option)

★★
97 부동산시장의 동시균형 모델인 D-W의 4분면 모델에 대한 설명으로 적절하지 않은 것은?

① 1/4분면은 임대료가 결정되며 단기공급곡선은 가격 탄력적이다.
② 2/4분면은 임대료와 부동산가격 간의 관계를 보여주는 것으로 시장요구자본환원율에 의한 직접환원법으로 부동산 가치를 산출할 수 있다.
③ 3/4분면은 부동산가격과 개발비용의 함수로서 신규개발 여부를 결정한다.
④ 4/4분면은 전기의 재고량에서 감가상각 등의 소멸량을 빼주고 신규개발량을 더한 재고조정량으로 1/4분면의 공간서비스량에 영향을 준다.

★★
98 A 부동산과 B 부동산이 대체관계에 있는 경우, A 부동산의 가격이 변화할 때 B 부동산의 수요량이 어느 정도 민감하게 변화하는지를 나타내는 수요의 탄력성은?

① 수요의 소득탄력성
② 수요의 교차탄력성
③ 수요의 공급탄력성
④ 수요의 기대탄력성

★★★
99 정부의 부동산 공급정책에 해당하는 것은?

① 그린벨트 제도
② 분양가상한제
③ 개발부담금 제도
④ 부동산 담보대출 기준금리 조정

★
100 해외부동산펀드의 환헤지에 대한 설명으로 적절하지 않은 것은?

① 투자대상 부동산의 가치가 크게 하락한 경우 과도한 환헤지가 되어 환위험이 증가할 수 있다.
② 통상 환헤지 기간이 부동산프로젝트의 만기보다 짧아 만기 이전에 환헤지를 갱신하는 경우 원화가 평가절하된다면 환헤지 정산금을 환헤지 거래상대방에게 지급해야 할 위험이 있다.
③ 미화표시가 아닌 부동산 자산의 환헤지를 원화 대 미화의 헤지만 하는 경우에는 환위험에 노출된다.
④ 환위험을 회피하기 위하여 해외 시행사에 원화로 대출해 주면 환헤지를 하는 동시에 사업위험을 낮추고 사업성을 높일 수 있다.

What is your passcode?

펀드투자권유자문인력 실제유형 모의고사

제2회

2024년 최신 기본서 반영 및
2개년(23~24년) 기출분석

편드투자권유자문인력 실제유형 모의고사

제3회

시대에듀

제3회
펀드투자권유자문인력 실제유형 모의고사

문항 및 시험시간

평가영역	문항 수	시험시간	비 고
펀드투자권유자문인력	100문항	120분	

편드투자권유자문인력

제3회 실제유형 모의고사

문 항 수 : 100문항
응시시간 : 120분

펀드일반 법규(13문항)

★
01 다음 중 회사형 집합투자기구의 기관을 모두 나열한 것은?

① 이사, 이사회, 주주총회
② 이사, 주주총회, 내부감사
③ 이사회, 내부감사, 주주총회
④ 이사회, 주주총회

★★
02 투자신탁의 수익자총회에 대한 설명으로 적절하지 않은 것은?

① 발행된 수익증권 총 좌수의 5% 이상 보유수익자가 수익자총회의 목적과 소집의 이유를 기재한 서면을 제출하여 수익자총회를 요청할 경우, 집합투자업자는 1개월 이내에 수익자총회를 소집하여야 한다.
② 수익자총회를 소집하는 경우 각 수익자에 대해 총회일의 2주 전에 서면으로 총회의 소집을 통지해야 한다.
③ 수익자총회 결의가 이루어지지 않은 경우 2주 이내 연기된 수익자총회를 소집해야 하며, 소집된 연기수익자총회에서의 결의는 수익자총회의 결의와 달리 출석한 수익자의 의결권 과반수와 발행된 수익증권총좌수의 4분의 1 이상으로 결의할 수 있다.
④ 수익자총회 결의에 반대하는 수익자는 총회결의일로부터 20일 이내에 수익증권의 매수를 청구할 수 있다.

★★
03 투자신탁의 수익증권 발행에 대한 설명으로 틀린 것을 모두 묶은 것은?

가. 투자신탁을 설정한 집합투자업자는 투자신탁의 수익권을 균등하게 분할하여 수익증권으로 표시해야 한다. 나. 투자신탁을 설정한 집합투자업자는 수익증권의 발행가액의 전액이 납입된 경우 신탁업자의 확인을 받아 집합투자업자를 명의인으로 하여 수익증권을 발행해야 한다. 다. 수익증권은 액면 무기명식으로 발행한다.

① 가, 나
② 나, 다
③ 가, 다
④ 가, 나, 다

★★
04 집합투자기구의 증권신고서에 대한 설명으로 적절하지 않은 것은?

① 법인형집합투자기구의 증권신고서 제출의무자는 해당 집합투자업자이다.
② 증권신고서의 효력발생기간은 개방형, 폐쇄형 모두 원칙적으로 15일이며, 정정신고서의 효력발생기간은 원칙적으로 3일이다.
③ 개방형집합투자기구에 대해서는 증권신고서 특례를 두고 있는데, 동일 증권을 계속 발행하는 경우 일괄신고서를 제출하면 발행예정수량 이내에서는 발행 시마다 증권신고서를 제출하지 않아도 된다.
④ 공모발행의 경우 증권신고서를 금융위에 제출하여 수리되기 전까지는 집합투자증권에 대한 모집 또는 매출을 할 수 없다.

★★
05 투자권유대행인에 대한 설명으로 적절하지 않은 것은?

① 금융투자회사가 투자권유대행인으로 하여금 투자권유를 하게 하려면, 먼저 금융위 등록업무를 위탁받은 금융투자협회에 그 투자권유대행인을 등록해야 한다.
② 투자권유대행인은 자본시장법상의 파생상품은 투자권유가 금지되지만 파생결합증권은 투자권유를 할 수 있다.
③ 투자권유대행인은 둘 이상의 금융투자업자와 투자권유 위탁계약을 체결하는 행위는 금지된다.
④ 투자권유대행인도 집합투자증권의 투자권유를 함에 있어 설명의무 및 고객파악의무를 준수해야 하며, 투자권유대행인이 해당의무 위반으로 고객에게 손해배상책임을 지게 될 경우 투자권유를 위탁한 금융투자업자도 사용자로서 배상책임을 진다.

★★
06 집합투자기구의 환매에 대한 설명으로 적절하지 않은 것은?

① 투자자는 집합투자업자에게 환매청구를 한다.
② 환매금지형집합투자기구를 제외하고는 투자자는 언제든지 집합투자증권의 환매를 청구할 수 있다.
③ 환매수수료는 투자자가 부담하고 집합투자재산에 귀속된다.
④ 집합투자업자는 원칙상 환매청구일로부터 15일 이내에서 집합투자규약에서 정한 환매일에 환매대금을 지급해야 한다.

★★
07 자본시장법상 공모 집합투자기구의 동일종목 증권에 대한 투자한도가 가장 높은 것은?

① 한국은행 통화안정증권
② 지방채 증권
③ OECD 회원국 정부가 발행한 채권
④ 중국 정부가 발행한 채권

★★
08 **공모 집합투자기구가 성과보수를 받을 수 있는 요건에 대한 설명으로 적절하지 않은 것은?**

① 집합투자업자가 임의로 변경할 수 없는 객관적인 지표 또는 수치를 기준으로 성과보수를 산정할 것
② 운용성과가 기준지표 등의 성과보다 낮은 경우, 성과보수를 적용하지 않는 경우보다 적은 운용보수를 받게 되는 보수체계를 갖출 것
③ 운용성과가 기준지표를 초과한다면, 해당 운용성과가 부(−)의 수익률을 나타내거나 성과보수를 지급함으로써 해당 운용성과가 부(−)의 수익률을 나타낼 경우라도 성과보수를 받게 되는 체계를 갖출 것
④ 환매금지형집합투자기구의 경우 최소 존속기간이 1년 이상일 것과 성과보수의 상한을 정할 것

★★
09 **파생상품 운용특례와 관련하여, 빈칸을 옳게 연결한 것은? (순서대로)**

집합투자업자는 장외파생상품의 매매에 따른 위험평가액이 집합투자기구 자산총액의 (　　　)를 초과하여 투자할 수 있는 집합투자기구의 집합투자재산을 장외파생상품에 운용하는 경우에는, 장외파생상품 운용에 따른 위험관리방법을 작성하여 (　　　)의 확인을 받아 금융위에 신고해야 한다.

① 10%, 신탁업자
② 10%, 판매업자
③ 50%, 신탁업자
④ 50%, 준법감시인

★★
10 **집합투자기구의 수시공시 방법이 아닌 것은?**

① 협회의 인터넷 홈페이지에 공시
② 증권신고서에 공시
③ 판매회사의 전자우편으로 알리는 방법
④ 집합투자업자의 영업소에 게시

★★
11 **집합투자기구의 회계에 대한 설명으로 적절하지 않은 것은?**

① 집합투자업자 또는 투자회사 등은 각 집합투자재산에 대해 회계기간의 말일 등으로부터 2개월 이내에 회계감사인의 감사를 받아야 한다.
② 자산총액이 300억원 이하인 집합투자기구, 자산총액이 300억원 초과 500억원 이하인 집합투자기구로서 기준일 이전 6개월 동안 집합투자증권을 추가로 발행하지 아니한 경우에는 회계감사인의 감사를 받지 않아도 된다.
③ 집합투자업자는 집합투자재산에 관한 매 분기 영업보고서를 작성하여 매 분기 종료 후 1개월 이내에 금융위원회 및 금융투자협회에 제출해야 한다.
④ 펀드를 판매한 판매회사는 결산서류 및 회계감사보고서를 영업소에 비치하고, 비치일로부터 5년간 보존해야 한다.

★★
12 **신탁업자의 자산보관·관리, 운용행위 감시 기능에 대한 설명으로 적절하지 않은 것은?**

① 집합투자재산을 보관·관리하는 신탁업자는 집합투자업자의 운용지시가 법령, 집합투자규약, 투자설명서 등을 위반하는지 여부에 대하여 확인하고, 위반사항이 있는 경우 그 집합투자업자(투자회사는 감독이사)에 대하여 그 운용지시 또는 운용행위의 철회·변경 또는 시정을 요구해야 한다.
② 신탁업자는 집합투자업자가 산정한 기준가격의 적정성 여부를 확인해야 하는 바, 집합투자업자가 산정한 기준가격과 신탁업자가 산정한 기준가격의 편차가 1,000분의 3을 초과할 경우는 지체 없이 집합투자업자에게 시정을 요구하거나 투자회사의 감독이사에게 보고해야 한다.
③ 신탁업자는 집합투자업자의 운용에 있어서 장외파생상품 운용에 따른 위험관리방법의 작성이 적정한지 여부를 확인해야 한다.
④ 신탁업자는 집합투자업자의 운용에 있어서 투자대상자산의 결정이 적정한지 여부를 확인해야 한다.

★★
13 **집합투자기구의 합병 효력발생 시기는?**

① 증권신고서를 금융위원회에 제출한 때
② 수익자총회(주주총회)에서 합병을 결의한 때
③ 소멸하는 집합투자기구의 집합투자업자가 금융위원회에 합병보고를 한 때
④ 존속하는 집합투자기구의 집합투자업자가 금융위원회에 합병보고를 한 때

직무윤리 및 투자자분쟁예방(15문항)

★★
14 **다음 설명 중 적절하지 않은 것은?**

① 법은 최소한의 윤리이다.
② 기업의 조직구성원 개개인들이 자신이 맡은 업무를 수행하면서 지켜야 하는 윤리적인 행동과 태도를 구체화한 것은 기업윤리이다.
③ 윤리경영은 직무윤리를 기업의 경영방식에 도입하는 것으로 간단하게 정의할 수 있다.
④ 현대사회는 위험사회이며 위험으로 인한 거래비용은 거래수수료와 같은 단순한 거래비용뿐 아니라 상대방의 거래위험으로 발생할 수 있는 손해까지 포함하는 개념인데, 이러한 거래비용을 최소화하기 위해서 거래와 관련된 자에게 직무윤리의 준수를 요구하고 있다.

★★
15 다음 〈보기〉에서 직무윤리의 적용대상이 아닌 자를 모두 묶은 것은?

〈보 기〉

가. 투자권유자문인력 등의 관련 자격증을 소유하고 있지 않지만 관련 업무에 실질적으로 종사하는 자
나. 회사와 정식의 고용관계에 있지 않은 채로 투자 관련 직무에 종사하는 자
다. 무보수로 투자 관련 직무에 종사하는 자
라. 아무런 계약관계가 없는 잠재적 고객을 대상으로 투자 관련 직무를 수행하는 자

① 없다(모두 직무윤리 적용대상이다)
② 가
③ 나, 다
④ 가, 나, 다

★★
16 이익이 상충되는 경우 우선순위를 정하는 방법에 대한 설명으로 적절하지 않은 것은?

① 고객의 이익은 회사와 회사의 주주 및 임직원의 이익에 우선되어야 한다.
② 회사의 이익은 임직원의 이익에 우선되어야 한다.
③ 주주의 이익은 임직원의 이익에 우선되어야 한다.
④ 모든 고객의 이익은 동등하게 다루어져야 한다.

★★
17 금융소비자보호는 상품판매의 전체 단계에서 이행되어야 한다. 그렇다면 다음 설명 중 '상품판매 단계'의 이행에 해당하는 것은?

① 신상품개발 및 마케팅정책 수립 시에 금융소비자를 보호할 수 있도록 관련 부서 간에 사전협의절차를 구축하고 운영한다.
② 금융투자회사 및 그 소속 임직원은 불완전판매 예방을 위하여 취급하는 상품별로 판매를 위한 교육훈련체계를 갖추고 실행하여야 하며, 소속 임직원이 해당상품을 취급할 수 있는 자격을 갖추었는지 확인하고 관리해야 한다.
③ 투자권유 시에 적합성 원칙, 적정성 원칙, 설명의무, 부당한 투자권유금지를 준수한다.
④ 판매 후 모니터링제도(해피콜서비스), 미스터리쇼핑, 위법계약해지권 등을 운영한다.

★★
18 설명의무(금융소비자보호법 제19조)에 대한 내용으로 틀린 것을 모두 묶은 것은?

가. 금융소비자보호법상의 설명의무는 일반투자자뿐 아니라 전문투자자를 대상으로도 이행되어야 한다.
나. 설명한 내용을 투자자가 이해하였음을 확인을 받아야 하는데, 서명뿐 아니라 전화녹취, 자동응답시스템을 통한 확인도 가능하다.
다. 투자자의 투자경험과 금융투자상품에 대한 지식수준 등 투자자의 이해수준을 고려하여 설명의 정도를 달리 할 수 있다.
라. 설명의무를 위반한 경우 자본시장법상의 규제로 벌금이 부과될 수도 있다.

① 가, 나
② 다, 라
③ 가, 라
④ 나, 다

★★
19 금융투자회사의 표준윤리준칙상 본인에 대한 윤리와 관련된 설명으로 적절하지 않은 것은?

① 금융투자업종사자는 직무와 관련된 윤리기준, 그리고 이와 관련된 모든 법률과 그 하부규정, 당해 직무활동을 규제하는 자율단체의 각종 규정을 숙지하고 그 준수를 위해 노력해야 한다.
② 금융투자업종사자는 직무를 수행함에 있어서 최대한의 전문지식을 갖추어야 한다.
③ 금융투자업종사자 중 상급자는 본인의 직위를 이용하여 하급자에게 부당한 명령이나 지시를 하지 않아야 하며, 하급자는 부당한 명령이나 지시를 받은 경우 이를 거절해야 한다.
④ 금융투자업종사자는 직위의 사적 이용을 금지해야 하지만, 경조사봉투 및 화환 등에 회사명 및 직위를 기재하는 행위는 위반행위에 해당하지 않는다.

★★
20 다음 빈칸에 들어갈 내용으로 옳게 연결된 것은?

- 금융투자회사는 이사회가 정한 금액 이상을 초과하여 동일한 거래상대방에 재산상 이익을 제공하거나 또는 수령하려는 경우 (　　　)의 사전승인을 받아야 한다.
- 금융투자회사는 재산상 이익을 제공 및 수령하는 경우 해당 사항을 기록하고 (　　　) 이상의 기간 동안 유지·관리해야 할 의무가 있다.

① 이사회 - 5년
② 이사회 - 10년
③ 금융위원회 - 5년
④ 금융위원회 - 10년

★★
21 금융투자회사의 표준윤리준칙 제5조 시장질서존중에 대한 설명으로 적절하지 않은 것은?

① 시장질서교란행위 규제는 내부자거래의 2차 이상의 다차 수령자 모두를 제재의 대상으로 한다.
② 시장질서교란행위 규제의 대상이 되는 정보는 시장의 매매조건에 중대한 영향을 줄 가능성이 있고 불특정다수인이 알기 전인 미공개 상태인 것을 요건으로 한다.
③ 시장질서교란행위는 '목적성이 없어도 시세에 부당한 영향을 주는 행위'로 포괄적으로 정의한다.
④ ETF의 유동성 지원업무, 파생상품의 Hedge 업무 등 정상적인 업무수행 과정에서 발생하는 것은 시장질서교란행위로 보지 않으므로 규제의 대상이 아니다.

★★
22 표준내부통제기준상 준법감시인에 대한 설명으로 적절하지 않은 것은?

① 준법감시인은 이사회 및 대표이사의 지휘를 받아 금융투자회사 전반의 내부통제업무를 수행한다.
② 준법감시인을 임면하려는 경우는 이사회 의결을 거쳐야 하며, 해임할 경우는 이사 총수의 2/3 이상의 찬성으로 의결할 수 있다.
③ 준법감시인의 임기는 2년 이상으로 한다.
④ 금융투자회사가 준법감시인을 임면한 때에는 임면일로부터 7영업일 내에 금융투자협회에 보고해야 한다.

★★

23 **직무윤리 위반에 대한 제재로서, 제재권자와 제재의 내용을 잘못 연결한 것은?**

① 금융투자협회 : 회원의 제명, 회원의 임직원에 대한 제재의 권고
② 금융위원회 : 금융투자업자에 대한 금융투자업의 인가나 등록의 취소
③ 금융감독원 : 위법행위의 시정명령 또는 중지명령
④ 금융위원회 : 금융투자업자 직원에 대한 면직, 6개월 내 정직

★★

24 **개인정보처리자의 개인정보보호원칙에 대한 설명으로 적절하지 않은 것은?**

① 개인정보처리자는 개인정보의 처리목적을 명확하게 해야 하고, 그 목적의 필요한 범위 내에서 최소한의 개인정보만을 적법하고 정당하게 수집하여야 한다.
② 개인정보처리방침 등 개인정보의 처리에 관한 사항을 공개해야 하며, 열람청구권 등 정보주체의 권리를 보장해야 한다.
③ 정보주체의 사생활침해를 최소화하는 방법으로 개인정보를 처리해야 한다.
④ 개인정보의 정확성과 완전성을 위해서 개인정보의 공개처리를 원칙으로 한다.

★★

25 **분쟁조정제도에 대한 설명으로 적절하지 않은 것은?**

① 분쟁조정제도는 소송수행으로 인한 추가부담 없이 최소한의 시간 내에 합리적으로 분쟁을 처리할 수 있으며, 조정의 결과도 소송보다는 투자자에게 유리한 경향이 있으므로 분쟁조정안을 수용하는 편이 유리하다.
② 조정신청 건이 법원에 제소되거나 신청내용의 허위사실 등 일정사유에 해당될 경우 회부 전 종결처리를 할 수 있다.
③ 당사자 간에 합의가 성립되지 않은 경우 협회는 조정신청서 접수일로부터 30일 이내에 위원회에 회부하며, 위원회는 회부일로부터 30일 내로 심의하여 조정 또는 각하결정함을 원칙으로 한다.
④ 협회의 분쟁조정위원회를 통해 조정이 성립되면 민법상 화해의 효력을 가진다.

★★

26 **법원의 판결요지가 〈보기〉와 같은 사례이다. 이 사례에서 발생할 수 있는 분쟁의 유형으로 적절하지 않은 것은?**

〈보 기〉

역외펀드에 가입하였지만 선물환거래 경험이 없는 고객에게 환헤지에 대해 개략적으로만 설명하고 특성 및 구체적인 위험에 대해 충분히 설명하지 않았기에 고객보호의무 위반을 인정함

① 일임매매 ② 적합성 원칙
③ 설명의무 ④ 부당권유

★★
27 **고액현금거래보고(CTR ; Currency Transaction Report) 제도에 대한 설명으로 적절하지 않은 것은?**

① 보고된 고액현금거래를 자금세탁거래의 분석에 참고할 수 있다.
② 자금세탁행위를 예방하는 효과가 있다.
③ 금융기관 직원의 전문성을 활용할 수 있다.
④ 자금세탁거래를 파악함에 있어 정확도는 낮은 편이다.

★★★
28 **고객확인제도(CDD / EDD)의 실행방법으로서 그 절차를 순서대로 옳게 나열한 것은?**

가. 고객정보(신원정보)확인	나. 추가정보수집
다. 고객위험평가	라. 요주의리스트 확인

① 가 → 나 → 다 → 라
② 가 → 라 → 다 → 나
③ 가 → 다 → 라 → 나
④ 가 → 다 → 나 → 라

펀드 구성 · 이해(16문항)

★★
29 **다음 중 증권신고서 제출의무가 면제되는 대상을 모두 묶은 것은?**

가. 지방채증권	나. 모(母)투자신탁
다. 자(子)투자신탁	라. 사모투자신탁

① 가, 나, 다
② 나, 다, 라
③ 가, 나, 라
④ 가, 나, 다, 라

★★
30 **다음 중 증권신고서의 효력발생 기간을 잘못 연결한 것은?**

① 증권시장에 상장된 환매금지형집합투자기구 : 10일
② 일반적인 환매금지형집합투자기구 : 7일
③ 개방형집합투자기구 : 10일
④ 모집가액이나 매출가액, 발행이자율 및 이와 관련된 사항에 대해 정정신고서 제출 시 : 그 정정신고서가 수리된 날로부터 3일

★★
31 집합투자기구의 등록과 관련하여, 빈칸을 옳게 연결한 것은? (순서대로)

• 집합투자기구가 등록요건을 갖추고 금융위에 등록신청을 한 경우 금융위는 (　　　) 이내에 등록여부를 결정해야 한다.
• 등록신청서 기재사항의 변경이 필요한 경우는 (　　　) 이내에 변경등록하여야 한다.

① 10일, 2주
② 10일, 2주
③ 20일, 2주
④ 20일, 4주

★★
32 투자설명서에 대한 내용으로 틀린 것을 모두 묶은 것은?

가. 투자자에게 실제로 교부하는 것은 증권신고서가 아니라 투자설명서이다.
나. 투자설명서, 예비투자설명서, 간이투자설명서 모두 증권신고서의 효력이 발생한 후에 사용할 수 있다.
다. 투자설명서를 받기를 거부한다는 의사를 전화로 표시한 경우에는 투자설명서를 교부하지 않아도 된다.
라. 개방형집합투자증권 및 파생결합증권의 발행인은 투자설명서 및 간이투자설명서를 제출한 후 2년에 1회 이상 새로 고친 투자설명서와 간이투자설명서를 제출해야 한다.

① 가, 다
② 나, 다
③ 나, 라
④ 가, 라

★★
33 법정사유는 아니지만 금융위의 사전승인 없이도 투자신탁을 해지할 수 있는 사안을 나열한 것으로 적절하지 않은 것은?

① 수익자전원이 해지에 동의하는 경우
② 수익자가 1인이 되는 경우
③ 수익증권 전부에 대한 환매의 청구가 있는 경우
④ 공모・개방형 펀드로서 설정한 후 1년이 되는 날에 투자신탁의 원본액이 50억원 미만인 경우

★
34 외화MMF의 규제에 대한 설명으로 적절하지 않은 것은?

① 표시통화는 OECD 가입국 및 중국통화에 한한다.
② 신용평가등급 부여 시 해외 주요 신용평가기관 평가등급을 국내 등급으로 전환하여 활용 가능하다.
③ 외화MMF 설정 시 OECD 가입국 및 중국통화로 혼합하여 구성할 수 있다.
④ 분산투자 요건과 유동성 요건은 원화MMF와 동일하다.

★★
35 **특수한 형태의 집합투자기구에 대한 설명으로 적절하지 않은 것은?**

① 펀드의 존속기간을 정한 집합투자기구에 한하여 환매금지형으로 만들 수 있다.
② 전환형집합투자기구의 경우 전환가능한 것으로 미리 정한 다른 집합투자기구로 전환하는 때에는 환매수수료를 징구하지 않는다.
③ 모자형집합투자기구는 운용회사의 운용능력의 아웃소싱을 위해 도입된 것이지만, Fund of Funds는 집합투자업자의 운용의 효율성을 위해 도입된 제도이다.
④ 종류형집합투자기구에서 운용보수와 신탁보수는 클래스별로 차별화할 수 없다.

★★
36 **모자형집합투자기구의 요건에 대한 내용으로 옳은 것을 모두 묶은 것은?**

가. 자집합투자기구가 모집합투자기구의 집합투자증권 외 다른 집합투자증권을 취득하는 것이 허용되지 않을 것
나. 자집합투자기구 외의 자가 모집합투자기구의 집합투자증권을 취득하는 것이 허용되지 않을 것
다. 자집합투자기구와 모집합투자기구의 집합투자업자가 동일하지 않을 것

① 가, 나
② 나, 다
③ 가, 다
④ 가, 나, 다

★★★
37 **상장지수집합투자기구(ETF)의 운용특례에 대한 설명이다. 틀린 항목의 수는?**

가. ETF는 추가형이며, 일반 투자기구와는 달리 증권 실물로 투자기구의 설정 및 해지를 할 수 있다.
나. 대주주가 발행한 증권을 소유하는 등 대주주와의 거래제한이 적용되지 않는다.
다. 이해관계인 간 거래제한이 적용되지 않는다.
라. 자산운용보고서 제공의무, 주식 등의 대량보유 보고의무가 면제된다.
마. 동일종목 증권에 대해서 ETF펀드재산의 30%까지 운용이 가능하며, 동일법인이 발행한 지분증권에 대해서는 지분증권총수의 20%까지 운용이 가능하다.
바. 펀드설정일로부터 30일 이내에 집합투자증권을 증권시장에 상장해야 하고, 상장폐지 시에는 상장폐지일로부터 10일 이내에 펀드를 해지해야 하며, 해지일로부터 7일 이내에 금융위에 보고하여야 한다.

① 0개
② 1개
③ 2개
④ 3개

★★
38 **주식형펀드에 대한 설명으로 적절하지 않은 것은?**

① 펀드재산의 60% 이상을 주식에 투자하면 주식형펀드로 분류된다.
② 섹터펀드나 개별주식펀드는 시장전체에 투자하는 펀드에 비해 시장위험이 크다.
③ 대형주가 중소형주보다 유동성이 높은 편이지만, 대주주 지분이 높은 경우는 유동성이 낮을 수 있다.
④ 기업가치가 내재가치 대비 저평가된 기업을 골라서 매수하는 것은 성장주펀드의 전략이다.

★★
39 **인핸스드인덱스펀드(Enhanced Index Fund)에 대한 설명으로 적절하지 않은 것은?**

① 인핸스드인덱스펀드는 추적대상지수의 수익률을 초과하는 수익률을 목표로 한다는 점에서 액티브펀드에 더 가깝다.
② 인덱스펀드의 포트폴리오를 일부 변경하여 인덱스펀드보다 높은 수익률을 얻고자 하는 것은 알파추구전략이다.
③ 투자대상자산과 파생상품 간의 가격차이를 활용하여 제한적인 위험으로 추가수익을 얻고자 하는 차익거래전략도 인핸스드인덱스전략에 속한다.
④ 인핸스드인덱스펀드의 추적오차는 정통 인덱스보다 크다.

★★
40 **자본시장법상 파생결합증권에 대한 설명으로 적절하지 않은 것은?**

① 파생결합증권은 기초자산의 가격 등에 연계하여 미리 정해진 방법에 따라 지급금액이 결정되는 권리를 표시한다.
② 파생결합증권의 기초자산은 개별주식이나 주가지수 혹은 금리, 환율, 일반상품 그리고 몇 가지 자산을 동시에 투자하는 멀티에셋도 가능하다.
③ 파생결합증권은 기초자산이 주식인 경우에도 만기가 있다는 점에서 주식과 다르다.
④ 파생상품에 주로 투자하므로 원본초과손실 가능성이 있다.

★★
41 **주가연계파생상품에 투자하는 방법으로서, 워런트 투자형에 대한 설명으로 적절하지 않은 것은?**

① 워런트에 투자하게 되면 선물투자와 같은 선형의 수익구조가 아닌 비선형의 수익구조 추구가 가능하다.
② 워런트의 가격은 프리미엄이라 부르며 펀드자산의 연 3%~5% 수준이 일반적이므로 적은 자본을 투자하여 큰 자본을 투자하는 효과를 얻을 수 있다.
③ 워런트 투자를 통해 펀드에서는 자산의 대부분을 안전자산(채권 등)에 투자하고 이자금액만큼에 대해 워런트에 투자함으로써 원금보존추구형을 만들 수 있다.
④ 워런트에 투자하는 것은 장내파생상품에 투자하는 것과 같으므로 가격변동위험에 노출되지만 신용위험에는 노출되지 않는다.

★★
42 **특별자산펀드에 대한 설명으로 적절하지 않은 것은?**

① 특별자산펀드는 공모형일지라도 사회기반시설사업의 시행을 목적으로 하는 법인 등이 발행한 증권에 대해서는 펀드자산의 100분의 100까지 투자할 수 있다.
② 특별자산펀드는 부동산펀드와 혼합자산펀드와 마찬가지로 환매금지형으로 설정・설립하는 것이 원칙이다.
③ 특별자산펀드를 금융위에 등록할 경우 등록신청서와 특별자산펀드의 평가방법을 기재한 서류를 별도로 첨부해야 한다.
④ 특별자산은 신뢰할 만한 시가가 없는 경우가 대부분이므로 집합투자업자는 특별자산의 평가를 처음부터 공정가액으로 평가하도록 하고 있다.

★★
43 **특정금전신탁에 대한 설명으로 적절하지 않은 것은?**

① 특정금전신탁은 합동운용상품이다.
② 특정금전신탁의 최저가입금액에 대한 법령상 제한이 없으며 가입기간에도 특별한 제한이 없다.
③ 신탁재산은 위탁자인 고객이 지시하는 대로 운용되지만, 필요한 경우 위탁자는 투자판단의 일부나 전부를 수탁자에게 위임할 수 있다.
④ 위탁자는 신탁관계법령에서 금지하고 있지 않는 한 어떤 자산으로든 운용이 가능하다. 단, 자본시장법에서는 보험상품으로 운용하는 것을 금지하고 있다.

★
44 **토지 등의 부동산을 신탁회사에 신탁한 후 신탁회사가 발행한 수익권증서를 담보로 위탁자가 금융기관으로부터 자금을 차입하는 상품은?**

① 관리신탁
② 관리형 개발신탁
③ 담보신탁
④ 토지신탁

펀드영업실무(8문항)

★★
45 **표준투자권유준칙 중 '투자권유를 희망하는 투자자'에 대한 판매 시의 설명으로 적절하지 않은 것은?**

① 투자자정보는 반드시 자필로 작성하여야 한다.
② 임직원 등은 파악한 투자자정보의 내용 및 분류된 투자자성향을 투자자에게 지체 없이 제공하여야 한다.
③ 임직원 등은 MMF, 국채, 지방채, 특수채 등 저위험상품의 매매를 하는 투자자에 대해서는 별도의 투자자정보확인서를 사용하여 투자자정보를 간략하게 파악할 수 있다.
④ 임직원 등은 투자자가 장외파생상품을 거래하고자 할 경우 투자권유 여부와 상관없이 '장외파생상품 투자자정보확인서'를 이용하여 투자자정보를 파악해야 한다.

★★
46 **표준투자권유준칙상 설명의무에 대한 내용으로 옳은 것을 모두 묶은 것은?**

> 가. 금융투자회사의 임직원 등은 투자자에게 투자권유를 하는 경우 투자설명사항에 대해서 투자가가 이해할 수 있도록 설명하고, 설명한 내용을 투자자가 이해하였음을 서명 등의 방법으로 확인받아야 한다.
> 나. 임직원 등은 '가'에 따라 설명의무를 이행하는 경우 투자자의 투자경험과 금융투자상품에 대한 지식수준 등 투자자의 이해수준을 고려하여 설명의 정도를 달리할 수 있다.
> 다. 임직원 등은 '가' '나'에 따라 설명하였음에도 불구하고 투자자가 주요 손익구조 및 손실위험을 이해하지 못하는 경우에는 투자권유를 계속해서는 아니 된다.

① 가
② 나
③ 가, 나
④ 가, 나, 다

★★
47 다음 빈칸에 들어갈 내용으로 옳게 연결된 것은?

> • 투자매매업자 또는 투자중개업자는 금융투자상품의 매매가 체결된 경우에는 그 명세를 대통령령으로 정하는 방법에 따라 통지해야 한다.
> • 매매가 체결된 경우 매매내역, 손익내역, 월말현재 잔액현황, 미결제약정현황 등을 다음달 (　　　　)까지, 반기 동안 매매나 그 밖의 거래가 없는 경우에는 반기말 잔액·잔량 현황을 반기종료 후 (　　　　)까지 투자자에게 통지해야 한다.

① 10일, 10일
② 10일, 20일
③ 20일, 20일
④ 20일, 10일

★★
48 수익증권저축의 만기지급일에 대한 설명으로 적절하지 않은 것은?

① 저축기간을 '연' 단위로 정한 경우는 저축기간이 만료되는 월의 최초납입상당일을 만기지급일로 한다.
② 저축기간을 '월' 단위로 정한 경우는 저축기간이 만료되는 월의 최초납입상당일을 만기지급일로 한다.
③ 저축기간을 '월' 단위로 정하고 저축기간이 만료되는 월의 최초납입상당일이 해당월에 없을 경우는 해당월의 말일을 만기지급일로 한다.
④ 저축기간을 '일' 단위로 정한 경우는 수익증권의 최초매수일부터 계산하여 저축기간이 만료되는 날을 만기지급일로 한다.

★★
49 조세의 분류와 관련하여, 빈칸을 옳게 연결한 것은?

> 세수의 용도가 불특정한 조세는 (　　　　), 세수의 용도가 특정된 조세는 (　　　　)이다.

① 국세, 지방세
② 직접세, 간접세
③ 비례세, 누진세
④ 보통세, 목적세

★★
50 소득세법상 이자소득에 해당하지 않는 것은?

① 채권·증권의 이자와 할인액
② 환매조건부채권의 매매차익
③ 보장성보험의 보험차익
④ 직장공제회 초과반환금

★★
51 **상속세에 대한 설명으로 적절하지 않은 것은?**

① 피상속인의 사망으로 지급받는 보험금 중 피상속인이 계약자이거나 보험료를 지불한 것은 간주상속재산에 해당한다.
② 생전증여재산가액은 상속개시일 전 5년 이내에 상속인에게 증여한 재산가액을 말하며 상속세과세가액에 합산한다.
③ 피상속인이 재산을 처분하여 받거나 재산에서 인출한 금액이 상속개시일 전 1년 이내에 재산의 종류별로 2억원 이상인 경우 그리고 2년 이내에 5억원 이상인 경우로서 그 용도가 명백하지 않은 것은 상속세과세가액에 합산한다.
④ 상속세 신고기한까지 과세표준신고를 한 경우 상속세산출세액에서 3%를 공제한다.

★★
52 **소득세법상 집합투자기구 요건을 충족하였을 경우의 효과가 아닌 것은?**

① 펀드 내에서 이익이 발생하는 시점이 아니라 펀드에서 환매 또는 결산분배시점을 통해 이익을 수령할 때 과세한다.
② 펀드 내에서 발생하는 이익 중 상장증권, 장내파생상품, 벤처기업의 주식 등으로부터 발생한 손익에 대해서는 과세 대상에서 제외한다.
③ 운용보수 등 각종 수수료를 공제하고 과세한다.
④ 3.3%~5.5%(지방세 포함)의 저율 분리과세를 적용한다.

펀드운용 및 평가(8문항)

★★
53 **채권의 종류에 대한 설명으로 적절하지 않은 것은?**

① 채권은 발행주체에 따라 국채, 지방채, 특수채, 회사채 등으로 분류하고, 원리금 지급 방법에 따라 이표채, 할인채, 복리채 등으로 구분한다.
② 국채는 정부가 원리금을 지급하므로 무위험채권(Risk Free Bond)이며, 대표적인 국채인 국고채는 3년, 5년, 10년, 20년 등으로 만기가 다양하고, 이자는 연 2회 지급하는 것이 일반적이다.
③ 지방채는 지방자치단체들이 특수한 목적을 달성하기 위해서 발행하는 채권으로 서울도시철도채, 지역개발공사채, 도로공채, 상수도공채 등이 발행되고 있으며, 지방채는 정부의 간접적인 지원을 받으므로 안전성이 높고 국채보다 이자율이 낮다.
④ 회사채는 상법상 주식회사가 발행하며 일반적으로 매 3개월마다 이자를 지급받고 만기에 원금을 상환받는데, 대부분 무보증채로 발행되기 때문에 발행기업의 신용도에 따라서 금리가 다양하다.

★★★
54 **액면가 1만원, 만기수익률이 3.75%, 만기가 1년 61일이 남은 할인채의 가격은? (가장 가까운 값을 선택)**

① 8,800원
② 9,600원
③ 9,800원
④ 10,600원

★★

55 금리상승에 따른 채권의 가격변동위험을 회피하는 방법으로 적절하지 않은 것은?

① 보유채권 매도
② 국채선물 매도
③ 이자율스왑에서 변동금리지급 포지션 매입
④ 변동금리부채권(FRN) 매입

★★

56 PSR평가모형에 따를 때, 주가매출액비율(PSR ; Price Sales Ratio)이 2배, 주당매출액이 1,000원인 기업의 주가는 얼마인가?

① 500원
② 1,000원
③ 1,500원
④ 2,000원

★★

57 주식의 운용전략에 있어서, 적극적인 운용전략에 해당하지 않는 것은?

① 인덱싱전략
② 가치주전략
③ 성장주전략
④ 중소형주전략

★★

58 유동성리스크 중 '상품유동성리스크'를 측정하는 지표에 해당하지 않는 것은?

① Gap Analysis(유동성 갭 분석)
② Tightness(실거래가격과 호가와의 괴리정도)
③ Depth(bid / offer의 크기)
④ Resiliency(가격변동이 흡수되는 속도)

★★

59 위험지표 중에서 '집합투자기구의 수익률이 벤치마크 수익률의 변동에 대해 어느 정도 민감도를 가지고 있는가'를 나타내는 것은?

① 표준편차
② VaR(Value at Risk)
③ 베 타
④ 추적오차

★★
60 성과요인 분석과 관련하여, 빈칸을 옳게 연결한 것은?

- (　　　　)이란 시장의 흐름을 예측하여 저점에 매수하고 고점에 매도하는 전략으로, 시장이 강세일 때는 민감도가 높은 종목을 편입하거나 편입비중을 늘리고, 시장이 약세일 때는 민감도가 낮은 종목을 편입하거나 편입비중을 줄임으로써 나은 성과를 추구하는 방법이다.
- (　　　　)이란 시장의 흐름과 무관하게 벤치마크보다 높은 성과를 보일 종목, 즉 상대적으로 저평가되었거나 향후 상승 가능성이 높은 종목을 선택함으로써 성과를 올리려는 운용방법이다.

① 시장예측, 종목선정
② 종목선정, 시장예측
③ 전략적 배분, 전술적 배분
④ 전술적 배분, 전략적 배분

파생상품펀드 법규(7문항)

★★
61 자본시장법상 증권의 종류별 정의에 대한 설명으로 적절하지 않은 것은?

① 채무증권 : 국채증권, 지방채증권, 특수채증권, 사채권, 기업어음증권, 그 밖에 이와 유사한 것으로서 지급청구권이 표시된 것
② 투자계약증권 : 특정 투자자가 그 투자자와 타인 간의 공동사업에 금전 등을 투자하고 주로 타인이 수행한 공동사업의 결과에 따른 손익을 귀속받는 계약상의 권리가 포함된 것
③ 수익증권 : 신탁의 수익증권, 투자신탁의 수익증권, 그 밖에 이와 유사한 것으로서 신탁의 수익권이 표시된 것
④ 증권예탁증권 : 증권을 예탁받은 자가 그 증권이 발행된 국가에서 발행한 것으로서 그 예탁받은 증권에 관련된 권리가 표시된 것

★★
62 자본시장법상 금융투자상품 중 〈보기〉에 해당하는 것은?

〈보 기〉

당사자 어느 한쪽의 의사표시에 의하여 기초자산이나 기초자산의 가격・이자율・지표・단위 또는 이를 기초로 하는 지수 등에 의하여 산출된 금전 등을 수수하는 거래를 성립시킬 수 있는 권리를 부여하는 것을 약정한 계약

① 선도 또는 선물
② 옵 션
③ 스 왑
④ 파생결합증권

★★
63 다음의 펀드 중에서 자본시장법상 '파생상품 등'에 투자할 수 없는 것으로만 모두 묶은 것은?

가. 단기금융집합투자기구(MMF)
나. 증권집합투자기구
다. 부동산집합투자기구
라. 특별자산집합투자기구

① 가
② 가, 나
③ 가, 나, 다
④ 가, 나, 다, 라

★★★
64 공모펀드가 펀드재산의 일정 부분을 파생결합증권에 투자할 경우의 운용규제와 관련한 사례이다. 다음 설명 중 옳은 것은?

A 공모펀드는 펀드재산의 일부를 B 회사 주식을 기초로 하는 파생결합증권에 투자하고, C 회사 주식을 기초로 하는 파생결합증권에 투자하고자 한다.

① A 펀드는 B 주식과 C 주식을 합계한 기초자산의 파생결합증권에 펀드재산의 최대 30%를 초과한 투자를 할 수 없다.
② A 펀드는 B 주식에 기초한 파생결합증권에 최대 30%, C 주식을 기초한 파생결합증권에 최대 30%를 투자할 수 있으므로 펀드재산의 60%를 파생결합증권에 투자할 수 있다.
③ A 펀드는 서로 다른 기초자산인 파생결합증권에 각 기초자산별로 최대한도로 투자할 경우 투자할 수 있는 기초자산의 종목 수는 최대 5개이다.
④ A 펀드는 B 주식과 동일회사의 B 회사채를 기초로 하는 파생결합증권은 최대 60%를 투자할 수 있다.

★★
65 파생결합증권 및 파생상품에 투자할 경우의 운용규제와 관련하여, 빈칸을 옳게 연결한 것은? (순서대로)

• 파생상품의 기초자산 중 동일법인이 발행한 증권의 가격변동으로 인한 위험평가액이 펀드자산총액의 (   )를 초과할 수 없다.
• 동일 거래상대방과의 장외파생상품 거래에 따른 거래상대방 위험평가액은 펀드자산총액의 (   )를 초과할 수 없다.

① 10%, 10%
② 30%, 10%
③ 100%, 10%
④ 100%, 50%

★★
66 파생상품매매에 따른 위험평가액 산정에서, 옵션매도에 대한 위험평가액 계산 시 반영되지 않는 것은?

① 델타위험액
② 감마위험액
③ 쎄타위험액
④ 베가위험액

★★
67 **파생상품펀드의 위험지표 공시의무와 관련하여, 위험지표의 산정 및 공시방법에 대한 설명으로 적절하지 않은 것은?**

① 계약금액 : 파생상품거래의 유형별로 매수, 매도 및 순포지션으로 나누어 산정된 명목계약금액의 총액을 기재한다.
② 파생상품거래에 따른 만기시점의 손익구조 : 당해 파생상품의 기초자산의 가격변동에 따른 펀드의 최대이익과 최대손실을 기재한다.
③ 시장상황변동에 따른 펀드재산의 손익구조 변동 : 시나리오법에 따라 산정하며 그 구체적인 내용은 금융감독원장이 정한다.
④ 최대손실예상금액 : '10영업일의 보유기간 및 99%의 신뢰구간'을 적용하여 일일단위로 측정하여 산정한다.

파생상품펀드 영업(8문항)

★★
68 **주가연동예금(ELD)에 대한 설명으로 적절하지 않은 것은?**

① 은행이 발행한다.
② 은행과 집합투자업자가 판매한다.
③ 고유계정과 혼합하여 운용한다.
④ 약속된 수익률을 지급한다.

★★
69 **다음 〈보기〉의 예시에 해당하는 워런트(Warrant) 형태는?**

〈보 기〉

- KOSPI지수가 10% 초과하락을 하지 않으면 8%의 제시수익률을 받고 아닐 경우 수익이 없는 구조
- 중국지수가 15% 이상 상승하면 12%의 제시수익률을 받는 구조

① 디지털형(Digital형)
② 스프레드형(Spread형)
③ 레인지형(Range형)
④ 유럽형(European형)

★★
70 **주가연계파생상품펀드의 운용전략 중, '장내파생상품 운용형'에 대한 설명으로 적절하지 않은 것은?**

① 장내파생상품을 활용하여 옵션의 수익구조를 복제하거나 차익거래와 같은 기법으로 절대수익을 추구하는 전략을 주로 사용한다.
② 인덱스에 연동된 수익률을 추구하는 경우, 인덱스의 반대방향이나 일정배수를 추구하는 펀드도 존재한다.
③ 델타복제펀드는 풋옵션매도의 성과를 복제하는 것이 가장 일반적이며, 콜옵션매수의 성과를 복제하는 포트폴리오보험상품도 있다.
④ 델타복제펀드는 펀드설정 이후 변동성이 증가할 경우 손실이 발생할 수 있다.

★★
71 **'리버스인덱스펀드(Reverse Index Fund)'에 대한 설명으로 적절하지 않은 것은?**

① 장내파생상품인 주가지수선물 매도포지션을 항상 보유하게 되며, 이를 통해 지수와 반대의 수익률을 추구하게 된다.
② 리버스펀드의 수익률은 특정구간 수익률과 정확히 반비례해서 움직인다.
③ 리버스펀드는 장기투자를 위한 상품가치는 떨어지는데, 주가가 계속해서 하락하는 것은 일반적인 상황이 아니기 때문이다.
④ 주가연계파생상품펀드의 운용전략 중 장내파생상품 운용형으로 분류된다.

★★
72 **다음 그림은 금리연계파생상품펀드의 예시이다(만기 10년, 매분기마다 쿠폰 지급). 이에 대한 설명으로 적절하지 않은 것은?**

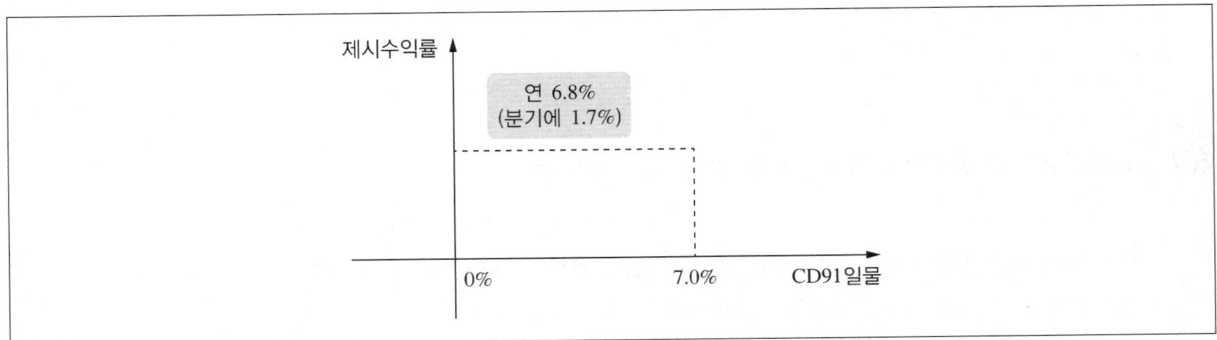

① 기초자산이 CD91일물이고 만기가 10년인 Range Accrual 구조의 상품이다.
② 원금보존추구형이다.
③ CD금리가 7%에 가까운 일수가 0%에 가까운 일수보다 많을 경우, 수익률이 극대화된다.
④ 최대수익은 분기기준 1.7%(연 6.8%)이다.

★★
73 다음 그림은 환율연계파생상품펀드의 예시이다(만기 6개월, 기초자산은 KRW/USD). 이에 대한 설명으로 적절하지 않은 것은?

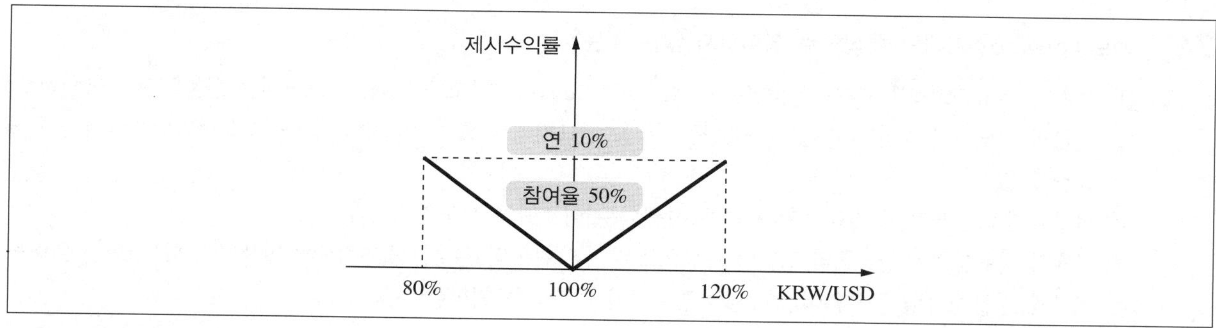

① 기초자산은 KRW/USD이며, 최대수익은 연 10% 수준이다.
② 양방향 낙아웃구조의 상품이다.
③ 투자기간 동안(장중 포함) 한 번도 120%나 80%를 돌파한 적이 없는 경우 만기 시에 '상승률 또는 하락율의 절대값 × 50%'로 수익률이 결정된다.
④ 만일 KRW/USD 환율이 140%일 경우(원화가치 40% 급등), 2%의 리베이트가 지급되고 계약이 소멸된다.

★★
74 다음의 포지션 중에서, 포트폴리오보험전략에 해당하는 것은?

① 채권매수 + 풋옵션매수
② 주식매수 + 콜옵션매수
③ 주식매수 + 풋옵션매수
④ 주식매수 + 콜옵션매도

★★
75 시장중립형전략의 종류에 대한 설명으로 적절하지 않은 것은?

① 주식형 차익거래 : 저평가된 주식을 매수하고 고평가된 주식을 매도한다.
② 인덱스 차익거래 : 현물 포트폴리오를 매수(또는 매도)하고 주가지수선물을 매도(또는 매수)한다.
③ 합병 차익거래 : 주식교환비율 대비 저평가된 기업을 매수하고 고평가된 기업을 매도한다.
④ 전환사채 차익거래 : 전환사채를 매수하고 전환사채의 델타만큼 전환대상 주식을 매도한다.

파생상품펀드 투자 · 리스크관리(10문항)

★★
76 선도(Forward) 거래의 특징으로 적절하지 않은 것은?

① 물건과 돈이 교환되는 것을 실물인수도(Physical Delivery)라고 하는데, 선도거래는 실물인수도를 원칙으로 한다.
② 기업의 입장에서 영업과 관련된 가격변동위험을 선도거래를 통해 회피할 수 있으므로 기업의 파산위험을 줄여주는 효과가 있다.
③ 선물환계약은 환위험 관리에 유용하게 사용되는 대표적인 선도거래이다.
④ 사후적 제로섬은 파생상품의 고유의 특성으로서 어느 한쪽의 손실이 필연적으로 발생하게 되는 것을 말하는데, 선도계약과 선물계약의 구분없이 채무불이행위험이 존재함을 의미한다.

★★
77 현재 KOSPI200주가지수가 200point, 만기 3개월, 이자율은 연 6%, 배당률은 연 2%이다. 이 경우 주가지수선물의 균형가격은 얼마인가?

① 200point
② 202point
③ 204point
④ 208point

★★
78 현재 KOSPI200지수선물 9월물 가격은 250포인트이고 12월물 가격은 257포인트이다. 두 만기물의 스프레드가 향후 감소할 것으로 예상될 경우 가장 적합한 전략은?

① 9월물 매수, 12월물 매수
② 9월물 매수, 12월물 매도
③ 9월물 매도, 12월물 매수
④ 9월물 매도, 12월물 매도

★★
79 주가지수옵션에서 행사가격이 105인 콜옵션의 현재가격은 1.8이고 동일한 행사가격의 풋옵션의 현재가격은 6.5이다. 현재 기초자산(KOSPI200)의 가격이 100이라면 콜옵션과 풋옵션의 시간가치의 합계는? (단위 : point)

① 1.8
② 4.7
③ 3.3
④ 8.3

★★
80 다음의 옵션합성포지션 중에서 잠재위험이 가장 큰 포지션은?

① 강세 콜 스프레드
② 약세 콜 스프레드
③ 콜 레이쇼 버티컬 스프레드
④ 콜 백 스프레드

★★
81 신용파생상품인 총수익스왑(TRS)에 대한 설명으로 적절하지 않은 것은?

① 신용위험과 시장위험 모두를 이전하는 거래이다.
② TRS지급자가 TRS수취자에게 지급하는 총수익(Total Return)은 이자, 수수료, 그리고 준거자산의 가격변동액을 포함한다.
③ TRS지급자는 준거자산을 매각하지 않고도 매각대금을 단기적으로 운용하는 것과 동일한 효과를 얻으며, TRS수취자는 여러 가지 제약으로 인해 직접 투자하기 힘든 자산에 투자하는 것과 동일한 효과를 얻게 된다.
④ TRS계약이 체결되면 준거자산 투자에 따른 모든 위험, 그리고 의결권 등의 경영권도 이전된다.

★★
82 다음 빈칸에 들어갈 말을 순서대로 연결한 것으로 옳은 것은?

> 래더옵션의 가격대는 105, 110, 115, 120이다. 옵션기간 중 최저가격은 90, 최대가격은 140이며, 옵션만기일의 종가는 109이다. 이 경우 래더콜옵션의 수익은 (　　　)이며, 동일한 조건에서 룩백풋옵션의 수익은 (　　　)이다.

① 4, 31
② 31, 4
③ 19, 11
④ 50, 31

★★
83 이색옵션 중 시간의존형옵션에 대한 설명으로 적절하지 않은 것은?

① 미국식옵션은 만기 이전에 아무 때나 한 번 행사할 수 있다.
② 버뮤다옵션은 미리 정한 특정일자 중에서 한 번 행사가 가능한 것으로서, 미국식과 유럽식의 중간형태에 해당한다.
③ 선택옵션(Chooser Option)의 매입자는 만기일 이전 미래의 특정 시점에서 이 옵션이 콜인지 풋인지를 선택할 수 있는 권리를 가진다.
④ 미래의 특정시점에서 당일의 기초자산가격과 동일하게 행사가격이 설정된 또 다른 옵션을 획득하게 되는 옵션은 평균행사가격옵션이다.

★★
84 포트폴리오보험전략 중 동적자산배분전략(옵션복제전략)에 대한 설명으로 적절하지 않은 것은?

① 방어적풋전략의 상승기대자산은 주식, 하락방어자산은 풋옵션이고 이자추출전략의 상승기대자산은 콜옵션, 하락방어자산은 채권이며 동적자산배분전략에서의 상승기대자산은 주식, 하락방어자산은 채권이다.
② 동적자산배분전략은 주가가 오르면 주식을 더 사들이면서 시장의 상승추세를 좇아가고 주가가 하락하면 주식을 팔아서 채권으로 갈아타는 전략을 통해서 포트폴리오의 가치를 방어한다.
③ 동적자산배분전략도 옵션프리미엄을 지불한다는 점에서는 방어적풋전략, 이자추출전략과 같다.
④ 동적자산배분전략은 주식편입비중을 콜옵션의 델타만큼 편입하고 유지함으로써 최악의 경우 콜옵션의 행사가격 수준에서 포트폴리오의 가치를 방어하고자 하는 전략이다.

★★
85 ELS발행사가 '자체헤징(Dynamic Hedging)'을 장내거래로 할 경우 노출될 수 있는 위험을 모두 묶은 것은?

> 가. 시장리스크
> 나. 신용리스크
> 다. 자금유동성리스크

① 가, 나　② 나, 다
③ 가, 다　④ 가, 나, 다

부동산펀드 법규(5문항)

★★
86 자본시장법상 부동산집합투자기구의 법적 형태에 해당하는 것을 모두 묶은 것은?

> 가. 부동산투자신탁
> 나. 부동산투자유한책임회사
> 다. 기업구조조정 부동산투자회사
> 라. 부동산투자합명회사

① 가, 나　② 가, 나, 다
③ 가, 다, 라　④ 가, 나, 다, 라

★★
87 자본시장법상 증권형부동산펀드의 요건을 충족하기 위해 펀드재산의 50%를 초과하여 투자하는 투자대상으로서의 부동산증권으로 옳은 것을 모두 묶은 것은?

> 가. 부동산투자목적회사가 발행한 지분증권
> 나. 부동산개발회사가 발행한 증권
> 다. 부동산투자회사법상의 부동산투자회사가 발행한 채권
> 라. 부동산개발사업을 영위하는 시행법인이 발행한 주식

① 가　② 가, 나
③ 가, 나, 다　④ 가, 나, 다, 라

★★
88 부동산운용특례상, 취득 후 일정기간 내에 매각할 수 없는 특례가 적용되는 것을 모두 묶은 것은?

가. 부동산실물
나. 부동산관련 권리(지상권, 지역권, 전세권, 분양권 등)
다. 부동산투자회사, 부동산개발회사, 부동산투자목적회사가 발행한 증권

① 가
② 가, 나
③ 나, 다
④ 가, 나, 다

★★
89 자본시장법상 부동산펀드의 운용특례와 관련된 사항이다. 빈칸을 옳게 연결한 것은?

- 집합투자업자는 사업계획서를 작성하여 '부동산 가격공시에 관한 법률' 등에 따라 (   )로부터 그 사업계획서가 적정한지의 여부에 대해서 확인을 받아야 한다.
- 부동산펀드에서 금전을 대여하는 경우, 그 대여금의 한도는 해당 부동산펀드의 순자산액의 (   )로 한다.

① 신탁업자, 100%
② 신탁업자, 200%
③ 감정평가업자, 100%
④ 감정평가업자, 200%

★★
90 자본시장법상 운용특례로서 부동산펀드의 집합투자업자가 제3자에게 업무를 위탁할 수 있는 대상이 아닌 것은?

① 부동산의 개발 및 부수업무
② 부동산의 관리·개량 및 부수업무
③ 부동산의 임대·운영 및 부수업무
④ 부동산의 취득 및 처분

부동산펀드 영업(5문항)

★★
91 실물형부동산펀드의 종류에 대한 설명으로 적절하지 않은 것은?

① 오피스와 같은 수익형부동산을 취득하여 임대한 후 임대소득 획득과 동시에 펀드만기시점에서는 부동산을 매각하여 매각차익도 얻고자 하는 펀드
② 낡은 상가 건물을 취득하고 적극적인 개량을 통해 부동산의 가치를 증대시키고 이를 통해 임대소득이나 매각차익을 얻고자 하는 펀드
③ 경매절차를 통해 부동산을 시장가격보다 낮게 매입하여 부동산가격이 상승할 때 매각하여 매각차익을 추구하는 펀드
④ 수익형부동산 실물을 매입하고 임대하여 임대수익을 주 수입원으로 하는 리츠(REITs)의 발행주식에 투자하여 배당을 받고자 하는 펀드

★★
92 **부동산펀드의 분류에 있어서 기준별 분류가 잘못 연결된 것은?**

① 설립국가 기준에 따른 분류 : 국내투자펀드, 해외투자펀드
② 법적형태 기준에 따른 분류 : 신탁형펀드, 회사형펀드, 조합형펀드
③ 모집형태에 따른 분류 : 공모펀드, 사모펀드
④ 투자대상의 사전특정여부에 따른 분류 : 프로젝트펀드, 블라인드펀드

★★
93 **개량형부동산펀드에 대한 설명으로 틀린 것을 모두 묶은 것은?**

가. 업무용 오피스빌딩, 상업시설, 호텔 등을 취득한 후 해당 부동산의 용도를 변경한다든지 리모델링 등을 통해 자산의 가치를 제고하여 매각하거나 임대운영 후 매각하여 투자수익을 취득하는 것을 목적으로 한다.
나. 부동산의 가치를 증대시키기 위해 투입한 개량비용보다 수익(임대수익, 매각차익)이 많아야 양(+)의 펀드수익률이 가능하다.
다. 해당 부동산과 관련된 광열비, 전기 및 수도료와 같은 일반적인 경비도 개량비용 즉 자본적 지출에 포함한다.
라. 개량형부동산펀드는 인·허가 위험에 노출되지 않는다.

① 가, 나
② 다, 라
③ 가, 다
④ 나, 라

★★
94 **경공매형부동산펀드의 주요 점검사항에 해당하지 않는 것은?**

① 펀드만기시점의 부동산시장 환경 및 부동산가격 동향
② 부동산운용전문인력의 전문성 보유 여부
③ 펀드규모의 적정성 여부
④ 펀드 관련 비용의 적정성 여부

★★
95 **부동산시장의 개념 및 특징으로 옳은 것은?**

① 수요와 공급의 자동조절기능이 제대로 작용하지 못하는 불완전한 시장이다.
② 거래의 공개성으로 정보의 비대칭성이 존재하지 않는다.
③ 시장의 개별성으로 인하여 일물일가의 법칙이 적용된다.
④ 시장의 조직화로 도매상과 소매상의 구분이 가능하다.

부동산펀드 투자 · 리스크관리(5문항)

★★
96 다음 〈보기〉의 내용은 부동산 경기변동의 4국면 중 어디에 해당하는가?

〈보 기〉
- 부동산시장에서 매도인우위의 시장에서 매수인우위의 시장으로 전환하는 분위기가 나타난다.
- 이 국면이 장기화되면 부동산의 공실률이 점차 늘게 된다.

① 회복기 ② 호황기
③ 후퇴기 ④ 불황기

★★
97 정부의 부동산정책 중 공급정책에 해당하는 것은?

① 대부비율(LTV) 또는 소득대비 대출비율(DTI)을 완화한다.
② 주택임차인에 대해 임대료를 보조한다.
③ 개발제한구역을 해제한다.
④ 임대료상한제를 실시한다.

★★
98 대체투자(Alternative Investment)의 투자대상에 해당하지 않는 것은?

① 채권형펀드 ② 부동산펀드
③ REITs ④ 헤지펀드

★★
99 부동산의 투자위험을 관리하는 방안에 대한 설명으로 적절하지 않은 것은?

① 경기수준이나 인플레이션으로 인한 부동산 또는 부동산 관련 유가증권의 가격변동위험을 관리하는 방법으로는 파생금융상품을 활용하는 방안이 있다.
② 각종 사전옵션계약을 활용하는 방안은 유동성위험을 관리하는 방안이다.
③ 임차인과 장기계약을 맺음으로써 관리운영 및 임대위험을 관리할 수 있다.
④ 비체계적 위험을 관리하는 방안으로서 풋백옵션을 활용할 수 있다.

★★
100 임대형부동산펀드의 리스크유형 중에서, 청산단계의 리스크유형에 해당하지 않는 것은?

① 공실위험 ② 사업계획미달위험
③ 매각위험 ④ 추가비용발생위험

합격의공식
시대
에듀
www.sdedu.co.kr

What is your passcode?

편드투자권유자문인력 실제유형 모의고사

제3회

2024년 최신 기본서 반영 및
2개년(23~24년) 기출분석

편드투자권유자문인력 실제유형 모의고사

제4회

시대에듀

제4회 편드투자권유자문인력 실제유형 모의고사

www.sdedu.co.kr

문항 및 시험시간

평가영역	문항 수	시험시간	비 고
펀드투자권유자문인력	100문항	120분	

편드투자권유자문인력

제4회 실제유형 모의고사

문 항 수 : 100문항
응시시간 : 120분

펀드일반 법규(13문항)

★
01 자본시장법상 집합투자의 정의로 적절하지 않은 것은?

① 2인 이상의 투자자로부터 모은 금전 등이어야 한다.
② 투자자로부터 일상적인 운용지시를 받지 않는다.
③ 재산적 가치가 있는 투자대상자산을 취득・처분 그 밖의 방법으로 운용하고 그 결과를 투자자에 배분하여 귀속시킨다.
④ 부동산투자회사법이나 선박투자회사법에 의하여 사모 방법으로 금전을 모아 운용하는 경우에도 집합투자의 정의에 포함된다.

★★
02 투자회사에 대한 설명으로 적절하지 않은 것은?

① 투자회사는 법인이사 1인과 감독이사 2인 이상을 선임해야 하며, 법인이사는 집합투자업자가 된다.
② 투자회사는 주식의 발행을 무액면・기명식으로 한다.
③ 투자회사는 주주총회의 결의로서 신주를 발행할 수 있다.
④ 투자회사의 발기인은 설립 시 발행하는 주식의 총수를 인수해야 한다.

★★
03 집합투자기구의 투자설명서에 대한 설명으로 적절하지 않은 것은?

① 증권을 공모함에 있어 청약의 권유를 하고자 하는 경우에는 반드시 투자설명서에 의하여야 한다.
② 예비투자설명서는 신고의 효력이 발생하지 않았다는 사실을 덧붙여 적은 투자설명서로서, 금융위가 증권신고서를 수리하기 전에도 사용이 가능하다.
③ 전문투자자, 모집매출 기준인 50인 산정대상에서 제외되는 자, 투자설명서를 받기를 거부한다는 의사를 서면, 전화, 이메일 등으로 표시한 자에게는 투자설명서를 교부하지 않아도 된다.
④ 개방형펀드는 최초 투자설명서를 제출한 후 매년 1회 이상 정기적으로 투자설명서를 갱신해야 하고, 집합투자기구 등록사항을 변경등록한 경우 변경등록통지를 받은 날로부터 5일 이내에 그 내용을 반영하여 투자설명서를 갱신해야 한다.

★★
04 **금융소비자보호법에 대한 설명으로 적절하지 않은 것은?**

① 금융소비자보호법은 금융상품을 보장성 상품, 투자성 상품, 예금성 상품, 대출성 상품의 4가지로 분류한다.
② 자본시장법상의 투자권유대행인은 금융소비자보호법상 금융상품판매대리・중개업자에 해당한다.
③ 금융소비자가 자발적으로 구매하려는 금융상품이 소비자의 재산 등에 비추어 부적절할 경우 이를 고지하고 확인을 받은 것은 적합성 원칙이다.
④ 적합성 원칙은 보장성 상품, 투자성 상품, 대출성 상품을 대상으로 적용되지만 설명의무는 보장성 상품, 투자성 상품, 예금성 상품, 대출성 상품 모두를 대상으로 이행해야 한다.

★★★
05 **투자신탁의 수익자총회에 대한 설명이다. 틀린 항목의 수는?**

가. 투자신탁을 설정한 집합투자업자(수익자총회를 소집하는 신탁업자 또는 발행된 수익증권 총좌수의 100분의 5 이상을 소유한 수익자를 포함)는 수익자총회의 결의가 이루어지지 아니한 경우 그 날부터 2주 이내에 연기된 수익자총회를 소집하여야 한다.
나. 연기수익자총회 소집시에는 연기수익자총회일 1주 전까지 소집을 통지하여야 한다.
다. 연기수익자총회의 결의는 출석한 수익자 의결권의 과반수와 발행된 수익증권 총좌수의 8분의 1 이상으로 결의한다.
라. 신탁계약으로 정한 수익자총회의 결의사항에 대하여는 출석한 수익자의 의결권의 과반수와 발행된 수익증권의 총좌수의 10분의 1 이상으로 한다.

① 0개
② 1개
③ 2개
④ 3개

★★
06 **집합투자기구의 환매에 대한 설명으로 적절하지 않은 것은?**

① 현금환매가 원칙이지만 해당 집합투자기구의 집합투자자 전원의 동의를 얻은 경우에는 해당 집합투자기구가 보유하고 있는 집합투자재산으로 지급할 수 있다.
② 집합투자기구 자산총액의 20%를 초과하여 외화자산에 투자하는 경우에는 환매기간을 15일 초과하여 정할 수 있다.
③ 집합투자업자 또는 투자회사가 환매연기를 결정하면 환매연기를 결정한 날로부터 6주 이내에 집합투자자총회에서 환매에 관한 사항을 결의해야 한다.
④ 환매수수료는 환매금액 또는 이익금 등을 기준으로 부과할 수 있으며, 징수한 환매수수료는 당해 집합투자재산에 귀속된다.

★★
07 집합투자업자에 대한 자산운용규제 등과 관련된 설명으로 적절하지 않은 것은?

① 집합투자기구 자산의 40% 이상을 다른 집합투자기구에 투자할 수 있는 집합투자기구(Fund of Funds)에 대한 투자는 원칙적으로 금지된다.
② 동일한 집합투자기구에 투자할 경우 펀드자산총액의 20%를 초과할 수 없고, 동일한 집합투자업자가 운용하는 집합투자기구들에 대한 투자는 펀드자산총액의 50%를 초과할 수 없다.
③ 각 집합투자기구에 속하는 증권총액의 50%를 초과하여 환매조건부매도를 할 수 없다.
④ 각 집합투자기구에 속하는 증권의 20%를 초과하여 대여할 수 없으며, 각 펀드자산총액의 50%를 초과하여 증권을 차입할 수 없다.

★★
08 집합투자기구의 수입 및 비용에 속하는 것은 모두 몇 개인가?

- 집합투자업자의 자산운용보고서 작성 및 교부 비용
- 집합투자기구에 대한 회계감사비용
- 집합투자증권의 환매수수료
- 신탁업자의 자산보관 · 관리보고서 작성 및 교부 비용

① 0개 ② 1개
③ 2개 ④ 3개

★★
09 부동산운용에 관한 특례로서 펀드의 차입 및 대여에 관한 내용이다. 빈칸을 옳게 연결한 것은?

- 부동산집합투자기구는 부동산펀드에 대한 특례로서, 집합투자기구 순자산총액의 (　　)까지 금전차입이 가능하다.
- 부동산집합투자기구는 부동산펀드에 대한 특례로서, 집합투자기구 순자산총액의 (　　)까지 금전대여가 가능하다.
- 부동산집합투자기구가 아닌 집합투자기구는 보유하고 있는 부동산가액의 (　　)까지 차입이 가능하다.

① 100%, 200%, 70% ② 200%, 100%, 70%
③ 200%, 100%, 90% ④ 100%, 200%, 90%

★★★
10 원화 MMF의 운용제한에 대한 설명으로 적절하지 않은 것은?

① 국채에 투자할 경우 남은 만기가 5년 이내이어야 한다.
② 지방채에 투자할 경우 남은 만기가 1년 이내이어야 한다.
③ 양도성예금증서에 투자할 경우 남은 만기가 1개월 이내이어야 한다.
④ 다른 MMF의 집합투자증권에 투자할 수 있다.

★★
11 집합투자기구의 이익금 분배에 대한 설명으로 적절하지 않은 것은?

① 집합투자업자 또는 투자회사 등은 집합투자재산의 운용에 따라 발생한 이익금을 투자자에게 금전 또는 새로 발행하는 집합투자증권으로 분배해야 한다.
② 단기금융집합투자기구를 포함한 집합투자기구는 집합투자규약이 정하는 바에 따라 이익금의 분배를 유보할 수 있다.
③ 집합투자기구는 필요할 경우 이익금을 초과하여 현금으로 분배할 수 있다.
④ 이익금의 분배방법 및 그 시기는 집합투자규약에서 정한다.

★★
12 기관전용 사모집합투자기구에 대한 설명으로 적절하지 않은 것은?

① 1인 이상의 무한책임사원과 1인 이상의 유한책임사원으로 구성된 투자합자회사이다.
② 무한책임사원은 자신의 출자지분을 타인에게 양도하는 것은 금지된다. 단, 정관에서 정하고 사원 전원의 동의가 있는 경우는 예외가 인정된다.
③ 다른 기관전용 사모집합투자기구와 합병할 수 있다.
④ 업무집행사원은 6개월마다 1회 이상 출자한 특수목적회사의 재무제표 등을 사원에게 제공하고 그 운영 및 재산에 관한 사항을 설명하여야 한다.

★★
13 금융소비자보호법에서 정하고 있는 내용으로 적절하지 않은 것은?

① 금융상품판매업자등의 적합성 원칙・적정성 원칙 위반은 징벌적 과징금의 대상이 아니다.
② 설명의무 위반에 있어 금융상품판매업자는 자신에게 고의 또는 과실이 없음을 입증하지 못하면 손해배상책임을 면할 수 없다.
③ 금융감독원 분쟁조정위원회 회의 시 구성위원은 소비자 단체와 금융업권 추천위원이 각각 동수(同數)로 지명된다.
④ 금융상품판매업자의 6대 판매원칙에 대하여 금융소비자는 위법계약해지권을 가진다.

직무윤리 및 투자자분쟁예방(15문항)

★★
14 윤리경영에 대한 국내외적 환경과 관련된 설명으로 적절하지 않은 것은?

① 국제투명성기구가 발표하는 부패인식지수(CPI)로 볼 때, 우리나라는 경제규모에 비해서 윤리수준이 높지 않고 부패에 대한 인식의 개선도 장기간 나타나지 않는 것으로 평가된다.
② 2016년에 시행된 '부정청탁 및 금품수수 등의 금지에 관한 법률(청탁금지법)'은 대가성이 없더라도 일정금액 이상의 금품 등을 수수하면 처벌을 하도록 하여 우리나라의 투명성 제고 등 영향력이 클 것으로 기대되는데, 아직은 공직자에게만 국한하여 적용된다는 점에서 한계점이 있다.
③ 기업들의 윤리경영 실천노력을 평가하기 위한 척도로는 산업정책연구원의 Kobex가 대표적이다.
④ 기업의 사회적 책임에 대해 평가하는 국제적인 윤리경영지표로는 CR Index가 있다.

★★
15 **이해상충방지체계에 대한 설명으로 적절하지 않은 것은?**

① 금융투자업자는 고객과의 이해상충이 발생하지 않도록, 이해상충이 발생할 가능성을 파악하고 내부통제기준에 따라 적절히 관리해야 한다.
② 금융투자업자는 이해상충발생가능성을 파악 · 평가한 결과 이해상충발생가능성이 인정되면, 먼저 해당 투자자에게 그 사실을 알려야 한다.
③ 금융투자업자는 이해상충발생가능성이 있을 경우, 투자자보호 수준에 문제가 없는 수준까지 이해상충발생가능성을 낮춘 후에 매매 또는 그 밖의 거래를 해야 한다.
④ 금융투자업자는 이해상충발생가능성을 투자자보호 수준에 문제가 없는 수준까지 낮출 수 없는 경우에는 준법감시인의 사전승인을 받아 매매 또는 그 밖의 거래를 할 수 있다.

★★
16 **다음 중 정보교류차단의무를 준수해야 할 행위가 아닌 것은?**

① 차단대상 부서에 금융투자상품의 매매에 관한 정보를 제공하는 행위
② 차단대상 부서 간에 출입문을 공동으로 사용하는 행위
③ 차단대상 부서 간에 전산설비를 공동으로 사용하는 행위
④ 차단대상 부서를 대상으로 하는 대표이사의 겸직행위

★★
17 **금융투자업종사자는 금융소비자 등의 업무를 수행함에 있어서 그때마다의 구체적인 상황에서 전문가로서의 주의의무를 기울여야 하는데, 이에 대한 내용으로 적절하지 않은 것은?**

① 주의의무를 다하였는가의 여부는 그 업무가 행해진 당시의 상황을 전제로 판단하며, 주의를 기울이는 정도와 수준은 일반인 내지 평균인 이상으로서 당해 전문가 집단에 평균적으로 요구되는 수준을 말한다.
② 주의의무는 적어도 업무수행이 신임관계에 의한 것인 한, 사무처리의 대가가 유상이건 무상이건을 묻지 않고 요구된다.
③ 금융투자업자는 일반 주식회사에 준하는 수준의 주의의무를 이행해야 한다.
④ '전문가로서의 주의의무'는 금융소비자가 금융투자상품을 매수하는 거래의 이전과 이후 모두 적용될 뿐만 아니라, 금융회사가 금융소비자에게 판매할 상품을 개발하는 단계부터 적용된다.

★★
18 **적정성 원칙에 대한 설명으로 적절하지 않은 것은?**

① 금융소비자보호법은 변동성이 높은 파생상품 등으로부터 금융소비자를 보호하는 차원에서 적합성 원칙과 별개로 적정성 원칙을 두고 있다.
② 금융투자업종사자가 일반투자자에게 투자권유를 하지 않는 경우에 한해 적용한다.
③ 파생상품 등이 해당 일반투자자에게 적정하지 않다고 판단되는 경우 해당 파생상품 등의 판매절차를 중단하는 것을 말한다.
④ 사모펀드 판매 시 적정성 원칙 적용을 면제하지만 적격투자자 중 일반금융소비자가 요청할 경우에는 적정성 원칙을 적용한다.

★★
19 **다음 설명 중 적절하지 않은 것은?**

① 금융투자업에서 준수해야 할 가장 중요한 2가지 직무윤리는 고객우선원칙과 신의성실원칙이며, 이 2가지 원칙을 준수하기 위해 구체적으로 법제화된 것이 이해상충방지의무와 금융소비자보호의무이다.
② 이해상충은 기업인수합병 주선업무과정에서 획득한 사적영역의 정보를 금융투자업의 공적영역에 사용할 경우 발생한다.
③ 투자권유에 대한 금융소비자보호법상 의무로서 정확성과 시의성, 접근성 및 용이성 등의 요건을 갖추고 이행해야 하는 의무는 적합성 원칙이다.
④ 해피콜서비스는 금융소비자와 판매계약을 맺은 날로부터 7영업일 이내에, 판매직원이 아닌 제3자가 금융소비자와 통화하여 판매직원이 제반 의무를 이행했는가를 확인하는 절차이다.

★★
20 **금융투자회사의 표준윤리준칙 제11조 '경영진의 책임'에 대한 내용으로 옳은 것을 모두 묶은 것은?**

가. 경영진을 포함한 중간책임자도 자신의 지위와 직계를 통하여 지도·지원의 책임을 진다.
나. 피용자가 업무집행상 타인에게 불법행위를 하고 그 결과, 사용자가 사용자책임으로 피해자에게 배상을 했다 하더라도 피용자에게 구상권을 행사할 수 없다.
다. 투자권유대행인은 개인사업자로서 회사의 피용자가 아니므로, 투자권유대행인에 대한 사용자책임은 지지 않는다.

① 가
② 가, 나
③ 나, 다
④ 가, 나, 다

★★
21 **고용기간이 종료된 이후의 의무에 대한 설명으로 적절하지 않은 것은?**

① 고용기간이 종료되면 금융투자업종사자의 회사에 대한 선관주의의무도 종료된다.
② 고용기간이 종료된 이후에도 회사로부터 명시적으로 서면상 권한을 부여받지 않으면 비밀정보를 유출하거나 공개하여서는 아니 된다.
③ 고용기간의 종료와 동시에 또는 회사의 요구가 있을 경우에는, 보유하고 있거나 자신의 통제하에 있는 기밀정보를 포함한 모든 자료를 회사에 반납해야 한다.
④ 고용기간이 종료되면 어떠한 경우나 이유로도 회사명, 상표, 로고 등을 사용해서는 아니되고, 고용기간 동안 본인이 생산한 지적재산물은 회사의 재산으로 반환하여야 하며, 고용기간이 종료된 후라도 지적재산물의 이용이나 처분권한은 회사가 가지는 것이 원칙이다.

★★
22 **영업점에 대한 내부통제제도의 하나인 영업점별 영업관리자에 대한 규정으로 적절하지 않은 것은?**

① 영업점에서 1년 이상 근무한 경력이 있거나 준법감시나 감사업무를 1년 이상 수행한 경력이 있는 자를 영업관리자로 임명할 수 있다.
② 영업점장이 아닌 책임자급에서 영업관리자를 임명하는 것이 원칙이다.
③ 준법감시인은 영업점별 영업관리자에 대하여 연간 1회 이상 법규 및 윤리 관련 교육을 실시해야 한다.
④ 영업점별 영업관리자에게 업무수행의 결과로서 성과보수나 보상을 지급하는 것은 내부통제기준상 불가하다.

★★
23 **다음 빈칸에 들어갈 내용으로 옳게 연결한 것은?**

> 만일 금융위원회의 처분 또는 조치에 대해 불복하는 자는, 해당 처분 또는 조치의 고지를 받는 날로부터 (　　　　) 이내에 그 사유를 갖추어 금융위원회에 이의신청을 할 수 있다. 이때 금융위원회는 해당 이의신청에 대해 (　　　　) 이내에 결정을 해야 하며, 부득이한 사정으로 그 기간 내에 결정을 할 수 없을 경우에는 (　　　　)의 범위 내에서 그 기간을 연장할 수 있다.

① 30일 － 60일 － 15일
② 30일 － 60일 － 30일
③ 30일 － 90일 － 30일
④ 60일 － 90일 － 30일

★★
24 **개인정보보호법상 정보주체가 자신의 개인정보처리와 관련하여 갖는 권리를 모두 묶은 것은?**

> 가. 개인정보의 처리에 관한 정보를 제공받을 권리
> 나. 개인정보의 처리에 관한 동의여부, 동의범위 등을 선택하고 결정할 권리
> 다. 개인정보의 처리정지, 정정・삭제 및 파기를 요구할 권리

① 가, 다
② 가, 다
③ 나, 다
④ 가, 나, 다

★★
25 **개인정보의 수집 및 이용이 가능한 경우에 해당하지 않는 것은?**

① 정보주체의 동의를 받은 경우
② 법률에 특별한 규정이 있거나 법령상 의무를 준수하기 위하여 불가피한 경우
③ 공공기관이 법령 등에서 정하는 소관 업무의 수행을 위해 불가피한 경우
④ 정보처리자의 정관상 업무수행을 위해 불가피한 경우

★★
26 **금융투자상품 관련 분쟁의 유형 중에서, 〈보기〉의 사례와 가장 부합하는 것은?**

〈보 기〉

> 증권회사 직원이 고객으로부터 포괄적으로 선물・옵션거래에 대한 위임을 받고 옵션거래를 하던 중 최종거래일의 거래 마감시간 직전에 신규로 대량매수하는 행위는 고객의 투자상황에 비추어 과도한 위험성을 수반한 거래로 인정하여 증권사에게 배상책임을 물은 사례(대법원 판례)

① 일임매매
② 임의매매
③ 횡 령
④ 부당권유

★★
27 **고액현금거래보고제도(CTR ; Currency Transaction Report)와 관련하여, 빈칸을 옳게 연결한 것은?**

> 고액현금거래보고제도(CTR)는 '(　　　) 동안 원화 (　　　) 이상 현금을 입금하거나 출금할 경우, 거래자의 신원과 금액 등을 금융거래 발생 후 (　　　) 이내에 보고해야 하는 것'을 말한다. 〈원화 기준금액은 2019년 1월 현재 기준〉

① 1일 – 1천만원 – 30일
② 1회 – 2천만원 – 30일
③ 1일 – 2천만원 – 30일
④ 1일 – 1천만원 – 14일

★★
28 **고객확인제도(CDD / EDD)에 대한 설명으로 적절하지 않은 것은?**

① 고객확인제도란 금융기관이 고객과 거래 시 고객의 성명, 실명번호, 주소, 연락처, 자금의 실소유자 여부, 거래목적 등을 파악하는 등 고객에 대한 합당한 주의를 기울이는 제도이다.
② 이 제도는 FATF의 권고사항으로 외국금융기관 등의 KYC 시행을 준용하고 있으며, 기존의 의심거래보고제도(STR)를 보완하고 금융기관의 대고객리스크 관리를 강화하는 차원에서 도입한 제도이다.
③ 고객확인제도상 확인하는 대상은 금융실명제법에서 규정하는 대상과 동일하다.
④ 고객확인제도상의 고객확인은 금융거래가 개시되기 전에 선행되어야 한다.

펀드 구성 · 이해(16문항)

★★
29 **증권신고서에 대한 설명으로 옳은 것을 모두 묶은 것은?**

> 가. 국채, 지방채, 특수채는 증권신고서를 제출하지 않아도 된다.
> 나. 공모금액이 10억원 미만이면 증권신고서를 제출하지 않아도 된다.
> 다. 증권신고서 제출 후 금융위원회가 수리하는 즉시 투자설명서를 교부하고 청약을 진행할 수 있다.

① 가, 나
② 나, 다
③ 가, 다
④ 가, 나, 다

★★
30 **금융위원회가 증권신고서의 정정을 요구할 수 있는 사안에 해당하지 않는 것은?**

① 증권신고서의 형식을 제대로 갖추지 못한 경우
② 중요사항에 관하여 거짓의 기재 또는 표시가 있는 경우
③ 중요사항이 기재 또는 표시되지 아니한 경우
④ 환매기간이 너무 길다고 판단되는 경우

★★
31 **집합투자기구의 등록요건(자본시장법 제182조 제2항)에 대한 설명으로 적절하지 않은 것은?**

① 집합투자업자, 신탁업자, 투자매매업자·투자중개업자, 일반사무관리회사 등이 업무정지 기간에 있지 아니할 것
② 집합투자기구가 법에 따라 적법하게 설정·설립되어 있을 것
③ 집합투자규약이 법령을 위반하거나 투자자의 이익을 명백히 침해하지 아니할 것
④ 투자회사의 경우 감독이사가 적격요건을 갖추고 자본금이 10억원 이상일 것

★★
32 **간주의결권(Shadow Voting)의 행사요건에 대한 충족요건을 모두 고르면?**

ㄱ. 수익자에게 의결권행사 통지가 있었으나 행사되지 아니하였을 것
ㄴ. 간주의결권 행사방법이 집합투자규약에 기재되어 있을 것
ㄷ. 수익자총회의 의결권을 행사한 총좌수가 발행된 총좌수의 1/10 이상일 것
ㄹ. 수익자총회의 연기가 있을 것

① ㄱ, ㄴ
② ㄱ, ㄷ, ㄹ
③ ㄱ, ㄴ, ㄷ
④ ㄱ, ㄴ, ㄹ

★★
33 **자본시장법상 집합투자기구로서 투자회사에 대한 설명으로 적절하지 않은 것은?**

① 집합투자기구가 법률적 행위의 주체가 된다.
② 집합투자재산에 대한 법률적 소유자는 집합투자기구이며, 신탁업자가 집합투자기구의 보관대리인의 입장에서 집합투자재산을 보관·관리한다.
③ 이사회 및 주주총회를 보조하고 그 업무를 대행하는 일반사무관리회사가 반드시 필요하다.
④ 현재 국내 대부분의 집합투자기구는 투자회사의 형태를 띤다.

★★★
34 **단기금융집합투자기구(MMF)의 운용제한에 대한 내용을 나열한 것이다. 틀린 항목의 수는?**

가. 증권을 대여하거나 차입할 수 없다.
나. 남은 만기가 1년 이상인 국채증권에 대해서는 펀드재산의 5%를 초과할 수 없다.
다. 환매조건부매도는 해당 집합투자기구가 보유하는 증권총액의 50%를 초과할 수 없다.
라. 개인MMF의 남은 만기 가중평균이 75일 이내이어야 한다.
마. 집합투자재산의 60% 이상을 채무증권으로 운용해야 한다.
바. 취득시점을 기준으로 개별 채무증권의 신용평가등급이 상위 2개 등급 이내이어야 함을 원칙으로 한다.

① 0개
② 1개
③ 2개
④ 3개

★★
35 **환매금지형집합투자기구에 대한 설명으로 적절하지 않은 것은?**

① 존속기간을 정한 집합투자기구에 한해서 환매금지형집합투자기구를 설정·설립할 수 있다.
② 환매금지형집합투자기구는 개방형이 아니므로 집합투자증권의 추가발행은 특정 요건을 갖추었을 때만 가능하다.
③ 환매금지형집합투자기구를 공모형으로 설정·설립한 경우는 집합투자증권을 최초 발행한 날로부터 90일 이내에 증권시장에 상장해야 한다.
④ 시장성 없는 자산에 펀드재산의 10%를 초과하여 투자하는 펀드는 환매금지형으로 펀드를 설정·설립해야 한다.

★★
36 **상장지수집합투자기구(ETF)의 특징에 대한 설명으로 적절하지 않은 것은?**

① ETF는 개방형펀드이다.
② ETF는 인덱스펀드이다.
③ ETF는 단위형펀드이다.
④ ETF는 상장형펀드이다.

★★
37 **일반적 기준에 의한 집합투자기구의 분류상, 장외파생상품 펀드에 가장 적합한 것은?**

① 개방형, 추가형
② 개방형, 단위형
③ 폐쇄형, 단위형
④ 폐쇄형, 추가형

★★
38 **일반적 기준에 의한 집합투자기구의 분류상, 투자전략에 따른 분류에 대한 설명으로 적절하지 않은 것은?**

① Bottom Up Approach는 투자대상 주식의 성과에 영향을 미칠 수 있는 거시경제 및 금융변수에 대한 예측을 하지 않고 투자대상 종목의 저평가 여부만을 투자의 기준으로 판단한다.
② Top Down Approach에서 펀드수익에 미치는 영향은 개별종목의 성과보다 주식 및 채권의 투자비율 또는 주식에 있어서도 업종 간 투자비율이 더 크다는 전제하에 출발한다.
③ 채권의 경우 주식보다 개별성이 높아서 Bottom Up Approach의 유효성이 주식보다 높은 편이다.
④ 실제 액티브운용에 있어서는 Top Down Approach와 Bottom Up Approach를 혼합하여 적용하는 것이 대부분이다.

★★
39 **인덱스펀드 운용 시 추적오차(Tracking Error)가 발생하는 원인으로 거리가 먼 것은?**

① 펀드에 대한 선취 판매수수료
② 펀드에 부과되는 운용보수와 신탁보수
③ 펀드의 포트폴리오와 추적대상지수 포트폴리오의 차이
④ 펀드의 포트폴리오를 구축하기 위한 비용

★★
40 **파생상품펀드의 특징에 대한 설명으로 적절하지 않은 것은?**

① 다양한 투자자들의 시장전망을 수익으로 연결해주는 수단으로 활용이 가능하다.
② 현물투자에서는 발생하지 않는 변동성위험, 베이시스위험에 노출된다.
③ 차익거래와 같은 다양한 매매전략이 등장함으로써 현물시장만 존재하는 경우에 비해 시장의 효율성이나 안정성이 개선된다.
④ 큰 폭의 레버리지가 가능하여 현물투자에 비해서는 보수적이고 안정적인 운용이 어렵다는 단점이 있다.

★★
41 **구조화형 펀드에 대한 설명으로 적절하지 않은 것은?**

① 구조화형 펀드는 시뮬레이션을 통해 산출된 목표수익구조를 사전에 제시하고 금융공학기법으로 운용하는 펀드이다.
② 국내에서 가장 많이 알려진 RCF(Reverse Convertible Fund)형의 경우 KOSPI200을 기초자산으로 하며, KOSPI200이 내려가면 주식을 매입하고 KOSPI200이 올라가면 주식을 매도하여 차익을 실현하는 것이 기본전략이다.
③ 델타헤징기법을 이용함으로써 방향성 및 변동성과 관계없이 일정한 수익을 기대할 수 있는 펀드이다.
④ ELS를 편입하여 운용하는 ELF와 비교할 때, 세후수익률 면에서 구조화형 펀드가 더 유리하다.

★
42 **자본시장법상 특별자산에 해당하지 않는 것은?**

① 상장주식을 기초자산으로 하는 파생상품
② 일반상품(Commodity)을 기초자산으로 하는 파생상품
③ 신용위험을 기초자산으로 하는 파생상품
④ 통화를 기초자산으로 하는 파생상품

★★
43 **신탁재산의 법적 특성 등에 대한 설명으로 적절하지 않은 것은?**

① 신탁재산은 수탁자의 상속재산 및 수탁자의 파산재산에 속하지 아니한다.
② 수탁자는 신탁사무를 처리함에 있어서 항상 위탁자를 위하여 처리하여야 한다.
③ 신탁과 집합투자는 모두 간접투자상품이지만 여러 투자자의 재산을 집합하여 운용하는가, 투자자별로 구분하여 운용하는가에 따라 집합투자와 신탁으로 구분되고 있다.
④ 신탁재산에 대하여 강제집행, 담보권 실행 등을 위한 경매, 보전처분, 국세 등 체납처분을 할 수 없다.

★★
44 신탁상품의 판매절차에 대한 설명으로 적절하지 않은 것은?

① 비지정형특정금전신탁 및 불특정금전신탁의 경우에는 반드시 투자자정보를 확인해야 하며, 투자권유불원 또는 투자정보 미제공 시 신탁계약을 체결할 수 없다.
② 위탁자가 신탁상품을 통해 파생상품 등을 거래하고자 할 경우에는 적정성 원칙에 따라 투자권유를 희망하지 않더라도 반드시 투자자정보를 신탁회사에 제공해야 하며, 투자자정보를 제공하지 않는 고객에 대해서는 신탁상품을 통한 파생상품 등의 거래를 할 수 없다.
③ 투자위험이 매우 높은 장외파생상품을 신탁을 통해 거래하고자 하는 고객은 '장외파생상품 투자자정보확인서'를 통해 추가적인 정보를 신탁회사에 제공해야 한다.
④ 신탁회사가 자산운용권한을 가지고 투자판단을 하는 비지정형특정금전신탁의 경우에는 고객이 자신의 성향보다 투자위험도가 높은 신탁상품에 투자하고자 할 경우 고객의 확인을 받은 후에 계약을 체결할 수 있다.

펀드영업실무(8문항)

★★
45 금융회사의 일반투자자에 대한 투자권유 절차와 관련된 설명으로 적절하지 않은 것은?

① 고령투자자를 대상으로 금융투자상품을 판매하는 경우 판매과정을 녹취하고, 투자자가 요청하면 녹취파일을 제공하여야 하며, 판매과정에서 2영업일 이상의 숙려기간을 부여하여야 한다.
② 투자성 상품 중 청약철회가 가능한 상품에 대하여 계약서류를 제공받은 날 또는 계약체결일 중 어느 하나에 해당하는 날로부터 7일 내에 서면 등의 방법으로 청약철회를 표시하는 경우 이를 수락하여야 한다.
③ 투자자가 위법계약을 체결하였음을 안 날로부터 1년 이내(해당 기간은 계약체결일로부터 5년 이내 범위에 있어야 함)에 해당 계약의 해지를 금융회사에 요구할 수 있고, 이 요구를 받은 날로부터 8일 이내에 수락 여부를 통지해야 하며, 거절 시에는 거절사유를 함께 통지한다.
④ 과당매매의 여부 판단 시, 투자자의 투자지식이나 경험에 비추어 해당 거래에 수반되는 위험을 잘 이해하고 있는지 여부도 포함된다.

★★
46 금융투자상품의 위험등급 산정에 대한 설명으로 적절하지 않은 것은?

① 1~5등급 체계(1등급이 가장 위험한 상품등급)로 최종 등급은 시장위험과 신용위험을 종합적으로 고려하여 산정하며, 환율위험이 있을 경우 이를 반영하여 1~2등급을 상향할 수 있다.
② 금융상품 판매업자가 위험등급을 산정하는 것이 원칙이나, 판매사는 제조사가 정한 위험등급을 사용하는 것이 보다 적절하다고 판단되는 경우 제조사의 위험등급을 사용할 수 있다.
③ 상품의 특성을 고려하여 유동성위험은 환매불가/비용발생/환매가능으로 분류하여 별도 기재・고지하고, 고난도상품은 2등급 이상을 부여하여야 한다.
④ 위험등급은 상품을 권유・판매하는 시점에 최초 산정하되, 수시로 판매되거나 환매가 가능한 상품(예 개방형 펀드)의 경우 결산시점에 맞추어 연 1회 재산정하여야 한다.

★★
47 수익증권저축의 주요내용에 대한 설명으로 적절하지 않은 것은?

① 임의식 저축은 저축금액을 약정하지 않지만 목적식 저축은 저축기간을 정해야 한다.
② 저축기간은 저축계좌에 저축금액을 최초로 납입한 날부터 시작한다.
③ 저축자는 현금이나 즉시 받을 수 있는 수표·어음 등으로 저축금을 납입할 수 있으며, 판매회사는 저축금에 대해 지급기준에 따른 저축금이용료를 지급해야 한다.
④ 판매회사는 월간 매매내역·손익내역, 월말잔액·잔량현황 등을 다음달 20일까지, 반기 동안 매매가 없는 계좌에 대해서는 그 반기 종료 후 20일까지 저축자에게 통지해야 한다.

★★★
48 다음 〈보기〉에 따를 때, 환매수수료 징구의 대상을 가장 정확히 나타낸 것은?

〈보 기〉

• 2019.6.10에 저축기간 1년, 매월 10일에 20만원을 매수하는 월정액 적립식에 가입함(환매수수료 징구기간은 환매청구일로부터 90일 미만의 기간).
• 2020.5.20에 전액 환매청구하였음

① 환매수수료 없음
② 3/10 매수분, 4/10 매수분
③ 3/10 매수분, 4/10 매수분, 5/10 매수분
④ 2/10 매수분, 3/10 매수분, 5/10 매수분

★★
49 국세의 납부의무 소멸사유에 해당하지 않는 것은?

① 납부·충당되거나 부과가 취소된 때
② 국세부과의 제척기간이 끝난 때
③ 국세징수권의 소멸시효가 끝난 때
④ 납세의무자가 사망한 때

★★★
50 소득세법상 배당소득에 해당하지 않는 것은?

① 코스피지수를 기초자산으로 한 ELW로부터 발생한 수익
② ELS로부터 발생한 수익
③ DLS로부터 발생한 수익
④ ETN으로부터 발생한 수익

★★
51 상속세 및 증여세에 대한 설명으로 적절하지 않은 것은?

① 상속세의 납세의무자는 상속인 또는 수유자이며, 증여세의 납세의무자는 증여자이다.
② 상속세와 증여세의 과세세율은 동일하며, 과세표준별 10%에서 50%까지 누진세가 적용된다.
③ 상속세는 상속개시일이 속하는 달의 말일을 기준으로 6개월(국외거주 시 9개월) 내에, 증여세는 증여개시일이 속하는 달의 말일을 기준으로 3개월 내에 신고 및 납부를 해야 한다.
④ 상속세액 또는 증여세액이 1천만원을 초과할 경우는 분납이 가능하며, 2천만원을 초과할 경우는 연부연납이 가능하다.

★★
52 부동산집합투자기구에서 납부하는 과세의 종류가 아닌 것은?

① 양도소득세 ② 취득세
③ 등록면허세 ④ 종합부동산세

펀드운용 및 평가(8문항)

★★★
53 1년 만기 현물이자율이 연 3.5%, 2년 만기 현물이자율이 연 4.0%일 경우, 현재 시점에서 1년 후 1년 동안에 요구되는 내재이자율은? (근사치)

① 3.0% ② 3.5%
③ 4.0% ④ 4.5%

★★
54 듀레이션과 컨벡시티(볼록성)에 대한 설명으로 적절하지 않은 것은?

① 듀레이션은 '현재가치로 환산한 가중평균상환기간' 또는 '채권금리변화에 대한 채권가격변동의 민감도'라고 할 수 있다.
② 듀레이션으로 계산한 채권금리변동과 채권가격과의 관계는 역의 선형관계이다.
③ 채권가격변동율을 계산함에 있어 듀레이션만 사용할 경우, 실제 채권가격 움직임을 정확하게 계산하지 못한다는 단점이 있다.
④ 채권금리의 상승이나 하락과 관계없이 실제 채권가격은 듀레이션으로 계산한 것보다는 낮은데, 이는 컨벡시티가 항상 양이기 때문이다.

★★
55 **채권투자위험에 대한 〈보기〉의 설명 중에서 신용위험(Credit Risk)에 해당하는 것을 모두 묶은 것은?**

〈보 기〉

가. 채권을 만기 이전에 매도하려고 할 경우 채권금리가 상승하게 되면 채권가격이 하락하는 위험이 있다.
나. 채권발행사가 이미 정해진 원리금을 지급하지 않을 위험이다.
다. 채권의 신용등급이 하락하여 채권수익률이 상승하는 위험이다.
라. 경기침체로 신용채권과 무위험채권 간의 금리차이가 확대될 수 있는 위험이다.
마. 해당 채권에 대한 매수세가 부족해서 제 값을 받지 못하는 위험이다.

① 가, 나, 다
② 나, 다, 라
③ 다, 라, 마
④ 가, 마

★★
56 **정부정책의 성격이 다른 하나는?**

① 기준금리 수준 결정
② 통안채 발행물량의 조절
③ 법인세율의 변경
④ 지급준비율의 변경

★★
57 **PER평가모형에 따를 때, 주가수익비율(PER ; Price Earning Ratio)이 15배, 주당순이익이 3,000원인 기업의 주가는 얼마인가?**

① 2,000원
② 3,000원
③ 30,000원
④ 45,000원

★★
58 **신용리스크(Credit Risk)를 측정하는 방법 및 리스크관리에 대한 설명으로 적절하지 않은 것은?**

① 표준방법 : 외부 신용평가기관에서 부여하는 신용등급을 기준으로 각 신용등급별로 리스크의 가중치를 달리하는 방식이며, 일부 시중은행을 제외한 모든 금융기관이 사용하는 방법이다.
② 내부모형법 : 소위 VaR로 알려진 측정방법으로 일정한 질적조건을 충족하고 검증절차를 거치면 감독당국의 승인을 얻어 사용할 수 있는 방법이다.
③ 장외파생상품 평가법 : 장외파생상품을 위험가중자산화하는 방식은 (+)인 '시가평가액 + 잠재적 익스포저'로 계산하며, 잠재적 익스포저는 잔존만기별, 기초자산별로 정해진 값을 부여한다.
④ 리스크 관리 : 신용리스크의 관리는 통상적으로 익스포저 관리라 하며, 각 신용등급별 한도는 물론 거래상대방별 한도까지 부여한다.

★★
59 **집합투자기구 평가사는 개별펀드수익률과 함께 운용사수익률을 측정하여 발표하고 있다. 그렇다면 '운용사수익률(운용사 그룹수익률)'을 산출하는 이유와 관련해서 빈칸을 옳게 연결한 것은?**

> • 운용회사가 운용하는 일부 집합투자기구들만으로 성과를 측정하여 비교할 경우 전체성과를 정확히 나타내지 못하고 집합투자기구별 성과의 차이가 큰 운용회사의 성과가 상대적으로 유리하게 되는 (　　　　)를 제거하기 위함이다.
> • 성과가 나빠 운용이 중단된 집합투자기구 등을 제외하고 현재 시점에서 존재하는 집합투자기구들만을 대상으로 평가함으로써 부실한 운용으로 고객이탈이 많은 운용회사의 성과가 상대적으로 높게 나타나는 (　　　　)를 제거하기 위함이다.

① 대표계정의 오류, 생존계정의 오류
② 생존계정의 오류, 대표계정의 오류
③ 절대평가의 오류, 상대평가의 오류
④ 상대평가의 오류, 절대평가의 오류

★★
60 **위험조정성과지표(RAPM ; Risk Adjusted Performance Measurement)에 대한 설명으로 적절하지 않은 것은?**

① 위험조정성과지표로서 가장 많이 이용되고 있는 샤프비율은, 포트폴리오수익률에서 무위험수익률을 차감한 초과수익률을 포트폴리오의 표준편차(총위험)로 나누어서 구한다.
② '젠센의 알파'는 펀드의 실제수익률이 시장균형을 가정한 경우의 기대수익률보다 얼마나 높은지를 나타내며, 젠센의 알파가 0보다 크다는 것은 시장균형하에서의 베타위험을 가지는 펀드의 기대수익률보다 운용한 펀드의 수익률이 더 높았다는 것을 의미한다.
③ 정보비율은 적극적 투자활동의 결과로 발생한 초과수익률과 펀드의 초과수익률에 대한 표준편차의 비율로서 평가비율(Appraisal Ratio)이라고도 하며, 운용기간에 관계 없이 정보비율은 높을수록 운용자의 능력이 탁월한 것으로 평가된다.
④ 트래킹에러(Tracking Error ; 추적오차)는 일정기간 펀드수익률이 이에 대응하는 벤치마크수익률에 비해서 어느 정도 차이를 보이는가를 측정하는 지표이며, 트래킹에러는 그 자체로 위험지표로 간주된다.

파생상품펀드 법규(7문항)

★★
61 **자본시장법상 금융투자상품 중 〈보기〉에 해당하는 것은?**

〈보 기〉

> 기초자산의 가격·이자율·지표·단위 또는 이를 기초로 하는 지수 등의 변동과 연계하여 미리 정하여진 방법에 따라 지급하거나 회수하는 금전 등이 결정되는 권리가 표시된 것

① 투자계약증권　　② 파생결합증권
③ 장내파생상품　　④ 옵 션

★★
62 **자본시장법상 '장내파생상품'에 해당하지 않는 것은?**

① 국채금리선물
② 통화선도거래
③ 미국달러옵션
④ 돈육선물

★★
63 **자본시장법은 파생결합증권이나 파생상품의 기초자산을 정하고 있다. 그렇다면 이러한 기초자산에 포함될 수 없는 것은?**

① 금융투자상품 및 통화(통화는 외국통화를 포함)
② 일반상품(농축산물・임산물・광산물・에너지에 속하는 물품 및 이 물품을 원료로 하여 제조하거나 가공한 물품, 그 밖에 이와 유사한 것을 말함)
③ 신용위험(당사자 또는 제3자의 신용등급의 변동, 파산 또는 채무재조정 등으로 인한 신용의 변동을 말함)
④ 경제적 현상에 속하는 위험으로서 스트레스 평가를 위한 최악의 시나리오

★★
64 **다음의 투자를 하는 펀드 중에서 자본시장법상 파생상품펀드로 분류되지 않는 것은?**

① 펀드재산의 33%를 파생결합증권에 투자하는 펀드
② 펀드재산의 66%를 파생결합증권에 투자하는 펀드
③ 파생상품매매에 따른 위험평가액이 펀드자산총액의 33%에 해당하는 펀드
④ 파생상품매매에 따른 위험평가액이 펀드자산총액의 66%에 해당하는 펀드

★★
65 **다음 〈보기〉의 조건에 따를 때, 주가지수옵션의 콜옵션매수 1계약 포지션의 위험평가액은 얼마인가?**

〈보 기〉

KOSPI200은 300.00point, 승수는 25만원, 콜옵션의 행사가격은 310.00point, 델타는 +0.4, 콜옵션의 프리미엄은 +2.0point이다.

① 30,000,000원
② 31,000,000원
③ 75,000,000원
④ 77,500,000원

★★
66 **파생상품펀드의 위험지표 공시의무와 관련하여, 위험지표의 하나인 최대손실예상금액(VaR)의 요건을 설명한 것이다. 빈칸을 옳게 연결한 것은?**

> 최대손실예상금액(VaR)은 (   ) 이상의 자료 관측기간을 기초로 하여 측정되어야 하며, 시장상황에 따라 최소한 (   )에 1회 이상 자료구성을 수정・보완시키되, 시장가격의 중대한 변동이 있는 경우에는 수정・보완기간을 (   )하여야 한다.

① 6개월, 3개월, 단축
② 6개월, 6개월, 확대
③ 1년, 3개월, 단축
④ 1년, 3개월, 확대

★★
67 **파생상품펀드에 적용되는 강화된 투자자보호제도에 대한 설명으로 적절하지 않은 것은?**

① 금융투자업종사자는 해당 파생상품 등에 대해서 투자자가 이해할 수 있도록 설명해야 하며, 투자자별 이해수준에 따라 설명의 정도를 달리할 수 있다.
② 금융투자업자가 일반투자자에게 투자권유를 하지 않고 파생상품펀드를 판매하려는 경우에는 면담・질문을 통하여 그 일반투자자의 투자목적・재산상황 및 투자경험 등의 정보를 파악해야 한다.
③ 금융투자업자는 파생상품펀드에 대해서는 일반투자자의 투자목적・재산상황・투자경험 등을 고려하여 투자자 등급별로 차등화된 투자권유준칙을 마련해야 한다.
④ 금융투자업자는 투자권유대행인에게 파생상품 등에 대한 투자권유를 위탁할 수 없다.

파생상품펀드 영업(8문항)

★★
68 **주가연계파생상품(ELS, ELD, ELF)과 관련하여, 틀린 것을 모두 묶은 것은?**

〈보 기〉

> 가. 주가연계상품은 모두 약속된 수익률을 지급한다.
> 나. 주가연계상품은 모두 예금자보호가 된다.
> 다. 주가연계상품으로부터 발생한 이익에 대해서는 모두 배당소득세를 과세한다.

① 가, 나
② 나, 다
③ 가, 다
④ 가, 나, 다

★★
69 그림과 같은 워런트투자의 수익구조에 대한 설명으로 적절하지 않은 것은?

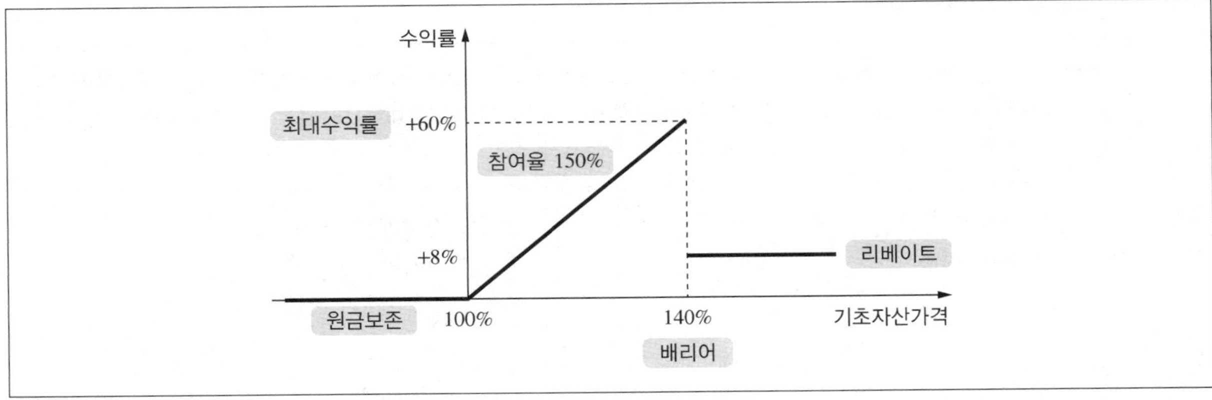

① 부분 리베이트(Partial Rebate)가 지급되는 낙아웃(Knock Out) 요건이다.
② 기초자산이 140% 이상 상승을 하게 되면 8%의 리베이트가 지급되고 계약은 소멸된다.
③ 만기 중 기초자산이 한 번도 100% 이상 상승을 하지 못하면 수익이 전혀 발생하지 않는다.
④ 만일 참여율이 50%로 설계가 되었다면 최대수익률은 +30%이다.

★★
70 금리 및 환율연계 파생상품펀드에 대한 설명으로 적절하지 않은 것은?

① 금리연계파생상품펀드는 기초자산인 금리의 변동성이 낮아서 투자자들의 기대수익률을 충족하기 어려운 편이다.
② 금리연계파생상품펀드 중 금리가 일정범위 내에 머문 날짜를 계산하여 쿠폰이 결정되는 것은 스프레드형 상품이다.
③ 환율은 어느 순간 급변하는 경우가 많기 때문에 원금손실이 가능한 구조로 투자할 때는 매우 주의해야 한다.
④ 환율은 주가, 금리 이상으로 방향성이나 변동성에 대한 예측이 어렵다.

★★
71 멀티에셋(Multi-asset)파생상품펀드에 대한 설명으로 적절하지 않은 것은?

① 분산투자대상을 파생상품으로 하여 투자하는 펀드이다.
② 여러 자산에 분산하여 투자하므로 고액이 필요하고 또 여러 자산에 대한 분석력이 필요하므로 주로 소수의 고액투자자들이 주로 활용한다.
③ 최초의 투자시점에 자산배분의 원칙을 정하고 그 원칙대로 운용한다.
④ 최근에는 투자자산군을 주식, 채권, 부동산, 실물자산으로 나누어 균등비율로 투자하는 글로벌자산배분펀드 등이 인기를 끌고 있다.

★★
72 **파생형인덱스펀드에 대한 설명으로 적절하지 않은 것은?**

① 인덱스 추종을 현물이 아닌 파생상품을 통해서 하는 펀드를 말한다.
② 지수를 기초자산으로 하는 장내파생상품을 활용하는 방법이 있는데, 지수선물을 활용할 경우 파생상품펀드의 만기까지 롤오버위험에 노출된다.
③ 지수의 수익률을 받기로 하는 장외파생상품 계약을 활용할 수 있는데, 이 경우 롤오버위험은 없고 장외계약에 따른 거래상대방의 신용위험에 노출된다.
④ 지수를 기초자산으로 하는 장내파생상품을 활용할 경우 지수의 상승방향만을 추종하여 상품을 설계하는 것이 일반적이다.

★★
73 **시스템운용형펀드에 대한 설명으로 적절하지 않은 것은?**

① 시스템운용형펀드는 펀드매니저의 주관을 배제한 채 시스템에서 보내주는 매매신호에 따라 기계적으로 파생상품을 거래한다.
② 대부분의 전략이 모멘텀전략에 기반하기 때문에, 시장이 추세를 보이는 구간에서는 성과가 양호할 수 있으나, 시장이 등락을 반복하거나 하락구간에서는 일반적으로 성과가 부진할 수 있다.
③ 상대적으로 저평가된 종목을 찾아 매수하고 장기적으로 보유하는 전략을 취한다.
④ 자산의 대부분을 파생상품 시장을 활용하여 투자하므로 전통자산에 투자하는 일반적인 펀드와의 상관관계가 낮아서, 포트폴리오 투자 시 높은 분산투자효과를 기대할 수 있다.

★★
74 **포트폴리오보험전략에서 '포트폴리오의 최저가치'를 뜻하는 용어는 무엇인가?**

① 보장치(Floor)
② 완충치(Cushion)
③ 승수(Multiflier)
④ 노출치 또는 위험자산투자액(Exposure)

★★
75 **환리스크 헤지에 대한 설명으로 적절하지 않은 것은?**

① 채권에 투자할 경우 투자원금 전액에 대해서 헤지를 하는 것이 일반적이다.
② 주식의 경우 채권에 비해 변동성이 크므로 투자원금의 120%~130%를 헤지하는 것이 일반적이다.
③ 전 세계적으로 분산투자된 펀드 등에 투자할 경우에는 헤지를 하지 않을 수도 있다.
④ 환헤지로 주로 사용되는 것은 FX Swap(현물환매입 / 선물환매도)과 Block Deal(현물환매입 / 선물매도)이 있는데, 만기이월위험(Roll Over Risk)에 노출되는 것은 Block Deal이다.

파생상품펀드 투자 · 리스크관리(10문항)

★★
76 선물시장의 전략유형 중 헤징(Hedging)에 대한 설명으로 적절하지 않은 것은?

① 미국에 수출을 하고 90일 뒤에 달러결제를 받는 수출업자가 환율상승 리스크를 헤지하기 위해 선물환 매수헤지를 한다.
② 베이시스(Basis)란 임의의 거래일에 있어서 현물가격과 선물가격의 차이를 의미한다.
③ 보유비용은 현물을 보유한 채 지금 즉시 매각하지 않고 선물매도를 체결한 후 계약만기일까지 보유하였다가 매도계약을 이행할 경우 만기일까지 부담해야 하는 비용을 말한다.
④ 헤지포지션을 취한 후 만기가 아닌 임의의 시점에서 헤지포지션을 청산하는 것을 랜덤베이시스 헤지라고 한다.

★★
77 다음 〈보기〉의 정보를 모두 반영할 때, 현물포트폴리오의 금액을 완전헤지하기 위한 가장 정확한 선물계약의 수와 그 포지션은?

〈보 기〉

KOSPI200지수선물 200point, 거래승수 25만원, 현물포트폴리오 100억원, 현물포트폴리오의 베타계수 0.8

① 160계약 매수
② 160계약 매도
③ 200계약 매수
④ 200계약 매도

★★
78 Call Bull Spread(강세콜스프레드)에 대한 설명으로 적절하지 않은 것은?

① 행사가격이 낮은 콜옵션을 매수하고 행사가격이 높은 콜옵션을 매도한다.
② 포지션구축 시 순지출이 발생한다.
③ 시간가치감소현상으로부터 자유로운 포지션이다.
④ 수평스프레드이다.

★★
79 스트래들(Straddle)과 스트랭글(Strangle) 전략에 대한 설명으로 적절하지 않은 것은?

① 옵션 이외의 자산에서는 구성이 거의 불가능한 독특한 전략이라 할 수 있다.
② 스트래들(Straddle)은 행사가격이 같은 콜옵션과 풋옵션으로 구성되지만, 스트랭글은 행사가격이 서로 다른 콜옵션과 풋옵션으로 구성된다.
③ 스트랭글(Strangle)은 기초자산의 방향성과는 상관없이 변동성 크기에 베팅을 하는 변동성전략이다.
④ 스트랭글 매도자는 변동성이 클 것이라는 예상을 토대로 취하는 포지션이다.

★★
80 **신용파생상품에 대한 설명으로 적절하지 않은 것은?**

① 특정기업의 채권을 보유한 투자자가 채권발행자의 신용을 염려하여, 제3자에게 일정한 프리미엄을 지급하고 보유한 채권에 대해 원금을 보장받는 거래는 신용부도스왑(CDS ; Credit Defualt Swap)이다.
② 신용연계증권(CLN ; Credit Linked Swap)은 CDS와 달리 원금이 지불되는 거래인데, 보장매도자가 CLN을 발행하고 보장매수자인 투자자가 CLN을 매수하며 채권매수대금을 지불한다.
③ 총수익스왑(TRS ; Total Return Swap)은 준거자산에서 발생하는 모든 총수익을 일정한 현금흐름과 교환하는 거래이다.
④ CDS, CLN, TRS 모두 준거자산으로부터 발생하는 신용위험만을 보장매도자에게 이전하는 거래이다.

★★
81 **첨점수익구조형옵션에 대한 설명으로 적절하지 않은 것은?**

① 조건부프리미엄옵션은 만기시점에서 옵션이 내가격일 때에만 프리미엄을 지불하는 옵션인데, 후불옵션이라고도 한다.
② 디지털옵션은 올오어나싱(All or Nothing) 방식과 원터치(One Touch) 방식이 있는데, 올오어나싱 방식은 만기일 하루에 내가격 상태이면 수익을 지불하되 얼마만큼의 내가격이 달성되었는가에 따라서 차등한 수익을 지급한다.
③ 디지털배리어옵션은 원터치 방식으로 수익을 결정하므로 배리어옵션의 특성을 내포하고 있다.
④ 조건부프리미엄옵션과 디지털옵션을 합하면 표준옵션의 구조와 동일하다.

★★
82 **풋(put)옵션 매수의 델타와 감마의 민감도 표시로 올바른 것은?**

	델타	감마
①	(−)	(+)
②	(+)	(+)
③	(−)	(−)
④	(+)	(−)

★★
83 **포트폴리오보험전략 중에서 이자추출전략(Cash Extraction)에 해당하지 않는 것은?**

① 채권을 매입하고 채권의 이자만큼 콜옵션을 매수하는 전략
② 주식을 매입하고 일정수준을 행사가격으로 한 풋옵션을 매수하는 전략
③ 주가연계증권(ELS) 매입전략
④ 전환사채 매입전략

★★

84 환리스크의 헤지에 대한 설명으로 적절하지 않은 것은?

① 통화선물 시장은 충분한 유동성으로 장외거래인 선물환거래에 따른 문제점을 극복할 수 있게 한다.
② 외국환거래법에서는 Historical Rate Rollover를 금지하므로 선물환거래를 만기이월할 경우 현재 시장의 환율 범위 안에서 이루어져야 하며 원래 체결했었던 환율로 거래할 수 없다.
③ 역외펀드의 경우 환율의 폭등과 투자원금의 손실이 겹치면서 의도하지 않은 과다헤지로 인한 추가손실이 발생하기도 한다.
④ 펀드만기보다 짧은 만기의 선물환거래를 하였을 경우 만기 이월 시 환율급등에 의한 추가증거금 납부를 위한 가용현금이 부족한 사태가 발생할 수 있다.

★★

85 파생결합증권을 편입한 파생상품펀드의 판매사 리스크관리에 대한 내용으로 적절하지 않은 것은?

① 판매사는 투자자보호제도하의 고객파악의무 및 적합성 원칙에 따른 투자자의 성향파악이 중요하고, 투자자성향에 맞는 적합한 상품유형을 제시할 수 있어야 한다.
② 파생결합증권을 편입한 펀드의 경우 중간평가일 또는 만기시점에서만 투자설명서에 나와 있는 수익구조와 일치하는 수익을 올릴 수 있다는 사실을 반드시 주지시켜야 한다.
③ 투자자의 필요에 의해 중간평가일이나 만기시점의 상환(Redemption)이 아닌 중도환매(Unwinding)를 요청하는 경우 환매금액의 3%~7% 정도의 높은 환매수수료가 부과된다는 점을 투자자에게 설명하여야 한다.
④ 판매사의 입장에서 투자자에게 적합한 상품유형을 제시하는 것이 중요한 바, 파생결합증권을 발행하는 발행사의 평판리스크 그리고 해당 파생결합증권을 편입하여 운용하는 운용사의 평판리스크 모두에 주의를 기울여야 한다.

부동산펀드 법규(5문항)

★★

86 부동산집합투자기구 중 환금성보장 등을 위한 별도의 방법을 정하지 아니한 경우에 해당 집합투자증권을 최초로 발행한 날로부터 90일 이내에 증권시장에 상장시켜야 하는 의무가 부과되는 것을 모두 묶은 것은?

가. 부동산투자신탁	나. 부동산투자회사
다. 부동산투자합자회사	라. 부동산투자유한회사

① 가
② 가, 나
③ 가, 나, 다
④ 가, 나, 다, 라

★★
87 펀드재산의 50%를 초과하여 투자하여 부동산펀드의 요건을 갖출 수 있는 것을 모두 고르면 몇 개인가?

> 가. 사회적 기업에 대한 대출
> 나. 선박투자회사가 발행한 주식의 매입
> 다. 단기금융집합투자기구(MMF)의 매입
> 라. 분양권의 매입
> 마. 주택저당채권담보부채권의 매입
> 바. 호텔이나 리조트의 직・간접 운영

① 3개
② 4개
③ 5개
④ 6개

★★
88 자본시장법상 부동산펀드의 운용특례로서 금전을 차입하는 경우에 대한 설명으로 적절하지 않은 것은?

① 차입기관에는 은행, 보험회사, 투자매매업자 또는 투자중개업자, 종금사, 증권금융사회사, 상호저축은행, 국가재정법에 따른 기금, 다른 부동산펀드가 포함된다.
② 해당 차입기관에 대해 부동산을 담보로 제공하거나 금융위원회가 정하여 고시하는 방법으로 차입할 수 있다.
③ 차입금의 한도는 원칙적으로 부동산펀드의 자산총액에서 부채총액을 뺀 가액의 100%이다.
④ 부동산펀드에서 차입한 금전은 부동산에 운용하는 방법 외의 방법으로 운용해서는 안 되는 것을 원칙으로 한다.

★★
89 집합투자업자는 펀드재산으로 부동산을 취득하거나 처분하는 경우에는 실사보고서를 작성・비치해야 하는 바, 그렇다면 다음 중 실사보고서에 포함되는 항목이 아닌 것은?

① 부동산매각 시 입찰리스트
② 부동산의 거래가격
③ 부동산의 거래비용
④ 부동산과 관련된 재무자료

★
90 다음 빈칸에 들어갈 내용으로 옳게 연결된 것은?

> 자본시장법에 따라 부동산펀드가 보유하는 부동산에 대해서는 원칙적으로 (가)로/으로 평가해야 하며, 평가일 현재 신뢰할 만한 (가)가/이 없는 경우에는 (나)로/으로 평가해야 한다.

	가	나
①	시 가	공정가액
②	시 가	장부가
③	공정가액	장부가
④	공정가액	시 가

부동산펀드 영업(5문항)

★★
91 다음 내용을 설명한 것은?

타인의 토지에 건물 기타의 공작물이나 수목 등을 소유하기 위하여 그 토지를 사용할 수 있는 물권

① 소유권 ② 전세권
③ 지상권 ④ 지역권

★★
92 부동산의 제한물권인 유치권에 대한 설명으로 적절하지 않은 것은?

① 목적물과 견련관계가 있어야 한다.
② 배제하는 특약이 없어야 한다.
③ 등기로서 공시되어야 한다.
④ 변제기에 있어야 한다.

★★
93 임대형부동산펀드의 운용단계 위험이 아닌 것은?

① 임차인 위험
② 부동산 권리확보 위험
③ 타인자본 위험
④ 제도 변화 관련 위험

★★
94 대출형부동산펀드에 대한 설명으로 적절하지 않은 것은?

① 부동산개발사업을 영위하는 시행법인 등에 대한 대출을 주된 운용행위로 하고, 해당 시행법인 등으로부터 대출원리금을 지급받는 것을 운용목적으로 한다.
② 부동산개발사업을 영위하는 시행사는 사업주체로서 적정한 신용등급을 갖추어야 하므로 투자적격 이상의 신용등급을 갖추는 것이 일반적이다.
③ 시행사에 대출하는 시점에서 시행법인이 추진하는 부동산개발사업의 사업성이 확정될 수 없기 때문에 대출형부동산펀드는 시행사로부터 대출원리금 상환을 담보하기 위해 별도의 대출채권담보장치를 마련할 필요가 있다.
④ 대출형부동산펀드가 시행법인의 채무불이행위험으로부터 대출채권을 담보하기 위한 방법으로서, 우선적으로 시행법인이 소유하고 있는 사업부지에 대한 담보권설정 그리고 시공사의 책임준공확약, 지급보증, 채무인수, 책임분양 등의 다양한 신용보강장치를 중첩적으로 마련하는 것이 일반적이다.

★★
95 **증권형부동산펀드와 관련하여, 빈칸에 들어갈 내용으로 옳은 것은?**

> • 부동산펀드에서 해외부동산을 직접 취득하는 것은 해당 국가의 규제상 취득 자체가 불가할 수 있고, 가능하다 해도 현지 법규상 예상치 못한 법적위험에 노출될 수 있다.
> • 따라서 부동산펀드에서 부동산의 직접 취득에 따른 위험을 회피하면서도 부동산을 직접 취득하는 것과 같은 효과를 내기 위해서는, 해당 부동산에 투자하기 위한 목적으로 이미 설립된 일종의 SPC(Special Purpose Company) 성격의 (　　　　)에 투자할 필요가 있다.

① 부동산투자회사가 발행한 지분증권
② 부동산개발회사가 발행한 증권
③ 부동산투자목적회사가 발행한 지분증권
④ 부동산자산이 50% 이상을 차지하는 신탁증권, 집합투자증권, 유동화증권

부동산펀드 투자 · 리스크관리(5문항)

★★
96 **부동산시장의 3가지 하부시장에 대한 설명으로 적절하지 않은 것은?**

① 공간시장은 부동산의 공간에 대한 수요와 공급에 의하여 부동산의 점유율과 임대료가 결정되는 시장을 말한다.
② 공간시장의 수요는 주로 지역 및 국가경제상황에 크게 영향을 받게 되고, 공간시장의 공급은 건설하여 완공하는 물량에 따라 결정된다.
③ 자산시장은 자산으로서의 부동산에 대한 수요와 공급에 의해 해당 부동산시장의 시장요구자본환원율 수준이 결정되는데, 시장금리가 낮아지고 다른 투자자산의 기대수익률이 낮아진다면 시장요구자본환원율은 높아지게 된다.
④ 개발시장에서의 부동산개발업자는 공간시장의 임대현황 및 자산시장에서의 시장가격 등을 감안하여 부동산개발을 할 것인지의 여부를 검토한다.

★★
97 **부동산시장의 수요요인에 대한 설명으로 적절하지 않은 것은?**

① 열등재 또는 기펜재의 경우 소득수준이 증가하면 오히려 수요가 줄어든다.
② 소형주거용 오피스텔의 공급물량이 늘어나서 임대가격이 하락하면 이들에 대한 수요는 증가하지만 소형아파트의 임대수요는 감소한다.
③ 대부비율(Loan To Value)이 60%에서 40%로 변경되면, 부동산에 대한 수요가 증가하게 된다.
④ 금리가 인상되면 부동산을 구입할 때에 조달하는 대출의 금융비용부담이 늘어나기 때문에 부동산에 대한 수요는 감소한다.

★★
98 **부동산정책에 대한 설명으로 적절하지 않은 것은?**

① 한국은행이 기준금리를 인상하면 부동산시장의 수요를 억제하는 효과를 기할 수 있는데, 부동산시장이 과열될 경우 시장을 안정시키는 대표적인 정책으로 사용된다.
② 그린벨트를 해제하면 부동산공급이 증가하는데 이는 공급정책에 해당한다.
③ 분양가상한제와 같은 가격정책은 정부의 시장에 대한 직접개입정책으로서, 시장의 자율적인 가격조정기능을 훼손하는 결과를 초래하게 되므로 절대적으로 필요한 특단의 경우가 아니라면 쉽게 도입하기 어려운 정책이다.
④ 부동산의 거래단계에서 취득세를 인상 또는 인하하거나, 보유단계에서 재산세나 종합부동산세를 인상 또는 인하하거나, 처분단계에서 양도소득세를 인상 또는 인하함으로써 부동산의 수요나 공급을 간접적으로 조절할 수 있다.

★★★
99 **부동산 투자전략과 관련하여, 다음 〈보기〉의 내용에 해당하는 것은?**

〈보 기〉

고위험을 감수하며 최고의 수익을 추구하는 전략으로, 개발되지 않은 토지에 투자하여 개발하거나 저평가된 시장이나 교통이 덜 발달한 지역의 토지 등에 투자한다.

① 핵심(Core) 전략
② 핵심플러스(Core-plus) 전략
③ 기회추구(Opportunistic) 전략
④ 가치부가(Value added) 전략

★★
100 **부동산투자 시 발생하는 위험 중에서 '부동산의 관리, 근로자의 파업, 영업경비의 변동 등으로 인해 야기되는 위험'은 무엇인가?**

① 시장위험(Market Risk)
② 운영위험(Operating Risk)
③ 금융위험(Financial Risk)
④ 법적위험(Legal Risk)

What is your passcode?

펀드투자권유자문인력 실제유형 모의고사

제4회

펀드투자권유자문인력 실제유형 모의고사

정답 및 해설

www.sdedu.co.kr

시대에듀

펀드투자권유자문인력

제1회 정답 및 해설

01	02	03	04	05	06	07	08	09	10
③	③	②	①	②	④	④	②	②	③
11	12	13	14	15	16	17	18	19	20
④	①	④	③	④	④	④	①	①	①
21	22	23	24	25	26	27	28	29	30
①	③	②	④	③	②	②	②	③	②
31	32	33	34	35	36	37	38	39	40
④	④	①	①	②	④	②	①	①	①
41	42	43	44	45	46	47	48	49	50
①	④	③	③	②	③	③	③	④	③
51	52	53	54	55	56	57	58	59	60
③	④	②	②	③	④	①	①	④	③
61	62	63	64	65	66	67	68	69	70
③	④	②	①	①	③	①	④	③	④
71	72	73	74	75	76	77	78	79	80
④	①	①	②	④	②	①	③	①	①
81	82	83	84	85	86	87	88	89	90
②	①	④	④	①	①	④	②	④	②
91	92	93	94	95	96	97	98	99	100
③	③	④	③	②	③	③	③	③	③

펀드일반 법규(13문항)

01

정답 ③

투자회사의 주권은 해당 투자회사가 발행하며, 신주발행에 관한 사항은 해당 투자회사의 이사회가 결정한다. 투자신탁의 수익증권과 마찬가지로 투자회사의 주식도 무액면·기명식으로 발행되며, 기준가격에 기초하여 발행가액이 정해진다.

▶ 투자회사는 수종의 주식(우선주·후배주·혼합주), 상환주식, 전환주식을 발행할 수 없고 오로지 보통주만을 발행해야 한다. 일반 주식회사와 달리 무액면으로 발행하는 이유는 매일의 기준가격(펀드의 순자산가치 ÷ 총발행주식수)을 기준으로 발행가액을 정해야 하므로 액면금액이 아무런 의미가 없기 때문이다. 예탁결제원을 명의인으로 하여 일괄예탁방식으로 발행되는 점도 투자신탁의 수익증권과 동일하다.

02

정답 ③

'다'를 제외하고 모두 수익자총회 결의사항이다(환매기간의 '연장'은 총회 결의사항이지만 '단축'은 아니다).

※ **투자신탁의 수익자총회 결의사항(자본시장법상 법정 결의사항)**

(1) 집합투자업자, 신탁업자 등이 받는 보수 및 그 밖의 수수료의 인상(cf 규약에서 정한 보수나 수수료의 지급은 아님)
(2) 집합투자업자나 신탁업자의 변경(cf 판매업자의 변경은 아님)
(3) 주된 투자대상자산의 변경
(4) 신탁계약기간, 투자한도 등의 변경
(5) 환매금지형 투자신탁으로의 변경
(6) 환매대금지급일의 연장(cf '단축'은 아님)

03

정답 ②

투자회사는 법인이사 1인과 감독이사 2인 이상을 선임해야 하며, 법인이사는 집합투자업자가 된다.

④ 투자회사는 서류상 회사에 불과하므로 내부감사가 불가하다(따라서 외부감사를 의무화하고 있음).

※ **투자회사의 성격**

투자회사는 주식회사제도를 집합적·간접적 투자에 맞게 변형한 제도라고 할 수 있다. 그 결과 투자회사는 비록 주식회사 형태를 취하고 있지만 서류상의 회사(Paper Company)의 성격을 가지게 된다. 즉, 투자회사는 투자업무 외의 업무를 할 수 없고 본점 외에 영업소를 둘 수 없으며 직원을 고용하거나 상근임원을 둘 수 없다. 또한, 투자회사는 모든 업무를 외부의 전문가에게 위탁해야 한다(중략).

04

정답 ①

등록신청 당시 자본금 또는 출자금이 **1억원 이상**이어야 한다.

05

정답 ②

대출성 상품의 경우 상시근로자 **5인 이상의 법인·조합·단체**, 겸영여신업자 그리고 특정목적을 위해 설립된 법인(PFV 등 SPC)은 전문금융소비자에 포함된다.

※ 전문금융소비자 유형

<table>
<tr><th>투자성 상품</th><th>보장성 상품</th><th>대출성 상품</th><th>예금성 상품</th></tr>
<tr><td colspan="4">국가, 한국은행, 금융회사, 주권상장법인</td></tr>
<tr><td colspan="4">지방자치단체</td></tr>
<tr><td colspan="4">신협·농협·수협·산림조합·새마을금고 각 중앙회,
신협 단위조합, 금융권 협회</td></tr>
<tr><td colspan="4">집합투자업자, P2P업자</td></tr>
<tr><td colspan="4">외국정부, 국제기구, 외국에 상장된 국내법인</td></tr>
<tr><td>투자성 상품 판매대리·중개업자</td><td>보장성 상품 판매대리·중개업자</td><td>대출성 상품 판매대리·중개업자</td><td>–</td></tr>
<tr><td rowspan="3">적격투자 및 개인</td><td rowspan="3">단체보험·기업성보험·퇴직연금 가입자</td><td>상시근로 5인 이상의 법인·조합·단체</td><td>법인 등 단체</td></tr>
<tr><td>겸영여신업자</td><td>–</td></tr>
<tr><td>자산취득 또는 자금의 조달 등 특정목적을 위해 설립된 법인 (PFV, SPC)</td><td>성년(제외 : 피성년후견인, 피한정후견인, 65세 이상의 고령자)</td></tr>
<tr><td>대부업자</td><td>대부업자</td><td>대부업자</td><td>–</td></tr>
</table>

06

정답 ④

판매보수율이 증가하는 경우로서 → 판매보수율이 감소하는 경우로서

※ 판매수수료 vs 판매보수

판매수수료	판매보수
판매행위에 대한 대가 (투자자 → 판매회사)	지속적으로 제공하는 용역의 대가 (집합투자기구 → 판매회사)
납입 또는 환매금액의 2/100	집합투자재산 연평균가액의 1/100

- 사모펀드는 판매수수료나 판매보수의 한도규제가 없다.
- 판매수수료는 집합투자규약으로 정하는 바에 따라 판매방법, 투자매매업자·투자중개업자, 판매금액·투자기간 등을 기준으로 차등하여 받을 수 있다.

07

정답 ④

비상장주식의 매매를 제외하고 모두 가능하다. 비상장주식의 매매는 집합투자업자가 직접 매매할 수 없으므로 신탁업자에게 운용지시를 하여 신탁업자가 매매하여야 한다.

※ 투자신탁의 운용원칙

(1) 투자신탁은 법인격이 없으므로 투자신탁의 명의로 집합투자재산의 취득, 처분을 할 수 없다. 따라서 투자신탁은 신탁업자에게 운용지시를 하고 신탁업자는 그 지시를 따라 거래를 집행한다.

(2) 단, 일부 운용대상에 대해서는 투자운용의 효율성과 적시성을 위해서 집합투자업자가 직접 취득 또는 처분을 집행할 수 있도록 예외를 허용하고 있다.

▶ 예외가 인정되는 운용대상

- 국내외 상장주식, 주식관련 DR, 수익증권, 파생결합증권의 매매
- 국내외 국채, 지방채, 특수채, 사채권, 기업어음증권, 전자단기사채
- 장내파생상품의 매매
- 자본시장법으로 정한 단기대출 또는 대출
- 금융기관이 발행·인수·보증하는 어음의 매매
- 양도성예금증서의 매매
- 위험회피목적에 한정한 장외파생상품의 매매

08

정답 ②

'펀드순자산총액의 10%, 6개월'이다.

※ 이해관계인과의 거래제한

(1) 이해관계인의 범위

㉠ 집합투자업자의 임직원(계열사 포함) 및 그 배우자

㉡ 집합투자업자의 대주주(계열사 포함) 및 그 배우자

㉢ 전체 집합투자증권의 **30% 이상**을 판매한 투자매매업자 또는 투자중개업자

㉣ 전체 집합투자재산의 **30% 이상**을 보관·관리하고 있는 신탁업자

㉤ 감독이사(투자회사의 경우)

(2) 이해관계인과의 거래제한이 허용되는 경우

㉠ 이해관계인이 되기 **6개월** 이전에 체결한 계약에 따른 거래

㉡ 증권시장 등 불특정다수인이 참여하는 공개시장에서의 거래

㉢ 일반적인 거래조건에 비추어 집합투자기구에 유리한 거래

09

정답 ②

'다, 라'가 틀린 항목이다.

다. 투자자가 보유한 자산평가금액이 10만원 이하라도, '10만원 이하일 경우 자산운용보고서를 교부하지 아니한다'라고 집합투자규약에서 정하고 있을 경우에만 교부하지 않을 수 있다.

라. 집합투자업자가 부담한다(집합투자업자, 즉 자산운용사의 계산으로 비용을 부담).

cf 집합투자기구가 부담한다 : 비용을 집합투자재산(집합투자기구)에서 공제하는 방식으로 부담하는 것을 의미한다.

10

정답 ③

자본시장법은 펀드의 주된 투자대상이 무엇인가에 따라 집합투자기구를 증권집합투자기구, 부동산집합투자기구, 특별자산집합투자기구, 혼합자산집합투자기구 및 단기금융집합투자기구의 5가지로 구분하고 있다. 단기금융집합투자기구(MMF)를 제외한 모든 종류의 집합투자기구에서 파생상품에 투자할 수 있도록 하고, 파생상품집합투자기구를 별도로 분류하지 않았으며, 재간접투자기구는 운용대상 자산의 유형상 증권집합투자기구에 해당하는 점을 감안하여 자본시장법에서는 별도로 분류하지 않은 것이다.

11

정답 ④

기준가격 변경은 투자자보호차원에서 중요하게 취급하므로, 변경 시에는 '사전에 준법감시인과 신탁업자의 확인'을 받도록 하고 있다.

※ 집합투자재산의 평가원칙

(1) 시가평가원칙 : 원칙적으로 시가로 평가하고, 평가일 현재 신뢰할 만한 시가가 없는 경우에는 공정가액으로 평가한다.
- 공정가액 : 집합투자재산평가위원회가 충실의무를 준수하고 일관성을 유지하며 평가한 가액을 말한다.

(2) MMF의 경우 예외적으로 장부가평가를 하는데, 시가와 장부가의 차이가 5/1,000를 초과할 경우, 규약에서 정하는 필요한 조치를 해야 한다.

(3) 신탁업자는 집합투자업자의 집합투자재산평가가 법령 및 집합투자평가 기준에 따라 공정하게 이루어졌는지 확인해야 한다.

12

정답 ①

사유발생일(회계기간종료, 존속기간종료 등)로부터 2개월 이내에 작성・교부한다.

※ 자산운용보고서 vs 자산보관・관리보고서

자산운용보고서	자산보관・관리보고서
집합투자업자 → 투자자	신탁업자 → 투자자
3개월에 한 번 이상	사유발생일로부터 2개월 이내
작성・교부비용은 집합투자업자가 부담	작성・교부비용은 신탁업자가 부담

13

정답 ④

OECD 가맹국(속령 제외), 홍콩이나 싱가포르의 법률에 따라 발행된 것도 판매할 수 있다.

※ 외국 집합투자증권의 특례

(1) **외국 집합투자업자 적격요건**
- ㉠ 최근 사업연도 말 현재의 운용자산규모가 1조원 이상일 것
- ㉡ 국내에서 판매하려는 외국 집합투자기구의 종류에 따라 집합투자업 인가업무 단위별 최저자기자본 이상일 것
- ㉢ 최근 3년간 본국 또는 국내 감독기관으로부터 업무정지 이상에 해당하는 행정처분을 받거나 벌금형 이상에 상당하는 형사처벌을 받은 사실이 없을 것
- ㉣ 적격 연락책임자(집합투자업자, 판매회사, 법무법인 등, 회계법인)를 국내에 둘 것

(2) **외국 집합투자증권 판매적격요건**
- ㉠ OECD 가맹국(속령 제외), 홍콩, 싱가포르 법률에 의하여 발행될 것
- ㉡ 보수・수수료 등 투자자가 부담하는 비용에 관한 사항이 국제관례에 비추어 지나치게 높은 금액이 아닐 것
- ㉢ 투자자의 요구에 따라 직간접적으로 환매 등의 방법으로 투자금액 회수가 가능할 것

직무윤리 및 투자자분쟁예방(15문항)

14

정답 ③

금융소비자를 합리적 인간상으로 전제하는 것은 전통적인 관점이다. 이 경우 금융소비자에게 정확하고 충분한 정보만 제공하면 된다. 그러나 현재는 금융투자상품이 '**전문성, 다양성, 복잡성**'을 띠고 있으므로 정확하고 충분한 정보의 제공만으로는 불충분하며, 금융소비자보호를 위해 보다 적극적인 윤리의 준수를 요한다.

예 금융상품이 점차 단순화되고 있기 때문에 직무윤리가 더욱 강조된다. [○, ×] → × (복잡성을 띠므로)

15 정답 ④

신의칙은 윤리적 원칙이자 동시에 법적인 의무이다. 따라서 **강행법규 위반에 해당하므로** 당사자의 주장이 없더라도 법원은 직권으로 신의칙 위반 여부를 판단할 수 있다.

※ 민법상 신의성실원칙의 기능 : 지문 ①, ②, ③에 추가함

④ 계약이나 법규의 흠결이나 불명확한 점이 있는 경우 신의칙은 이를 메워주고 명확하게 하는 기능을 한다.

⑤ 권리의 행사가 신의칙에 반하는 경우는 권리의 남용이 되어 권리행사로서의 법률효과가 인정되지 않는다.

⑥ 신의칙 위반이 법원에서 다투어지는 경우, 이는 강행법규 위반이 되기 때문에 당사자가 주장하지 않더라도 법원은 직권으로 신의칙 위반 여부를 판단할 수 있다.

16 정답 ④

수익달성 여부와 관계없이 매매회전율이 높으면 과당매매라고 볼 수 있다. 과당매매를 판단하는 기준은 '①, ②, ③'에 추가하여 '개별 매매거래 시 권유내용의 타당성 여부'가 있다.

비교 과당매매 → 이해상충방지의무 위반, 과잉권유 → 적합성 원칙 위반

17 정답 ④

광고나 마케팅을 공동으로 하는 것은 정보교류차단대상이 아니다.

18 정답 ①

㉠ 전문투자자도 투자권유를 희망할 수 있으므로 '투자권유 희망 여부'를 먼저 확인한다.

㉡ 적합성 원칙, 설명의무 등의 투자권유준칙은 **일반투자자에게만 적용되므로,** 일반투자자인지를 확인한다.

㉢ 투자자정보확인서를 통해서 고객의 정보(투자목적, 재산상황, 투자경험 등)를 파악한다.

㉣ 파악한 정보를 통해 투자자유형(안정형, 공격투자형 등)을 분류하고, 투자자유형에 맞는 금융투자상품을 권유한다.

㉤ 설명의무를 이행한다(중요한 내용을 이해할 수 있도록 설명하고 확인을 받음).

19 정답 ①

나. 방문(전화권유)판매 시 불초청권유금지원칙의 예외가 인정된다. 장내파생상품은 일반금융소비자에게는 사전안내할 수 없지만, 전문금융소비자(전문투자자)에게는 사전안내할 수 있다. 그러나 장외파생상품은 일반금융소비자는 물론 전문금융소비자에게도 사전안내할 수 없다.

다, 라. 재권유금지원칙의 예외가 된다.

※ 부당권유의 금지(금융소비자보호법 제21조)

주의 '적합성 원칙 / 적정성 원칙 / 설명의무'는 일반투자자에게만 적용되지만, 부당권유금지는 전문투자자에게도 적용된다.

(1) 거짓의 내용을 알리는 행위

(2) 불확실한 사항에 대하여 단정적 판단을 제공하거나 확실하다고 오인하게 할 소지가 있는 내용을 알리는 행위

(3) 투자자로부터 투자권유 요청을 받지 않고 방문·전화 등 실시간 대화의 방법을 이용하는 행위. 단, 투자자보호 및 건전한 거래질서를 해할 우려가 없는 행위로서 대통령령으로 정하는 행위를 제외한다(→ '나' 참조).

(4) 투자권유를 받은 투자자가 이를 거부하는 취지의 의사를 표시하였음에도 불구하고 투자권유를 계속 하는 행위. 단, 투자자보호 및 건전한 거래질서를 해할 우려가 없는 행위로서 대통령령으로 정하는 행위를 제외한다(→ '다, 라' 참조).

(5) 그 밖에 투자자보호 또는 건전한 거래질서를 해할 우려가 있는 행위로서 대통령령으로 정하는 행위

20 정답 ①

①은 개정 전의 내용이며, 개정(2017.3.22) 후에는 제공한도와 수령한도가 모두 폐지되었다(대신 내부통제절차를 강화함).

※ 부당한 재산상이익의 제공 및 수령 금지

(1) 경제적 가치의 크기가 일반인이 통상적으로 이해하는 수준을 초과하는 경우

(2) 재산상이익의 내용이 사회적 상규에 반하거나 공정한 업무수행을 저해하는 경우

(3) 재산상이익의 수수가 비정상적인 조건의 금융투자상품매매 등의 방법으로 이루어지는 경우

(4) 거래상대방에게 금전, 상품권, 금융투자상품을 제공하는 경우(단, 상품권의 경우 예외 있음, 지문 ②).

(5) 재산상이익의 수수가 위법·부당행위의 은닉 또는 그 대가를 목적으로 하는 경우

(6) 거래상대방만 참석한 여가 및 오락활동에 수반되는 비용을 제공한 경우

(7) 금융투자상품 및 경제정보 등과 관련된 전산기기의 구입이나 통신서비스 이용에 소요되는 비용을 제공하거나 제공받는 경우 등

21 정답 ①

회사의 공식의견이 아닌 경우는 사견임을 명백히 표현하고 밝힐 수 있다.

※ 대외활동 시 준수의무

(1) 회사의 공식의견이 아닌 경우 사견임을 명백히 밝혀야 한다.

(2) 대외활동으로 인하여 회사의 주된 업무수행에 지장을 주어서는 안 된다.

(3) 대외활동으로 인하여 금전적인 보상을 받게 되는 경우 회사에 신고하여야 한다.
(4) 공정한 시장 질서를 유지하고 건전한 투자문화 조성을 위하여 최대한 노력해야 한다.
(5) 불확실한 사항을 단정적으로 표현하거나 다른 금융투자회사를 비방해서는 아니 된다.

예 임직원은 대외활동으로 인하여 회사의 모든 업무 수행에 지장을 주어서는 안 된다. [○, ×] → × (모든 업무가 아닌 주된 업무)

22 정답 ③

내부통제위원회를 설치하지 않아도 되는 회사(자산총액이 7천억 미만인 상호저축은행, 5조원 미만인 금융투자회사·보험회사·여신전문회사 등)의 경우, 위험관리업무에 대해서는 겸임이 허용된다.

① 준법감시인은 이사회 및 대표이사의 지휘를 받는다.
② 이사회 결의를 거친다.
- 해임 시에는 이사총수의 2/3 이상의 찬성이 필요하며, 준법감시인의 임면 후에는 금융위에 보고해야 한다.

④ 위임범위와 책임한계가 명확한 경우 위임이 가능하다(영업관리자 임명, 업무 위임 가능).

23 정답 ②

내부통제기준의 제정과 변경은 모두 **이사회 결의**를 거친다.

24 정답 ④

직원에 대해서도 면직요구 등의 **직접 제재**가 가능하다(cf 금융투자협회의 경우 자율규제기관이므로 임직원에 대해서는 **제재의 권고**를 할 수 있음).

※ **금융위원회의 행정제재**
(1) 금융투자회사에 대한 제재
㉠ 금융투자회사에 대한 인가·등록의 취소권 : 6개월 이내의 업무의 전부 또는 일부의 정지, 인가 또는 등록의 취소
㉡ 금융투자회사에 대한 조치명령권 : 금융투자업자의 고유재산운용 또는 금융투자업자의 경영 및 업무개선에 관한 사항 등에 대한 조치명령
(2) 금융투자업자의 임직원에 대한 제재
㉠ 임원 : 임원해임요구, 6개월 이내의 직무정지, 문책경고, 주의적 경고, 주의
㉡ 직원 : 면직, 6개월 이내의 정직, 감봉, 견책, 경고, 주의
(3) 청문 및 이의신청
㉠ 청문신청 : 인가나 등록의 취소, 임원해임요구, 직원면직요구 등에 대해서는 반드시 청문절차를 거쳐야 한다(cf 직원의 정직은 청문대상이 아님).
㉡ 이의신청 : 금융위원회의 제재처분에 불복할 경우는 해당 처분을 받은 날로부터 30일 내에 이의신청을 해야 하며, 이때 금융위원회는 이의신청을 받은 날로부터 60일 이내에 심의하고 결정해야 한다. 그리고 부득이한 사유로 기간 내 결정을 할 수 없을 경우 30일의 범위 내에서 기간연장이 가능하다.

25 정답 ③

개인정보보호법의 보호대상이 되는 개인정보는 '살아있는 개인'에 대한 정보이므로 사망자 정보는 제외된다.

※ **법률상 '개인정보'의 종류** : '살아있는 개인'으로서 아래의 정보
(1) 고유식별정보 : 성명, 주민등록번호, 여권번호, 영상을 통해서 개인을 알아볼 수 있는 정보 등
(2) 금융정보 : 신용카드번호, 통장계좌번호 등
(3) 민감정보 : 진료기록, 병력, 건강상태, 가입한 정당 등

26 정답 ②

'15일, 30일'이다.

※ **금융투자협회 분쟁조정위원회의 분쟁조정절차(→ 시험에 자주 출제되므로 절차와 각 단계별 기간을 정확히 숙지하도록 할 것)**
(1) 분쟁조정신청접수
(2) 사실조사
- 제출한 자료의 검토, 필요 시 당사자 간 대면질의 등 수행

(3) 합의권고
(4) **회부 전 처리**
- 조정신청의 취하, 수사기관의 수사진행, 법원에의 제소, 신청내용의 허위 등에 해당될 경우 위원회에 회부하지 않고 종결처리할 수 있음

(5) **위원회 회부**
- 합의 미성립 시 조정신청일로부터 **30일 이내**에 위원회에 사건을 회부하며, 위원회는 회부된 날로부터 **30일 이내**에 심의하여 조정 또는 각하결정을 함을 원칙으로 하나 부득이한 경우 **15일 이내**에서 기한을 연장할 수 있음

(6) **조정의 성립**
- 당사자가 조정결정수락서에 기명날인한 후 이를 조정결정의 통지를 받은 날로부터 **20일 이내**에 협회에 제출함으로써 성립하며 이때 민법상화해의 효력을 갖게 됨
- 당사자는 조정이 성립한 날로부터 **20일 이내**에 조정에 따른 후속조치를 취하고 그 처리결과를 지체 없이 협회에 제출해야 함

(7) **재조정신청**
- 당사자는 조정의 결과에 중대한 영향을 미치는 새로운 사실이 나타난 경우, 조정결정 또는 각하결정을 통지받은 날로부터 **30일 이내**에 재조정신청을 할 수 있음

27

정답 ②

CTR이 STR을 보완한다.

※ 고액현금거래보고제도(CTR)

2019년 1월부터 원화 1천만원 이상의 현금거래를 금융정보분석원에 의무적으로 보고하는 제도로서, 금융기관이 자금세탁의 의심이 있다고 주관적으로 판단하는 금융거래에 대하여만 보고하도록 하는 의심거래보고제도(STR)를 보완하기 위해 FATF 등의 권고로 우리나라에 2006년 도입되었다.

28

정답 ②

강화된 고객확인제도(EDD)의 대상은 '다, 라'이며, 이때 '금융거래의 목적과 자금거래의 원천'을 추가로 확인해야 한다.

※ 고객확인제도(CDD / EDD)상 대고객 확인사항

<table>
<tr><th colspan="2">고객확인제도(CDD / EDD)</th><th></th></tr>
<tr><th colspan="2">간소화된 고객확인제도(CDD)</th><th>강화된 고객확인제도(EDD)</th></tr>
<tr><td>신규계좌개설</td><td>1회 1,000만원
(미화 1만불)
이상의 거래</td><td>자금세탁행위가 의심되는 경우</td></tr>
<tr><td colspan="2">RBA에 따른
저위험군·중위험군</td><td>RBA에 따른 고위험군</td></tr>
<tr><td colspan="3">공통확인사항 : 신원파악(실지명의, 주소, 연락처)
+ 실제당사자 여부</td></tr>
<tr><td colspan="2"></td><td>추가확인사항 : 금융거래목적
+ 자금거래의 원천</td></tr>
</table>

펀드 구성·이해(16문항)

29

정답 ③

종전에 증권신고서의 신고대상이 아니었던 집합투자기구의 집합투자증권의 경우에도 증권신고서의 신고대상이 되었다.

30

정답 ②

'10일, 7일'이다. 위의 2가지를 제외한 나머지 경우는 모두 15일이다.

- 증권신고서의 효력발생기간은 개방형, 폐쇄형 모두 원칙적으로 15일(최장 15일)이며, 정정신고서의 효력발생기간은 원칙적으로 3일이다.

31

정답 ④

모두 정정신고서의 필수제출사항이다.

※ 정정신고서 필수제출사항(일괄신고서 제출이 아닌 경우)

(1) 모집가액 또는 매출가액, 발행예정기간, 발행예정금액 등 발행조건의 정정
(2) 인수인이 있는 경우로서 인수인의 정정
(3) 집합투자기구 등록사항의 정정
(4) 모집 또는 매출되는 증권의 취득에 따른 투자위험요소
(5) 최근 결산기의 재무제표가 확정된 때
(6) 집합투자기구 간의 합병계약이 체결된 때
(7) 집합투자재산 등에 중대한 영향을 미치는 소송이 제기된 때

32

정답 ④

④는 예비투자설명서를 말한다. 예비투자설명서를 사용할 경우 설명서 내에 '본 예비투자설명서는 증권신고서의 효력이 발생하기 전에 교부하는 예비투자설명서이다'라는 내용이 들어간 문구를 명시해야 한다.

- 간이투자설명서는 형식에 구애됨이 없이 효력발생 전후 모두에 사용할 수 있음

33

정답 ①

수익자총회는 집합투자업자가 소집하며 **'자본시장법에서 또는 신탁계약에서 정해진 사항'**에 대해서만 결의할 수 있다.

※ 수익자총회 결의요건 : 자본시장법상 법정사항 vs 신탁계약에서 정한 사항

(1) 자본시장법에서 정한 사항 : '출석과반수 & 전체의 1/4' 이상의 찬성으로 결의
(2) 신탁계약에서 정한 사항(완화) : '출석과반수 & 전체의 1/5' 이상의 찬성으로 결의

34

정답 ①

①은 임의해지 사유이다.

※ 투자신탁의 법정해지 vs 임의해지

법정해지	임의해지
법정사유발생 시 지체 없이 해지하고 금융위에 보고해야 한다.	법정사유가 아닌 경우는 금융위의 사전승인하에 해지할 수 있으나 아래의 경우는 사전승인 없이 해지가 가능하다.
• 신탁계약에서 정한 신탁계약기간의 종료 • 수익자총회에서의 투자신탁해지 결의 • 투자신탁의 피흡수합병 • 투자신탁의 등록취소 • 수익자총수가 1인이 되는 경우	• 수익자전원의 동의가 있는 경우 • 수익증권전부에 대한 환매청구 • 설정 후 1년이 되는 날의 신탁원본액이 50억원 미만인 경우 • 설정 후 1년이 지난 후 1개월간 신탁원본액이 50억원에 미달하는 경우

35

정답 ②

투자신탁에서 집합투자재산의 법률적 소유자는 신탁업자이다(투자신탁은 법인자격이 없으므로 집합투자기구가 법률행위의 주체가 될 수 없다. 따라서 신탁업자가 법률적 행위의 주체가 됨).

※ 투자신탁 vs 투자회사

구 분	투자신탁	투자회사
법적 형태	계약관계 (법률행위 주체 : 신탁업자)	회사형태 (법률행위 주체 : 집합투자기구)
집합투자재산의 보관·관리	신탁업자가 법률적 소유자로서 보관·관리함	신탁업자가 보관대리인으로서 보관·관리함
가능한 펀드	MMF 포함 대부분의 펀드	M&A펀드, PEF, 부동산펀드 등

36

정답 ④

MMF에서 환매조건부매수를 할 경우 잔존만기에 대한 제한이 없다.

※ MMF의 운용대상

(1) 잔존만기 6개월 이내인 양도성예금증서
(2) 잔존만기 (1년 이상) 5년 이내인 국채증권, 잔존만기 1년 이내인 지방채증권, 특수채증권, 사채권 및 기업어음증권. 단, 환매조건부매수의 경우에는 잔존만기에 대한 적용을 배제함
(3) 만기 1년 이내인 기업어음증권을 제외한 금융기관이 발행·할인·매매·중개·인수 또는 보증하는 어음
(4) 단기대출, 금융기관 또는 체신관서에의 예치, 다른 MMF의 집합투자증권

37

정답 ②

판매수수료체계(판매보수 포함)는 다르지만, 집합투자업자보수(운용보수)와 신탁업자보수(수탁보수)는 동일해야 한다.

※ 종류형집합투자기구의 기타 내용

(1) 특정 종류의 투자자에 대해서만 이해관계가 있는 경우에는 해당 종류형의 투자자만으로 종류집합투자자총회를 개최할 수 있다.
(2) 판매회사가 종류형집합투자기구를 판매하는 경우, 판매보수나 판매수수료가 다른 여러 종류의 집합투자증권이 있다는 사실과 각 종류별 집합투자증권 간의 차이를 설명해야 한다.
(3) 동일한 종류형집합투자기구 내에서 다른 종류의 집합투자증권으로 전환할 수 있으며, 이때 전환을 청구한 투자자에게 환매수수료가 부과되지 않는다(포트폴리오의 변경이 아니므로).
(4) 종류형과 모자형 펀드는 '규모의 경제(Economy of Scale)' 효과를 달성하고자 하는 면에서 동일한 취지이다(적정한 운용규모 확보 → 투자효율성 제고).

38

정답 ①

'10일, 7일'이다.

39

정답 ①

환매청구가 가능하면 개방형, 환매청구가 불가하면 폐쇄형이다.

※ 일반적 기준에 의한 집합투자기구 분류

(1) 환매청구의 가능 여부에 따라 : 개방형, 폐쇄형
(2) 집합투자증권의 추가발행가능 여부에 따라 : 추가형, 단위형
(3) 투자대상자산(채권, 주식)의 비중에 따라 : 채권형, 주식형, 혼합형
   - 펀드재산의 60% 이상이 채권이면 채권형, 60% 이상이 주식이면 주식형, 주식비중이 50% 미만이면 채권혼합형, 주식비중이 50% 이상 60% 미만이면 주식혼합형이다.
(4) 펀드자산의 일부를 파생상품에 투자할 수 있는가의 여부에 따라 : 증권형, 파생형
(5) 집합투자증권을 거래소에 상장해서 거래하는가의 여부에 따라 : 상장형, 비상장형
   - 상장형에는 ETF와 공모 환매금지형펀드의 두 가지 형태가 있음(ETF는 30일 내 상장, 환매금지형은 90일 내 상장).
(6) 판매업자의 펀드판매방법에 따라 : 모집식, 매출식
(7) 투자지역에 따라 : 국내투자펀드, 해외투자펀드
(8) 투자운용전략에 따라 : 액티브펀드, 패시브펀드
(9) 대체투자 여부에 따라 : 전통투자펀드, 대체투자펀드

▶ 우리나라 대부분의 펀드는 '개방형 / 추가형 / 증권형 / 비상장형 / 모집식'에 해당한다.

40

정답 ①

인덱스를 추종하는 두 가지 방식(완전복제법, 샘플링법) 중에서 샘플링법을 더 많이 사용한다.

※ 인덱스펀드 개요

(1) 인덱스펀드는 패시브펀드를 대표하는 펀드이다.
(2) 인덱스펀드의 장점 : 저렴한 비용(지문 ②), 투명한 운용(지문 ③), 시장수익률의 힘(지문 ④).
(3) 인덱싱방법
   ㉠ 완전복제법(Fully Replication) : 인덱스의 구성내역과 동일하게 만들어서 추종정확도는 가장 높으나 비용이 많이 든다는 단점이 있다.

ⓛ 샘플링법(Sampling) : 표본을 추출하여 인덱스를 구성하는데, 정확도는 완전복제법보다 낮으나 비용이 절감되는 장점이 있어 대부분의 인덱싱에 활용된다.

(4) 인덱스펀드 투자포인트 : 장기투자에 유리하다, 개별종목의 부도위험을 피할 수 있다.

41 정답 ①

2002년 장외파생상품 발행 및 영업에 관한 인가가 허용되었고(투자매매업자 대상), 주가연계파생상품이 주종을 이루었는데 이후 우리나라에서는 주가연계파생상품펀드가 가장 대표적인 파생상품펀드로 자리매김을 하게 되었다.

※ 파생결합증권에 투자하는 파생상품펀드의 종류

우리나라에서는 주가연계파생상품펀드 등 4가지 사례가 개발·판매되고 있으며, 가장 대표적인 주가연계파생상품펀드에 대한 투자방식은 세부 4가지 방식(워런트투자형 등)으로 구분된다.

주가연계파생상품	• 워런트투자형 • ELS편입형 • 장외파생상품 계약형 • 장내파생상품 운용형
금리연계파생상품	금리변동성이 높지 않아 상품화가 쉽지 않은 것이 특징
환율연계파생상품	단기변동성이 매우 높은 것이 특징
상품연계파생상품	전통자산과 낮은 상관관계를 보여 분산투자 효과가 높은 것이 특징

42 정답 ④

펀드재산의 50%를 초과하여 특별자산에 투자하면 특별자산펀드로 정의되므로, 50% 초과분의 나머지로는 자유롭게 투자가 가능하다(즉 증권, 부동산, 파생상품에도 투자 가능함).

참고 자본시장법상의 펀드 5가지 중에서 파생상품 등에 투자할 수 없는 것은 단기금융집합투자기구(MMF)가 유일하다.

43 정답 ③

신탁 전의 원인으로 발생한 권리를 대상으로는 신탁재산일지라도 강제집행이 가능하다.

※ 신탁재산의 기본개념 및 법적 특성

(1) 신탁은 위탁자와 수탁자 간의 신탁계약으로 설정되는 것이 일반적이다(드물지만 유언이나 신탁선언에 의해서도 설정됨).

(2) 신탁의 3면관계

㉠ 위탁자 : 신탁업자를 신뢰하며 자신의 재산을 맡기고 신탁을 설정하는 자

ⓛ 수탁자 : 위탁자로부터 재산을 넘겨받아 관리 및 운용을 하는 자

ⓒ 수익자 : 신탁재산의 운용결과를 귀속받는 자. 수탁자에 대한 감독권한이 있음

(3) 신탁재산의 법적 특성

㉠ 신탁재산의 독립성의 의미 : 신탁이 설정되면 신탁재산은 더 이상 위탁자의 재산이 아니다. 법률적으로는 수탁자의 것이지만 실질적으로 수익자의 것이므로(누구의 것도 아니므로), 신탁재산은 독립적으로 관리되어야 한다는 의미이다.

ⓛ 신탁재산의 독립성에 따른 장치

- 강제집행이 금지된다. 단, 신탁 전의 원인으로 발생한 권리나 신탁사무의 처리상 발생한 권리는 강제집행이 가능하다.
- 수탁자의 상속 및 파산으로부터 독립 : 지문 ④

44 정답 ③

적립기간 중 최대 연간 600만원까지 세액공제 혜택이 있으며, 연금으로 연간 일정금액(1,500만원) 초과 수령 시 연금소득세를 분리과세 또는 종합과세로 선택할 수 있다.

펀드영업실무(8문항)

45 정답 ②

임직원은 투자자정보 유효기간에 대하여 투자자로부터 별도의 변경요청이 없으면 '일반적 투자자 성향'에 대한 정보를 파악한 날로부터 12~24개월 동안 투자자정보가 변경되지 않은 것으로 간주할 수 있다.

46 정답 ③

ELD(주가연계예금)는 예금자보호상품이고 ETF(상장지수집합투자기구)는 파생상품 등과 무관하므로 적합성보고서의 대상상품이 아니다.

※ 적합성보고서의 대상상품 : ELS, ELF, ELT, DLS, DLF, DLT

47

정답 ③

6개월이다. **정액적립식**은 저축기간을 일정기간 이상으로 정하고 저축기간 동안 일정금액 또는 좌수를 매월 저축하는 방식을 말하는데, 저축자가 계속하여 **6개월** 이상 납입하지 않으면 **14일** 이상의 기간 동안 납입최고를 한 후 계약을 해지할수 있다(→ 이 문제는 주기적으로 출제되므로 정액적립식, 6개월, 14일에 유의해야 함).

※ **수익증권저축의 종류**

임의식	목적식	
	거치식 (수익금인출식 / 일정금액인출식)	적립식 (정액적립식 / 자유적립식)
요건을 정하지 않고 자유롭게 납입·인출함, 동일계좌 추가납입 가능	인출요건, 저축기간, 저축금액 및 목표금액을 정함	
	수익금 내에서 인출하는 방식과 사전에 정한 일정금액을 인출하는 방식이 있음	저축기간 동안 일정금액을 납입함. 계속하여 6개월 이상 납입연체 시 납입최고 후 계약해지 가능
인출 시 환매수수료 면제 혜택이 없음	인출 시 환매수수료 면제	저축기간 종료 후 인출 시 환매수수료 면제

- '목표식'은 기능면에서 유사하지만 더 편리한 '자유적립식(목적식)'의 도입으로 실질적으로 사용되고 있지 않다.
- 목적식의 '저축기간, 저축목표금액'은 저축자의 요청에 따라 연장, 감액 및 증액이 모두 가능하다.

48

정답 ③

차례대로 '선취판매수수료, 후취판매수수료, 환매수수료'이다. 판매보수는 면제대상이 아니다.

※ **수익증권저축의 우대조치**

(1) 목적식저축
  ㉠ 거치식 : 수익금 내에서 인출하거나(수익금인출식), 사전에 정한 일정금액을 인출할 경우(일정금액인출식) 환매수수료 면제
  ㉡ 적립식(저축기간이 1년 이상인 경우) : 저축기간 종료 후 인출하는 금액에 대해서 환매수수료 면제

(2) 재투자 : 이익분배금을 수익증권을 새로 발행하여 지급한 경우, 해당 수익증권을 환매할 경우 환매수수료 면제

(3) 소규모 집합투자기구의 해지 : 소규모 투자신탁을 해지하고 판매회사가 정한 수익증권을 매수할 경우 **선취판매수수료** 면제, 그리고 그 수익증권을 환매할 경우 **후취판매수수료**와 **환매수수료**를 면제

(4) 소득정산 : 저축자가 세금정산을 목적으로 환매하고 즉시 해당 수익증권을 다시 매입한 경우, 환매수수료와 판매수수료를 **연 2회**에 한해서 면제

49

정답 ④

종합부동산세의 경우 과세표준일이다(참고로 과세표준일은 6월 1일이다).

※ **납세의무의 성립시기**

(1) 소득세, 법인세, 부가가치세 : 과세기간이 끝나는 때
(2) 상속세 : 상속이 개시되는 때
(3) 증여세 : 증여재산을 취득하는 때
(4) 인지세 : 과세문서를 작성하는 때
(5) 증권거래세 : 매매거래가 확정되는 때
(6) 종합부동산세 : 과세기준일
(7) 가산세 : 가산할 국세의 납세의무가 성립하는 때
(8) 원천징수하는 소득세, 법인세 : 소득금액, 수입금액을 지급하는 때

50

정답 ③

'양도소득과 퇴직소득'은 매년 반복적으로 발행하는 소득이 아니므로 타 소득과 달리 별도로 분류과세한다(양도소득세, 퇴직소득세).

※ **소득세법상 소득에 대한 과세방법 : 종합과세, 분리과세, 분류과세**

소득	과세방법
이자소득	**종합과세**(일부소득은 종합소득에 합산하지 않는 **분리과세** 인정)
배당소득	
사업소득	
근로소득	
연금소득	
기타소득	
양도소득	분류과세
퇴직소득	

51

정답 ③

국가나 지방자치단체 또는 공공단체에 유증한 재산은 비과세이다.

※ **상속세 과세대상**

상속재산(민법상 상속재산 / 유증재산 / 사인증여재산 / 특별연고자분여재산)
+ **간주상속재산**(보험금 / 신탁재산 / 퇴직금)
+ **생전증여재산가액**(상속개시 10년 전에 상속인에게 증여한 재산 / 5년 전에 비상속인에게 증여한 재산)
+ **생전재산처분가액**(상속개시일 전 1년 이내 2억원 이상 또는 2년 이내 5억원 이상으로 그 용도가 명백하지 않은 재산)

※ **상속세 비과세 대상**(처음부터 상속세 과세대상이 되지 않음을 의미)

(1) 국가, 지자체 또는 공공단체에 유증한 재산

(2) 문화재보호법상 문화재 및 보호구역 안의 토지
(3) 민법상 제사를 주재하는 자가 승계한 금양임야와 묘토, 족보와 제구
(4) 정당법의 규정상 정당에 유증한 재산
(5) 사내근로복지기금에 유증한 금품재산
(6) 사회통념상 인정되는 이재구호금품, 치료비, 기타 이와 유사한 것
(7) 상속인이 상속세 신고기한 내에 국가, 지자체 또는 공공단체에 증여한 재산

※ **상속세 과세가액불산입 대상**(요건을 갖출 경우 불산입으로 상속세가 과세되지 않으나, 요건미충족 시는 불산입의 대상이 되지 않음으로서 상속세가 과세됨)
(1) 피상속인이나 상속인이 상속세 신고기한 내에 공익법인에 출연한 재산(단, 주식의 경우 그 의결권의 5%를 초과하는 가액에 대해서는 산입함)
(2) 피상속인이나 상속인이 공익신탁을 통해 공익법인에 출연한 재산

52
정답 ④

④는 '특정사모집합투자기구가 아닐 것'이다.

※ **특정사모집합투자기구** : 아래에 해당하는 사모집합투자기구를 말함
(1) 투자자가 거주자 1인이거나, 거주자 1인 또는 그 특수관계인에 있는 자로만 이루어진 경우
(2) 투자자가 사실상 자산운용에 관한 의사결정을 하는 경우

펀드운용 및 평가(8문항)

53
정답 ②

복리채(Compound Bond)의 만기상환금을 계산하는 문제이다.

$$\rightarrow 100\text{만원}\left(1 + \frac{0.04}{2}\right)^{2\times2} \fallingdotseq 1,082,432\text{원}$$

54
정답 ②

아래 내용 참조

※ **채권투자수익률 계산**
(1) 투자수익률 = 이자수익 + 자본손익 = 5% + 4% = +9%
㉠ 이자수익 : 5%(5% 매입 후 1년간 보유하였으므로 이자수익은 +5%이다)
㉡ 자본손익 : (−) × 4년 × (−)1% = +4%
- 1년이 지난 시점에서 동 채권의 듀레이션은 4이다(복리채나 할인채는 잔존만기가 곧 듀레이션이 됨). 그리고 금리변화분은 5%에서 4%로 변동하였으므로 −1%. 따라서 자본손익은 +4%이다.

(2) 1년을 보유했으므로 연단위수익률이 된다. 만일 보유기간이 3개월이고 투자수익률이 +9%이라면, 연단위수익률은 '9% × 4 = 36%'가 된다.

55
정답 ③

사다리형만기전략은 소극적인 운용전략에 속한다.

※ **채권운용전략 : 적극적(Active) vs 소극적(Passive)**

적극적인 운용전략	소극적인 운용전략
(1) 듀레이션조절전략 (금리예측전략) (2) 수익률곡선타기전략 (3) 바벨형, 탄환형 채권운용전략 (4) 크레딧운용전략 (채권교체전략)	(1) 만기보유전략 (2) 사다리형만기전략 (3) 채권면역전략 (4) 현금흐름일치전략 (5) 채권인덱싱전략
적극적인 운용으로 '매매차익'을 추구함	만기보유로 이자수익에 만족하며, 매매에 있어서도 인덱싱과 같이 평균적 수익에 만족함

- 수익률곡선타기전략 : 중단기채의 매매에서 '숄더효과(Shoulder Effect)'를, 장기채의 매매에서 '롤링효과(Rolling Effect)'를 기대할 수 있다.
- 바벨형(Barbell) 채권운용전략은 단기채와 장기채를 보유하는 전략, 탄환형(Bullet) 채권운용전략은 중기채만 보유하는 전략이다.
- 크레딧운용전략 : 신용스프레드의 확대 또는 축소를 이용하여 매매차익을 기대하는 전략이다.
- 사다리형만기전략 : 단기채, 중기채, 장기채를 모두 편입하여 수익률의 평준화를 기대하는 방어적인 전략이다.

56
정답 ④

FCF모형은 수익가치(미래현금흐름 반영)에 기반한 보통주평가모형이다(수익가치모형).

※ **기업분석모형**

수익가치모형 (현금흐름할인법)	자산가치모형	상대가치모형
배당평가모형 이익평가모형 잉여현금흐름모형	주당순자산(BPS)을 계산하여 평가	PER PBR PSR EV/EBITDA

57

정답 ①

①은 '역추세전략(Counter-trend Following)'에 해당하는 내용이다.

※ 추세순응전략의 개념

(1) 추세순응전략(Trend Following)은 최근 형성된 추세를 바탕으로 상승추세이면 매수전략을 채택하고, 하락추세로 전환된 경우에는 매도전략을 수행하는 전략으로 추세를 확인하고 매매에 임하는 안정적인 기법이다.

(2) 추세순응전략은 '주가는 상당기간 동일한 방향성을 지속하려는 경향이 있음'을 이용하는 전략으로서 '상승 시 매수 & 하락 시 매도'의 전략을 취한다.

58

정답 ①

차례대로 '간편법, 델타플러스법, 시나리오법'이다.

※ 금융기관의 리스크관리 대상

(1) 시장리스크(Market Risk) : 표준방법(옵션리스크측정 포함)과 내부모형법

(2) 신용리스크(Credit Risk) : 표준방법과 내부등급법, 장외파생상품 평가법

(3) 운영리스크(Operating Risk)

- 개념 : 내부절차의 불완전성, 인력과 시스템, 외부사건 등으로 손실을 입을 리스크를 말함

(4) 유동성리스크(Liquidity Risk)

59

정답 ④

④는 '맞춤포트폴리오'의 개념이다(아래 추가설명 참조).

※ 벤치마크의 종류와 세부개념

(1) 시장지수(Market Index) : 대상종목을 모두 포함한 지수로서 운용에 제약조건이 없는 경우에 적합하다(예 KOSPI, KOBI).

(2) 섹터지수 또는 스타일지수(Style Index) : 특정분야에 집중투자할 경우에 적합하다(예 '가치주 / 성장주', '대형주 / 중형주 / 소형주').

(3) 합성지수 : 2개 이상의 벤치마크를 합성한 것으로 복수의 자산유형에 투자할 경우에 적합하다(예 혼합형펀드).

(4) 정상포트폴리오 : 일반적인 상황(유동성을 고려)에서 구성하는 포트폴리오로서 채권의 벤치마크에 주로 활용된다(예 KOBI120, KOBI30).

- KOBI는 시장지수인데 여기에는 유동성이 부족한 채권도 포함되어 있으므로, 특히 유동성이 풍부한 채권들을 따로 모아서 만든 'KOBI30'이 정상포트폴리오이다.

(5) 맞춤포트폴리오 : 일반성이 적은 특정 목적으로 운용하는 펀드를 평가하기에 적합하다(예 포트폴리오 보험펀드)

60

정답 ③

$$\text{샤프비율} = \frac{\text{포트폴리오수익률} - \text{무위험수익률}}{\text{포트폴리오의 표준편차}}$$

$$= \frac{15\% - 3\%}{5\%} = 2.4\%$$

- 샤프비율의 분자항목인 초과수익률은 '$R_P - R_f$'이다. 즉 보기에서 주어진 '벤치마크수익률(R_B)'은 사용되지 않는다.

※ 샤프비율 사용 시 유의점

(1) 반드시 평가기간이 동일하고 동일한 유형의 펀드 간에 비교해야 한다.

(2) 수익률구간(일간, 월간, 연간)에 따라 상이한 평가결과가 도출될 수 있다.

(3) 정규분포의 속성상 장기수익률을 대상으로 평가하는 것이 바람직하다.

참고 적정한 평가를 위해서 30개월 이상의 월간데이터 확보를 권장함

(4) 초과수익률이 부(-)의 수익률을 보일 경우는 샤프비율의 왜곡이 발생한다.

파생상품펀드 법규(7문항)

61

정답 ③

파생결합증권은 증권의 6가지 중의 하나에 속한다.

※ 금융투자상품의 자본시장법상 정의 : '투자성이 있는 것'의 상세 정의

'이익을 얻거나 손실을 회피할 목적으로 현재 또는 장래의 특정시점에 금전, 그 밖의 재산적 가치가 있는 것을 지급하기로 약정함으로써 취득하는 권리로서, 그 권리를 취득하기 위해 지급하였거나 지급하여야 할 금전 등의 총액이 그 권리로부터 회수하였거나 회수할 수 있는 금전 등의 총액을 초과하게 될 위험이 있는 것'

※ 자본시장법상 금융투자상품 중 '증권'의 6가지 종류

채무증권, 지분증권, 수익증권, 투자계약증권, 파생결합증권, 증권예탁증권

주의 증권은 포괄적 정의상 '원본손실가능성이 있되 원본초과손실가능성이 없는 것'을 말하는데, 파생결합증권은 원본초과손실가능성은 없으므로 증권으로 분류된다(파생상품은 원본초과손실가능성이 있음).

※ 자본시장법상 금융투자상품에서 제외되는 것

(1) 원화로 표시된 양도성예금증서

(2) 신탁법상의 관리형신탁의 수익권

(3) 상법상의 주식매수선택권

62

정답 ④

해외파생상품시장에서 거래되는 것도 자본시장법상 장내파생상품으로 본다.

※ 파생상품의 분류

(1) 거래형태에 따른 분류 : 선도(Forward) / 선물(Futures), 옵션(Option), 스왑(Swap)

암기법 선도 / 선물은 '인도', 옵션은 '권리', 스왑은 '교환'

(2) 자본시장법상의 분류 : 장내파생상품, 장외파생상품

㉠ 장내파생상품 : '한국거래소가 개설한 파생상품시장에서 거래되는 것 또는 해외파생상품시장에서 거래되는 것'을 말함

- 대통령령으로 정한 해외파생상품거래 : 런던금속거래소 규정에 따라 장외에서 이루어지는 금속거래 / 미국 선물협회규정에 따라 장외에서 이루어지는 외국환거래 등등

㉡ 장외파생상품 : '파생상품으로서 장내파생상품이 아닌 것'을 말함

63

정답 ②

'10%, 50%'이다.

※ 적정성 원칙 준수와 관련한 자본시장법상 '파생상품 등'에 속하는 것

(1) 자본시장법상 파생상품

(2) 자본시장법상 파생결합증권(원금보장형 제외)

(3) 자본시장법상 파생상품펀드

㉠ 파생상품매매에 따른 위험평가액이 펀드자산총액의 10%를 초과하는 경우

㉡ 펀드재산의 50%를 초과하여 파생결합증권에 투자하는 경우

64

정답 ①

자본시장법상의 펀드는 동일종목에 대한 투자한도를 펀드자산총액의 10%로 하고 있으나, 파생결합증권에 대한 투자는 예외적으로 펀드자산총액의 30%를 한도로 인정하고 있다.

※ 파생결합증권 및 파생상품 투자 시의 운용규제

(1) **동일종목 파생결합증권에 대한 투자비율규제 완화** : 동일종목 투자한도는 10%이지만, 동일종목으로서 파생결합증권에 투자할 경우는 30%까지 가능하다.

(2) **장외파생상품 매매상대방 규제** : 펀드재산으로 장외파생상품을 매매할 경우 그 상대방은 자본시장법상의 적격투자자이어야 한다.

㉠ 적격투자자

- 신용평가회사로부터 투자적격등급 이상으로 평가받은 전문투자자
- 신용평가회사로부터 투자적격등급 이상의 보증인을 둔 전문투자자
- 담보물을 제공한 경우의 전문투자자

(3) **파생상품매매에 따른 위험평가액 규제** : 공모펀드의 경우 펀드재산으로 파생상품 매매를 할 경우 그 위험평가액이 펀드순자산총액의 100%를 초과할 수 없다(단, 일정요건을 충족한 ETF의 경우 200%까지 가능).

(4) **동일법인이 발행한 증권의 가격변동으로 인한 위험평가액 규제** : 파생상품의 기초자산 중 동일법인이 발행한 증권의 가격변동으로 인한 위험평가액이 펀드자산총액의 10%를 초과할 수 없다.

(5) **동일 거래상대방과의 장외파생상품 매매에 따른 거래상대방 위험평가액 규제** : 동일 거래상대방과의 장외파생상품 거래에 따른 거래상대방 위험평가액은 펀드자산총액의 10%를 초과할 수 없다.

참고 사모펀드의 경우 (2)는 공모와 동일한 규제를 받으며, (3)은 공모보다 완화 적용되며(400%까지 허용), 나머지는 모두 운용규제에서 면제된다.

65

정답 ①

기초자산의 가격에 거래량과 승수를 곱하여 산정한다.

※ 파생상품 매매에 다른 위험평가액 산정방법

(1) 선도 : **기초자산가격 × 계약수(거래량) × 승수**

(2) 옵 션

㉠ 옵션매수 : **기초자산가격 × 델타 × 계약수 × 승수**

㉡ 옵션매도 : **델타위험액 + 감마위험액 + 베가위험액**

(3) 스 왑

㉠ 서로 다른 통화를 교환하는 거래(통화스왑) : 지급하기로 한 통화의 명목원금

㉡ 고정금리와 변동금리를 교환하는 거래(금리스왑) : 고정금리를 지급하는 경우는 만기까지 지급하기로 한 금전총액, 변동금리를 지급하는 경우는 만기까지 지급하기로 예상되는 금전총액의 시가평가금액

㉢ 준거자산의 신용사건 발생여부에 따라 금전 등을 교환하는 거래(신용부도스왑) : 보장매수자의 경우 지급하기로 한 금전총액, 보장매도자의 경우 신용사건 발생 시 지급하기로 한 명목금액

(4) 선도, 옵션, 스왑거래가 혼합된 경우 : 선도, 옵션, 스왑 각각의 위험평가액 산정방법을 준용하여 산정하되, 만기손익구조의 최대손실금액이 제한된 경우는 그 최대손실금액을 명목계약금액으로 하여 산정한다.

(5) 장외파생상품거래의 경우 : 상기 각각의 위험평가액 산정방법을 적용하지 아니하고, 거래 당사자 간에 거래체결 시 합의하는 명목원금으로 위험평가액을 산정할 수 있다. 이 경우에도 기초자산의 가격변화를 감안하여야 한다.

66 정답 ③

매일 공시하는 것은 '시나리오별 손익구조변동, 최대손실예상금액'의 2가지이다.

※ 파생상품펀드의 위험지표 공시방법

계약금액	만기시점의 손익변동	시나리오별 손익구조변동	최대손실예상금액(VaR)
명목계약금액의 총액을 공시	손익구조를 구간별로 구분하고 '도표&서술식'으로 요약 공시	시나리오에 따라 산정한 손익구조를 공시	'10영업일 & 99% 신뢰구간'의 기준으로 측정하고 공시
거래 후 그 다음날까지 공시		거래가 없어도 매일 공시	

67 정답 ①

①은 일반적인 투자자보호제도에 속하는 의무이다.

※ 파생상품펀드 판매 시의 투자자보호제도

일반적인 투자자보호제도	강화된 투자자보호제도
• 투자자의 구분(전문투자자 vs 일반투자자) • 적합성 원칙 • 설명의무 • 부당권유규제 • 광고규제	• 적정성 원칙 • 차등화된 투자권유준칙 제정의무 • 투자권유대행인의 파생상품 투자권유위탁 제한

파생상품펀드 영업(8문항)

68 정답 ④

모두 틀린 항목이다.

가. 주가연계파생상품의 기초자산은 삼성전자, 현대자동차 등 개별종목 주식이 가능하며, 한국, 미국, 일본 등의 주가지수 역시 기초자산이 될 수 있다.

나, 다. ELS는 투자매매업자가 발행하며, ELF는 집합투자업자가 운용한다.

라. ELD는 은행에서 판매하는 주가연계정기예금으로서 원리금이 보장된다. 따라서 예금자보호가 되며, ELS는 원금보장형 설계는 가능하지만 ELD와 같은 예금이 아니므로 예금자보호가 되지 않는다. ELF는 펀드의 본질상 실적배당형으로서 예금자보호가 불가하다.

※ 주가연계파생상품(ELD, ELS, ELF)의 비교

구 분	ELD (주가연계예금)	ELS (주가연계증권)	ELF (주가연계펀드)
발행회사	은 행	투자매매업자	집합투자업자
판매회사	은 행	투자매매업자	투자매매업자 및 은행
자산운용	고유계정과 혼합	고유계정과 혼합	펀드로 별도 운용
형 태	정기예금	증 권	증권(수익증권)
투자방법	정기예금 가입	증권 매입	수익증권 매입
수익지급	약속된 수익률	약속된 수익률	운용실적 배당
원금보장	100% 보장	보장 · 비보장	보존추구 · 비보존
예금자보호	보 호 (5천만원까지)	없 음	없 음
소득과세	이자소득 과세	배당소득 과세	배당소득 과세

69 정답 ③

③은 '스프레드(Spread)형'에 해당한다.

※ 워런트 형태

(1) 콜(Call), 풋(Put) : 방향성투자에 속하며 기초자산의 상승을 기대할 경우 콜워런트, 하락을 기대할 경우 풋워런트에 투자한다.

(2) 디지털(Digital) : 방향성과 관계없이 일정한 쿠폰을 받거나 또는 못 받는 구조이다.

(3) 스프레드(Spread) : 기초자산이 특정구간에 있을 때에는 지속적으로 수익이 상승하지만 특정구간을 넘어서면 일정한 수익만을 받는 구조이다. Low Risk, Low Return에 해당하는 보수적인 전략이다.

(4) 레인지(Range) : 기초자산이 특정구간에 있을 때에만 일정한 쿠폰을 받고 그 외의 구간에서는 수익이 없는 구조이다.

(5) 낙아웃(Knock Out), 낙인(Knock In) : 낙아웃은 기초자산가격이 일정수준(Barrier)에 도달하면 기존의 손익구조가 사라지는 것을 말하며, 일정수준에 도달 시 새로운 손익구조가 생기는 것을 낙인이라고 한다.

(6) 유럽형(European), 미국형(American), 아시안형(Asian) : 워런트의 수익을 결정하는 횟수('행사'의 횟수)가 만기시점에서 한 번만 허용되는 것이 유럽형, 만기 중 아무 때나 가능한 것이 미국형, 사전에 정한 만기 전 시점별 수익을 평균하여 결정하는 것은 아시안형이다.

70 정답 ④

워런트 발행사(투자매매업자)가 파산할 경우(신용위험), 투자한 원금의 전액 또는 일부에 대해서 회수를 하지 못할 수 있다. 그런데 이 경우에도 원금을 초과하는 손실을 발생하지 않는다(원금초과손실은 옵션매도에서 발생 가능).

71 정답 ④

기초자산이 되는 2종목의 상관관계가 낮을수록 상환이 어려워지므로 쿠폰이 높아진다.

※ 원금비보존형의 수익률을 결정하는 변수

기초자산의 변동성이	높을수록	쿠폰이 높아진다.
상환조건(행사가격)이		
KO배리어가		
KI배리어가		
기초자산 간 상관관계가	낮을수록	

암기법 상관관계를 제외한 나머지는 '높을수록 → 쿠폰이 높아진다.', 쿠폰이 낮아지는 경우는 반대로 적용하면 됨.

72 정답 ①

금리연계파생상품펀드는 금리의 변동성이 낮아 투자자들이 원하는 수준의 기대수익률을 만들기 어렵기 때문에 공모형펀드로 만들기가 어렵다.

※ 금리연계파생상품펀드의 특징

금리는 주가에 비해 변동성이 낮고 제시된 가격 조건의 유지(Price Holding)가 어려워 펀드설정까지 상당한 시간이 소요되는 공모형펀드로 설정하기 어렵다. 따라서 레버리지를 이용하지 않고는 안정적이고 높은 수익을 기대하기 어려우나 레버리지를 이용하더라도 관련 규정의 제약과 위험증가에 따른 문제가 발생한다. 금리상품이 보편화되기 위해서는 펀드투자에 대한 기대수익률이 낮아지거나 금리변동성이 확대되어야 할 것이다.

73 정답 ①

낮은 상관관계이다.

※ 상품연계파생상품펀드의 특징

(1) 에너지, 금속, 농축산물 등의 상품(Commodity)을 투자대상으로 한다.
(2) 전통자산(주식, 채권)과의 상관관계가 낮아서 높은 분산투자효과를 기대할 수 있다.
(3) 인플레헤지 효과가 탁월하지만, 상품가격의 변동성이 크다는 단점이 있다.
(4) 기초자산을 선물로 하기 때문에 롤오버 위험에 노출된다.

▶ 상품선물의 롤오버 위험(Roll Over Risk)
- 상품거래는 현물거래 시의 보관비용회피 등을 이유로 선물로 거래하는 것이 대부분이다.
- 선물거래 시 보통 유동성이 풍부한 3개월물을 매입하는데, 상품의 결제시점이 1년 후라면 선물계약의 만기이월(롤오버)을 3번 해야 한다. 이 과정, 즉 기존 포지션을 청산하고 새 포지션을 매입하는 과정에서 손익이 발생할 수 있는데 이를 만기이월위험(롤오버 리스크)이라 한다.
- 선물계약의 롤오버 리스크는 상품의 투자성과에 상당한 영향을 주는 수준으로 평가되고 있다.

74 정답 ②

'주가상승 시 매수, 주가하락 시 매도' 전략을 취한다.

※ 포트폴리오보험전략 중 옵션복제전략(보험자산배분전략)의 이해

(1) '채권 + 주식'으로 포트폴리오를 구성하고, 기초자산의 콜옵션에 해당하는 만큼 주식을 편입하며, 시장흐름에 따라 주식비중을 조절해 나간다.
(2) 시장흐름을 따라가는 전략이므로 주가가 상승할 경우 위험자산(주식)의 비중을 높이고 주가가 하락할 경우 위험자산의 비중을 줄인다. 따라서 PI전략은 '주가상승 시 매수 & 주가하락 시 매도'의 매매방식을 취하게 된다(이를 Positive Feedback이라 함).

cf 비교하여 가치투자전략에서 사용하는 전술적배분전략은 '주가상승 시 매도 & 주가하락 시 매수'이며 이를 Negative Feedback이라 한다.

75 정답 ④

④는 시스템운용형펀드의 기반이 되는 '모멘텀 전략'의 특성을 말한다.

※ 시장중립형펀드 – 차익거래의 종류

주식형(예시)	인덱스 차익거래	합병차익거래	전환차익거래
삼성전자 매수 / 지수선물 매도	선물 매도 / 현물 매수	저평가기업 매수 / 고평가기업 매도	전환사채 매수 / 주식델타 매도

파생상품펀드 투자 · 리스크관리(10문항)

76 정답 ②

②는 위험 전가기능을 말하는데, 종목(자산)의 **변동성이 클수록** 위험 전가에 대한 니즈가 커지므로 위험의 거래가 더 활발하게 일어난다.

※ **선물거래의 경제적 기능**

(1) 가격 발견기능(Price Discovery) : 선물시장의 가격은 미래정보를 반영하므로 해당 경제주체들에게 중요한 정보를 제공한다.

(2) 위험 전가기능(Risk Hedge) : 위험 전가기능은 선물시장 포함 파생상품의 본질적인 기능이며, 자산의 변동성이 클수록 위험을 전가하고자 하는 헤지수요가 증가한다. 한편 선물시장은 레버리지 효과를 크게 하여 투기거래자를 유인하고 이를 통한 유동성 증가는 헤지거래를 수월하게 한다.

(3) 효율성 증대기능 : 현 · 선물 간의 가격괴리가 커지면 차익거래가 유입되어 가격괴리를 좁히게 되며(효율성 증대), 이러한 거래는 현물시장의 유동성도 증가시킨다.

(4) 양방향 매매기능 : 현물은 매수 중심이지만 선물은 매도 전략도 가능하다.

(5) 거래비용 절감기능 : 선물시장은 투기거래자(Speculator)를 유인하기 위해 레버리지 효과를 확대시켜야 하는데 이를 위해 현물시장보다 낮은 증거금율을 적용한다. 따라서 선물시장에서는 현물시장보다 적은 거래비용으로 동일한 포지션크기의 거래를 할 수 있다.

77

정답 ①

선물거래는 기본적으로 계약의 만기시점을 정해놓고 만기시점에서 기초자산을 미리 정한 가격에 매도 혹은 매수하기로 지금 계약을 하는 거래를 의미한다. 신용위험을 없애고 반대매매를 자유롭게 할 수 있다. 이 신용위험을 없애기 위해서 증거금과 일일정산제도가 도입되어 있다. 한국거래소에 상장된 미국달러선물은 1계약이 1만 달러이며 만기일은 해당 월 셋째 수요일(최종거래일인 월요일에서 3일째 되는 날)이다.

78

정답 ③

이자율등가식(또는 이자율평형이론)에 의한 균형선물환율 산출식은 '$F^* = S_t\left[1 + (r_d - r_f) \times \frac{T - t}{365}\right]$'이다. 만기가 1년이므로 '$F^* = S_t[1 + (r_d - r_f)]$'이고, 따라서 '$F^* = 1,200[1 + (0.02 - 0.01)] = 1,212$'이다($r_d$: 원화이자 2%, r_f : 달러이자 1%). 즉 이상의 조건에서 1년 만기 달러원 균형선물환율은 $1 = ₩1,212이다.

학습안내 환율표시에 대한 명칭이해

(1) '$1 = ₩1,000'에 대한 정확한 우리말 명칭은 '달러원환율'이다(영문은 USD/KRW). 그러나 관행적으로 이를 '원달러환율'이라고도 명칭해 왔는데, 엄밀히 말하면 원달러환율은 '₩1 = $0.001'에 해당된다.

(2) 최근 들어 이를 정확히 반영하고자 '$1 = ₩1,000'을 명칭할 때 원달러환율보다는 달러원환율로 수정하여 명칭하는 경향이 있다.

79

정답 ①

시간스프레드(Calendar Spread)이다.

※ **스프레드의 종류 : 선물**

상품 내 스프레드 (Inter-commodity Spread)	상품 간 스프레드 (Intra-commodity Spread)
동일품목 내에서의 스프레드	다른 상품 간의 스프레드 (예 TED Spread)
동일품목 내에서 만기가 다른 상품의 스프레드이므로 시간스프레드라 함 예 동일품목 3월물 매수 & 6월물 매도	-

※ **스프레드의 종류 : 옵션**

수평스프레드	수직스프레드
행사가격은 동일한데, 만기가 다른 옵션 간의 스프레드	동일만기에서 행사가격이 다른 옵션 간의 스프레드
예 C(90) 1개월물 매수 & C(90) 2개월물 매도	예 C(90) 1개월물 매수 & C(100) 1개월물 매도

• 대각스프레드(매우 드물게 활용) : C(90) 1개월물 매수 & C(100) 2개월물 매도

80

정답 ①

'시간가치 10원, 내가격'이다.

▶ P(1,200원)의 옵션프리미엄 구성 : 옵션프리미엄(30원) = 내재가치(20원) + 시간가치(10원)

• 내재가치 : 1,200원 − 1,180원 = 20원, 시간가치 : 30원 − 20원 = 10원. 그리고 '내재가치 > 0'인 상태이므로 내가격(ITM ; In The Money)이다.

81

정답 ②

②의 C(85)매수 + P(85)매수 전략은 스트래들 전략이며 변동성이 클수록 수익이 커진다.

①의 C(80)매도 + C(85)매수 전략은 방향성 전략이며 콜약세 스프레드 전략이다.

③의 P(80)매도 + C(85)매도 전략은 스트랭글 매도이므로 변동성이 커질수록 손실이 발생한다.

④의 P(80)매수 + P(85)매도 전략은 방향성 전략이며 풋강세 스프레드 전략이다.

※ 옵션스프레드전략의 이해

강세스프레드(Bull Spread) → 기초자산가격이 상승할 때 수익이 남		약세스프레드(Bear Spread) → 기초자산가격이 하락할 때 수익이 남	
강세콜 스프레드	강세풋 스프레드	약세콜 스프레드	약세풋 스프레드
C(80) 매수 C(85) 매도	P(80) 매수 P(85) 매도	C(80) 매도 C(85) 매수	P(80) 매도 P(85) 매수
초기순지출	초기순수입	초기순수입	초기순지출

(1) 포지션 이해하기 : 강세콜스프레드(Call Bull Spread)에서 출발하여 나머지는 간단한 전환으로 쉽게 모두 이해할 수 있다.

㉠ 강세콜스프레드 포지션을 암기(문장, 기호표시 모두) : '행사가격이 낮은 콜옵션을 매수하고 행사가격이 높은 콜옵션을 매도'한다[→ C(80) 매수 & C(85) 매도].

㉡ 강세콜스프레드에서 강세풋스프레드로의 전환 : C를 P로 바꾸어준다 → 'C(80) 매수 & C(85) 매도'에서 → 'P(80) 매수 & P(85) 매도'가 됨

㉢ 강세콜스프레드에서 약세콜스프레드로의 전환 : 매수와 매도를 바꾸어준다 → 'C(80) 매수 & C(85) 매도'에서 → 'C(80) **매도** & C(85) **매수**'가 됨

㉣ 강세콜스프레드에서 약세풋스프레드로의 전환 : C를 P로, 매수와 매도를 모두 바꾸어준다 → 'C(80) 매수 & C(85) 매도'에서 → 'P(80) **매도** & P(85) **매수**'가 됨

(2) 초기순지출 / 초기순순입 이해하기 : 콜옵션에서는 C(80)이 C(85)보다 비싸다. 따라서 강세콜스프레드는 비싼 C(80)을 매수하고 싼 C(85)를 매도하므로 프리미엄의 순지출이 발생한다.

예 C(80)의 프리미엄은 3point, C(85)의 프리미엄은 2point라고 할 때, 강세콜스프레드를 구성하면 '−3point + 2point = (−)1point' 즉 프리미엄 순지출이다.

82

정답 ①

델타는 $\frac{\text{옵션프리미엄 변화}}{\text{기초자산가격 변화}}$이다.

※ 옵션민감도(콜옵션의 경우)

델타	감마	베가	쎄타	로우
$\frac{\partial C}{\partial S}$	$\frac{\partial^2 C}{\partial S}$	$\frac{\partial C}{\partial \sigma}$	$\frac{\partial C}{\partial t}$	$\frac{\partial C}{\partial r}$

(S : 기초자산, ∂ : 변동성, t : 시간, r : 금리)

83

정답 ④

양자 간의 상관관계가 **낮을수록** 보다 확실하게 보장을 받을 수 있으므로 프리미엄이 높아진다.

※ CDS(Credit Default Swap ; 신용부도스왑)의 프리미엄 결정요인

만기가 길어질수록	→ CDS의 프리미엄이 상승한다.
채무불이행 가능성이 높을수록	
CDS 거래상대방(보장매도자)의 신용등급이 높을수록	
준거자산과 보장매도자 간의 상관관계가 낮을수록	
회수율이 낮을수록(손실률이 높을수록)	

84

정답 ④

배리어(Barrier)가 행사가격 아래에 있으므로 기초자산가격이 내려가는(Down) 조건을 말한다. 그리고 배리어를 터치할 경우 계약이 생성되는 것은 낙인(Knock In) 조건을 말한다. 따라서 Down & In 옵션이다.

※ 이색옵션(Exotic Option)의 종류

대분류	소분류
경로의존형	경계옵션[주1], 룩백옵션, 래더옵션, 평균기초자산옵션, 평균행사가격옵션
첨점수익구조형	조건부프리미엄옵션, 디지털옵션
시간의존형	미국식・유럽식옵션・버뮤다옵션, 선택옵션, 행사가격결정유예옵션
다중변수의존형	무지개옵션, 바스켓옵션, 포트폴리오옵션, 스프레드옵션
복합옵션형	콜옵션의 콜옵션・풋옵션 풋옵션의 콜옵션・풋옵션

* 주1 : 경계옵션은 'Up & Out, Up & In, Down & Out, Down & In'의 4가지로 구분된다.

85

정답 ①

증권의 발행 이후 관련 법령의 제정・개정, 관련 법령의 해석의 변경으로 본 거래가 위법하게 된 경우와 추가적인 조세부담이 발생하는 경우 및 발행사의 Event of Default(채무불이행 사유 : 해산, 파산, 화의 또는 회사정리 등의 절차가 개시되거나, 이러한 신청이 있는 등 발행사의 신용상태가 악화되는 경우) 발생시에는 조기종결 요건이 된다.

정답 및 해설

부동산펀드 법규(5문항)

86 정답 ①

①만 옳다. 투자신탁의 경우 소유권을 비롯한 권리가 수탁은행의 명의로 되어 있어 개발사업에 따르는 각종 위험과 민원 등을 수탁은행이 직접 부담하게 된다는 점에서 문제가 있다.

② 부동산펀드는 환매금지형으로 설정・설립하는 것을 원칙으로 한다(cf 조기에 현금화가 가능한 자산에 주로 투자하는 부동산펀드는 유동성 확보가 가능하여 환매금지형으로 설정・설립하지 않아도 됨).

③ 환매금지형으로 설정・설립하는 경우 발행일로부터 90일 이내에 상장해야 한다.

④ 환매금지형으로 설정・설립할 경우 상장의무가 부과되는 법적 형태는 '투자신탁, 투자회사'의 2가지이다.

87 정답 ④

'가'는 부동산실물에 '나'는 부동산권리에 투자하는 것이며, '다, 라'는 부동산의 임대 및 운영의 방법에 해당되는데, 모두 '부동산 등에 투자하는 행위'에 속한다.

※ **부동산임대 및 운영**

부동산펀드가 주로 투자하는 부동산은 오피스빌딩, 상가, 호텔, 물류센터 등으로 임대료를 수취하는 수익형부동산이며 기존에 건축되어 운영 중인 부동산 외에도 개발 단계에 있는 부동산에 투자하는 사례도 찾아볼 수 있다. '부동산을 운영'하는 방식으로 투자가 가능하여, 리조트 등을 부동산펀드가 직・간접적으로 운영할 수 있게 되었다.

88 정답 ②

미분양주택의 경우 ①의 예외로서 집합투자규약이 정하는 기간을 초과할 경우 처분이 가능하다('1년 이내'의 예외가 적용됨). 그리고 ①, ②와 같은 취득 후 제한이 있더라도, 부동산개발사업에 따른 토지나 건축물의 분양과정으로서 처분하는 것은 예외가 인정된다.

89 정답 ④

부동산의 거래비용은 실사보고서에 포함되는 사항이다.

※ **실사보고서 vs 사업계획서**

실사보고서	사업계획서
• 부동산의 현황 • 부동산의 거래가격 • 부동산의 거래비용 • 부동산과 관련된 재무자료 • 부동산의 수익에 영향을 미치는 요소 • 담보권설정 등 부동산과 관련된 권리의무관계에 관한 사항 • 실사자에 관한 사항	• 부동산개발사업 추진일정 • 부동산개발사업 추진방법 • 건축계획이 포함된 사업계획에 관한 사항 • 자금의 조달・투자 및 회수에 관한 사항 • 추정손익에 관한 사항 • 사업의 위험에 관한 사항 • 공사시공 등 외부용역에 관한 사항 • 그 밖에 투자자보호를 위해 필요한 사항

90 정답 ②

금전을 대여하는 경우, 그 대여금의 한도는 해당 부동산펀드의 순자산액의 100%로 한다.

※ 자본시장법상의 다른 펀드는 펀드재산을 운용함에 있어서 Call Loan을 제외하고는 원칙적으로 펀드재산 중 금전을 대여할 수 없지만 부동산펀드는 펀드재산으로 '부동산개발사업을 영위하는 법인(부동산신탁업자, 「부동산투자회사법」에 따른 부동산투자회사, 다른 펀드를 포함)'에 대하여 아래 요건을 모두 충족하는 방법에 따라 금전을 대여할 수 있다. 다만, '사모부동산펀드'인 경우에는 ㉡의 요건을 충족하지 않아도 된다.

㉠ 집합투자규약에서 금전의 대여에 관한 사항을 정하고 있을 것

㉡ 집합투자업자가 부동산에 대하여 담보권을 설정하거나 시공사 등으로부터 지급보증을 받는 등 대여금을 회수하기 위한 적절한 수단을 확보할 것

부동산펀드 영업(5문항)

91 정답 ③

저당권은 담보물권이다. 저당권이란 채무자 또는 제3자가 채권의 담보로 제공한 부동산을 담보제공자의 사용・수익에 맡겨 두면서(아파트 담보대출을 받을 경우 집을 비워줄 필요가 없음) 채무의 변제가 없는 경우에 그 부동산의 가격으로부터 다른 채권자보다 우선하여 변제를 받을 수 있는 권리이다. 저당권은 점유를 포함하지 않으므로 반드시 등기・등록에 의해 공시되어야 한다.

※ **부동산 물권의 분류**

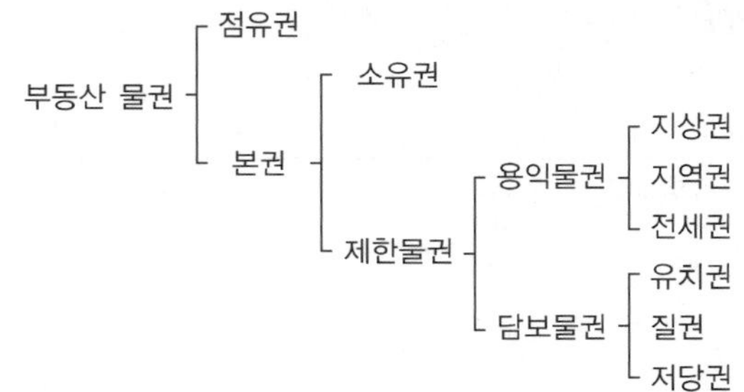

92

정답 ③

기타소득은 '관리비, 주차료, 전용선임대료 등'이 있는데, 이 중에서 임대수익의 기여도가 가장 높은 것은 관리비이다.

93

정답 ④

사전불특정형(Blind형)으로 운용하는 경공매펀드의 특징상 펀드규모가 크면 펀드 내 미운용자금(Idle Money)의 비중이 높아져서 펀드수익률을 저하시키며, 펀드규모가 지나치게 적을 경우는 소수의 경・공매 물건에 집중투자하게 됨에 따라 펀드의 위험이 증가하게 된다. 즉 경공매형부동산펀드의 펀드규모는 적정한 수준이 좋다.

94

정답 ③

'바, 사'는 경공매형부동산펀드의 주요 점검사항이다. 그리고 대출형부동산펀드는 개발형부동산펀드의 위험을 간접적으로 부담하므로, 개발형부동산펀드의 주요 점검사항과 위험의 상당부분을 공유한다.

※ 부동산펀드의 주요 점검사항 정리

부동산펀드의 종류	주요 점검사항
임대형 부동산펀드	• 공실률과 임대료에 영향을 미치는 요소 • 차입규모의 적정성 • 매입한 부동산의 향후 매각가능성
개량형 부동산펀드	• 개량비용의 규모와 개량비용투입 후의 경제적 효과 • 개량에 대한 인허가
경공매형 부동산펀드	• 부동산운용전문인력의 전문성 보유 여부 • 펀드규모의 적정성 • 체계적이고 투명한 펀드운용가능성 여부 • 펀드 관련 비용의 적정성 여부
개발형 부동산펀드	• 부동산개발사업의 성공을 위한 필수요소들이 사업계획상에 포함되어 있는지의 여부 • 사업부지의 완전한 확보 여부 • 우량한 시공사의 선정 여부 • 부동산개발사업에 대한 인・허가 여부 • 부동산개발사업의 사업성, 완공물의 분양・매각・임대가능성
대출형 부동산펀드	• 시행법인의 사업부지 확보 여부 • 시공사의 신용평가등급 • 시행법인의 인・허가 여부 • 부동산개발사업의 사업성

95

정답 ②

'비소구금융 또는 제한적 소구금융(Non or Limited Recourse Financing)'을 말한다. 이러한 비소구금융 또는 제한적 소구금융에 의해, PF로부터 발생하는 제반 의무에 대해 실질사업자의 부담은 없거나 제한적이다.

※ 프로젝트파이낸싱(PF)의 특징

(1) **프로젝트 자체의 미래사업성에 근거한 자금조달** : 담보대출이나 신용대출과 같은 기존의 기업금융방식과 달리, PF는 프로젝트 자체의 미래사업성에 근거하여 자금을 조달하며 그 규모도 크다. 미래사업성에 더하여 담보나 보증이 추가로 보완될 경우 그 규모는 더욱 커질 수 있다.

(2) **비소구금융 또는 제한적 소구금융** : 실질사업자에게 '비소구금융 또는 제한적 소구금융'이 됨을 의미한다. 시행법인이 PF에 대한 차주의 지위를 가지고, 시행법인에 출자하여 실질적으로 사업을 영위하는 실질사업자에게는 '소구'가 되지 않도록 하여 실질사업자가 PF에 좀 더 적극적인 참여할 수 있는 동기가 된다.

(3) **부외금융** : 프로젝트 시행과 관련하여 발생한 제반 부채는 시행법인이 부담하므로 실질사업자의 입장에서는 자신의 재무상태표 상에서 PF 관련 부채를 계상하지 않는 것을 의미한다.

(4) **채권자에 대한 다양한 신용보강** : 비소구나 제한적 소구금융은 채권자에게 불리하므로 채권자는 프로젝트 시행법인에 신용보강을 요구하게 되며, 시행법인은 시공사나 실질사업자와 함께 신용보강(책임준공, 지급보증, 채무인수 등)을 제공한다.

부동산펀드 투자・리스크관리(5문항)

96

정답 ③

'금리 상승 → 자본환원율(할인율) 상승 → 부동산가격 하락'. 나머지는 모두 부동산가격의 상승요인이다(아래 표 참조).

※ 거시경제변수와 부동산과의 관계

거시경제변수	부동산과의 관계
(1) 경제성장(Y)	경제성장↑ → 임대수요 증가 → 임대료 상승 → 매매가격 상승
(2) 소비(C)	부동산가격↑ → 소비 증가(자산효과)
(3) 투자(I)	토지가격↑ → 토지사용량 감소 → 보완적 자본투자 감소
(4) 순수출(NX)	부동산가격↑→ 생산비 상승 → 수출 감소, 수입 증가

(5) 총공급	부동산가격↑→ 근로의욕 저하 → 노동생산성 감소 주택가격↑ → 노동의 지역 간 이동 감소 → 인력 수급애로 → 임금 상승 임대료↑ → 생산비 상승
(6) 총통화	통화량↑ → 물가 상승 → 부동산가격 상승
(7) 물가	물가↑ → 부동산가격 상승(인플레이션 헤지효과)
(8) 금리	금리↑ → 부동산가격 하락
(9) 주가	주가↑→ 부동산가격 상승

- (2), (3), (4)는 부동산가격 상승이 거시경제에 주는 영향을 말하는데, '(2) 소비 증가' 외에는 모두 부정적인 영향을 준다.
- '(8) 금리'는 2가지로 해석 가능
  - 금리가 상승하면 부동산가치평가 시 자본환원율(할인율)이 상승하여 부동산가격이 하락한다.
  - 금리가 상승하면 '예금증가 & 투자감소'로 이어지므로 부동산가격이 하락한다.

97

정답 ③

인터넷의 발달 등으로 부동산과 관련된 다양한 정보들이 시장에 공개되거나 유통되고 있긴 하지만 부동산개발 관련 정보, 부동산 거래 관련 정보 등 중요한 정보들은 제한된 범위 내의 사람들에게만 제공 및 이용되어지는 경우가 있으며, 이러한 부동산시장에서의 정보 비대칭성은 주식시장과 같은 다른 시장에 비해 상당히 큰 편으로 보인다.

※ 부동산시장의 특징

(1) 수요자와 공급자 수의 제약
(2) 부동산상품의 비동질성
(3) 정보의 비공개성 및 비대칭성
(4) 높은 거래비용

98

정답 ③

성과비교의 기준이 되는 적절한 벤치마크가 없어서 성과측정이 용이하지 않다.

※ 대체투자의 특성

부동산투자도 대체투자에 속하므로 대체투자의 특성과 큰 차이 없이 적용된다.

(1) 투자대상으로는 짧은 역사를 가짐
(2) 투자 포트폴리오에서 보편적이지 않은(Uncommon) 투자 형태
(3) 전통적인 투자에 비해 유동성이 낮음
(4) 장기투자자가 대부분으로 장기간 환매불가기간이 있음
(5) 높은 수수료(취득 및 처분수수료, 성과수수료, 운용수수료 등)
(6) 일시에 대규모의 자금을 확실히 조달해야 하는 특성상 일반 개인투자자보다는 기관투자자의 투자수단으로 사용
(7) 전통적 투자자산과는 상관관계가 낮은 경향
(8) 대부분의 대안투자 자산은 주식, 채권 등 전통적 투자자산과는 달리 투명한 공개시장에서 대량으로 거래가 이루어지지 않아 공정가치를 평가하는 데 어려움이 있음
(9) 실제 거래 시에 거래가격은 개별적인 가치평가(Mark-to-Model)된 가격이 아니라 협상에 따라 달라짐
(10) 성과비교의 기준이 되는 적절한 벤치마크가 없으며, 절대적 수익률(Absolute Return)을 고려하게 됨
(11) 운용역의 전문성에 의존하는 경우가 많음

99

정답 ③

① 매입가격의 적정성 : 감정평가액뿐만 아니라 유사거래사례, 임대수익, 예상수익률 등을 종합적으로 고려하여 결정한다.
② **잔금비율을 높여야** 노출되는 금액이 최소화된다.
④ 매각시점의 위험이 더 크다.

100

정답 ③

경공매형부동산펀드의 위험에 해당된다. 경공매형에 있어서 법률위험은 '입찰 시 파악이 힘든 권리상의 하자로 인해 발생하는 위험'을 말하고, 자산평가위험은 '자산가격의 평가오류 → 높은 입찰가격 → 수익성 하락'의 위험을 말하며, 비용증가위험은 '경매물건취득 시의 높은 비용부담'이 발생할 수 있는 위험을 말한다.

※ 부동산펀드별 리스크유형

대출형부동산펀드	임대형부동산펀드	경공매형부동산펀드
사업 인·허가위험 사업부지관련위험 부도위험(시행사, 시공사) 분양위험 계약불이행위험 투자원금손실위험 공모펀드위험	[매입단계] 매입가격위험, 법률적 위험, 물리적 위험, 재무타당성 [운용단계] 임차인위험, 공실위험, 관리비위험, 타인자본위험, 재해 등 물리적 위험, 제도변화관련위험 [청산단계] 사업계획미달위험, 매각위험, 추가비용발생위험	[매입단계] 투자자산확보위험, 법률위험, 자산평가위험, 비용증가위험 [매각단계] 매각위험

- 임대형부동산펀드의 매입단계 위험 중에서, 건설 중인 부동산을 매입할 경우는 '개발사업위험, 부동산권리확보위험, 기타공사관련위험'이 추가된다.

제2회 정답 및 해설

01	02	03	04	05	06	07	08	09	10
①	①	③	②	④	③	③	③	②	④
11	12	13	14	15	16	17	18	19	20
③	③	②	③	④	③	③	④	④	④
21	22	23	24	25	26	27	28	29	30
①	④	③	④	①	③	①	③	③	③
31	32	33	34	35	36	37	38	39	40
②	④	①	④	④	④	①	④	②	②
41	42	43	44	45	46	47	48	49	50
③	④	④	③	①	②	②	④	③	③
51	52	53	54	55	56	57	58	59	60
④	①	①	③	③	②	③	④	②	②
61	62	63	64	65	66	67	68	69	70
③	①	④	②	③	①	③	②	④	④
71	72	73	74	75	76	77	78	79	80
④	④	③	③	③	④	③	②	④	①
81	82	83	84	85	86	87	88	89	90
④	②	④	④	②	③	③	②	③	④
91	92	93	94	95	96	97	98	99	100
②	④	②	④	①	③	①	②	①	④

펀드일반 법규(13문항)

01

정답 ①

자본시장법은 펀드의 주된 투자대상이 무엇인가에 따라 집합투자기구를 증권집합투자기구, 부동산집합투자기구, 특별자산집합투자기구, 혼합자산집합투자기구 및 단기금융집합투자기구(MMF)의 5가지로 구분하고 있다. 이 중에서 혼합자산집합투자기구는 집합투자재산을 투자운용함에 있어 투자대상자산의 제한을 받지 않는 집합투자기구를 말한다(→ 펀드재산으로 특정 자산에 투자할 수 있는 **비율제한이 없다는 의미**).

또한, MMF에는 자산의 원리금 또는 거래금액이 환율・증권의 가치 또는 증권지수의 변동에 따라 변동하거나 계약시점에 미리 정한 특정한 신용사건의 발생에 따라 확대 또는 축소되도록 설계된 것에 투자할 수 없다(→ **MMF는 파생상품에 투자할 수 없다는 의미**).

02

정답 ①

집합투자업자가 소집하되, 신탁업자 또는 발행된 수익증권 총좌수의 5% 이상 보유수익자가 수익자총회의 목적과 소집의 이유를 기재한 서면을 제출하여 수익자총회의 소집을 그 집합투자업자에 요청하는 경우 1개월 이내에 수익자총회를 소집하여야 한다. 이 경우 집합투자업자가 정당한 사유 없이 수익자총회를 소집하기 위한 절차를 거치지 아니하는 경우에는 **그 신탁업자 또는 발행된 수익증권 총좌수의 100분의 5 이상을 소유한 수익자**는 금융위원회의 승인을 받아 수익자총회를 개최할 수 있다.

※ 개별 투자자(수익자)의 장부서류의 열람

투자자는 집합투자업자(판매회사 포함)에게 영업시간 내에 이유를 기재한 서면으로 그 투자자와 관련된 집합투자재산에 관한 장부・서류의 열람이나 등본 또는 초본의 교부를 청구할 수 있다. 일반 주식회사의 회계장부열람권과 비슷하지만 **일정 비율 이상의 집합투자증권 소유를 요구하지 않는다**는 점에서 차이가 있다.

03

정답 ③

환매연기절차는 집합투자업자 환매연기 결정 → 수익자총회 의결 → 수익자 통지의 순이다.

※ 환매연기절차

(1) 투자신탁이나 투자익명조합의 집합투자업자 또는 투자회사 등은 **환매연기를 결정한 날부터 6주 이내**에 집합투자자총회에서 환매에 관한 사항을 의결한다. 집합투자자총회에서 집합투자증권의 환매에 관한 사항을 정하지 아니하거나 환매에 관하여 정한 사항의 실행이 불가능한 경우에는 계속하여 환매를 연기할 수 있다.

(2) 집합투자자총회에서 환매에 관한 사항이 의결되거나 환매연기를 계속하는 경우 지체 없이 서면 또는 컴퓨터통신(예탁결제원에 위탁 가능)으로 투자자에게 **통지**한다.

(3) 환매연기사유의 전부 또는 일부가 해소된 때에는 환매가 연기된 투자자에 대하여 환매한다는 뜻을 통지하고 환매대금을 지급한다.

04 정답 ②

집합투자업자는 투자신탁재산별로 **미리 정하여진** 자산배분명세에 따라 취득·처분 등의 결과를 공정하게 배분하여야 한다. 하나의 집합투자업자가 여러 개의 펀드(투자신탁)를 설정하여 다수의 투자신탁재산을 운용하는 것이 일반적이므로, 규모의 경제효과 등을 고려하여 통합매매를 허용할 필요성이 있다. 그러나 이 경우 특정 펀드에 **자산을 부당 배분할 수 있는 소지가 있어서** 이러한 부작용을 사전에 차단하기 위해 투자신탁재산별로 **미리 정하여진** 자산배분명세에 따라 취득·처분 결과를 공정하게 배분하도록 하고 있다. 즉, 집합투자업자는 투자신탁재산을 **취득·처분하기 전**에 투자신탁재산별로 주문금액, 가격, 수량 등을 기재한 주문서와 배분내용을 기재한 자산배분명세서를 작성하여야 한다.

※ 자본시장법에 따라 투자운용의 효율성과 적시성 확보를 위해 집합투자업자가 직접 자산의 취득·매각을 실행할 수 있는 경우

(1) 국내외 상장 주식, 주식관련 DR, 수익증권, 파생결합증권의 매매
(2) 국내외 국채, 지방채, 특수채, 사채권(둘 이상의 신용평가를 받은 사채권), 기업어음증권, 전자단기사채의 매매
(3) 장내파생상품의 매매
(4) 단기대출
(5) 대 출
(6) 금융기관이 발행·할인·매매·중개·인수·보증하는 어음의 매매
(7) 양도성예금증서의 매매
(8) 외국환거래법에 의한 대외지급수단의 매매거래
(9) **장외파생상품의 매매(투자위험회피 목적에 한정 등) 또는 거래상대방과 기본계약을 체결하고 그에 따라 계속적으로 계약을 체결하는 금리스왑거래**
(10) RP매매 등

▶ 집합투자업자의 준법감시인은 주문서와 자산배분명세서의 적정성과 그 이행여부를 확인해야 함

05 정답 ④

(투자회사)의 (자산보관회사)는 집합투자업자의 운용지시가 법령·정관·투자설명서에 위반되는지 여부를 확인하고 위반이 있는 경우 (감독이사)에게 보고하여야 한다.

※ 투자신탁 VS 투자회사

(1) **투자신탁**의 경우, 집합투자재산을 보관·관리하는 신탁업자는 집합투자업자의 운용지시가 법령, **집합투자규약**, 투자설명서 등을 위반하는지 여부에 대하여 확인하고, 위반사항이 있는 경우에는 그 **집합투자업자에 대하여 그 운용지시 또는 운용행위의 철회·변경 또는 시정을 요구**해야 한다.
(2) **투자회사**의 경우 신탁업자(투자신탁이 아니므로 정확히는 업무위탁을 받은 **자산보관회사**이지만 투자신탁의 신탁업자와 마찬가지로 집합투자업자에 대한 감시의무가 있다)는 법령, **정관**, 투자설명서 등을 위반하는지 여부에 대하여 확인하고, 위반사항이 있는 경우에는 **감독이사에게 위반사항을 보고**해야 하며, **감독이사가 집합투자업자에게 시정을 요구**해야 한다.
(3) 집합투자업자가 **그 요구를 제3영업일 이내에 이행하지 아니하는 경우**에는 (투자신탁의 경우) 신탁업자 또는 (투자회사의 경우) 감독이사는 그 사실을 금융위에 보고하고 공시해야 한다. 집합투자업자는 신탁업자 등의 요구에 대해 금융위에 이의를 신청할 수 있으며, 이 경우 관련 당사자는 금융위의 결정에 따라야 한다.

▶ 투자신탁과 투자회사의 구분은 신탁업자(수탁사)의 책임문제에 있어 중요한 차이가 있다. 과거 펀드사태(라임·옵티머스펀드 등의 펀드부실사태)로 투자신탁형 펀드의 신탁업자들의 과도한 법적 책임부담(신탁계약서에 의거 펀드자산의 소유권을 가지면서 운용지시를 받고 또한 운용행위의 감시의무가 있다는 이유로 신탁업자에게 펀드부실책임을 묻는 사태 발생)으로 한때 수탁거부사태가 일어났다. 그러나 회사형 펀드의 경우는 집합투자업자가 서류상의 회사(SPC)를 세워서 법률상 펀드자산 인수주체로 집합투자업자가 되면 신탁업자(수탁사)는 단순히 자산보관업무만을 맡게 되어 이러한 책임문제에서 벗어날 수 있다. 즉 (투자신탁의) 신탁계약서가 아니라 (투자회사의) 자산보관위탁관리계약서에 의해 보관만 하므로 펀드부실에 대한 책임을 다소 벗어날 수 있다.

06 정답 ③

집합투자증권을 판매한 투자매매 또는 중개업자, 집합투자재산을 운용하는 집합투자업자, 집합투자재산을 보관·관리하는 신탁업자는 환매청구를 받거나 환매에 응할 것을 요구받은 집합투자증권을 **자기의 계산으로 취득하거나 타인에게 취득하게 해서는 안 된다.** 다만, (1) MMF를 판매한 투자매매·중개업자가 **MMF 판매규모의 5% 상당금액과 100억원 중 큰 금액의 범위 내에서 개인투자자로부터 환매청구일에 공고되는 기준가격**으로 환매청구일에 MMF 집합투자증권을 매입하는 경우, (2) 투자자가 금액을 기준으로 집합투자증권(MMF 제외)의 환매를 청구함에 따라 그 집합투자증권을 판매한 투자매매 또는 중개업자가 해당 집합투자기구의 집합투자규약에서 정한 환매가격으로 그 집합투자규약에서 정한 환매일에 그 집합투자증권의 일부를 불가피하게 매수하는 경우 **예외를 인정**하고 있다.

▶ 지문 ①의 내용(집합투자증권의 판매가격은 투자자가 금전을 납입한 후 **최초로 산정되는** 기준가격으로 판매한다)과 지문 ②의 내용(집합투자증권을 환매하는 경우 **환매청구일 후**에 산정되는 기준가격으로 하여야 한다)은 전혀 다른 방식의 기준가격 산정방식임에 유의

07

정답 ③

운용・판매・자산보관을 제외한 투자회사업무는 일반사무관리회사가 수행한다.

※ **일반사무관리회사**

투자회사의 위탁을 받아 투자회사재산의 운용 외에 투자회사의 운영에 관한 업무를 주된 업으로 하는 자를 말한다. 구체적으로는 (1) 투자회사의 운영에 관한 업무, (2) **투자회사의 주식 발행 및 명의개서,** (3) 투자회사재산의 계산, (4) 법령 또는 정관에 의한 통지 및 공고, (5) 이사회 또는 주주총회의 소집 및 운영에 관한 사무, (6) 기타 투자회사로부터 위탁받은 사무를 행한다.

08

정답 ③

자본시장법 제249조의5(일반 사모집합투자기구의 투자광고)

① 일반 사모집합투자기구의 집합투자증권을 판매하는 금융투자업자가 그 사모집합투자기구의 투자광고를 하는 경우에는 전문투자자 또는 투자광고를 하는 날 전날의 금융투자상품 잔고(투자자예탁금 잔액을 포함한다)가 **대통령령으로 정하는 금액(3억원) 이상인 일반투자자만을 대상으로 하여야 한다.**

② 제1항에 따른 투자광고를 하는 경우에는 서면, 전화, 전자우편, 그 밖에 금융위원회가 고시하는 매체를 통하여 전문투자자 또는 제1항에 따른 **투자자에게 개별적으로 알려야 한다.**

09

정답 ②

6대 판매원칙 중 적합성 원칙과 적정성 원칙은 과징금 부과대상이 아니라 '과태료' 부과 대상이다. 과징금은 주요 판매원칙을 위반할 경우 금융상품직접판매업자와 금융상품자문업자의 위반행위로 인한 수입 등의 50%까지 부과할 수 있다. 과태료는 의무위반에 부과하는 행정처분으로서 위반행위의 유형별로 과태료 상한액을 규정하고 있으며, 과태료 부과대상을 '위반한 자'로 규정하여 과징금과 달리 금융상품대리・중개업자에게도 직접 부과가 가능하다.

10

정답 ④

장외파생상품은 그 위험성이 높으므로 일반금융소비자는 물론 전문금융소비자에게도 방문판매 시 투자권유를 위한 사전안내를 할 수 없다.

11

정답 ③

투자성 상품, 보장성 상품 또는 대출성 상품에 관한 계약 체결 및 그 이행으로 인해 금융소비자의 재산상 **현저한** 피해가 발생할 우려가 있다고 **명백히** 인정되는 경우에는 금융위원회의 명령권을 발동하여 해당 금융상품 계약체결의 권유 금지 또는 계약체결의 제한 금지를 명할 수 있다(금소법 시행령 제40조 : 금융위원회의 명령권).

12

정답 ③

기관전용 사모펀드는 다른 회사 또는 다른 기관전용 사모펀드와 합병할 수 없다.

13

정답 ②

장외파생상품은 일반 및 전문금융소비자 모두에게 사전 안내할 수 없다(불초청권유금지 대상 금융상품).

※ **방문판매**

(1) "방문(전화권유)판매"란 방문판매인력이 고객을 방문, 전화 등의 방법으로 회사의 영업소, 지점, 출장소 등 외의 장소에서 고객에게 계약체결의 권유를 하거나, 계약의 청약을 받아 계약을 체결하여 투자성 상품 및 대출성 상품을 판매하는 것을 말한다.

(2) 회사는 방문판매등과 관련해 전화연락을 원하지 않는 고객은 「연락중지청구시스템[두낫콜(www.donotcall.or.kr)]」을 이용하여 수신거부할 수 있음을 알려야 한다. 회사가 고객의 연락금지요구권에 대한 사항을 구두로 알린 경우에는 알린 날로부터 1개월 이내에 그 내용을 서면, 전자우편, 휴대전화 문자메시지 등을 통하여 추가로 알려야 한다.

(3) (벌금) 방문판매원의 성명, 판매하려는 금융상품의 종류 및 내용이 거짓인 경우 1천만원 이내의 벌금 부과, (과태료) 연락금지를 요구한 일반금융소비자에게 연락하거나 야간에 방문하거나 연락한 경우 1천만원 이하의 과태료 부과, (과태료) 금융상품판매업자 등이 명부를 작성하지 않거나, 신원확인에 응하지 않아 방문판매원의 신원을 확인할 수 없는 경우에는 500만원 이하의 과태료를 부과한다.

직무윤리 및 투자자분쟁예방(15문항)

14 정답 ③

이사회 결의 없이 준법감시인을 임면한 경우 1억원 이하의 과태료를 부과한다. 나머지 사항은 위반시 3천만원 이하의 과태료에 해당한다.

※ 지배구조법상 내부통제 기준 위반 시 회사에 대한 조치(과태료 부과)

과태료 금액	대상 행위 등
1억원 이하의 과태료	• 내부통제기준을 마련하지 아니한 경우 • 준법감시인을 두지 아니한 경우 • (적용대상 회사인 경우) 사내이사 또는 업무집행책임자 중에서 준법감시인을 선임하지 않은 경우 • 이사회 결의를 거치지 아니하고 준법감시인을 임면한 경우
3천만원 이하의 과태료	• 준법감시인에 대한 별도의 보수지급 및 평가기준을 마련·운영하지 않은 경우 • 준법감시인의 임면 사실을 금융위원회에 보고하지 않은 경우 • 준법감시인이 자산운용에 관한 업무 등 회사의 본질적 업무를 겸직하여 이해상충 우려가 있는 경우

15 정답 ④

금융소비자보호법상 위법계약해지권은 해지수수료 등의 불이익 없이 위법한 계약으로부터 신속하게 탈퇴할 수 있는 기회를 부여하고 이후에 손해배상 등의 책임을 물을 수 있기 때문에 위법계약해지는 **장래에 대해서만 효력**이 있다.

16 정답 ③

CCO는 대표이사 직속이다. 금융소비자보호 총괄기관은 소비자보호와 영업부서 업무 간의 이해상충 방지 및 회사의 소비자보호 업무역량 제고를 위하여 금융상품 개발·판매 업무로부터 독립하여 업무를 수행하여야 하고, **대표이사 직속 기관**으로 한다.

※ 금융투자회사의 금융소비자보호 표준내부통제기준 제13조(금융소비자보호 총괄책임자의 직무)

① 금융소비자보호 총괄책임자는 다음 각 호의 업무를 수행한다.
1. 제11조에 따른 금융소비자보호 총괄기관의 업무 통할
2. 상품설명서, 금융상품 계약서류 등 사전 심의(단, 준법감시인 수행 시 제외함)
3. 금융소비자보호 관련 제도 기획 및 개선, 기타 필요한 절차 및 기준의 수립
4. 금융상품 각 단계별(개발, 판매, 사후관리) 소비자보호 체계에 관한 관리·감독 및 검토 업무
5. 민원접수 및 처리에 관한 관리·감독 업무
6. 금융소비자보호 관련부서 간 업무협조 및 업무조정 등 업무 총괄
7. 대내외 금융소비자보호 관련 교육 프로그램 개발 및 운영 업무 총괄
8. 민원발생과 연계한 관련 부서·직원 평가 기준의 수립 및 평가 총괄
9. 이 기준 준수 여부에 대한 점검·조치·평가 업무 총괄
10. 제7조 제3항에 따라 대표이사로부터 위임받은 업무
11. 금융소비자보호와 관련하여 이사회, 대표이사, 내부통제위원회로부터 이행을 지시·요청받은 업무

② 금융소비자보호 총괄책임자는 금융소비자의 권익이 침해되거나 침해될 현저한 우려가 발생한 경우 지체 없이 **대표이사에게 보고**하여야 하며, 대표이사는 보고받은 사항을 확인하여 신속히 필요한 제반사항을 수행·지원하여야 한다.

17 정답 ③

회사와 임직원은 (정직)과 (신뢰)를 가장 중요한 가치관으로 삼고, (신의성실의 원칙)에 입각하여 맡은 업무를 충실히 수행하여야 한다(금융투자회사의 표준윤리준칙 제4조).

18 정답 ④

최근 사업연도 말 현재 자산총액이 **5조원 미만**인 여신전문회사는 내부통제위원회를 두지 않을 수 있다.

※ 내부통제위원회를 두지 않아도 되는 금융투자회사 등

(1) 최근 사업연도 말 현재 자산총액이 **7천억원 미만인 상호저축은행**
(2) 최근 사업연도 말 현재 자산총액이 **5조원 미만**인 금융투자업자 또는 종합금융회사. 다만, 최근 사업연도 말 현재 그 금융투자업자가 운용하는 집합투자재산, 투자일임재산 및 신탁재산의 전체 합계액이 20조원 이상인 경우는 제외
(3) 최근 사업연도 말 현재 자산총액이 **5조원 미만**인 보험회사
(4) 최근 사업연도 말 현재 자산총액이 **5조원 미만**인 여신전문금융회사

▶ 동 문항과 관련하여 상기 조건(일정 규모 이하 자산총액)의 금융투자회사 소속 준법감시인은 예외적으로 **(위험관리책임자의 업무인) '위험관리업무'를 '겸직'할 수 있음**에 유의

19

정답 ④

임직원이 인터넷 게시판이나 웹사이트 등에 **특정 금융투자상품에 대한 분석이나 권유와 관련된 내용을 게시하고자 하는 경우** 사전에 준법감시인이 정하는 절차와 방법에 따라야 한다. 다만, **자료의 출처를 명시하고 그 내용을 인용하거나 '기술적 분석'에 따른 투자권유의 경우에는 그러하지 아니하다.**

※ 금융투자회사의 표준윤리준칙 제16조(대외활동)

임직원이 외부강연이나 기고, 언론매체 접촉, Social Network Service(SNS) 등 전자통신수단을 이용한 대외활동을 하는 경우 다음 각 호의 사항을 준수하여야 한다.

1. 회사의 공식의견이 아닌 경우 사견임을 명백히 표현하여야 한다.
2. 대외활동으로 인하여 회사의 주된 업무 수행에 지장을 주어서는 아니 된다.
3. 대외활동으로 인하여 금전적인 보상을 받게 되는 경우 회사에 신고하여야 한다.
4. 공정한 시장질서를 유지하고 건전한 투자문화 조성을 위해 최대한 노력하여야 한다.
5. 불확실한 사항을 단정적으로 표현하거나 다른 금융투자회사를 비방하여서는 아니 된다.

※ 정보통신수단의 사용

임직원은 이메일, 대화방, 게시판 및 웹사이트 등의 전자통신수단을 사용하는 경우 다음 사항을 숙지하고 준수하여야 한다.

(1) 임직원과 고객 간의 이메일은 **사용장소에 관계없이** 표준내부통제기준 및 관계법령 등의 적용을 받는다.

(2) 임직원의 **사외** 대화방 참여는 공중포럼으로 간주되어 언론기관과 접촉할 때와 동일한 윤리기준을 준수하여야 한다.

(3) 임직원이 인터넷 게시판이나 웹사이트 등에 **특정 금융투자상품에 대한 분석이나 권유와 관련된 내용을 게시하고자 하는 경우** 사전에 준법감시인이 정하는 절차와 방법에 따라야 한다. 다만, **자료의 출처를 명시하고 그 내용을 인용하거나 '기술적 분석'에 따른 투자권유의 경우에는 그러하지 아니하다.**

20

정답 ④

제보자가 다른 임직원 등에 대한 무고, 음해, 비방 등 악의적인 목적으로 제보한 경우 또는 사실과 다른 내용을 의도적으로 제보하여 임직원 간 위화감 및 불안감을 조성하는 경우에는 비밀보장 및 근무조건 차별금지 등을 보호받을 수 없다.

※ 내부제보제도(Whistle Blower)

(1) 임직원이 직무와 관련한 법규 위반, 부조리 및 부당행위 등의 윤리기준 위반 행위가 있거나 **있을 가능성이 있는 경우** 신분 노출의 위험 없이 해당 행위를 제보할 수 있게 만든 제도이다.

(2) 제보자가 제보를 할 때에는 육하원칙에 따른 정확한 사실만을 제보하여야 한다.

(3) 회사는 제보자의 신분 및 제보사실을 철저히 비밀로 보장하고, 어떠한 신분상의 불이익 또는 근무조건상의 차별을 받지 않도록 해야 한다.

(4) 만일 제보자가 신분상의 불이익을 당한 경우 준법감시인에 대하여 당해 불이익처분에 대한 원상회복, 전직 등 신분보장조치를 요구할 수 있고, 준법감시인은 제보의 내용이 회사의 재산상의 손실 발생 혹은 확대의 방지에 기여한 경우 포상을 추천할 수 있다. **다만, 제보자가 다른 임직원 등에 대한 무고, 음해, 비방 등 악의적인 목적으로 제보한 경우 또는 사실과 다른 내용을 의도적으로 제보하여 임직원 간 위화감 및 불안감을 조성하는 경우에는 비밀보장 및 근무조건 차별금지 등을 보호받을 수 없다.**

(5) 제보자의 신분보장 등을 위해 많은 회사에서는 우편, 팩스, 이메일 및 회사 내부의 전산망과 홈페이지 등을 통해 제보할 수 있는 창구를 만드는 등 윤리경영 실천을 위한 노력을 지속하고 있다.

21

정답 ①

준법감시인은 **이사회 및 대표이사의 지휘를 받아** 그 업무를 수행하며, 대표이사와 감사(위원회)에 대한 보고 및 시정을 요구할 수 있다.

※ 내부통제의 주체별 역할

(1) 이사회 : 회사의 내부통제의 근간이 되는 **내부통제체제 구축 및 운영에 관한 기준**을 정한다.

(2) 대표이사 : 내부통제체제의 구축 및 운영에 필요한 제반사항을 수행 · 지원하고 적절한 내부통제 정책을 수립하여야 하므로, 위법 · 부당행위의 **사전예방에 필요한 내부통제체제의 구축 · 유지 · 운영 및 감독에 대한 책임 및 의무**가 있다.

(3) 준법감시인

㉠ **이사회 및 대표이사의 지휘를 받아** 그 업무를 수행하며, 대표이사와 감사(위원회)에 대한 보고 및 시정을 요구할 수 있다.

㉡ 회사의 내부통제체제 및 내부통제기준의 적정성을 정기적으로 점검하고, 점검 결과 문제점 또는 미비사항이 발견된 경우 이의 개선 또는 개정을 요구할 수 있다.

㉢ 준법감시인은 위임의 범위와 책임의 한계 등이 명확히 구분된 경우 준법감시업무 중 일부를 준법감시업무를 담당하는 임직원에게 위임할 수 있으며, 이때, 준법감시업무의 효율적 수행을 위하여 부점별 또는 수개의 부점을 1단위로 하여 준법감시인의 업무의 일부를 위임받아 직원의 관계법령 등 및 표준내부통제기준의 준수여부를 **감독할 관리자를 지명할 수 있다.**

22

정답 ④

자본시장법에서는 '(부당이득 목적 등의) **목적성이 없어도** 시세에 부당한 영향을 주는 행위'로 포괄적으로 정의함으로써 **프로그램 오류 등으로 대량의 매매거래가 체결되어 시세의 급변을 초래한 경우라 할지라도 시장질서 교란행위로 보고 제재**할 수 있다.

※ 시장질서 교란행위에 대한 규제(사회 등에 대한 윤리 중 시장질서 존중)

(1) 대상자의 범위

㉠ 자본시장법에서는 내부자, 준내부자 등으로부터 나온 미공개 중요정보 또는 미공개 정보인 것을 알면서도 **이를 받거나 다른 사람들에게 전달하는 자 모두**를 제재의 대상으로 적용한다.

㉡ 자신의 직무와 관련하여 정보를 생산하거나 알게 된 자, 해킹·절취·기망·협박 및 그 밖의 부정한 방법으로 정보를 알게 된 자, 앞에서 말한 자들로부터 나온 정보인 점을 알면서 이를 받거나 전달받은 자 등도 적용대상이다.

(2) 대상정보 충족의 2가지 요건(장내의 거래소 상품 대상 + 공개 전의 정보)

㉠ 상장증권, 장내파생상품 및 이를 기초자산으로 하는 파생상품의 매매 등 여부 또는 매매 등의 조건에 중대한 영향을 줄 가능성이 있을 것

㉡ 금융소비자들이 알지 못하는 사실에 관한 정보로서 불특정다수인이 알 수 있도록 공개되기 전일 것

(3) 기존의 불공정거래행위와 차이점

자본시장법에서는 '(부당이득 목적 등의) **목적성이 없어도** 시세에 부당한 영향을 주는 행위'로 포괄적으로 정의함으로써 **프로그램 오류 등으로 대량의 매매거래가 체결되어 시세의 급변을 초래한 경우라 할지라도 시장질서 교란행위로 보고 제재**할 수 있다.

(4) 금융투자업자의 준수사항

㉠ 지수 또는 주가에 영향을 미칠 수 있는 **정보의 '유통' 행위에 신중**을 기하여야 한다.

㉡ **ETF의 유동성 지원업무, 파생상품의 Hedge 업무 등 본인의 업무수행으로 인한 매매의 경우 목적성이 없더라도** 시세에 부당한 영향을 주는지 사전에 반드시 확인하여야 한다.

23

정답 ③

금융투자협회는 회원에 대한 금전적 제재를 가할 수 없다. 금융투자협회는 **자율규제**기관으로서 회원 간의 건전한 영업질서유지 및 투자자 보호를 위한 자율규제업무를 담당한다. 그 일환으로 협회는 회원인 금융투자업자와 그 소속 임직원이 관련 법령과 직무윤리를 준수하도록 하며, 그 위반에 대해서는 주요 직무 종사자의 등록 및 관리권과 회원의 **제명** 또는 그 밖의 제재권(회원의 임직원에 대한 **제재의 권고**를 포함)을 발동할 수 있다.

※ 직무윤리 위반에 대한 (금융위원회의) 행정제재

(1) 금융투자업자의 **임원**에 대한 조치권

금융위원회는 금융투자업자의 **임원에 대해 해임요구, 6개월 이내의 직무정지, 문책경고, 주의적 경고, 주의**, 그 밖에 위법행위를 시정하거나 방지하기 위하여 필요한 조치를 취할 수 있다(자본시장법 제422조 제1항 및 지배구조법 제35조 제1항).

(2) 금융투자업자의 **직원**에 대한 조치권

금융위원회는 금융투자업자의 직원에 대해 **면직, 6개월 이내의 정직, 감봉, 견책, 경고(참고로 지배구조법은 '경고'를 명시하지 않음), 주의**, 그 밖에 위법행위를 시정하거나 방지하기 위하여 필요한 조치를 취할 수 있다(자본시장법 제422조 제2항, 지배구조법 제35조 제2항).

(3) 청문 및 이의신청

금융위원회가 위의 조치를 하기 위하여 그 사전절차로서 청문을 요하는 경우가 있고(자본시장법 제423조), 금융위원회의 처분 또는 조치에 대한 **금융투자업자 및 소속 임직원의 이의신청권을 인정**하고 있다(자본시장법 제425조).

24

정답 ④

고위험 고객인 경우에는 1년마다 고객위험평가를 재수행하여야 하며, 저위험·중위험 고객인 경우에는 3년마다 재수행하여야 한다.

※ 특정금융정보법 제5조의2(금융회사등의 고객 확인의무)

① 금융회사등은 금융거래등을 이용한 자금세탁행위 및 공중협박자금조달행위를 방지하기 위하여 합당한 주의(注意)로서 다음 각 호의 구분에 따른 조치를 하여야 한다.

1. 고객이 계좌를 **신규로 개설하거나** 대통령령으로 정하는 금액(원화 1,000만원, 외화는 1만불) 이상으로 일회성 금융거래등을 하는 경우 : 다음 각 목의 사항을 확인
   - 가. 대통령령으로 정하는 고객의 신원(→ 실지명의 + 주소, 연락처)에 관한 사항
   - 나. **고객을 최종적으로 지배하거나 통제하는 자연인("실제 소유자"라 한다)**에 관한 사항
2. 고객이 실제 소유자인지 여부가 **의심되는** 등 고객이 자금세탁행위나 공중협박자금조달행위를 할 **우려가 있는 경우** : 다음 각 목의 사항을 확인
   - 가. 제1호(상기1의 가. 나.) 각 목의 사항
   - 나. **금융거래등의 목적과 거래자금의 원천** 등
3. 고객이 가상자산사업자인 경우(※ 규정개정으로 신설사항임, 기본서에는 없는 내용이므로 설명 생략함)

25

정답 ①

개인정보는 **살아 있는** 개인에 대한 정보로서 성명, 주민등록번호 및 영상 등을 통하여 개인을 알아볼 수 있는 정보이다. 해당 정보만으로는 특정 개인을 알아볼 수 없더라도 **다른 정보와 쉽게 결합하여** 알아볼 수 있는 것을 포함한다.

※ 개인정보보호법 제2조(정의)

1. "개인정보"란 **살아 있는 개인에 관한 정보**로서 다음 각 목의 어느 하나에 해당하는 정보를 말한다.
   가. 성명, 주민등록번호 및 영상 등을 통하여 개인을 알아볼 수 있는 정보
   나. 해당 정보만으로는 특정 개인을 알아볼 수 없더라도 다른 정보와 쉽게 결합하여 알아볼 수 있는 정보
2. "처리"란 개인정보의 수집, 생성, 연계, 연동, 기록, 저장, 보유, 가공, 편집, 검색, 출력, 정정(訂正), 복구, 이용, 제공, 공개, 파기(破棄), 그 밖에 이와 유사한 행위를 말한다.
3. **"정보주체"**란 처리되는 정보에 의하여 알아볼 수 있는 사람으로서 그 정보의 주체가 되는 사람을 말한다.
4. **"개인정보파일"**이란 개인정보를 쉽게 검색할 수 있도록 일정한 규칙에 따라 체계적으로 배열하거나 구성한 개인정보의 **집합물(集合物)**을 말한다.
5. **"개인정보처리자"**란 업무를 목적으로 개인정보파일을 운용하기 위하여 스스로 또는 다른 사람을 통하여 개인정보를 처리하는 공공기관, 법인, 단체 및 개인 등을 말한다.

※ 개인정보보호법 제3조(개인정보 보호 원칙)

① 개인정보처리자는 개인정보의 처리 목적을 명확하게 하여야 하고 그 목적에 필요한 범위에서 **최소한의** 개인정보만을 적법하고 정당하게 수집하여야 한다.

② 개인정보처리자는 개인정보의 처리 목적에 필요한 범위에서 적합하게 개인정보를 처리하여야 하며, **그 목적 외의 용도로 활용하여서는 아니 된다.**

③ 개인정보처리자는 개인정보의 처리 목적에 필요한 범위에서 개인정보의 **정확성, 완전성 및 최신성이 보장**되도록 하여야 한다.

④ 개인정보처리자는 개인정보의 처리 방법 및 종류 등에 따라 정보주체의 권리가 침해받을 가능성과 그 위험 정도를 고려하여 개인정보를 안전하게 관리하여야 한다.

⑤ 개인정보처리자는 개인정보 처리방침 등 개인정보의 처리에 관한 사항을 공개하여야 하며, **열람청구권 등 정보주체의 권리를 보장**하여야 한다.

⑥ 개인정보처리자는 정보주체의 **사생활 침해를 최소화하는 방법**으로 개인정보를 처리하여야 한다.

⑦ 개인정보처리자는 개인정보를 익명 또는 가명으로 처리하여도 개인정보 수집목적을 달성할 수 있는 경우 **익명처리가 가능한 경우에는 익명에 의하여, 익명처리로 목적을 달성할 수 없는 경우에는 가명에 의하여 처리**될 수 있도록 하여야 한다. 〈개정 2020. 2. 4.〉

26

정답 ③

당사자 간에 합의가 성립하지 않은 경우 금융투자협회는 조정신청서 접수일로부터 30일 이내에 분쟁조정위원회에 사건을 회부하며, 위원회는 회부된 날로부터 **30일** 이내에 심의하여 조정 또는 각하 결정함을 원칙으로 하나 부득이한 경우 15일 이내에서 기한을 연장할 수 있다.

※ 금융감독원의 금융분쟁조정제도

금융분쟁조정위원회의 경우 금융감독원장은 분쟁조정의 신청을 받은 날부터 30일 이내에 당사자 간에 합의가 이루어지지 아니하는 때에는 지체 없이 이를 조정위원회에 회부하여야 한다. 조정위원회는 조정의 회부를 받으면 **60일** 이내에 이를 심의하여 조정안을 작성하여야 한다.

27

정답 ①

CTR의 대상 금액인 1,000만원의 합계는 지급한 금액과 영수한 금액을 각각 따로따로 산정한다. 예를 들어 특정인이 당일날 입금한 현금 금액이 총 800만원이고 출금한 현금금액이 총 500만원인 경우, 지급과 영수의 각각 금액이 1,000만원에 미달하므로 이 영수와 지급은 모두 CTR 대상이 아니다.

28

정답 ③

미국 자국민의 역외탈세를 방지하기 위하여 해외(미국 외)의 **금융기관**에 미국 국민의 금융거래정보를 미국 국세청(IRS)에 보고하도록 의무화하였고, 이를 위해 다수의 국가와 FATCA(Foreign Account Tax Compliance Act) 협정을 체결하였다. 만약 해외의 **금융기관**이 보고의무를 위반하여 정당한 사유 없이 정보를 제공하지 않거나, 거짓으로 제공하는 경우 3천만원 이하의 과태료를 부과받을 수 있으며, 미국 정부로부터 비참여 금융기관으로 지정될 경우 당해 금융기관이 미국에서 얻은 수익의 30%를 원천징수당할 수 있다.

FATCA 대상 계좌 및 상품은 금융기관에 개설된 예금계좌, 수탁계좌, 지분증권 및 채무증권, 보험 및 연금계약, ISA 등이다(해외 부동산 등은 대상이 아님).

펀드 구성 · 이해(16문항)

29 정답 ③

정정신고서가 제출된 경우에는 그 정정신고서가 수리된 날에 그 증권신고서가 수리된 것으로 본다.

※ **자본시장법 제122조(정정신고서)**

① 금융위원회는 증권신고서의 형식을 제대로 갖추지 아니한 경우 또는 그 증권신고서 중 중요사항에 관하여 거짓의 기재 또는 표시가 있거나 중요사항이 기재 또는 표시되지 아니한 경우와 중요사항의 기재나 표시내용이 불분명하여 투자자의 합리적인 투자판단을 저해하거나 투자자에게 중대한 오해를 일으킬 수 있는 경우에는 **그 증권신고서에 기재된 증권의 취득 또는 매수의 청약일 전일까지** 그 이유를 제시하고 그 증권신고서의 기재내용을 정정한 신고서의 제출을 요구할 수 있다.

② 제1항에 따른 요구가 있는 경우 그 증권신고서는 **그 요구를 한 날부터 수리되지 아니한 것**으로 본다.

③ 증권신고서를 제출한 자는 그 증권신고서의 기재사항을 정정하고자 하는 경우에는 **그 증권신고서에 기재된 증권의 취득 또는 매수의 청약일 전일까지 정정신고서를 제출**할 수 있다.

④ **일괄신고서를 제출한 자는 제3항에도 불구하고 그 발행예정기간 종료 전까지 정정신고서를 제출**할 수 있다.

⑤ 제1항 · 제3항 또는 제4항에 따라 **정정신고서가 제출된 경우에는 그 정정신고서가 수리된 날에 그 증권신고서가 수리된 것**으로 본다.

※ 다음의 사항이 발생하는 경우에는 집합투자업자는 반드시 정정신고서를 제출하고 해당 사항을 정정하여야 한다. 이 경우 **정정신고서가 수리된 날에 그 증권신고서가 수리된 것으로 간주**한다.

▶ 정정신고서 제출 필수사항(일괄신고서 제출이 아닌 경우)
- 모집가액 또는 매출가액, 발행예정기간, 발행예정금액 등 발행조건의 정정
- 인수인이 있는 경우로서 인수인의 정정
- 집합투자기구 등록사항의 정정
- 모집 또는 매출되는 증권의 취득에 따른 투자 위험요소
- 최근 결산기의 재무제표가 확정된 때
- 집합투자기구 간의 합병계약이 체결된 때
- 집합투자재산 등에 중대한 영향을 미치는 소송이 제기된 때

30 정답 ③

일괄신고서에 판매회사를 정할 필요가 없다. 펀드의 판매회사는 광범위하므로 판매회사가 추가되거나 변경될 때마다 해당 증권신고서를 변경하여야 한다면 그 업무의 번잡상이 크므로 일괄신고서의 취지에 역행한다.

31 정답 ②

발행인에게 용역을 제공하지 않는 변호사 → 발행인에게 용역을 제공하고 있는 변호사

※ **투자설명서 교부가 면제되는 자**

판매회사등은 증권신고의 효력이 발생한 증권을 취득하고자 하는 자에게는 반드시 **미리** 투자설명서를 교부하여야 한다. 다만, 다음의 경우에는 투자설명서 교부를 면제할 수 있다.

(1) 전문투자자
(2) 회계법인, 신용평가업자, 발행인에게 회계 · 자문 등의 용역을 제공하고 있는 공인회계사, 감정인, 변호사, 변리사, 세무사 등 공인된 자격증을 가지고 있는 자, 기타 금융위가 고시하는 자
(3) 해당 발행 증권의 연고자
(4) 투자설명서를 받기를 거부한다는 의사를 서면으로 표시한 자
(5) 이미 취득한 것과 같은 집합투자증권을 계속하여 추가로 취득하려는 자(해당 집합투자증권의 투자설명서의 내용이 직전에 교부한 투자설명서의 내용과 같은 경우만 해당)
다만, 다음의 경우에는 투자설명서의 직접 교부하는 대신 전자문서의 방법을 활용할 수 있다.
㉠ 전자문서에 의하여 투자설명서를 받는 것을 전자문서 수신자가 동의할 것
㉡ 전자문서수신자가 전자문서를 받을 전자전달매체의 종류와 장소를 지정할 것
㉢ 전자문서수신자가 그 전자문서를 받은 사실이 확인될 것
㉣ 전자문서의 내용이 서면에 의한 투자설명서의 내용과 동일할 것

32 정답 ④

수익자는 수익자총회에 출석하지 아니하고 서면에 의해 의결권을 행사할 수 있으며, 간주의결권(Shadow Voting)의 요건 중 하나로서 수익자총회의 의결권을 행사한 총좌수가 발행된 총좌수의 1/10 이상이어야 한다.

▶ 펀드의 수익자총회에 투자자들이 참석을 하지 않는 경향이 강하다. 따라서 수익자총회의 의사정족수에 미달되는 사태가 발생할 수 있다. 이런 사태를 방지하기 위하여 다음과 같은 법적 사항이 있다.

※ **자본시장법 제190조 제6항(수익자총회)**

⑥ 수익자는 수익자총회에 출석하지 아니하고 서면에 의하여 의결권을 행사할 수 있다. 다만, 다음 각 호의 경우 수익자가 소유한 총좌수의 **결의내용에 영향을 미치지 않도록 (수익자총회의 의사 정족수만 채우면 되므로)** 의결권을 행사한 것으로 본다(간주의결권, Shadow Voting).

1. 수익자에게 의결권 행사 통지가 있었으나 행사되지 아니하였을 것
2. 간주의결권행사 방법이 규약에 기재되어 있을 것

3. **수익자총회의 의결권을 행사한 총좌수가 발행된 총좌수의 1/10 이상일 것**
4. 그 밖에 수익자 이익보호와 수익자총회 결의의 공정성을 위해 간주의결권행사 결과를 금융위원회가 정하여 고시하는 바에 따라 수익자에게 제공하는 것을 따를 것

33

정답 ①

MMF의 운용제한으로서 **증권을 대여하거나 차입하는 방법으로 운용할 수 없다.**

※ 자본시장법 시행령 제241조(단기금융집합투자기구)

① "단기금융상품"이란 원화로 표시된 자산으로서 다음 각 호의 어느 하나에 해당하는 것을 말한다.

1. 남은 만기가 **6개월 이내**인 양도성예금증서
2. **남은 만기가 5년 이내인 국채증권**, 남은 만기가 1년 이내인 지방채증권・특수채증권・사채권(주권 관련 사채권 및 사모의 방법으로 발행된 사채권은 제외한다)・기업어음증권. **다만, 환매조건부매수의 경우에는 남은 만기의 제한을 받지 아니한다.**
3. 남은 만기가 1년 이내인 어음(기업어음증권은 제외한다)
4. 단기대출
5. 만기가 6개월 이내인 금융기관 또는 「**우체국예금・보험에 관한 법률**」**에 따른 체신관서에의 예치**
6. **다른 단기금융집합투자기구의 집합투자증권**
7. **단기사채 등**

34

정답 ④

'가'와 '라'의 서술만 옳다.

※ 특수한 형태의 집합투자기구

(1) **모자형집합투자기구**와 다른 집합투자기구가 발행한 집합투자증권에 주로 투자하는 집합투자기구(Fund of Funds)는 하나의 집합투자기구가 다른 집합투자기구에 투자한다는 면에서는 비슷하나, 다음의 차이가 있다.

㉠ 모자형집합투자기구는 집합투자업자의 운용의 효율성을 위하여 도입된 제도인 반면 재간접펀드(Fund of Funds)는 운용회사의 운용능력의 아웃소싱을 위한 것이다.

㉡ 모자형집합투자기구는 하위펀드인 자(子)펀드에 투자자가 투자하는 반면, Fund of Funds는 그 펀드 자체에 투자자가 투자하게 된다.

㉢ 모자형집합투자기구는 상위(母) 및 하위(子) 펀드의 집합투자업자가 동일한 반면 Fund of Funds의 경우 집합투자업자가 동일하지 않은 경우가 대부분이다.

(2) **전환형집합투자기구**는 다음의 요건을 충족하여야 한다.

㉠ 복수의 집합투자기구 간에 공통으로 적용되는 집합투자규약이 있을 것

㉡ 집합투자규약에 다음의 집합투자기구 간의 전환이 금지되어 있을 것(투자신탁, 투자회사, 투자유한회사, 투자합자회사, 투자유한책임회사, 투자합자조합, 투자익명조합, 기관전용 사모집합투자기구)

(3) **종류형집합투자기구**는 여러 종류의 집합투자증권 간에 전환할 수 있는 권리를 부여할 수 있고, 전환에 따른 환매수수료를 부과할 수 없다.

㉠ 종류형집합투자기구는 법에 의하여 수익자총회 또는 주주총회의 의결을 요하는 경우로서 특정 종류의 투자자에 대해서만 이해관계가 있는 때에는 그 종류의 투자자만으로 총회를 개최할 수 있으며, 타 종류의 투자자들의 승인이 필요 없다.

㉡ 종류형집합투자기구를 설정하고자 하는 때에는 종류별(Class) 판매보수와 판매수수료에 대한 사항을 포함하여 보고하여야 한다. 종류(Class) 수에는 제한이 없으며, 기존에 이미 만들어진 비종류형집합투자기구도 종류형집합투자기구로 전환할 수 있다.

㉢ 장기투자 유도의 목적을 위하여 투자자가 일정 기간(예 1년) 이상을 투자할 경우에는 기존의 높은 판매회사 보수가 적용되던 종류에서 보다 낮은 판매회사 보수가 적용되는 종류로 전환이 가능하다.

(4) **목표달성형펀드**는 수익이 일정 수준을 달성하면 펀드를 해지하거나 그 투자전략을 변경하여 기존에 달성한 수익을 확보하고자 하는 펀드를 말한다. **전환형펀드**는 각 펀드의 투자자에게 다른 펀드로 전환할 수 있는 전환권이 부여되어 있는 반면, 목표달성형펀드는 규약의 규정에 의하여 집합투자업자가 펀드에서 일정 수익이 달성되면 의무적으로 펀드를 해지(Spot Fund)하거나 또는 보다 안전성 높은 자산으로 투자대상자산을 변경하도록 하고 있다. 목표달성형펀드도 전환형펀드와 유사한 투자성과를 실현할 수 있으므로 두 개의 펀드를 유사한 펀드로 이해하고 있으나 두 개의 펀드는 **엄밀히 다른 유형의 펀드라고 인식**되어야 한다.

35

정답 ④

ETF의 상장이 폐지되는 경우 **상장폐지일로부터 10일 이내에 펀드를 해지**하여야 하며, **해지일로부터 7일 이내에 금융위에 보고**하여야 한다.

※ 자본시장법 시행령 제250조(상장지수집합투자기구의 상장 및 상장폐지 등)

① 상장지수집합투자증권의 상장 및 상장폐지는 증권상장규정에서 정하는 바에 따른다.

③ 상장지수투자신탁의 집합투자업자와 상장지수투자회사는 상장지수집합투자기구의 집합투자증권의 **상장이 폐지된 경우에는 상장폐지일부터 10일 이내에 상장지수집합투자기구를 해지하거나 해산**하여야 한다.

④ 집합투자업자는 제3항에 따라 상장지수집합투자기구가 해지 또는 해산된 경우에는 **그 해지일이나 해산일부터 7일 이내에 금융위원회에 이를 보고**하여야 한다.

36
정답 ④

종류형집합투자기구는 법에 의하여 수익자총회 또는 주주총회의 의결을 요하는 경우로서 특정 종류의 투자자에 대해서만 이해관계가 있는 때에는 **그 종류의 투자자만으로 총회를 개최할 수 있다.**

▶ 종류형집합투자기구는 동일한 투자기구 내에서 다양한 판매 보수 또는 수수료 구조를 가진 클래스를 만들 수 있다. 그러나 **집합투자업자 및 신탁업자 보수는 클래스별로 차별화하지 못한다.** 이는 클래스가 다르다고 해서 **집합투자업자의 운용에 소요되는 비용 또는 신탁업자의 집합투자재산 관리에 소요되는 비용이 차별화되는 것이 아니기 때문**이다.

37
정답 ①

모집식 펀드에 대한 설명이다.

② 매출식 펀드는 판매회사의 보유현금으로 자금을 납입하여 펀드를 설정한 후 설정된 펀드의 수익증권을 보유하고 있던 판매회사가 고객의 수익증권 매입청구에 대응하여 보유 중인 수익증권을 매각하는 펀드이다.

③ 개방형 펀드는 수익자가 투자신탁 계약 도중에 보유 수익증권의 환매를 요구할 수 있는 펀드이다.

④ 추가형 펀드는 최초로 펀드를 설정한 후 투자자의 수요에 따라 신탁원본을 증액하여 수익증권을 추가로 발행할 수 있는 형태로서 일반적으로 신탁계약기간(만기)이 정해져 있지 않다. 이 추가형 펀드의 대응되는 것이 단위형 펀드이다. 장외파생상품 펀드는 단위형으로 하는 것이 보통이며, 부동산펀드의 경우도 단위형이 일반적이다.

38
정답 ④

두 종목의 상관관계가 낮을수록 쿠폰이 높다. 두 종목의 상관관계가 낮은 경우에는 기초자산 하나가 상환조건을 만족하더라도 다른 하나가 만족하지 못할 가능성이 크다. 상관관계가 높은 경우는 두 기초자산이 동시에 상승하거나 하락할 가능성이 크므로 상관관계가 낮은 경우보다 상환 가능성이 높다.

① 원금비보존형 구조에서 쿠폰에 가장 영향을 많이 주는 요인은 기초자산의 변동성이므로 변동성이 크면 쿠폰이 상승한다.

② 상환조건은 낮을수록 쿠폰이 낮아진다. 상환조건, 즉 행사가격이 낮으면 상환가능성이 상승하므로 투자자에게 유리하므로 낮은 쿠폰을 제시한다.

③ 원금손실 가능성과 연계되는 KI(Knock In)의 경우 KI 수준이 낮을수록 투자자에게는 안정성이 높고 손실위험이 감소한다. 따라서 KI이 낮은 구조는 쿠폰이 낮다. 상기 구조에 KO조건이 있는 경우에는(즉 제시수익률을 확정하는 경우에는) KO이 낮을수록 쿠폰이 낮다. 즉, KO조건을 만족시키면 구조화상품은 상환수익률이 확정된다.

39
정답 ②

파생결합증권을 발행한 발행사는 **사전에 제시한** 수익구조에 따라 지급 의무를 부담한다.

※ **파생결합증권의 수익구조** : 파생상품펀드의 투자자가 가장 중요하게 파악해야 하는 부분임

(1) 원금보존 구조인가?

(2) 최대 수익과 예상되는 평균수익은 얼마인가?

(3) 최대 손실 및 손실이 발생할 가능성은 얼마인가?

40
정답 ②

대출형부동산펀드란 주로 아파트, 상가, 오피스텔 등을 신축하는 것과 같은 부동산개발사업을 영위하고자 하는 시행사에 대해 해당 부동산개발사업에 소요되는 자금을 **대출형태로 빌려주고 (즉 부동산 실물을 매입하는 것이 아님)**, 시행사로부터 사전에 약정한 대출이자를 지급받고 대출원금을 상환받아 이를 재원으로 하여 부동산펀드의 투자자에게 이익분배금 및 상환금 등을 지급하는 형태의 부동산펀드이므로 실물에 투자하는 실물형부동펀드와는 구분된다.

※ 실물형부동산펀드

(1) 매매형부동산펀드 : 펀드재산의 50%를 초과하여 부동산을 취득한 다음에 단순히 매각하는 부동산펀드

(2) 임대형부동산펀드 : 펀드재산의 50%를 초과하여 부동산을 취득한 다음에 임차인에게 임대한 후 매각하는 부동산펀드

(3) 개량형부동산펀드 : 펀드재산의 50%를 초과하여 부동산을 취득한 다음에 해당 부동산의 가치를 증대시키기 위해 개량한 후에 단순매각하거나 또는 임대 후 매각하는 부동산펀드

(4) 경공매형부동산펀드 : 펀드재산의 50%를 초과하여 부동산 중에서 경매부동산 또는 공매부동산을 취득한 다음에 단순매각하거나 또는 임대 후 매각하는 부동산펀드

(5) 개발형부동산펀드 : 펀드재산의 50%를 초과하여 부동산을 취득한 다음에 개발사업을 통해 분양 또는 매각하거나, 임대 후 매각하는 부동산펀드

41

정답 ③

부동산펀드는 운용특례로서 차입이 가능하지만 특별자산펀드는 이러한 운용특례가 없다.

※ **특별자산펀드**

특별자산펀드를 금융위원회에 등록하는 경우에는 금융위원회에 등록신청서를 제출하여야 하고, 해당 등록신청서에는 필요한 서류를 첨부하여야 한다. 이때 특별자산펀드는 특별자산의 **평가방법**을 기재한 서류를 별도 첨부하여야 한다.

한편, 집합투자업자는 특별자산펀드에서 투자하는 특별자산을 **시가에 따라 평가**하되, **평가일 현재 신뢰할만한 시가가 없는 경우에는 공정가액으로 평가**하여야 한다. 특별자산펀드는 원칙적으로 '환매금지형펀드'로 설정·설립하도록 의무화하고 있다. 이 경우 신탁계약 또는 정관에 투자자의 환금성 보장 등을 위한 별도의 방법을 정하지 아니한 경우에는 집합투자증권을 최초로 발행한 날부터 **90일 이내**에 그 집합투자증권을 증권시장에 상장하여야 한다.

42

정답 ④

제3자를 수익자로 지정하는 경우에는 상·증세법에 따라 신탁의 수익권을 타인에게 증여한 것으로 보아 증여세가 부과됨에 유의하여야 한다.

43

정답 ④

연금소득금액(국민연금 등을 제외한 사적연금)이 연간 1,500만원(가입기간 중 혜택받은 세액공제금액 + 가입기간 중 발생한 신탁이익만 해당함)을 초과하는 경우에는 분리과세와 종합과세 방식 중 수령자가 유리한 방식을 선택할 수 있다.

※ **연금신탁의 중도 해지**

(1) 연금개시 전 해지(부득이한 사유로 인한 해지 포함) 시 : 기타소득세 부과

(2) 연금수령 중 해지(부득이한 사유로 인한 해지 포함) 시 : 연금수령한도 내는 연금소득세(5.5%~3.3%), 연금수령한도 외는 기타소득세(16.5%) 부과

▶ 여기서 '부득이한 사유'란 천재지변, 가입자의 사망 또는 해외이주, 가입자 또는 그 부양가족의 질병 부상에 따라 **3개월 이상의 요양이 필요한 경우**, 가입자의 파산선고 또는 개인회생절차개시의 결정을 받은 경우, (연금계좌취급) 금융기관의 영업정지 등

44

정답 ③

'다'와 '라'만 옳다.

※ **패시브 운용전략 펀드 VS 액티브 운용전략 펀드**

(1) 패시브 운용전략 펀드란 곧 **시스템 펀드로 표현**될 수 있는데 이는 펀드 운용에 있어 체계적인 거래기법을 이용하여 운용되는 펀드를 가리키는 일반적인 용어이다. 통상 패시브 펀드는 펀드매니저의 의견에 따른 뇌동매매를 배제하기 위하여 통계적인 분석들을 이용하고 있다. 따라서 일정범위 안에서 사전적으로 기대수익 및 리스크가 알려지게 되고 이러한 지표들은 투자자의 투자의사결정에 중요한 기준이 된다. **패시브 펀드는 일반적으로 인덱스형, 포트폴리오 보험형, 차익거래형, 롱숏형, 시스템트레이딩형 등을 예로 들 수 있다.** 패시브 펀드를 대표하는 것은 인덱스 펀드이다.

(2) 액티브 운용전략 펀드는 크게 둘로 나눌 수 있는데 Bottom-up Approach과 Top-down Approach이다. 주식 운용에 있어서 Bottom-up Approach는 투자 의사결정, 즉 자산 간, 섹터 간 투자의사 결정을 함에 있어 투자대상 주식의 성과에 영향을 미칠 수 있는 거시 경제 및 금융 변수에 대한 **예측을 하지 아니하고** 투자대상 종목의 **저평가 여부만을 투자의 기준으로 판단**하는 것이다. 반면 주식운용에 있어서 Top-down Approach는 저평가된 우수종목의 발굴 및 투자도 중요하나 펀드 수익에 미치는 영향은 개별 종목의 성과보다 **주식 및 채권 간 투자비율 또는 주식에 있어서도 업종 간 투자비율이 더 크다는 전제하에서 출발**한다. 따라서 이러한 운용전략을 구사하는 펀드매니저는 **경제 및 금융 동향의 변화에 따라 자산 간 업종 간 투자비율을 탄력적으로 조절**하게 된다.

펀드영업실무(8문항)

45

정답 ①

일반금융소비자에게 방문, 전화 등 실시간 대화의 방법으로 고난도금융투자상품, 고난도투자일임계약, 고난도금전신탁계약, 사모펀드, 장내파생상품, 장외파생상품을 권유할 수 없다. 다만, 이 중에서 전문금융소비자에게는 방문, 전화 등 실시간 대화의 방법으로 장외파생상품을 투자권유할 수 없다.

• ②와 관련하여, 임직원등은 일반투자자에게 "계열회사 또는 계열회사에 준하는 회사"인 집합투자업자가 운용하는 펀드를 투자권유하는 경우 다음의 사항을 모두 준수하여야 한다.

(1) 그 집합투자업자가 회사와 계열회사 등에 해당한다는 사실을 고지하여야 한다.

(2) 계열회사 등이 아닌 집합투자업자가 운용하는 유사한 펀드를 함께 투자권유하여야 한다.

정답 및 해설

• ④와 관련하여, 임직원등은 (1)의 투자자에게 (2)의 금융투자상품을 판매하고자 하는 경우 투자자의 올바른 투자판단을 유도하기 위하여 추천사유 및 유의사항 등을 기재한 적합성 보고서를 계약체결 이전에 투자자에게 교부하여야 한다.
(1) 교부대상자 : 신규투자자, 고령투자자 및 초고령투자자
(2) 대상상품 : ELS, ELF, ELT, DLS, DLF, DLT (주의 ELD, ETF는 대상이 아님에 유의)

46

정답 ②

소규모 투자신탁을 해지함에 있어서 그 상환금으로 판매회사에서 안내받은 수익증권을 매수하는 경우 **환매수수료를 면제하지만 판매보수는 여전히 소유한 펀드자금에서 부담**한다.

① 저축자가 펀드를 계속 보유하되 해당연도의 펀드수익을 미리 정산하고자 환매 후 펀드 관련 세금을 공제한 금액으로 다시 동일한 펀드를 재매입한다. 이렇게 세금을 미리 정산하는 이유는 펀드 누적수익이 매년 증가할 경우 미리 세금정산(세금을 분산하여 납부하는 형태임)을 하면 누진세에서 유리할 수 있기 때문이다. 이 경우 여전히 투자자는 동일하므로 재매입한 수익증권의 환매수수료 계산시작일은 당초의(세금정산 목적의 환매하기 전) 수익증권 매입일로 한다.

④ 저축자A가 저축자B에게 펀드 자체가 양도되는 경우이다. 저축자A의 세금을 정산(상속세, 증여세 등)한 나머지 금액으로 동일한 펀드를 저축자B가 매입하는 형태이다(부모가 자식에게 펀드를 증여하거나 상속할 경우도 이에 해당한다). 저축자가 변경되었지만 동일한 펀드이므로 저축자B가 재매입한 수익증권의 환매수수료 계산시작일은 당초의 수익증권의 (저축자A가 매입한) 매입일이다.

47

정답 ②

수익증권의 보유기간이 90일 미만에 해당하므로 환매수수료를 징구한다.
(1) 환매 시 평가금액 : 10,000,000 × 1200/1000 = 12,000,000원
(2) 환매수수료 : 10,000,000 × (1200 − 1000)/1000 × 70% = 1,400,000원
(3) 과표금액 = 펀드 과표기준상 이익 − 환매수수료(환매수수료를 비용처리)
따라서 펀드 과표기준상 이익 = 10,000,000 × (1050 − 1000)/1000 = 500,000원이므로, 500,000 − 1,400,000 = 마이너스 과표로 세금(15.4%)이 부과되지 않는다.
(4) 환매금액 : 12,000,000 − 1,400,000 = 10,600,000원

48

정답 ④

근로소득만 있는 경우 이미 원천징수되었으므로 추후 종합소득 확정신고 대상이 아니다. 그러나 근로소득과 사업소득이 함께 있는 경우 종합소득 확정신고를 하여 소득구간에 따른 누진율에 의해 6%~45%의 추가 납부세금을 재정산하여야 한다.

▶ **종합소득과세대상**은 이자소득, 배당소득, 사업소득, 근로소득, 연금소득, 기타소득(**이, 배, 사, 근, 연, 기로 외운다**)이므로 이들 중 둘 이상 소득이 발생했다면 다음연도 5월 중 종합소득신고를 하여야 한다. 그러나 양도소득과 퇴직소득은 **분류과세**로서 다른 소득과 합산하지 않으므로 종합소득세 대상이 아니다. 물론 금융소득 중 무조건 분리과세소득과 2,000만원 이하의 금융소득(이자소득, 배당소득)도 종합과세 대상이 아니다.

49

정답 ③

상속세의 과세대상인 상속재산은 일반적으로 환가성과 이전성이 있는 재산으로 상속의 대상이 되는 민법상의 상속재산·유증재산·사인증여재산·특별연고자분여재산을 뜻하지만, 상속세법은 **보험금·신탁재산 그리고 퇴직금을 상속재산에 포함**하고 있다.
피상속인이 거주자인 경우 상속세과세가액은 상속재산가액에 생전 증여재산가액과 생전 재산처분 및 부채부담액을 가산하고 법정공제액(공과금, 장례비, 채무)을 공제한 금액으로 한다.

▶ 법정공제액
- **공과금(피상속인이 납부의무가 있는 조세·공공요금·기타 공과금)**
- 장례비용(500만원을 기초로 하고, 1,000만원을 한도로 함)과 봉안시설 또는 자연장지의 사용에 소요된 500만원 이내의 금액을 합한 금액
- 채무(상속개시일 전 10년 이내에 피상속인이 상속인에게 진 증여채무와 상속개시일 전 5년 이내에 피상속인이 상속인이 아닌 자에게 진 증여채무를 제외함)

50

정답 ③

일부손익과세제외 규정은 직접투자와 간접투자의 과세형평을 고려한 규정이다. 직접투자하는 경우 상장주식 등의 매매평가손익은 집합투자기구에서도 과세제외된다. 그러나 **집합투자기구에서는 채권매매차익, 환차익, 장외파생상품의 매매차익 등이 모두 과세**되고 있어 과세형평이 완전히 실현되지는 못하고 있다.
일부손익과세제외 규정은 이익뿐 아니라 **손실도 과세제외**한다. 손실이 과세상 비용으로 공제되지 않으므로, 그 손실이 집합투자재산에서 발생한 이자, 배당, 그 외의 소득(환차익 등)을 초과하여 원금대비 투자손실이 발생한 경우에도 발생한 이자 등에 과세가 이루어질 수 있다. 즉 펀드투자손실이 발생하더라도 과세가 발생할 수 있다.

51

정답 ④

부동산펀드가 소유한 (토지가 아닌) '**주택'은 종합부동산세의 과세 대상에 해당**한다. 그러나 토지의 경우는 다르다. (공모)부동산펀드는 (지방세법상의) 별도합산과세대상 토지(사업목적용 토지)를 소유하고 있는 경우라도 토지는 별도합산과세대상이 아닌 **분리과세**대상으로 구분하여 분리과세한다(즉 종합부동산세 부과대상이 아니다). 그러나 부동산펀드가 종합합산과세대상 토지(나대지 등)를 보유하는 경우에는 종합부동산세 대상이다. 2020년 6월 2일부터 공모가 아닌 사모 부동산펀드가 취득한 토지는 별도합산과세대상으로 구분한다(즉, 종합부동산세 대상으로, 이는 사모펀드의 수익률 하락 요인임).

① 종합부동산세는 취득단계가 아니라 보유단계에서 납부하여야 한다.
② 부동산펀드가 토지와 건물을 거래상대방에게 공급할 경우 건물분에 대하여 부가가치세를 납부하여야 한다. **토지는 부가가치세가 면세대상**이다.
③ 부동산펀드에 귀속된 부동산 양도소득세는 펀드단계에서 과세되지 아니하고 투자자의 환매금 또는 이익분배금의 수령 시 '배당소득'으로 과세된다(물론 소득지급방법에 따라 배당소득이 아닌 연금소득, 기타소득 또는 퇴직소득 등으로 달리 구분될 수도 있다).

52

정답 ①

펀드에서의 투자가 아닌 경우 채권매매차익, 환차익, 장외파생상품의 매매차익은 과세대상이 아니다. 그러나 펀드에서는 이들 모두 과세되므로 과세형평을 완전히 실현하는 것은 아니다.

③, ④ 재투자특약에 의한 재투자수입시기규정은 **투자자의 투자기간에 상응하는 집합투자기구로부터의 이익에 과세하는 것이 아니라** 투자시점부터 결산분배일 그리고 결산분배일 이후부터 환매일까지 **각각 끊어서 과세하는 것**이다. 이 경우 문제점은 결산분배일까지 과세소득이 발생하였으나 그 후 환매일까지 과세손실이 발생한 경우 당초 과세소득과 통산되지 아니하여 비용화할 수 없으므로 펀드투자자는 원금대비 투자손실에도 과세될 수 있다. 이러한 불합리성을 개선하고자 2016년, 세법을 개정하여 주식・채권・파생상품 등 원본손실 가능성이 있는 투자자산의 매매차익을 **결산 시 과세하지 않고** 투자기간 동안 **전체 손익을 통산하여 환매 시 과세**할 수 있도록 하였다.

펀드운용 및 평가(8문항)

53

정답 ①

만기수익률(Yield to Maturity)은 우리가 일반적으로 사용하는 채권수익률, 할인율, 채권금리를 지칭하는 것이다. 채권의 현재가격과 미래 현금흐름을 일치시키도록 할인하는 **한 개의 수익률**로 미래의 현금흐름이 여러 개 있어도 할인율은 한 개란 뜻이며, 내부수익률법을 사용하여 현재가치와 미래 현금흐름을 일치시킬 때의 내부수익률(Internal Rate of Return)이다. 만기수익률은 **잔존만기 이전에 이자(Coupon) 지급으로 현금흐름이 발생하더라도** 이러한 현금흐름에 대한 할인율 적용에 있어서, 만기까지 단일수익률을 적용한다.

② **현물이자율**(Spot Rate)은 가장 단순한 형태의 채권인 할인채(Discount Bond) 또는 무이표채(Zero Coupon Bond)의 만기수익률이다. 즉, 중간에 현금흐름이 없는 채권의 수익률을 말한다. 예를 들면, 3개월 만기 CD금리, 1년 만기 할인채 등의 금리가 바로 현물이자율이다. 현물이자율은 만기수익률이면서도 중간에 현금흐름이 없는 채권의 수익률이기 때문에 만기수익률(Yield to Maturity)과 구분하여 사용한다.
③ **내재이자율**은 현재의 채권금리에 내포되어 있는 미래의 일정기간에 대한 금리를 말한다. 내재이자율에는 채권거래 당사자의 미래에 대한 기대가 반영되어 있다고 볼 수 있다. 만기수익률이 현재 시점에서 적용되고 있는 만기까지의 이자율을 의미한다면, **내재이자율은 현재시점에서 요구되는** 미래기간에 대한 이자율을 말한다. 내재이자율이 미래시점에서 실제로 형성되는 미래의 채권수익률과 일치하지 않는 경우가 대부분인 이유는 시장 참가자들의 기대가 현실이 될 가능성이 크지 않기 때문이다.
④ 1년 만기의 할인율이 6%이고 2년 만기의 할인율이 6.5%일 경우 내재이자율은 (6.5% × 2년 − 6% × 1년)/(2년 − 1년) = 7%가 된다.

54

정답 ③

시장금리가 높을수록 듀레이션은 짧아(작아)진다.

▶ 듀레이션은 다른 조건이 일정하다는 가정하에 만기, 채권수익률, 표면금리, 이표 지급빈도에 의해 영향을 받는다. 즉, 듀레이션 = f(표면금리, 채권수익률, 만기)이다.

※ 듀레이션의 특징

(1) 채권의 만기가 길수록 듀레이션이 큼
(2) 채권의 수익률이 높을수록 듀레이션은 작음
(3) 표면금리가 클수록 듀레이션은 작음
(4) 이표 지급빈도가 클수록 듀레이션은 작음
(5) 이표 지급이 없는 순수할인채와 이자 지급이 만기에 일괄적으로 지급되는 복리채의 듀레이션은 만기와 일치함

55
정답 ③

국채금리가 상승할 가능성이 높을 경우 국채선물을 매도한다. 국채선물은 가격으로 표시(채권가격 – 금리)되므로 금리가 오를수록 국채선물 가격은 낮아진다. 따라서 금리상승 시기는 국채선물을 매도하여 차익을 수익으로 취하여야 한다.

① 변동금리부채권(Floating Rate Note; FRN)은 채권이자금액이 시장금리와 연동되어 변동하는 채권이므로 시장금리가 상승할 경우에는 FRN 채권이자금리도 상승하므로 금리상승기에 FRN매입은 유리한 투자수단이다.

② 위험채권금리와 무위험채권금리의 차이를 신용스프레드라고 한다. 일반적으로 경기 침체기에 신용스프레드가 확대되는데, 신용스프레드가 확대된다는 것은 위험채권의 금리가 상대적으로 높아진다는 것을 의미하며, 이는 위험채권 투자에 따른 (채권가격의 하락) 위험이 더 커지므로 위험채권인 크레딧물(Credit Bond)을 매도하는 것이 필요하다.

④ 채권금리 상승에 따른 위험을 회피하기 위해 이자율스왑계약에서 고정금리 지급 + 변동금리 수취 포지션을 취하면 금리상승 위험을 헤지할 수 있다.

56
정답 ②

PER이 주가와 일정기간 동안의 (손익계산서상) 주당순이익과의 유량(Flow)관계이고, PBR(Price Book value Ratio)은 주가와 특정시점의 재무상태표의 순자산의 크기인 저량(Stock)관계를 나타낸다.

※ EV/EBITDA

(1) EV/EBITDA 비율은 기업전체가치(EV : Enterprise Value)를 EBITDA(Earning Before Interest, Tax, Depreciation & Amortization)로 나눈 것이다.

- **EV/EBITDA = 기업가치/이자, 세금, 감가상각비 차감 전 이익**

(2) EV는 기업전체가치(주주가치 + 채권자가치)로서 보통주 주주, 우선 주주, 채권자의 시장가치를 합하여 계산한다. 구체적으로는 주식의 시가총액, 우선주 시장가치, **순차입금(부채의 시장가치 – 현금등가물)**[주2]을 합한 금액이다.

(3) EBITDA는 세전영업이익(EBIT) 수준에 **비현금성비용 항목인 감가상각비**를 합한 것이므로 결국 **세전기준 영업현금흐름**을 측정한 것이다.

따라서 EV/EBITDA 비율은 현금흐름의 크기를 감안할 경우 기업가치가 상대적으로 얼마나 높은지를 측정한 것이다.

* 주2 : **순차입금**이란 재무상태표의 차입금에서 해당 기업이 가진 현금성자산(현금, 유가증권 등)을 차감한 것이다. 기업의 M.A 등에서 해당기업을 인수할 경우 부채도 인수해야 하지만 해당 기업이 당장 가진 현금성자산이 많다면 부채인수의 부담이 줄어든다(※ 이는 기업평가이론에서 필요한 지식이므로 추가설명은 생략함).

57
정답 ③

자기자본비용이 아닌 자기자본비용과 타인자본비용을 합계한 조달비용인 가중평균자본비용(Weighted Average Cost of Capital)으로 할인한다.

▶ **잉여현금흐름(FCF) = 세후영업이익 – 투하자본증가액**

잉여현금흐름모형에서는 미래잉여현금흐름을 추정하고 이를 **가중평균자본비용(WACC)**으로 할인하여, 기업전체의 가치를 먼저 구한다. 이렇게 구해지는 기업전체가치에서 부채가치(채권자 가치)를 차감하여 자본가치를 구한 다음, 이를 발행주식수로 나누어 적정 주당주식가치를 추정한다. 이 모형에서 가장 중요한 측정대상은 잉여현금흐름인데, 잉여현금흐름은 **본업활동에서 창출해 낸 (재무활동이 아닌 '영업활동'에서 창출해 낸)** 세후영업이익에서 신규투자액(투하자본증가액)을 차감한 현금흐름을 말한다.

58
정답 ④

기본적 분석이 과거정보에 의존하고, 자료의 신뢰성과 회계처리 방법 및 분식결산 등에 따른 문제점이 있으나, **기술적 분석**은 주가와 거래량에 모든 정보가 반영된다는 가정에 바탕을 둔다.

※ **기술적 분석**

주식의 내재가치와는 관계없이 **주가 흐름 또는 거래량** 등을 도표화하여 과거의 일정한 패턴이나 추세를 알아내어 주식의 선택과 매매의 시기를 판단하는 기법이다.

(1) 기술적 분석의 장점

㉠ 기본적 분석이 자료의 신뢰성과 회계처리방법 및 분식결산 등에 따른 문제점이 있으나, 기술적 분석은 **주가와 거래량**에 모든 정보가 반영된다는 가정에 바탕을 둠

㉡ 기술적 분석은 차트(Chart)를 통하여 쉽고 짧은 시간에 이해할 수 있음

㉢ 기술적 분석은 한꺼번에 여러 주식의 가격변동을 분석・예측할 수 있음

(2) 기술적 분석의 한계점

㉠ **차트 해석이 분석자에 따라 달라질 수 있음**

㉡ 시장의 변동에만 집착하므로 시장의 변화요인을 정확히 분석할 수 없음

㉢ 기술적 분석은 이론적인 검증이 어려움

59
정답 ②

- 샤프비율 = (집합투자기구의 평균수익률 – 무위험 평균수익률)/(집합투자기구 수익률의 표준편차) = (11% – 6%)/5% = 1.0
- 젠센의 알파 = (집합투자기구의 평균수익률 – 무위험 평균수익률) – 베타 × (벤치마크 평균수익률 – 무위험 평균수익률) = 11% – 6% – 1.2 × (9% – 6%) = 1.4

• 정보비율 = (집합투자기구의 평균수익률 − 벤치마크 평균수익률)/집합투자기구의 추적오차 = (11% − 9%)/2% = 1.0(수치가 1 이상이면 운용자의 능력이 '탁월'한 것으로 판단함)

▶ (정보비율을 측정하는 이유) 측정기간 중, 펀드 수익률과 벤치마크 수익률의 차이를 Tracking Error라고 하지만 이를 꼭 부정적으로 볼 것은 아니기 때문이다. 벤치마크 수익률보다 펀드 수익률이 높게 나타나는 Tracking Error는 오히려 칭찬할 만하다. 따라서 이 Tracking Error로 인하여 높은 수익이 나타난다면, 이는 펀드매니저의 능력에 기인한 것으로 본다.

60 정답 ②

UN Global Compact는 전 세계 (기관투자자가 아닌) **기업**들의 지속가능한 사회적 책임을 촉진하기 위한 UN산하 국제기구로서, 글로벌 최대의 자발적인 기업 지속가능 이니셔티브이다. 가입 기업들은 인권, 노동, 환경, 반부패의 4개 주제에 대한 10대 원칙을 지지하고 가입 후 1년 내 이행보고서를, 가입 후 2년 이내 참여보고서를 제출하여야 한다.

※ 용어의 원문

- SASB(Sustainability Accounting Standards Board)
- UN SDGs(UN, Sustainable Development Goals)
- TCFD(Task Force on Climate-related Financial Disclosure)

파생상품펀드 법규(7문항)

61 정답 ③

아래 내용 참조

※ 자본시장법 제3조(금융투자상품)

① 이 법에서 "금융투자상품"이란 이익을 얻거나 손실을 회피할 목적으로 현재 또는 장래의 특정 시점에 금전, 그 밖의 재산적 가치가 있는 것을 지급하기로 약정함으로써 취득하는 권리로서, 그 권리를 취득하기 위하여 지급하였거나 지급하여야 할 금전등의 총액(판매수수료 등을 제외)이 그 권리로부터 회수하였거나 회수할 수 있는 금전등의 총액(해지수수료 등 금액을 포함)을 초과하게 될 위험(투자성)이 있는 것을 말한다. 다만, 다음 각 호의 어느 하나에 해당하는 것을 **제외**한다.

1. **원화**로 표시된 양도성예금증서(CD)
2. 위탁자(신탁계약에 따라 처분권한을 가지고 있는 수익자를 포함)의 지시에 따라서만 신탁재산의 처분이 이루어지는 **관리형신탁**
3. 그 밖에 해당 금융투자상품의 특성 등을 고려하여 금융투자상품에서 제외하더라도 투자자 보호 및 건전한 거래질서를 해할 우려가 없는 것으로서 대통령령으로 정하는 금융투자상품(**주식매수선택권 : Stock Option**)

62 정답 ①

자본시장법은 집합투자기구(펀드)의 종류를 집합투자재산의 운용대상에 따라 5가지로 구분하고 있으며, "증권펀드, 부동산펀드, 특별자산펀드, 혼합자산펀드 및 단기금융펀드"가 이에 해당한다. 자본시장법하에서 단기금융펀드를 제외한 나머지 4개의 펀드(증권펀드, 부동산펀드, 특별자산펀드, 혼합자산펀드)는 모두 파생결합증권 및 파생상품에 투자할 수 있다.
결론적으로 자본시장법은 파생결합증권 및 파생상품을 단기금융펀드를 제외한 모든 펀드의 일반적인 운용대상으로 인정하고 있으므로, **별도의 '파생상품펀드'를 규정하고 있지 않다.** 다시 말해, 자본시장법은 '파생상품펀드'를 다른 펀드와 구분되는 독립된 종류로는 인정하고 있지 않다.

63 정답 ④

투자계약증권이란 특정 투자자가 그 투자자와 타인(다른 투자자를 포함한다) 간의 공동사업에 금전 등을 투자하고 주로 **타인**이 수행한 공동사업의 결과에 따른 손익을 귀속받는 계약상의 권리가 표시된 것을 말한다.

▶ 최근의 사례로 '뮤직카우'의 저작권료 참여청구권을 증권의 일종인 투자계약증권에 해당한다고 증권선물위원회가 판단하여 자본시장법상 투자자보호조치인 증권신고서 제출대상이면서 무인가 영업행위에 해당한다고 발표함

64 정답 ②

상대방이 **신용평가회사에 의하여** 투자적격등급 이상으로 평가받은 보증인을 둔 경우가 적격요건에 해당한다.

※ 장외파생상품 매매상대방 적격요건

전문투자자(국가, 한국은행, 은행 등 금융기관, 예금보험공사 등과 같이 일반투자자로의 전환청구를 할 수 없는 전문투자자를 의미)에 해당하는 자가 아래의 어느 하나의 요건을 충족하는 것을 말한다.

(1) 신용평가회사(외국 법령에 따라 외국에서 신용평가업무에 상당하는 업무를 수행하는 자를 포함)에 의하여 투자적격등급 이상으로 평가받은 경우
(2) **신용평가회사에 의하여 투자적격등급 이상으로 평가받은 보증인을 둔 경우**
(3) 담보물을 제공한 경우

65

정답 ③

준거자산의 신용사건 발생 여부에 따라 금전 등을 교환하는 거래(신용부도스왑) : **보장매수자**의 경우 지급하기로 한 금전총액, **보장매도자**의 경우 신용사건 발생 시 지급하기로 한 명목금액이다.

※ 금융투자업 규정 제4-54조(위험평가액 산정방법)

① 파생상품의 매매에 따른 위험평가액은 장내파생상품 또는 장외파생상품의 거래에 따른 명목계약금액으로 하며, 그 명목계약금액은 다음 각 호의 방법으로 정하되 승수효과(레버리지)가 있는 경우 이를 감안하여야 한다.

1. 선도거래 : 기초자산(자산의 가격이나 이를 기초로 하는 지수인 경우에는 지수를 말한다)의 가격에 거래량(계약수)과 승수를 곱하여 산정한다.
2. 옵션거래 : 다음 각 목을 명목계약금액으로 한다.
   가. 옵션매수 : 기초자산 가격에 계약수와 승수 및 델타(기초자산 가격이 1단위 변화하는 경우 옵션가격 변화)를 각각 곱한 금액('델타위험액')
   나. 옵션매도 : 델타위험액에 추가로 델타 변화에 따른 위험액('감마위험액')과 기초자산 변동성 변화에 따른 위험액('베가위험액')을 모두 합산한 금액
3. 스왑거래 : 다음 각목을 명목계약금액으로 한다.
   가. 서로 다른 통화를 교환하는 거래(통화스왑) : 지급하기로 한 통화의 명목원금
   나. 고정금리와 변동금리를 교환하는 거래(금리스왑) : 고정금리를 지급하는 경우 만기까지 지급하기로 한 금전총액, 변동금리를 지급하는 경우 만기까지 지급할 것으로 예상되는 금전총액의 시가평가금액
   다. **준거자산의 신용사건 발생 여부에 따라 금전 등을 교환하는 거래(신용부도스왑) : 보장매수자의 경우 지급하기로 한 금전총액, 보장매도자의 경우 신용사건 발생 시 지급하기로 한 명목금액**
   라. 준거자산의 수익을 교환하는 거래(총수익스왑) : 수취하기로 한 금전총액이 부(-)의 값을 가지는 경우 지급하기로 한 금전총액과 수취하기로 한 금전총액의 절댓값을 더한 금액, 수취하기로 한 금전총액이 양(+)의 값을 가지는 경우 지급하기로 한 금전총액
   마. 가목~라목 외 기초자산의 교환을 포함하는 거래 : 기초자산가격에 거래상대방에게 만기까지 지급하기로 한 금전총액을 더한 금액
   바. 가목~라목 외 기초자산을 제외한 금전만 교환하기로 한 거래 : 거래상대방에게 만기까지 지급하기로 한 금전총액
4. 그 밖의 거래 : 제1호부터 제3호까지(선도, 옵션, 스왑거래)의 파생상품거래가 혼합된 경우에는 제1호부터 제3호까지의 방법을 준용하여 산정한다. 다만, 만기손익구조의 최대손실금액이 제한되어 있는 합성거래의 경우에는 그 최대손실금액을 명목계약금액으로 할 수 있다.
5. 제1호부터 제4호까지에 불구하고 장외파생상품 거래 시 금융감독원장이 인정하는 경우 거래 당사자 간에 거래체결 시 합의하는 명목원금으로 산정할 수 있다. 이 경우 기초자산의 가격변화를 감안하여야 한다.

② 제1항에 불구하고 집합투자업자는 다음 각 호의 어느 하나에 해당하는 방법으로 명목계약금액을 산정할 수 있다(**※ 위험평가에서 제외 또는 감액**).

1. 「주식회사의 외부감사에 관한 법률」에 따른 회계기준상 **위험회피회계**의 적용대상이 되는 거래 : 명목계약금액 산정대상에서 **제외**하는 방법
2. 파생상품 거래가 다음 각목의 요건을 충족한다고 금융감독원장이 지정한 거래 : 금융감독원장이 정하는 조정값을 반영하여 위험평가액을 **감액**하는 방법
   가. 입증가능한 위험 감소가 있을 것
   나. 동일 기초자산군과 관련될 것
   다. 정상적이지 않은 시장 상황에서도 유효하게 적용될 것
   라. 수익창출 목적의 거래가 아닐 것
   마. 파생상품과 관련된 위험이 상쇄될 것
3. 기초자산이 동일하고 가격의 변화방향이 반대인 파생상품 거래(거래상대방이 다른 장외파생상품 거래는 제외한다) : 각각의 위험평가액을 기준으로 상계한 후 잔여 명목계약금액을 위험평가액으로 산정하는 방법

66

정답 ①

VaR는 보유포지션의 **시장가치** × 신뢰구간 배수 × 표준편차 × $\sqrt{\text{보유기간}}$ 으로 산정한다.

※ 금융투자업규정 제4-71조(파생상품 매매 관련 위험에 관한 지표)

① 집합투자업자가 집합투자기구의 집합투자재산을 파생상품에 운용하는 경우 투자자에게 공시하여야 하는 위험지표는 다음 각 호의 방법으로 산정・작성한다.

1. 계약금액 : 파생상품거래의 유형별로 매수, 매도 및 순포지션(매수-매도)으로 나누어 산정된 명목계약금액의 총액을 기재하며, 그 구체적인 내용은 금융투자업규정 별표14와 같다.
2. 파생상품 거래에 따른 만기시점의 손익구조 : 당해 파생상품의 기초자산의 가격변동에 따라 집합투자기구의 이익이 발생하는 구간과 손익이 없는 구간 및 손실이 발생하는 구간으로 구분하여 투자자가 이해하기 쉽도록 **도표 등으로 나타내고 이를 서술식으로 요약**하여 기재한다.
3. 시장상황변동에 따른 집합투자재산의 손익구조변동은 **시나리오법에 따라 산정**하며, 그 구체적인 내용은 금융감독원장이 정한다.
4. 일정한 보유기간에 일정한 신뢰구간 범위 안에서 시장가격이 집합투자기구에 대하여 불리하게 변동될 경우 파생상품 거래에서 발생할 수 있는 최대손실예상금액(이하 "최대손실예상금액(VaR)"이라 한다)

가. 최대손실예상금액(VaR)은 **10영업일의 보유기간 및 99%의 단측 신뢰구간을 적용하여 일일단위로 측정**되어야 한다. 다만, **10영업일보다 짧은 보유기간을 사용하여 최대손실예상금액(VaR)을 산정한 후 이를 10영업일에 상당하는 수치로 전환시켜 산정**할 수 있다.

나. 최대손실예상금액(VaR)은 **1년 이상의 자료관측기간을 기초**로 하여 측정되어야 하며, 시장상황에 따라 **최소한 3개월에 1회 이상 자료구성을 수정·보완**시키되, 시장가격의 중대한 변동이 있는 경우에는 수정·보완기간을 **단축**하여야 한다.

다. 옵션포지션에 대한 최대손실예상금액(VaR)은 간편법 또는 델타플러스법에 따라 산정하며, 그 구체적인 내용은 금융감독원장이 정한다.

② 제1항 각 호의 위험에 관한 지표 중 제1호(계약금액) 및 제2호(만기시점의 손익구조)는 파생상품 **거래 후 그 다음 날까지**, 제3호(시장상황에 따른 손익구조 변동) 및 제4호(최대손실예상금액 : VaR)는 **매일** 공시하여야 한다.

67 정답 ③

'고난도 펀드'란 집합투자증권 중에서 운용자산의 가격결정의 방식, 손익의 구조 및 그에 따른 위험을 투자자가 이해하기 어렵다고 인정되는 것으로서, 금융위원회가 고시하는 방법으로 산정한 최대원금손실 가능금액이 원금의 100분의 20을 초과하는 펀드를 말한다. 다만, **거래소시장, 해외 증권시장, 해외 파생상품시장에 상장되어 거래(투자자가 해당 시장에서 직접 매매하는 경우로 한정한다)되는 펀드상품 또는 전문투자자만을 대상으로 하는 펀드상품은 제외**한다.

※ 고난도 펀드에서 제외되는 경우

당해 집합투자규약 및 투자설명서에서 정한 운용방침이나 투자전략이 기초자산의 가격 또는 기초자산의 종류에 따라 다수 종목의 가격수준을 종합적으로 표시하는 **지수의 변화에 연동하여 운용**하는 것을 목표로 하는 집합투자기구로서 다음 각 호의 요건을 **모두 충족**하는 집합투자기구의 집합투자증권은 **제외**한다.

1. 집합투자재산을 운용함에 있어 장외파생상품 또는 파생결합증권에 투자하지 아니할 것. 다만, 가격 또는 지수의 변화에 연동하기 위한 목적으로 법 제390조에 따른 **상장규정에서 정한 요건**을 충족하는 거래상대방과 장외파생상품을 거래하는 경우는 제외함
2. 당해 집합투자기구가 연동하고자 하는 기초자산의 가격 또는 지수가 영 제246조 각 호의 요건(ETF의 요건을 말함)을 모두 갖추었을 것
3. 목표로 하는 지수의 변화에 **1배 이내의 양의 배율**로 연동하여 운용하는 것을 목표로 할 것
4. 집합투자기구의 집합투자증권의 1좌당 또는 1주당 순자산가치의 변동율과 해당 집합투자기구가 목표로 하는 지수의 변동율 간의 차이(추적오차를 말함)가 **100분의 10 이내**일 것

파생상품펀드 영업(8문항)

68 정답 ②

투자자 강모 씨는 기업 주식의 수익률이 기초자산의 그룹인 KOSPI200지수보다는 상대적으로 우수하다고 예상하므로 일단 A 기업의 주식을 매수한다. 그러나 국내시장 전체 시장상황이 불확실하므로(사후적으로 주식시장이 상승할지 하락할지 모르므로) 시장중립형 전략으로서 KOSPI200 (현물)매도헤지 대응한다.
그러나 KOSPI200 현물의 바스켓 구성으로 매도할 방법이 사실상 어렵다면 KOSPI200 현물지수의 대체물인 **KOSPI200 선물** 매도로 대체한다. 결론적으로 A 기업 주식 매수 + KOSPI200 선물 매도로 시장중립적인 투자를 한다.

69 정답 ④

'특정구간'을 표현하므로 스프레드(Spread) 거래에 대한 설명이다.
① 디지털(Digital) : 일정한 쿠폰을 받거나 받지 못하는 구조이다.
② 낙인(Knock-In) : 기초자산 가격이 일정수준(barrier)에 도달하면 새로운 수익구조가 생기는 구조이다.
③ 낙아웃(Knock-out) : 기초자산 가격이 일정수준(barrier)에 도달하면 기존의 수익구조가 사라지는 구조이다.

70 정답 ④

하락장이나 횡보장에서는 TIPP가 CIPP보다 우수한 것으로 알려져 있다. 왜냐하면 투자한 위험자산(주식 등)의 가치가 상승할 경우 (가치상승분의 일정부분을 확보하고자) TIPP에서는 일정비율을 채권 등의 무위험자산으로 변경하므로 주가가 하락할 경우나 횡보장에서는 손실을 CPPI보다 상대적으로 줄일 수 있다. 그러나 주가가 계속 상승한다면 위험자산을 그대로 유지한 CPPI보다 수익률이 저조할 수도 있다.

※ **옵션 복제 전략(CPPI와 TIPP)**

이자추출전략의 응용으로 옵션 대신 선물이나 주식을 사용하여 **옵션구조를 복제하는 전략**이다.

(1) 일정비율 보험전략(Constant Proportion Portfolio Insurance)

최초 투자금액의 일정비율을 방어하도록 설계되었고 보장치가 시간에 따라 무위험이자율로 증가하는 특징이 있다. 예를 들어 (주가)하락률을 최고 50%라고 본다면 배수는 2가 되고 주식에 10억원(익스포저 : 쿠션 5억원의 2배)을 투자하면 최악의 경우에도 5억원은 보존된다. 이 경우 채권에 90억원, 주식에 10억원 투자를 할 경우 채권원리금(이자율은 약 5% 정도로 가정)이 약 95억원, (손실이 발생한) 주식 회수분 5억원을 합치면 원금 100억원으로 원금은 보존된다. 옵션을 매수하지 않고 옵션의 효과를 내는 복제를 한 것이다. 그러나 투자 잔여기간의 (채권)이자율 변동조정을 계속 해줘야 하는 불편함이 있다.

(2) 시간불변 포트폴리오 보존전략(Time Invariant Portfolio Protection)

TIPP는 CPPI의 **보장치** 조정방법을 개선한 것으로 투자 개시 이후 포트폴리오 **최고가치의 일정 비율을 방어**하도록 설계되었다(※ 즉 주식의 수익 중 일부를 채권 등의 안전자산으로 변경해 놓는다는 뜻). CPPI 방식과 동일하게 운용되는 대신 **보장치는 포트폴리오의 가치가 늘게 되면 비례적으로 증가**한다. 하락장이나 횡보장에서 TIPP가 CPPI 방식보다 성과가 우수한 것으로 알려져 있다.

71

정답 ④

A 기업(합병기업)과 B 기업(피합병)의 합병비율이 A : B = 0.5 : 1, 즉 1 : 2가 된다. A 주식 1주와 B 주식 2주와 같다. A 주식이 1만원, B 주식이 3천원이므로 A 주식 1주는 B 주식 2주인 3,000 × 2 = 6천원과 같다. 이 경우 A 주식이 B 주식 2주보다 상대적으로 (4,000원만큼) 비싸므로 시장에서 A 주식을 빌려서 1만원에 공매도한다. 그리고 B 주식 2주를 3,000 × 2 = 6천원에 매수한다. 따라서 1만원 − 6천원 = 4,000원의 차익거래(무위험거래)가 발생한다. A 기업 1주당 이익금은 4,000원이 되고 B 기업 1주당 이익금은 2,000원이 된다.

72

정답 ④

ELF는 수익 전체가 과세대상이지만(ELS의 쿠폰수익에 대한 배당소득이 부과되기 때문), 구조화형 펀드는 상장된 주식이나 파생상품의 자본이득에 비과세되므로 세후수익률 면에서 유리하다.

※ **ELS(ELF)와 구조화형 펀드 비교**

구 분	ELS(ELF)	구조화형 펀드
유사점	구조화된 상품으로 특정구간에서 수익이 결정되며, 일부 원금보존 구간이 존재함	
중도환매	중도환매 가능(높은 해지수수료)	중도환매 가능 → 높은 유동성
장 점	• (준)확정수익률 • 일정수준 원금보존 성격을 갖고 있음 • 다양한 수익구조	• 매매정보 및 헤지수단을 공개 • 운용전략의 수정이 가능 • 일정수준 원금보존 성격을 갖고 있음 • 운용성과에 따른 추가수익 목표로 함
단 점	• Warrant 매입 수수료 발생 • 수익발생 시 수익의 전체가 과세 대상 • 매매정보 및 헤지수단의 비공개	• 수익구조가 단순 • 실적배당 • 운용실패 가능성(추가 손실)

(2024기본서, 파생상품펀드, p.64 도표 인용)

참고 상기 도표는 기본서 2권의 p.171의 도표와 동일한 내용이므로, 두 도표를 함께 익히는 것이 학습에 도움이 된다.

구 분	ELS편입펀드(ELF)	금융공학펀드(델타펀드)
상품성격	기초자산이 특정구간에 있을 경우 수익이 결정	
운용방식	장외옵션 외부 매입	장외옵션 직접 복제
중도해지(환매 등)	상대적으로 높은 환매수수료	중도환매 가능
이자/배당소득 과세	확정수익 전체에 과세	채권이자와 배당소득에 한정
장 점	준확정수익 가능	펀드운용성과에 따른 추가수익 가능
단 점	장외옵션 발행사의 신용위험 노출	실적배당수익률(확정수익률이 아니며 제시수익률 변동가능)

(2024기본서, 2권, p.171 참조)

73

정답 ③

주식워런트증권(ELW)은 'Equity Linked Warrant'의 약자로, 주식 및 주가지수 등의 기초자산을 사전에 정한 미래의 시점(만기)에 미리 정하여진 가격(행사가격)에 사거나(Call) 팔(Put) 수 있는 권리(옵션)를 나타내는 **증권(Securities)**을 말하며, 거래소에서 요구하는 일정 요건을 갖출 경우 거래소에 상장되므로 일반투자자도 기존 주식 계좌를 이용하여 주식과 동일하게 매매할 수 있다.

※ 워런트(Warrant) 투자형

워런트(Warrant)는 '옵션'과 유사한 용어로 이해할 수 있다. 예를 들면 펀드자산의 대부분을 채권(혹은 유동성)에 투자하고 이자금액만큼에 대해 워런트를 매입하면 기초자산의 가격변동에 따른 수익을 얻으면서도 **원금보존 추구형이 가능**하다. 대부분의 경우 워런트 투자형은 이자 수준의 프리미엄만 지급하여 손실을 제한할 수 있어 원금보존 추구형으로 분류한다. 워런트는 손실을 제한하면서 다양한 경우에 수익을 제공할 수 있는 **대표적인 파생상품**이다. 워런트는 장외파생상품으로서 **가격위험과 신용위험에 동시에 노출**된다. 워런트 발행사의 신용위험과 편입하는 이자자산의 가격위험이 함께 존재한다.

74

정답 ③

펀드에서 Protection Buyer로서 CDS(Credit Default Swap)를 거래한다면 보유한 준거자산에 대한 신용 리스크는 제거하지만 Protection Seller에게 수수료(Fee)를 지급하므로 고수익을 올릴 수 있다는 설명과는 거리가 멀다.

※ 신용파생상품

(1) First to Default CLN

신용연계채권(Credit Linked Notes)의 경우, 여러 개의 기업을 준거자산으로 하여 이중 하나라도 파산하면 책임을 지는 구조로 만들어서 1개 기업을 준거자산으로 한 경우보다 **높은 프리미엄을 받을 수 있도록** 하는 상품(First to Default CLN)이다.

(2) 합성 CDO(Collateralized Debt Obligation)

CDO의 기초자산인 다양한 채권들을 CDS(Credit Default Swap)로 대체한 것이다. 즉 기초자산은 그대로 두고 이 기초자산의 CDS만 따로 떼어낸 것의 집합체가 합성 CDO이다. 이 '대체'한 것을 합성(Synthetic)이란 용어로 쓴다.

75

정답 ③

한국거래소의 장내선물로 헤지 시 미달러화가 아닌 통화일 경우 통화선물거래를 두 번 해야 하는 번거로움도 있다. 만일 엔화에 대한 환리스크를 선물거래로 엔화 매도헤지한다면, 달러매입/엔화매도 거래와 달러매도/원화매입 통화선물거래로서 2개 거래가 필요하다.

전 세계적으로(주식거래와는 전혀 다르게) 외환거래는 장외거래가 장내거래보다 상당히 활성화되어 있다. 따라서 장외인 현물환 매수·선물환 매도의 F/X Swap 거래가 장내인(한국거래소의) 통화선물(Futures)보다 유동성이 풍부한 장점이 있다.

파생상품펀드 투자 · 리스크관리(10문항)

76

정답 ④

개시증거금은 주문액면금액(코스피200선물의 경우 선물지수 × 250,000 × 계약수 = 주문액면금액)의 통상 15%가 개시증거금이지만 증권회사마다 다를 수 있다. 또한 유지증거금은 통상 이 개시증거금의 75%이지만 이 비율 역시 가변적이다. 따라서 주어진 조건하에서 ④의 경우, 개시증거금 330만원, 유지증거금 210만원, 증거금잔액 200만원인 상태에서 증거금잔액 200만원은 유지증거금 210만원보다 작으므로 추가증거금 130(330-200)만원이 필요하여 아래 설명 ①의 경우의 100보다 큰 추가증거금이 된다.

① 개시증거금 300만원, 유지증거금 220만원, 증거금잔액 200만원인 상태에서 증거금잔액 200만원은 유지증거금 220만원보다 작으므로 추가증거금 100(300-200)만원이 필요하다.

② 개시증거금 300만원, 유지증거금 210만원, 증거금잔액 220만원인 상태에서 증거금잔액 220만원이 유지증거금 210만원보다 크므로 추가증거금이 필요 없다.

③ 개시증거금 330만원, 유지증거금 220만원, 증거금잔액 230만원인 상태에서 증거금잔액 230만원이 유지증거금 220만원보다 크므로 추가증거금이 필요 없다.

77

정답 ③

거래 수량과 미결제약정 수량(포지션이 서로 미정리 상태의 수량)은 다른 개념이다. 거래내역을 보면 투자자 B는 position을 정리하고 나간 상태이지만 A와 C는 각각 2개의 미결제약정(Open Interest) 상태로 남아있다.

거래시간	매수자/매도자		누적 거래량	미결제약정
오전 10시	A 매수 1	B 매도 1	1	1
오전 11시	B 매수 1	C 매도 1	2	1 (B는 상계로 정리)
오후 3시	A 매수 1	C 매도 1	3	2 (A 2개, C 2개의 미결제 상태로 마감됨)

78

정답 ②

근월물 매도 + 원월물 매수 전략이다. 현재에는 근월물 선물가격이 320point, 원월물 선물가격이 322point이다. 이 두 선물계약의 가격차는 통상 3point 정도는 되어야 하는데 현재 2point로 줄어든 상태이다. 이 차이가 3point까지 더 확대된다고 예상할 경우 투자자는 '근월물 320point 매도 + 원월물 322point 매수 포지션'을 구축함으로써 이익의 기회를 가질 수 있다. 물론 차익거래와는 달리 이익 보장은 없지만, 만기시점 이전에 투자자 예상대로 두 가격의 차이가 확대될 경우 투자자는 이익을 취할 수 있다.

※ 예시를 통한 추가설명

(1) 투자자의 예상대로 (시장가격이 전반적으로 상승하면서) 근월물은 330p, 원월물은 333p가 되었다고 하자(투자자의 예상대로 가격차가 3p로 벌어짐). 이때 구축한 포지션을 정리해 보자. 320p에 매도한 근월물을 330p에 매수로 정리할 경우 10p의 손실이 발생한다. 그러나 322p에 매수한 원월물의 경우 333p에 매도로 정리할 경우 11p의 이익을 본다.

결국 −10 + 11 = +1p의 이익이 발생한다. 이를 정리해 보면 다음과 같다.

㉠ 근월물 : 320 매도 → 330 매수 : −10
㉡ 원월물 : 322 매수 → 333 매도 : +11
∴ 순이익 : +1(스프레드가 2에서 3으로 1p 상승한 만큼 이익)

(2) 만약 반대로 (시장가격이 전반적으로 하락하면서) 근월물 310p, 원월물 313p가 되었다고 해도 결과는 같다(가격차가 3p로 벌어짐). 스프레드가 2에서 3으로 상승했기 때문이다. 이를 정리하면 다음과 같다.

㉠ 월물 : 320 매도 → 310 매수 : +10
㉡ 원월물 : 322 매수 → 313 매도 : −9
∴ 순이익 : +1(스프레드가 2에서 3으로 1p 상승한 만큼 이익)

79

정답 ④

리버스 컨버터블 구조는 채권매수에 풋옵션 **매도** 포지션이 첨가되는 경우이다. 100으로 채권을 매입하여 만기에 원리금 105가 되고 풋옵션 매도(행사가격 85)가 첨가되면 프리미엄 4의 수입이 생기므로 만기지급액수는 109가 된다. 그러나 주가지수가 과도하게 하락하는 경우 상황이 달라진다. 주가지수 하락 시 풋옵션이 유효화(85 행사가격)되면서 상대방에게 수익을 지급하는 만큼 손실이 나면서 원금손실이 발생한다.

(1) 만기주가지수가 85 이상인 경우(즉 지수상승 시 혹은 하락을 하더라도 하락률이 원금 100의 15% 이하인 경우) 109를 지급받는다. 원금+9%가 지급되는 것이다.

(2) 만기주가지수가 85 이하인 경우(하락률이 15%보다 큰 경우) 수익률이 줄어들기 시작하여 원금손실이 발생하는 분기점은 76(100−5−4−15)이다. 즉 하락률이 24% 이상이면 원금손실이 발생한다.

80

정답 ①

①의 C(85)매수와 C(80)매도로 구성하는 스프레드 전략이어야 한다. 즉 시장의 약세를 예상하고 비싼 프리미엄의 C(80)를 매도하고, 또한 만약에 예상과 달리 시장이 강세로 가는 것에 대비하여 가격이 싼 C(85)를 매수한다(초기 순수입 발생). 이를 콜 약세스프레드 전략이라고 한다.

81

정답 ④

① 시장 선물환율은 1,230원으로서 현물환 1,200원보다 할증상태이다.
② 1년 선물환 프리미엄이 1,200 × (4% − 2%) × 1년 = 24원으로서, 1,200 + 24 = 1,224원이 균형(이론) 선물환 가격이다. 현재의 1년 시장 선물환 가격이 1,230원이므로 1230 − 1,224 = 6원만큼 고평가되어 있다.
③ 상기 ②에서 선물환이 고평가되어 있으므로 현물환 매수 + 선물환 매도의 매수차익거래를 실시한다. 이 현물환 매수를 위하여 원화를 차입(금리 4%)하여 현물환 달러를 매수하고 이 매수한 달러자금은 자금시장에서 대출한다(금리 2%). 즉, 무위험이자율 차익거래 시 원화 차입, 달러화 대출이 발생한다.
④ 현물환 매수 + 선물환 매도를 매수차익거래라고 한다.

82

정답 ②

초기와 동일한 환율이 적용된 금액을 재교환한다. 100,000달러 대 130,000,000원이다.

※ 통화스왑은 (1) 자금의 최초교환(선택), (2) 운용과 이자지급, 그리고 마지막으로 (3) 재교환을 통한 원상복귀의 과정을 거치게 된다. 이때 통화스왑의 형태에 따라서는 **최초의 원금교환이 없는 경우도 있음에 유의**한다. 이는 각자 이미 필요한 통화표시 부채를 조달하여 운용하다가 뒤늦게 통화스왑을 실행하는 경우에 이용되는 스왑형태이다. **물론 어떤 경우라도 만기에는 반드시 재교환이 되어야 한다.**

83

정답 ④

3개월 후 3개월 3 + 3 = 6이므로 앞에는 3, 뒤에는 6이므로 3×6으로 표기하고, 차입자는 FRA 매수이며, 대여자(예치자)는 그 상대방이므로 FRA 매도가 된다.

※ **추가해설**

3개월 후에 발표되는 3개월 금리에 대한 FRA계약을 3×6 FRA라 한다. 만약 3개월 후에 발표되는 6개월 금리에 대한 FRA는 3×9 FRA가 되고 1달 후에 발표되는 3개월 금리에 대한 FRA는 1×4 FRA가 된다.

예를 들어 계약 당시 FRA 3×6의 가격이 5%이었으나 FRA 만기시점(계약일로부터 3개월 후)에서 3개월 LIBOR금리가 6%가 되었다고 가정하면, 애당초 약정한 5%를 1%만큼 초과한다. 이 경우 FRA매수자(금리상승 위험을 헤지한 차입자)가 이익을 보고 FRA매도가 손해를 보게 된다. 즉 3×6 FRA매수자 A가 아래 산식의 금액 2,463달러를 영수한다(FRA 자금정산은 NDF 방식으로 사전정산이다).

$$\text{결제금액} = \frac{100\text{만달러} \times |6-5|\% \times 90/360}{1 + 6\% \times 90/360} = 2,463.05$$

3개월 후에 확정되는 3개월 금리(6%)는 그때부터 6개월 후의 이자결제가 정상(LIBO는 후지급임)이다. 그러나 FRA계약에서는 이를 금리확정 시점인 3개월 후에 **미리 선결제**하므로 이 경우 결제액수를 3개월간 **할인(할인금리는 6%)**하게 된다. 이것이 계산식에서 분모에 나타나는 부분이다.

FRA매수자 A는 자금의 조달자, 즉 자금차입자로 보면 된다. 금리비용(자금 사용 비용)을 지불하고 자금을 일정기간 빌려다가 사용한 후 만기에 가서 원금을 상환하는 것으로 파악하면 된다. FRA매수자는 3개월이 지난 후 (은행 등의) 자금시장에서 자금조달 금리 6% 지급하고 자금을 조달하지만 파생거래인 FRA계약을 통해 결제금액의 1%에 상당하는 액수를 수취하므로 두 가지로 거래로 조달금리를 5%로 고정시키는 효과를 보고 있다.

마찬가지로 FRA매도자는 자금의 운용자 내지는 대여자로서(은행 등에) 6% 금리를 받고 예금하지만 1%만큼 FRA매수자에게 지불하므로 결국 5%에 운용하게 된다.

참고 4지선다 계산문제에서는 정답에 대한 정확한 값을 계산할 필요가 없다. FRA매수자가 지급인지 수령인지 먼저 파악(2,500불 수령임을 암산으로 알 수 있음)하고 결제는 차액결제로서 선 결제이므로 이를 6%로 할인하면 2,500불보다 작은 금액을 정답으로 선택하면 된다.

84

정답 ④

고정금리 지급자나 수취자 모두 지급(수취)할 금액이 없다. LIBO의 이자지급방법은 후(後) 지급이므로 금리스왑 시작시점 후 6개월이 지난 시점에 적용될 고정금리는 5%이지만 변동금리(LIBO)도 5%이다. 금리스왑은 서로 지급과 영수하는 금액을 상계(netting)하므로 서로 주고받을 이자금액은 없다(계산식 : 1,000만불 × (5% − 5%) × 1/2 = 0). 지문에 나온 LIBO 4%는 이자율스왑 개시 후 1년이 되는 시점에 적용되는 금리이다.

85

정답 ②

이 문항은 운용사가 파생결합증권을 펀드에서 매입하는 경우(ELF)와, 이 파생결합증권 매입 대신에 운용사가 (파생결합증권과 동일한 수익구조의 장외파생상품 거래를) 직접 해외거래처와 거래하는 두 가지 상황을 가정한 것이다.

파생결합증권을 매입하거나 장외파생상품 거래를 체결하면 증권의 발행사 혹은 거래상대방에 대한 신용리스크가 발생한다. 그러나 실적배당상품으로서 **펀드(투자자)가 이 신용리스크를 부담**한다. 즉 신용리스크는 운용사의 부담은 아니다. 하지만 운용사로서는 펀드 투자자가 부담해야 할 신용리스크의 관리에 만전을 기하여야 한다.

- ④와 관련하여, 법인격이 없는 펀드를 대신해서 운용사는 수탁은행과 더불어 장외파생상품을 거래하게 되면서 신용보강(Credit Support)에 대한 문제가 발생한다. 신용보강 문제를 funded swap과 unfunded swap의 각각의 상황에 대해 살펴보면, (1) funded swap의 경우, 장외파생상품 거래상대방에게 펀드자산이 그대로 옮겨가므로 거래상대방은 펀드와의 거래위험을 줄일 수 있지만, 그 거래상대방이 리먼브라더스 같은 상대방으로 부도・파산할 경우 오히려 펀드가 위험해진다(펀드 입장에서 신용보강이 불가능한 상황 발생), 또한 (2) unfunded swap인 경우, 장외파생상품거래의 상대방이 펀드에 대한 신용위험을 가지므로 거래상대방은 파생상품거래에 따른 추가증거금등의 책임을 운용사에 요구할 경우 운용사가 펀드재산과 독립된 책임을 질 수는 없을 것이다.

부동산펀드 법규(5문항)

86

정답 ③

집합투자기구의 법적 형태가 갖고 있는 본원적 성격의 차이에 따라 예외를 인정한다. 투자합자회사에 있어서는 무한책임사원인 집합투자업자와 투자자인 유한책임사원 간에 이익을 배당함에 있어서 배당률 또는 배당순서를 달리 집합투자규약인 정관에 정할 수 있도록 하고 있다. **다만, 이 경우에도 손실을 집합투자업자인 무한책임사원이 우선적으로 부담하는 것은 금하고 있다.**

87 정답 ③

부동산과 관련된 증권에 대하여는 부동산**개발**회사가 발행한 증권, 부동산투자목적회사가 발행한 증권, 주택저당채권담보부증권, 주택저당증권의 경우에는 공·사모펀드 구분 없이 펀드재산의 **100분의 100까지 투자가 가능**하며, 이 중에서 부동산개발회사, 부동산투자목적회사의 **지분증권**에 대해서는 동일법인 발행지분증권투자제한도 적용받지 않는다(주의 상기 설명내용 중 '증권'과 '지분증권'의 구분에 유의한다. 증권은 채무증권, 지분증권, 파생결합증권, 투자계약증권 등을 모두 포함하는 개념이며, 증권 중 지분증권은 경영권에 관련된 사항이므로 별도로 규제함을 볼 수 있다).

- 반면에 부동산 및 부동산과 관련된 권리 또는 부동산담보부금전채권에 50% 이상 투자하는 수익증권·집합투자증권·유동화증권과 부동산투자회사법에 따른 부동산투자회사가 발행한 주식, 자산유동화법에 따른 자산유동화증권에 대해서는 자본시장법 제81조에 따른 **각종 투자한도 규제(동일종목에 펀드자산의 10% 이내)를 적용받게 되어 있음을 유의**해야 한다.

88 정답 ②

부동산의 거래비용은 '사업계획서'가 아닌 '실사보고서'에 해당한다.

※ 부동산의 취득·처분 시 운용특례

집합투자업자는 펀드재산으로 부동산을 취득하거나 처분하는 경우에는 다음 사항이 포함된 '**실사보고서**'를 작성·비치하여야 한다.

(1) 부동산의 현황
(2) 부동산의 거래가격
(3) 부동산의 거래비용
(4) 부동산과 관련된 재무자료
(5) 부동산의 수익에 영향을 미치는 요소
(6) 담보권 설정 등 부동산과 관련한 권리의무관계에 관한 사항
(7) 실사자에 관한 사항

※ 부동산개발사업 시 운용특례

집합투자업자가 펀드재산으로 부동산개발사업에 투자하고자 하는 경우에는 다음 사항이 포함된 '**사업계획서**'를 작성하여야 한다.

(1) 부동산개발사업 추진일정
(2) 부동산개발사업 추진방법
(3) 건축계획 등이 포함된 사업계획에 관한 사항
(4) 자금의 조달·투자 및 회수에 관한 사항
(5) 추정손익에 관한 사항
(6) 사업의 위험에 관한 사항
(7) 공사시공 등 외부용역에 관한 사항

89 정답 ③

부동산펀드가 아닌 펀드에서 부동산을 취득함에 있어 금전을 차입하는 경우에 그 차입금의 한도는 다음과 같다.

(1) 해당 펀드에 속하는 부동산 가액의 70%(주의 **펀드재산 가액이 아님에 유의**)
(2) 이 경우 부동산 가액의 평가는 '집합투자재산평가위원회'가 '집합투자재산평가기준'에 따라 정한 가액으로 한다.

90 정답 ④

부동산중개사업자에게는 대여할 수 없다.

※ 집합투자재산으로 부동산 취득 시 금전의 대여

1. 집합투자업자는 집합투자재산으로 부동산개발사업을 영위하는 법인(부동산신탁업자, 부동산투자회사법에 의한 부동산투자회사, 다른 집합투자기구)에 대하여 아래의 요건 하에 따라 금전을 대여할 수 있다.
   (1) 집합투자규약에서 금전의 대여에 관한 사항을 정하고 있을 것
   (2) 집합투자업자가 부동산에 대하여 담보권을 설정하거나 시공사 등으로부터 지급보증을 받는 등 대여금을 회수하기 위한 적절한 수단을 확보할 것
2. '투자매매업자 또는 투자중개업자(증권회사를 말함)'로부터는 차입을 할 수 있지만 투자일임업자나 투자자문업자로부터는 차입이 불가하다.

※ 부동산펀드가 차입을 할 수 있는 기관

(1) 금융기관
   - 한국은행, 산업은행 / 중소기업은행 / 수출입은행, 투자매매업자 또는 투자중개업자, 증권금융회사, 종합금융회사, 상호저축은행
(2) 보험회사
(3) 다른 부동산펀드
(4) 위의 (1), (2)에 준하는 외국금융기관 등

부동산펀드 영업(5문항)

91 정답 ②

유치권은 점유로서 공시되므로 등기가 필요 없다. 유치권이 성립하려면 목적물이 타인의 물건 또는 유가증권이어야 하고, 피담보채권이 목적물과 견련관계가 있어야 하며, 채권이 변제기에 있어야 하고, 유치권자가 목적물을 **점유하고 있어야 하며**, 당사자 사이에 유치권의 발생을 배제하는 특약이 없어야 한다.

① 지상권은 최장기간에 대한 제한은 없지만 최단기간에 대한 제한이 있다. 견고한 건물이나 수목의 경우 30년 이상이며, 기타 건물(판자집 등)은 15년, 건물 이외의 공작물은 5년 이상이다.

국가적인 입장에서 보면 일단 지어진 건물은 영속적으로 존재시켜야 자원낭비를 방지하므로 지상권 설정자(땅 주인)보다 지상권자를 두텁게 보호한다.

지상권(물권)과 임대차계약에 의한 임차권(채권)은 상당한 차이가 있다. 예를 들어 토지 소유자가 토지를 매각하여도 지상권자는 지상권이 물권이므로 여전히 토지소유자의 변동에 무관하게 지상권의 권리를 누린다. 하지만 임차권자는 이 임차권이 물권이 아닌 (특정인에게만 권리를 주장할 수 있는) 채권이므로 (이 채권을 등기를 하지 않은 경우) 원칙적으로 제3자에 대하여 대항력이 없다.

③ 요역지(편익을 받는 토지)는 반드시 1필의 토지이어야 하나 승역지(편익을 제공·승낙하는 토지)는 토지의 일부도 가능하다. (예를 들어) 물을 필요로 하는 논농사의 경우, 남의 땅(승역지)의 일부를 거쳐서 배수로를 만드는 경우에 해당한다.

④ 저당권은 점유를 필요로 하지 않으므로 반드시 등기·등록에 의한 공시를 하여야 한다. 예를 들어 아파트담보대출을 받은 차입자가 해당 아파트에 계속 거주(점유)하면서 대출을 받는 경우이다.

92

정답 ④

가등기는 부동산물권에 해당하는 권리의 설정, 이전, 변경, 소멸의 청구권을 보전하기 위해 예비로 하는 등기로서, 소유권, 전세권, 저당권, 임차권 등에 해당하는 권리의 설정과 이전, 변경 등 소멸의 **청구권을 보전**하려는 경우에 하는 등기이다. 본등기는 가등기에 대응되는 개념으로서 가등기에 의해 그 순위가 보존되는 물권변동의 효력을 발생시키는 등기를 말한다.

예 매도자가 매수자에게 부동산을 특정금액에 팔기로 계약금을 지불하고 잔금은 추후에 지급하기로 한 경우, 이때 매수자는 계약금 지불과 동시에 부동산 가등기를 신청하여야 유리하다. 가등기하지 않으면 매도자가 2차 매수자에게 (1차 매수자가 잔금 치르기 전에) 더 높은 가격으로 팔아버릴지 모르므로 기존 매수자가 선순위 자격을 가질 필요가 있다. 즉 기존 매수자의 (소유권 이전에 대한) 청구권보전의 효력과 순위보전적 효력(매수자가 2차 매수자보다 더 앞 순서이다)이라는 가등기의 효력으로 2차 매수자보다 소유권 이전에 대한 우선권을 가진다.

본등기의 효력	가등기의 효력
물권변동적 효력, 순위확정적 효력, 형식적 확정력(후등기 저지력)[주3], 대항적 효력[주4], 권리존재 추정력, 점유적 효력[주5]	청구권보전의 효력, 순위보전적 효력

* 주3 : 서로 동일한 물권이 같이 등기될 수 없다는 것으로, 예를 들어, 전세권이 등기되어 있는데 또 전세권을 등기하면 양립할 수 없으므로 후등기를 저지시키는 것이다.
* 주4 : 지상권, 저당권 등과 같은 부동산의 제한물권, 또는 부동산 임차권을 등기하면 당사자 이외의 제3자에게도 대항할 수 있다.
* 주5 : 점유로 인한 부동산의 시효취득 기간은 민법상 20년이지만 등기부에 소유자로 등기된 자는 10년간 자주점유를 하게 되면 소유권을 취득할 수 있다.

93

정답 ②

개별성(비동질성, 비대체성)으로 인하여 부동산은 가격 및 수익이 개별적으로 형성되어 일물일가의 법칙이 적용되지 못하므로, 그 가격을 평가하기 위한 전문가를 필요로 한다. 부동산 현상을 개별화시키고 비교를 곤란하게 함으로써 감정평가 및 투자분석 시 개별 분석을 필요로 한다.

94

정답 ④

자기관리형은 회사의 실체가 있으므로 법인세 과세대상이다.

※ **부동산투자회사법 제2조(정의)**

1. "부동산투자회사"란 자산을 부동산에(부동산투자회사는 최저자본금 준비기간이 끝난 후에는 매분기 말 현재 총자산의 80% 이상을 부동산, 부동산 관련 증권 및 현금으로 구성해야 하며, 이 경우에도 총자산의 70% 이상은 부동산이어야 함) 투자하여 운용하는 것을 주된 목적으로 적합하게 설립된 회사로서 다음 각 목의 회사를 말한다.
   - 가. **자기관리 부동산투자회사** : 자산운용 전문인력을 포함한 임직원을 상근으로 두고 자산의 투자·운용을 직접 수행하는 회사(법인세 과세대상 ○)
   - 나. **위탁관리 부동산투자회사** : 자산의 투자·운용을 자산관리회사에 위탁하는 회사(법인세 부과 ×)
   - 다. **기업구조조정 부동산투자회사(CR REITs)** : 채권금융기관과 재무구조 개선을 위한 약정을 체결하고 해당 약정 이행 등을 하기 위하여 매각하는 부동산 등을 취급하기 위한 자산의 투자·운용을 자산관리회사에 위탁하는 회사(법인세 부과 ×)

※ **부동산투자회사법 제10조(최저자본금)**

1. 자기관리 부동산투자회사 : 70억원
2. 위탁관리 부동산투자회사 및 기업구조조정 부동산투자회사 : 50억원

95

정답 ①

대출형은 실물형이 아닌 별도로 구분한다. 부동산개발사업을 영위하는 법인(시행사) 등에 대한 대출(PF 등 방식)을 주된 운용방법(펀드재산의 50% 초과)으로 하고, 대부분 해당 시행사로부터 대출이자를 지급받아 수익을 창출한다.

부동산펀드 투자 · 리스크관리(5문항)

96 정답 ③

부동산을 개발하는 경우에는 인허가 위험, 공사 중단, 미완공 위험, 공사비 초과, 준공지연 위험, 완공 프로젝트의 적정성 위험, 기술적 위험 등 개발 위험이 새로이 추가된다. 개발 위험을 회피하기 위해서는 시공자와 건설과정에서의 설계, 자재조달, 인허가 등 각종 절차를 일괄적으로 부담시키고 건설비도 계약 시에 확정하는 '확정가격에 의한 일괄 도급계약(Fixed Price and Lump-sum Turn-key Contract)'을 활용할 수 있다. 설계, 조달, 건설을 일괄 추진한다는 점에서 이런 방식을 EPC(Engineering, Procurement and Construction)라 부른다. 그러나 '확정가격에 의한 일괄 도급계약'을 하더라도 시공사의 신용위험에 대해 별도로 고려하여야 한다.

97 정답 ①

부동산시장은 공간시장 → 자산시장 → 개발시장 → 공간시장의 순환적 상호작용을 한다. 공간시장에서는 공간서비스량의 **단기공급곡선**과 수요곡선에 의해 점유율과 임대료가 결정된다. 그리고 부동산은 단기적으로 공급량을 늘릴 수 없으므로 부동산공급곡선은 가격에 대하여 **비탄력적**이다.

98 정답 ②

부동산 수요량의 변화율을 대체관계에 있는 부동산의 가격변화율로 나눈 것이 **수요의 교차탄력성**이다. A 부동산과 B 부동산 간에 대체관계가 있을 때 A 부동산의 가격이 상승하면 A 부동산의 수요는 줄어들고 B 부동산의 수요는 증가한다. 반대로 A 부동산의 가격이 하락하면 A 부동산의 수요는 늘어나고 B 부동산의 수요는 줄어든다. 예를 들어 소형 주거용 오피스텔과 소형 아파트를 비교할 때, 만일 소형 주거용 오피스텔의 공급 물량이 늘어나서 임대가격이 하락하면 이들에 대한 수요가 늘어나는 데 비해, 소형 주거용 오피스텔과 대체관계에 있는 소형 아파트의 임대수요는 줄어든다.

99 정답 ①

개발제한구역(Greenbelt Zone) 제도란 「국토의 계획 및 이용에 관한 법률」에서 정하는 용도구역의 하나로, 도시의 무질서한 확산을 방지하고 도시 주변의 자연환경을 보전하여 도시민의 건전한 생활환경을 확보하기 위해 도시의 개발을 제한하는 제도이다. 만일 정부에서 더 이상 개발제한구역으로 지정할 필요가 없다고 평가하는 경우, 주거환경의 개선 및 정비가 필요하다고 판단되는 지역인 경우, 도시용지의 적절한 신규공급이 필요하다고 판단하는 경우 등의 사유로 개발제한구역을 해제하는 때에는 **신규 부동산이 공급되는 효과**를 기할 수 있다.

100 정답 ④

외환과 관련한 위험을 회피하기 위해 해외사업자에게 원화로 대출을 함으로써 환율변동에 따른 위험을 해외사업자에게 전가하기도 하는데 해외사업자의 자본력이 충분치 않은 상황에서 이러한 금융구조는 위험을 전가했다고 하기보다는 환위험이 **사업위험**에 포함되어 더욱 위험한 프로젝트가 될 수 있으므로 주의해야 한다. 즉 헤지 실패로 인하여 파생상품의 특징인 원금초과손실이 발생할 경우 해외사업자가 파산할 수도 있다.

[예] 사업위험의 설명을 위한 사례 : 과거 우리나라 의사들이 은행으로부터 저금리인 엔화표시로 대출을 받아서 의료기기를 수입하는 경우가 있었다. 그러나 대출실행 이후에 발생한 엔화가치의 급등으로 갚아야 할 대출금액이 폭증하여 의료사업의 부실(사업위험)로 파산이 속출하였다. 의사는 환자로부터 원화로 받지만 갚아야 할 외화대출은 엔화이므로 환변동위험을 인식하지 못한 것이다. 즉, 동 예시에서 엔화표시로 빌려준 은행을 해외투자펀드로, 의사를 해외사업자로 해석해 보면 은행(해외투자펀드)이 엔화변동리스크를 부담하지 않고자 이를 의사에게 떠넘기면 의사(해외사업자)가 환헤지 실패로 파산하는 경우 은행(해외투자펀드)의 부실로 이어진다.

- ②와 관련하여, 통상 환헤지 기간이 부동산 프로젝트의 만기보다 짧아 만기 이전에 환헤지를 갱신하는 경우 원화가 평가절하(환율 상승)된다면 환헤지 정산금을 환헤지 거래상대방에게 지급해야 할 위험이 있다. 즉, 달러/원 환율하락 위험에 대비하여 선물환 매도 후, 선물만기 시 환율이 상승(원화 약세)한 상태에서 선물환을 연장하고자 한다면 환차손에 대한 중간정산을 하여야 한다(HRR* 금지). 그 중간정산자금을 지급하려면 애당초 해외투자자금을 줄이거나 또는 이미 투자한 해외투자부동산을 환매하여야 하므로 펀드수익률에 부정적인 영향을 준다.

* HRR : Historical Rate Rollover

※ **사업위험(Business Risk)**

(1) 시장위험(Market Risk) : 시장상황으로부터 유래되는 위험으로 경제가 위축되면 부동산에 대한 수요는 줄어든다. 부동산에 대한 수요가 줄어들게 되면 공실률(Vacancy Rate)이 증가되어 임대료가 하락하게 된다. 또한 인구구조나 기술수준의 변화 등은 부동산에 대한 수요와 공급에 영향을 미쳐 임대료를 변화시킬 수 있다. 이 같은 수요와 공급의 변화는 부동산투자의 수익성에 대한 위험을 증대시키는 중요한 요인이 된다.

(2) 운영위험(Operating Risk) : 부동산의 관리, 근로자의 파업, 영업경비의 변동 등으로 인해 야기될 수 있는 수익성의 불확실성을 폭넓게 지칭하는 것이다.

펀드투자권유자문인력

제3회 정답 및 해설

01	02	03	04	05	06	07	08	09	10
①	③	②	①	②	①	①	③	①	②
11	12	13	14	15	16	17	18	19	20
③	④	④	②	①	③	③	③	②	①
21	22	23	24	25	26	27	28	29	30
④	④	③	④	①	①	③	②	③	③
31	32	33	34	35	36	37	38	39	40
③	③	②	③	③	①	①	④	①	④
41	42	43	44	45	46	47	48	49	50
④	④	①	③	①	④	③	④	④	③
51	52	53	54	55	56	57	58	59	60
②	④	③	②	③	④	①	①	③	①
61	62	63	64	65	66	67	68	69	70
④	②	①	②	①	③	②	②	①	④
71	72	73	74	75	76	77	78	79	80
②	③	④	③	①	④	②	②	③	③
81	82	83	84	85	86	87	88	89	90
④	①	④	③	③	①	②	①	③	④
91	92	93	94	95	96	97	98	99	100
④	①	②	①	①	③	③	①	④	①

펀드일반 법규(13문항)

01

정답 ①

투자회사도 일반 주식회사와 마찬가지로 이사, 이사회, 주주총회가 있다. 그러나 투자회사는 집단적·간접적 투자를 위한 법적 도구(Paper Company)라는 특성상 그 기관도 일반회사와 다르다. 예를 들면, 투자회사의 이사는 법인이사(집합투자업자)와 감독이사로 구분된다. 그리고 **내부감사가 없는 대신** 외부감사가 의무화되어 있다.

투자회사는 법인이사 1인과 감독이사 2인 이상을 선임하여야 한다. 법인이사란 투자회사를 대표하고 투자회사 업무를 집행하는 이사인데, 당해 투자회사의 집합투자업자가 법인이사가 된다.

02

정답 ③

법정 의결사항에 대한 연기수익자총회 결의는 '출석과반수 & 전체의 1/8 이상'의 찬성을 요건으로 한다.

※ 수익자총회 결의요건

구 분	수익자총회	연기수익자총회(요건완화)
법정 의결사항	출석과반수 & 전체의 1/4 이상	출석과반수 & 전체의 1/8 이상
신탁계약으로 정한 의결사항	출석과반수 & 전체의 1/5 이상	출석과반수 & 전체의 1/10 이상

03

정답 ②

'나, 다'가 틀린 내용이다.

나. 예탁결제원을 명의인으로 하여 발행한다.

다. 수익증권은 '무액면 / 기명식'으로 발행한다.

04

정답 ①

법인형의 경우 증권신고서 제출의무자는 해당 집합투자기구이다.

※ **증권신고서 제출의무자**

증권신고서 제출의무자는 해당 증권의 발행인이다. 법인형집합투자기구는 해당 집합투자기구가, 비법인형집합투자기구는 해당 집합투자업자가 발행인이므로 증권신고서 제출의무를 지게 된다.

05

정답 ②

투자권유대행인은 자본시장법상의 '파생상품 등'에 대한 투자권유를 할 수 없다.

※ **'파생상품 등'** : 파생상품, 파생결합증권(원금보장형 제외), 파생상품펀드

※ **투자권유대행인의 금지행위**

(1) 위탁한 금융투자업자를 대리하여 계약을 체결하는 행위
(2) 투자자로부터 금전·증권, 그 밖의 재산을 수취하는 행위
(3) 금융투자업자로부터 위탁받은 투자권유 대행업무를 제3자에게 재위탁하는 행위
(4) 투자자를 대리하여 계약을 체결하는 행위
(5) 둘 이상의 금융투자업자와 투자권유 위탁계약을 체결하는 행위
(6) 위탁계약을 체결한 금융투자업자가 이미 발행한 주식의 매수나 매도를 권유하는 행위 등

정답 및 해설

06

정답 ①

투자자는 그 집합투자증권을 판매한 '투자매매업자 또는 투자중개업자(판매업자)'에게 환매를 청구해야 한다. 환매청구를 받은 판매업자는 집합투자업자나 투자회사에게 지체 없이 환매에 응할 것을 요구해야 한다.

※ 환매 관련 추가사항

(1) '시장성 없는 재산에 10%, 외화자산에 50%'를 초과하여 투자하는 펀드는, 15일을 초과하는 날을 환매기일로 할 것을 규약에서 정할 수 있다.

(2) 처분불가능 등 환매연기사유에 해당되면 환매연기를 하고 6주 내로 관련사항에 대해 총회결의를 해야 한다.

07

정답 ①

①은 100%, 나머지는 30%이다.

※ 동일종목 증권에 대한 투자한도(펀드자산총액의 10%)의 예외

100% 투자가능	30% 투자가능
국채, 통안채, 정부보증채	지방채, 특수채, OECD 회원국 또는 중국 정부가 발행한 채권

[추가사항] 펀드재산의 50% 이상을 5% 이하씩 나누어 투자하는 등 요건을 갖춘 펀드의 경우에는 25%까지 투자할 수 있다.

08

정답 ③

③의 경우 '성과보수를 받지 않을 것'으로 해야 한다.

'운용성과가 기준지표를 초과하더라도 해당 운용성과가 부(−)의 수익률을 나타내거나 성과보수를 지급함으로써 해당 운용성과가 부(−)의 수익률을 나타내게 되는 경우는 성과보수를 받지 않을 것'

09

정답 ①

'10%, 신탁업자'이다.

※ 파생상품 운용에 대한 운용안정성 확보와 투자자 보호를 위한 장치

(1) 파생상품매매에 따른 위험평가액이 펀드자산총액의 10%를 초과할 경우 : 위험지표 공시의무가 부과된다(위험지표 : 계약금액, 만기 시 손익구조, 시장상황에 따른 손익구조 변동, 최대손실예상금액).

(2) 장외파생상품에 따른 위험평가액이 펀드자산총액의 10%를 초과할 경우 : 장외파생상품은 위험도가 더 높으므로, (1)에 추가하여 장외파생상품의 위험관리방법을 별도로 신고하도록 하고 있다.

10

정답 ②

증권신고서 제출 자체가 정기공시 사항이므로 수시공시 사항을 기재할 수 없다.

집합투자업자는 법령에서 정하는 집합투자기구 수시공시 사항이 발생한 경우에는 이를 공시해야 한다. 그 방법으로는 ① 집합투자업자, 집합투자증권을 판매한 판매회사 및 금융투자협회의 인터넷 홈페이지를 이용하여 공시하는 방법, ② 집합투자증권을 판매한 판매회사로 하여금 전자우편을 이용하여 투자자에게 알리는 방법, ③ 집합투자업자, 집합투자증권을 판매한 판매회사의 본점과 지점, 그 밖의 영업소에 게시하는 방법이 있다. 집합투자업자의 수시공시는 3가지 모두의 방법으로 이행해야 한다(**3가지 중 1가지 방법을 선택하는 것이 아님**).

11

정답 ③

매 분기 종료 후 2개월 이내에 영업보고서를 작성·제출해야 한다.

[암기법] 회계감사는 '2300'으로 암기 : 300억원 이하의 펀드, 2개월 이내로 회계감사

12

정답 ④

운용행위에 대한 감시는 소극적인 감시이며, 투자대상자산의 결정 여부에 대한 것은 소극적인 감시의 대상이 아니다.

- 운용지시에 대한 감시는 펀드 내 주식편입한도가 집합투자규약을 준수하는지의 여부 등을 말한다. '투자대상의 결정이 적정한가 또는 투자수익률이 적정한가'의 여부는 운용자의 고유권한이므로 신탁업자의 소극적 감시의 대상이 아니다.

※ 신탁업자의 운용행위 감시(소극적 감시)

(1) 투자설명서가 법령, 집합투자규약(정관)에 부합하는지의 여부

(2) 자산운용보고서의 작성이 적정한지의 여부

(3) 장외파생상품 운용에 따른 위험관리방법의 작성이 적정한지 여부

(4) 집합투자재산의 평가가 공정한지 여부

(5) 기준가격 산정이 적정한지 여부(기준가격 차이가 1,000분의 3 초과 시 시정요구)

(6) 운용지시 등 시정요구 등에 대한 집합투자업자의 이행명세

(7) 폐쇄형펀드 집합투자증권을 추가발행 시 기존투자자의 이익을 해할 우려가 없는지 여부

13
정답 ④

존속하는 투자신탁(투자회사)의 집합투자업자가 금융위에 합병보고를 한 때에 효력이 발생한다. 합병으로 소멸하는 투자신탁(투자회사)은 합병과 동시에 해지(해산)된 것으로 간주된다.

※ **합병절차** (← 펀드 합병 관련해서 다음 지문과 함께 출제되는 경우도 있으므로 꼭 암기)

(1) 합병계획서를 작성하여 합병하는 각 투자신탁(투자회사)의 수익자총회(주주총회)의 승인을 얻어야 한다.

(2) 합병대차대조표 등을 수익자총회일(주주총회) 2주 전부터 합병일 이후 6월이 경과하는 날까지 집합투자업자의 본점 및 판매회사의 영업소에 비치하는 방법으로 공시해야 한다.

(3) 합병한 경우 그 사실을 금융위에 보고하고, 합병 대상 투자신탁 수익증권(투자회사 주권)이 증권시장에 상장되어 있는 경우 지체 없이 거래소에 보고해야 한다.

직무윤리 및 투자자분쟁예방(15문항)

14
정답 ②

②는 직무윤리를 말한다.

※ **기업윤리 vs 직무윤리**

기업윤리	직무윤리
기업의 관점에서 조직구성원에게 요구하는 포괄적 개념	조직구성원 개개인들이 맡은 업무수행 시 준수해야 하는 구체적 개념
거시적 개념	미시적 개념
'윤리강령'의 형태로 나타남	임직원 '행동강령'의 형태로 나타남

• 기업윤리와 직무윤리는 엄격히 구분되지 않는다(혼용되기도 함).

15
정답 ①

직무윤리는 투자 관련 직무에 종사하는 '일체의 자'를 그 적용대상으로 한다('일체의 자' : 가 ~ 라).

16
정답 ③

금융투자회사 표준내부통제기준 제50조에 따라 '이익이 상충되는 경우 우선순위를 정하는 방법' 3가지는 지문 ①, ②, ④이다(주주의 이익과 임직원의 이익 간에는 이익상충이 없다고 봄).

※ **이익상충을 준수하는 순서**

'고객의 이익(기존고객과 신규고객은 동일) > 회사의 이익 > 주주 또는 임직원의 이익'

17
정답 ③

① 상품개발 단계, ② 금융상품 판매절차 구축단계, ③ 상품판매 단계, ④ 상품판매이후 단계

18
정답 ③

틀린 항목은 '가, 라'이다.

가. 금융소비자보호법상 설명의무는 **일반투자자만을 대상**으로 한다.
'적합성 원칙 / 적정성 원칙 / 설명의무'는 일반투자자만을 대상으로, '부당한 투자권유금지(불초청권유금지, 재권유금지 등)'는 전문투자자에게도 적용된다.

라. 설명의무를 위반 시 **자본시장법상의 손해배상책임을 진다**(금융소비자가 해당 금융상품의 매수로 인해 발생한 손해에 대하여 자본시장법 시행령상으로 산정된 금액을 배상해야 함).

19
정답 ②

직무를 수행함에 있어서 필요한 **최소한의** 전문지식을 갖추어야 한다.

※ **금융투자회사 표준윤리준칙상 본인을 위한 의무(준 · 혁 · 품 · 독 · 사)**

법규**준**수 의무(①), 자기**혁**신 의무(②), **품**위유지 의무, 공정성 및 **독**립성 유지 의무(③), **사**적이익추구금지 의무(④)

20
정답 ①

'이사회 – 5년'이다. 이와 같은 규정이 있으므로 회사는 사전에 이사회 결의를 통해 자신의 기준에 적합한 금액을 결의하는 것이 좋다.

※ **재산상 이익의 제공 및 수령에 대한 내부통제절차의 강화**

(1) 공시의무 신설 : 수수금액이 10억원을 초과할 경우 즉시 공시

(2) 적정성평가 및 점검 : 평가 및 점검결과를 이사회에 보고, 내부통제기준에 반영

(3) 이사회 사전승인 : 이사회가 정한 한도를 초과하여 수수할 경우 사전에 이사회 결의를 거쳐야 함

(4) 기록 등의 의무 : 제공 및 수령 내역을 5년 이상 보관 · 관리해야 함

21

정답 ④

시장질서교란행위 규제는 타인을 거래에 끌어들일 목적, 시세를 고정할 목적 등 **목적성이 입증되지 않아도 제재대상이 되므로,** ETF의 유동성 지원업무와 같이 정상적인 업무수행 중이라도 해당 업무의 수행과정에서 시세에 큰 변동을 가져와 시장질서를 교란할 여지가 없는지 사전에 확인을 해야 한다.

※ 시장질서교란행위 규제(2015.7.1.~)

기존의 불공정행위 규제	현행 시장질서교란행위 규제
불공정거래행위의 '목적성'이 입증되어야 처벌이 가능 → 시장에 영향을 주는 불공정거래행위임에도 불구하고 규제대상에서 제외되는 경우가 발생	'목적성'이 없어도 처벌할 수 있도록 규제의 구성요건을 포괄적으로 정의함 → 시장에 불공정한 영향을 주는 모든 사안에 대해 제재가 가능하게 됨
'내부자, 준내부자, 1차 정보수령자'가 제재의 대상이 됨	'내부자, 준내부자, 1차 정보수령자'까지만 미공개중요정보 이용행위(불공정거래행위)금지 대상자로서 형사처벌, 손해배상책임, 과징금 등의 부과대상이지만 2차 ~ N차의 정보수령자는 시장질서교란행위 금지 대상자로서, 과징금 부과 대상자이다.

22

정답 ④

준법감시인을 임면한 때에는 임면일로부터 7영업일 내에 금융위에 보고해야 한다.

※ 준법감시인

준법감시인을 임면(임명과 면직)하려면 이사회 의결을 거쳐야 하며, 해임할 경우에는 이사 총수의 3분의 2 이상의 찬성으로 의결해야 한다. 또한 준법감시인은 사내이사 또는 업무집행책임자 중에서 선임하는데, 이는 너무 낮은 직급이 준법감시인이 되면 업무를 효율적으로 수행할 수 없다고 판단하기 때문이다. **준법감시인의 임기는 2년 이상**이어야 하고, 회사는 준법감시인에게는 회사의 재무적 경영성과와는 연동되지 아니하는 별도의 보수지급 및 평가기준을 마련해야 한다.

23

정답 ③

③은 금융위원회의 제재사항이다. 외부통제의 주체는 자율규제로서 금융투자협회와, 공적규제로서 금융위원회(회계기준 관련 규제는 증선위)가 있다.

cf 금융감독원 : 금융위와 증선위의 지도·감독을 받아 금융기관에 대한 감사·감독업무를 수행하기 위해 설치된 공적기관

※ 금융위원회의 행정제재 : 금융투자회사에 대한 인가 또는 등록의 취소권

위반요건	조치내용
거짓, 그 밖의 부정한 방법으로 인가나 등록을 한 경우	• 6개월 이내의 업무의 전부 또는 일부정지 • 위법행위의 시정명령 또는 중지명령 • 기관경고, 기관주의 등
인가조건을 위반한 경우	
인가조건 또는 등록요건의 유지의무를 위반한 경우	
업무의 정지기간 중에 업무를 한 경우	
금융위의 시정명령 또는 중지명령을 이행하지 않은 경우	
그 밖에 투자자의 이익을 현저히 해할 우려가 있는 경우	

24

정답 ④

개인정보의 익명처리가 가능한 경우에는 익명에 의하여 처리될 수 있도록 하여야 한다(익명처리 우선).

25

정답 ①

조정안이 무조건 투자자에게 유리하게 결정되는 것은 아니다(아래 내용 참조).

※ 비교주의

금융감독원의 금융분쟁조정위원회	금융투자협회의 분쟁조정위원회
• 회부 : 조정신청일로부터 30일 • 심의 : 회부일로부터 60일	• 회부 : 조정신청일로부터 30일 • 심의 : 회부일로부터 30일
• 조정성립 : 재판상 화해의 효력	• 조정성립 : 민법상 화해의 효력

※ 분쟁조정제도의 장단점

장 점	단 점
• 소송수행보다는 시간과 비용이 절감, 합리적인 분쟁처리 가능 • 복잡한 금융분쟁에 대해 전문가의 도움을 받을 수 있음 • 개인이 확인하기 어려운 분쟁 관련 회사의 자료를 간접적으로 확인 가능	• 양 당사자가 합의를 도출하지 않으면 분쟁처리가 지연될 수 있음 • 판단기관에 따라 결과의 차이가 있을 수 있음(조정안은 보편타당한 결과를 지향하는데, 어느 당사자에게 소송결과보다 좋다는 보장이 없음)

정답 및 해설

3회

26

정답 ①

일임매매와는 거리가 멀다. '선물환의 거래경험이 없는'은 적합성 원칙 위배, '충분히 설명하지 않았고'는 설명의무 위반에 해당한다. 그리고 '그 밖에 투자자보호 또는 건전한 거래질서를 해할 우려가 있는 경우'로서 부당권유금지 위반에 해당한다.

※ **금융투자상품 관련 분쟁의 유형** : 임의매매, 일임매매, 부당권유, 펀드 불완전판매, 주문 관련 분쟁, 기타 분쟁(전산장애 등)

27

정답 ③

금융기관 직원의 전문성을 활용할 수 있는 제도는 '의심거래보고제도(STR)'이다.

※ **의심거래보고제도 vs 고액현금거래보고제도**

의심거래보고제도(STR)	고액현금거래보고제도(CTR)
(+) 금융기관직원의 전문성 활용이 가능하다. (+) 정확도가 높고 활용도가 크다.	(+) 자금세탁행위의 예방효과가 있다. (+) 분석자료의 참고로 활용할 수 있다.
(−) 금융기관 의존도가 높다. (−) 참고유형 제시 등의 어려움이 있다.	(−) 정확도가 낮은 편이다. (−) 금융회사의 추가비용이 발생한다.

28

정답 ②

고객정보확인(CDD) → 요주의리스트 확인 → 고객위험평가 → 추가정보수집(EDD)

※ **고객확인제도(CDD / EDD)의 실행절차**

(1) 고객정보확인 : 실지명의, 주소, 연락처 등 기본정보 수집
(2) 요주의리스트(Watch List) 확인 : 금융위지정 금융거래제한 대상자, UN지정 테러리스트 등 확인
(3) 고객위험평가 : 고객특성, 거래상품 및 서비스 등 위험평가요인에 기반하여 평가
- 저위험 · 중위험은 3년마다 재평가, 고위험고객은 1년마다 재평가

(4) 추가정보수집 : 고위험군이거나 의심스러운 고객의 경우 '금융거래목적 + 자금거래원천'을 파악함

펀드 구성 · 이해(16문항)

29

정답 ③

'가, 나, 라'는 증권신고서 제출의무가 면제된다.

※ **증권신고서 제출의무 면제대상**

(1) 국공채(국채 / 지방채 / 특수채), 정부나 지자체가 원리금 지급을 보증한 채무증권
(2) 모집 또는 매출하는 증권의 총액이 10억원 미만인 경우
(3) 모(母)투자신탁
- 모투자신탁은 모집대상이 아니므로 증권신고서 제출의무가 없다(모집대상은 자투자신탁).

(4) 사모투자신탁

30

정답 ③

①, ②를 제외한 집합투자기구는 모두 15일이다(또는 '개방형은 환매금지형이 아니므로 15일이다'라고 이해할 수 있음).

31

정답 ③

'20일, 2주'이다. 그리고 등록신청서의 흠결 보완을 위해 소요되는 기간은 등록여부를 결정하는 20일의 기간에 포함시키지 않는다.

32

정답 ③

틀린 항목은 '나, 라'이다.

나. 예비투자설명서는 '수리된 후 효력발생 전'에 사용이 가능하다. 그리고 간이투자설명서는 효력발생 전, 후 모두 사용이 가능하다.
라. 1년에 1회 이상 업데이트를 해야 한다.

33

정답 ②

②는 법정해지사항이다.

34

정답 ③

외화MMF의 운용대상자산으로서 표시통화는 OECD 가입국 및 중국통화에 한하되, 각 MMF별 단일통화이어야 한다. 편입자산 및 신용등급은 원화MMF 요건과 같으며, 신규MMF 설정요건은 원화MMF 설정요건보다 완화되어 있다(개인 : 1,500억원, 법인 : 2,500억원 이상).

35

정답 ③

③은 반대로 설명되었다.

※ 모자형집합투자기구 vs Fund of Funds(재간접투자기구)

(1) 모자형집합투자기구는 집합투자업자의 운용의 효율성을 위하여 도입된 제도인 반면, Fund of Funds는 운용회사의 운용능력의 아웃소싱을 위해 도입된 제도이다.

(2) 모자형집합투자기구는 하위 투자기구에 투자자가 투자하는 반면 Fund of Funds는 그 투자기구 자체에 투자자가 투자하게 된다.

36

정답 ①

'가, 나'가 옳다.

다. 子집합투자기구와 母집합투자기구의 집합투자업자가 동일할 것

37

정답 ①

모두 옳은 내용이다. '가 ~ 마'의 운용특례는 ETF가 매입하는 증권은 지수편입 차원 목적에 국한되므로 일반적 규제의 예외가 적용된다고 볼 수 있으며, '바'의 경우는 '상장형(Exchanged Traded)'의 목적에 따라 30일 내에 상장의무를 부과하는 것이다.

38

정답 ④

④는 가치주펀드의 전략이다. 성장주펀드는 미래성장에 대한 기대감으로 현재 기업가치보다 높게 형성된 주식에 투자한다.

※ 펀드의 일반적 분류 중 '증권형 vs 파생형'의 위험

구 분		내 용
증권형	시장위험	• 주식의 시장위험이 채권보다 크다(주식의 변동성이 더 크므로). • 섹터나 개별주식에 투자하는 펀드가 시장에 투자하는 펀드보다 시장위험이 더 크다.
	유동성위험	• 채권의 유동성이 주식에 비해 현저히 떨어진다. • 대형주가 중소형주보다 유동성이 풍부하지만 대주주지분률이 높을 경우 유동성이 부족할 수 있다.
파생형	시장위험	파생상품의 가격변동 위험을 말함
	레버리지위험	장내파생상품에 국한되는 위험
	거래상대방위험	장외파생상품에 국한되는 위험

▶ 전략별 증권형펀드의 종류

- 가치주펀드 : 성장성이 낮지만 내재가치 대비 저평가된 기업에 투자하는 전략
- 성장주펀드 : 내재가치보다 높게 거래되지만 미래 성장성에 투자하는 전략
- 배당주펀드 : 배당수익률이 높은 종목에 집중 투자하는 전략

39

정답 ①

인핸스드인덱스펀드는 패시브펀드와 액티브펀드를 혼합한 것이나 위험을 제한적으로 수용하기 때문에 패시브펀드에 더 가깝다.

※ 인핸스드인덱스펀드의 2가지 전략(알파추구전략, 차익거래전략)의 특징

(1) 알파추구전략 : 포트폴리오를 잘 구성하여 추적대상지수보다 높은 수익률을 추구할 수 있지만, 실패할 경우 마찬가지로 지수보다 낮은 수익률을 실현할 수도 있다.

(2) 차익거래전략 : KOSPI200을 추종하는 펀드는 차익거래가 용이하여 '인덱스 + α'를 추구할 수 있으므로 인핸스드인덱스펀드라고 할 수 있다.

40

정답 ④

파생결합증권은 발행주체가 증권사(ELS, ELW)이므로, 매수자인 투자자의 입장(발행사가 매도자의 입장)에서는 **원본초과손실이 발생하지 않는다.** 따라서 자본시장법상 포괄적 정의에서, 파생결합증권은 증권으로 분류된다.

- 자본시장법상 증권의 포괄적 정의 : 원본손실이 가능하되 원본초과손실은 없는 것

※ 파생결합증권의 구성요소

(1) 발행사 : 인가받은 증권사가 발행하므로 투자자입장에서 신용위험에도 노출된다. 단, 매도자의 위험(옵션매도의 위험)은 발행사가 지므로 투자자입장에서는 원본초과손실 가능성은 없다(따라서 파생결합증권은 증권으로 분류됨).

(2) 기초자산 : 지문 ②

(3) 만기 : 지문 ③

(4) 중도상환여부 : 기초자산가격이 사전에 정한 조건을 만족할 경우 중도상환이 된다.

※ 파생결합증권(ELS, ELW)과 파생상품(옵션)의 비교

ELS (주가연계증권)	ELW (주가연계워런트)	주식옵션
파생결합증권(원본초과손실 가능성이 없음)		파생상품
비상장 (장외파생상품 성격)	상 장	상 장 (장내파생상품)
장외파생상품의 인가를 받은 증권사가 발행 가능		개인투자자도 발행 가능

41

정답 ④

워런트는 장외파생상품으로서 가격위험과 신용위험에 동시에 노출된다. 워런트는 증권사(투자매매업자)가 발행하는데, 발행사가 파산하는 경우에는 원금의 전액 또는 일부의 회수가 불가할 수도 있다.

학습안내 워런트의 전체유형은 '모의고사 1회 69번 문항 해설' 참고

42

정답 ④

특별자산펀드에 대한 평가도 '시가에 따라 평가하되, 평가일 현재 신뢰할 만한 시가가 없는 경우에는 공정가액으로 평가해야 한다'이다.

43

정답 ①

특정금전신탁은 위탁자의 운용지시에 따라 운용하고 실적배당을 하는 단독운용상품이다.

- ③과 관련하여, 투자판단의 전부나 일부를 위임한 신탁을 '비지정형금전신탁'이라 부른다.

cf 합동운용은 집합투자기구의 업태영역에 해당되므로 신탁에서는 금지하는 것이 원칙이다. 단, 연금신탁에서는 제도적 필요에 의해 합동운용이 허용된다.
  - 연금신탁은 유일한 '불특정금전신탁 & 합동운용신탁'이다.

44

정답 ③

담보신탁에 대한 설명이다.

※ **부동산신탁의 상품종류 : 담보신탁, 관리신탁, 처분신탁, 개발신탁(토지신탁), 관리형 개발신탁, 분양관리신탁**

▶ 담보신탁 : 부동산을 신탁회사에 신탁한 후 신탁회사가 발행한 수익권증서를 담보로 하여 위탁자가 금융기관으로부터 자금을 차입하는 상품임

주의 '부동산 담보신탁의 정의'는 실생활에 매우 중요하다. 월세나 전세계약 시 등기부등본상의 '갑구'란에 이 담보신탁이 설정되어 있다면 집주인은 소유권이 없으므로 주의하여야 한다. 집주인이 자신의 집을 신탁회사에 신탁하고 은행에서 대출을 받는 경우이므로 (숨겨진) 선순위 채권액이 많아 경매 등이 발생할 경우 임차인이 불리한 경우가 있다. 최근 일부 청년들이 (전·월세) 부동산계약에 대한 지식이 불충분하다 보니 불완전한 임대차계약에 휘말린 사례가 있다.

펀드영업실무(8문항)

45

정답 ①

투자자정보는 반드시 자필로 작성할 필요는 없으며, 면담과정에서 파악한 정보를 컴퓨터 단말기에 입력하고 이를 출력하여 투자자에게 확인받는 방법도 가능하다.

46

정답 ④

모두 옳은 내용이다.

47

정답 ③

차례대로 '20일, 20일'이다.

48

정답 ④

'일' 단위의 경우 만료되는 날의 **다음 영업일**을 만기지급일로 한다.

예시 2020.7.10 수익증권 최초매수, 저축기간이 10일인 경우

→ 만기지급일은 7월 20일이다. 이때 '수익증권의 최초 매수일부터 계산하여 저축기간이 만료되는 날'은 7월 19일이다(순수한 만기는 '10, 11, 12, 13, 14, 15, 16, 17, 18, 19'의 10일 동안이 됨). 따라서 '만료되는 날의 다음날'인 7월 20일이 만기지급일이 된다.

49

정답 ④

'보통세, 목적세'이다.

※ **조세의 분류**

(1) 과세주체 : 과세권자가 국가이면 국세, 과세권자가 지방자치단체이면 지방세

(2) 조세의 전가성 : 조세부담의 전가가 예상되지 않으면 직접세, 조세부담의 전가가 예상되면 간접세

(3) 지출의 목적성 : 세수의 용도가 불특정하면 보통세, 세수의 용도가 특정되면 목적세

(4) 과세표준단위 : 가격을 과세표준으로 하면 종가세, 양을 과세표준으로 하면 종량세

(5) 세율의 구조 : 과세표준과 관계없이 일정률의 세율이 적용되면 비례세, 과세표준의 크기에 따라 세율의 차이가 있으면 누진세

▶ **실제 출제에는 (3)의 보통세, 목적세와 (5)의 비례세, 누진세가 번갈아가면서 출제되므로 잘 암기해둘 것**

50

정답 ③

보장성이 아닌 저축성보험의 보험차액이 이자소득에 해당한다. 보장성보험은 사고 등에 대비한 것이므로 과세되지 않는 것이 원칙이다.

※ 이자소득 vs 배당소득

이자소득	배당소득
• 채권·증권의 이자와 할인액 • 예금·적금의 이자 • 환매조건부채권의 매매차익 • 저축성보험의 보험차익 • 직장공제회 초과반환금 • 비영업대금의 이익 • 파생결합상품의 이익(이자소득 요건) • 유사 이자소득	• 이익배당 • 의제배당 • 인정배당 • 집합투자기구로부터의 이익 • 특정 외국법인의 유보소득에 대한 간주배당 • 파생결합상품의 이익(배당소득 요건) • 유사 배당소득

51

정답 ②

생전증여재산은 피상속인에게 증여한 것은 '10년 이내', 피상속인이 아닌 자(비상속인)에게 증여한 것은 '5년 이내'의 금액을 합산하다.

※ 상속세 과세단계

과세단계	내 용
상속재산	(민법상 상속재산, 유증재산, 사인증여재산, 특별연고자분여재산) + (간주상속재산 ; 보험금, 신탁재산, 퇴직금)
상속세과세가액	(상속재산가액 + 생전증여재산가액 + 생전재산처분가액) − 공과금, 장례비, 채무 (장례비는 1천만원 한도, 납골비용 500만원 추가)
과세표준	상속세과세가액 − 상속공제액 = 상속세과세표준 (50만원 미만 시 면제)
산출세액	상속세과세표준 × 세율(10%~50%)
세액공제	산출세액 − (신고세액공제, 증여세액공제, 단기재상속세액공제 등)
가산세	신고불성실가산세, 납부불성실가산세
신고납부	상속개시일이 속한 달의 말일로부터 6개월(국외거주시 9개월)

52

정답 ④

'집합투자기구부터의 이익'은 배당소득이 된다. 배당소득에 대해서는 15.4%(지방세 포함)의 세율로 원천징수하고, 이를 포함 금융소득이 2천만원을 초과할 경우 타종류의 소득과 합쳐서 종합과세한다. 그리고 ②는 적격 펀드에 적용되는 '일부손익과세 제외' 제도의 내용이다.

cf 연령에 따라 3.3%~5.5%의 저율 분리과세를 적용하는 것은 세제적격연금상품이다.

펀드운용 및 평가(8문항)

53

정답 ③

지방채의 금리는 국채보다 높다(∵신용도가 낮은 채권일수록 발행금리는 높아지는데, 지방채는 국채보다 신용도가 낮으므로 발행금리가 국채보다도 높다).

※ 채권의 분류

발행주체별 분류	이자지급식 분류
국채, 지방채, 특수채, 회사채	복리채, 할인채, 이표채

54

정답 ②

$$P = \frac{10,000}{(1+0.0375)(1+0.0375\times\frac{61}{365})} \fallingdotseq 9,580원$$

추가예시 91일 후 5천만원을 지급받는 은행CD의 경우, 매매금리가 5.5%일 때의 매매가격은?

$$\rightarrow P = \frac{50,000,000}{(1+0.055\times\frac{91}{365})} \fallingdotseq 49,323,657원$$

55

정답 ③

이자를 지급하는 입장에서는 금리상승기이므로 고정금리지급 포지션을 매입하는 것이 좋다(아래 추가설명 참조).

※ 채권가격변동위험 회피방법(금리상승기 가정)

(1) 보유채권 매도 : 금리상승기에는 채권가격이 하락하므로 보유채권을 매도하여 가격하락위험을 회피함

(2) 국채선물 매도 : 국채선물가격은 '100 − 금리'의 방식으로 변동하므로, 금리상승기에 국채선물가격이 하락하므로 국채선물을 매도하여 가격하락위험을 회피함

(3) 이자율스왑
  ㉠ 채권발행자입장(이자지급입장) : 고정금리지급 포지션 매입
  ㉡ 채권투자자입장(이자수취입장) : 변동금리수취 포지션 매입

(4) 변동금리부채권(FRN) 매입 : 투자자 입장에서 금리상승기이므로 변동금리채권이 유리

56

정답 ④

$PSR = \frac{주가}{SPS}$, $2배 = \frac{주가}{1,000}$, 따라서 주가 = 2 × 1,000 = 2,000원

※ PSR평가모형

(1) 개념 : 주가가 주당매출액(SPS)의 몇 배에서 거래되는가? 또는 시가총액이 매출액의 몇 배에서 거래되는가?

(2) 계산식 : $PSR = \frac{주가}{SPS}$

(3) 적정주가 : P = SPS × PSR

57

정답 ①

인덱싱전략은 대표적인 소극적인 주식운용전략에 속한다.

※ 주식운용전략 : 적극적(Active) vs 소극적(Passive)

적극적인 운용전략	소극적인 운용전략
• 가치주(Value)투자전략 • 성장주(Growth)투자전략 • 중소형주(Small Cap)투자전략 • 시장(Market-Oriented)투자전략	• 인덱싱(Indexing)전략 : 시장평균수익률을 추구함. 추적오차를 최소화하는 전략

58

정답 ①

Gap Analysis는 자금유동성리스크의 측정지표이다.

※ 유동성리스크(Liquidity Risk)의 측정지표

자금유동성리스크	상품유동성리스크
Gap Analysis	Tightness, Depth, Resiliency

59

정답 ③

베타이다(아래 추가설명 참조).

※ 위험지표의 종류

절대적 위험지표	상대적 위험지표
표준편차, VaR	공분산, 초과수익률, 베타, 상대VaR, 추적오차
수익률의 안정성을 중시하는 전략의 위험지표로 적합	사전에 정해진 벤치마크가 있을 경우의 위험지표로 적합

(1) 표준편차 : 수익률의 변동성이 위험의 개념이 되는데, 평균으로부터 편차가 클수록 위험하다고 평가된다.

(2) 베 타

㉠ 시장이 움직일 때 그 시장 움직임에 대하여 어느 정도 민감하게 반영하였는가를 측정한다.

㉡ 펀드의 베타가 1보다 크면 상당히 공격적으로 운용한 펀드이고(베타 > 1 ; 고베타), 펀드의 베타가 1보다 작으면 방어적으로 운용한 펀드이다(베타 < 1 ; 저베타).

60

정답 ①

차례대로 '시장예측(Market Timing), 종목선정(Stock Selection)'을 말한다.

※ 성과요인 분석의 개념

특정 펀드가 기록한 수익률이 시장예측 또는 종목선정 중 어떤 능력이 더 많이 기여했는가를 분석하는 것이며, 성과요인 분석상 특정요인이 더 우수했다고 하면 해당 능력이 더 큰 효과를 발휘할 수 있도록 자금배분을 하는 피드백을 할 수 있다.

파생상품펀드 법규(7문항)

61

정답 ④

발행된 국가에서 발행한 것으로서 → 발행된 국가 외의 국가에서 발행한 것으로서

※ 자본시장법상 증권의 6가지 종류별 정의

(1) 채무증권 : 국채증권, 지방채증권, 특수채증권, 사채권, 기업어음증권, 그 밖에 이와 유사한 것으로서 지급청구권이 표시된 것

(2) 지분증권 : 주권, 신주인수권이 표시된 것, 법률에 의하여 직접 설립된 법인이 발행한 출자증권, 상법에 따른 합자회사・유한책임회사・유한회사・합자조합・익명조합의 출자지분, 그 밖에 이와 유사한 것으로서 출자지분 또는 출자지분을 취득할 권리가 표시된 것

(3) 수익증권 : 신탁의 수익증권, 투자신탁의 수익증권, 그 밖에 이와 유사한 것으로서 신탁의 수익권이 표시된 것

(4) 투자계약증권 : 특정 투자자가 그 투자자와 타인 간의 공동사업에 금전 등을 투자하고 주로 타인이 수행한 공동사업의 결과에 따른 손익을 귀속받는 계약상의 권리가 포함된 것

(5) 파생결합증권 : 기초자산의 가격・이자율・지표・단위 또는 이를 기초로 하는 지수 등의 변동과 연계하여 미리 정하여진 방법에 따라 지급하거나 회수하는 금전 등이 결정되는 권리가 표시된 것

(6) 증권예탁증권 : 증권을 예탁받은 자가 그 증권이 발행된 국가 외의 국가에서 발행한 것으로서 그 예탁받은 증권에 관련된 권리가 표시된 것

62
정답 ②

파생상품 중 '옵션(Option)'의 정의이다. 선도 또는 선물은 '인도', 옵션은 '권리', 스왑은 '교환'의 키워드로 암기한다.

※ 자본시장법은 파생상품의 특성에 따라 선도, 옵션, 스왑으로 구분하고 있고, 파생상품시장에서의 거래여부에 따라 장내파생상품, 장외파생상품으로 구분하고 있다.

63
정답 ①

단기금융펀드(MMF)는 펀드재산의 전부를 단기금융상품(가중평균잔존만기가 75일 이내인 증권상품)에 투자해야 하므로 '파생상품 등'에 투자할 수 없다. 나머지 펀드의 경우 펀드재산의 50%를 초과하여 '증권 / 부동산 / 특별자산'에 투자하면 해당 펀드가 되는 요건을 충족하므로 나머지 펀드재산으로 파생상품을 포함하여 자유롭게 투자가 가능하다.

예 부동산펀드의 경우 : 펀드재산의 60%를 '부동산 등'에 투자할 경우 부동산집합투자기구가 되며, 나머지 40%를(파생상품 포함) 다양한 자산에 투자할 수 있다.

64
정답 ②

파생결합증권에 대한 최대투자한도(30%)는 동일종목별로 계산한다. B 주식과 C 주식은 동일종목이 아니므로 각각 30%씩 투자가 가능하다.

①의 경우 A 펀드는 B 주식에 기초한 파생결합증권에 최대 30%, C 주식을 기초한 파생결합증권에 최대 30%를 투자할 수 있으므로 펀드재산의 60%까지 파생결합증권에 투자할 수 있다.

③의 경우 A 펀드는 서로 다른 기초자산인 파생결합증권에 각 기초자산별로 최대한도로 투자(30 + 30 + 30 + 10 = 100%)할 경우 투자할 수 있는 기초자산의 종목 수는 **최대 4개이다(기출문제임).**

④의 경우 A 펀드는 B 주식과 B 회사채를 기초로 하는 파생결합증권은 주식과 회사채를 동일종목으로 보아 펀드재산의 최대 30%를 투자할 수 있다. 왜냐하면 B 주식과 B사의 회사채를 서로 다른 종목으로 본다면 투자 리스크가 너무 크다(B 회사 파산 시에는 B 주식가치의 폭락과 B 회사채의 지급불능이 동시에 발생하므로 주식과 회사채는 동일종목으로 간주할 필요가 있다).

65
정답 ①

'10%, 10%'이다.

학습안내 '파생결합증권 및 파생상품 투자 시의 운용규제 정리'는 모의고사 1회 64번 해설 참조

66
정답 ③

쎄타위험액은 반영되지 않는다.

※ 옵션매도포지션의 위험평가액 산정

(1) '델타위험액'에 추가로 '델타 변화에 따른 위험액(감마위험액)'과 '기초자산의 변동성 변화에 따른 위험액(베가위험액)' : 델타위험액 + 감마위험액 + 베가위험액

(2) 옵션매도의 경우 쎄타와 양(+)의 관계이므로, 옵션매도포지션의 경우 쎄타위험이 없다.

67
정답 ②

당해 파생상품의 기초자산의 가격변동에 따라 펀드이익이 발생하는 구간과 손익이 없는 구간, 손실이 발생하는 구간으로 구분하여 투자자가 이해하기 쉽도록 도표 등으로 나타내고, 이를 서술식으로 요약하여 기재한다.

파생상품펀드 영업(8문항)

68
정답 ②

ELD는 은행이 발행하고 은행이 판매한다.

※ 주가연계파생상품(ELD, ELS, ELF)의 비교

구 분	ELD (주가연동예금)	ELS (주가연계증권)	ELF (주가연계펀드)
발행회사	은 행	투자매매업자	집합투자업자
판매회사	은 행	투자매매업자	투자매매업자 및 은행
자산운용	고유계정과 혼합[주6]	고유계정과 혼합	펀드(신탁)로 별도운용
형 태	정기예금	증 권	증권(수익증권)
투자방법	정기예금 가입	증권 매입	수익증권 매입
수익지급	약속된 수익률	약속된 수익률	운용실적 배당
원금보장	100% 보장	보장 또는 비보장	보존추구 또는 비보존
예금자보호	보호(5천만원 까지)	없 음	없 음
소득과세	이자소득 과세	배당소득 과세	배당소득 과세

* 주6 : 은행이 신탁을 운용할 경우는 은행의 고유재산과 고객의 자산을 분리하여 운용해야 하지만, ELD의 경우 은행이 발행자로서의 위험부담을 안고 발행하는 것이므로 고유계정에서의 운용이라고 할 수 있다(증권사도 마찬가지 원리).

69
정답 ①

일정수준(Barrier)의 요건을 충족하면 쿠폰을 지급하고 아니면 지급하지 않는 구조로서 디지털형에 해당한다.

학습안내 워런트 형태의 정리는 모의고사 1회 69번 해설 참조

70
정답 ④

델타복제펀드는 펀드설정 이후 변동성이 증가하면 수익에 도움이 되며 시장이 큰 폭으로 하락하지 않을 경우 수익이 발생할 가능성이 크다(파생상품을 활용한 델타복제형의 경우 변동성이 수익원이 될 수 있으므로 변동성이 감소하는 것보다는 적당하게 증가하는 것이 유리함).

※ '장내파생상품 운용형'의 상품설계 구조

구 분	기초자산	장내파생상품	합성포지션(복제)
포트폴리오보험전략	주식매수	풋옵션매수	콜옵션매수를 복제
리버스컨버터블전략	주식매수	콜옵션매도	풋옵션매도를 복제
리버스인덱스전략	인덱스	지수선물매도	역 인덱스
레버리지인덱스전략	인덱스	지수선물매수	인덱스 × 배수

- 포트폴리오보험전략(PI전략 ; Portfolio Insurance)과 리버스컨버티블전략(RC전략 ; Reverse Convertible)은 장내옵션을 활용하여 각각 콜옵션매수, 풋옵션매도의 성과를 복제하기 때문에 '델타복제형' 펀드라고 한다. 그리고 시장에서 RC전략을 가장 많이 활용하므로 '델타복제펀드는 풋옵션매도의 성과를 복제하는 것이 일반적이다'라고 기술하고 있다.

71
정답 ②

리버스펀드의 수익률은 일일지수수익률의 반대일 뿐이며, 특정한 구간 수익률과 정확히 반비례해서 움직이지 않는다는 점에 유의해야 한다.

72
정답 ③

기초자산인 CD금리가 '0% 이상 ~ 7% 이하'에 머문 날짜에 비례하여 수익이 지급되므로, 7%에 가깝거나 0%에 가깝거나 하는 것은 상관이 없다.

※ 쿠폰 공식(분기기준)

$$= 1.7\% \times \frac{\text{분기 동안 0\% 이상 7\% 이하인 일수}}{\text{분기 동안의 전체일수}}$$

73
정답 ④

그림의 수익구조상 양방향 배리어(상승 시 120%, 하락 시 80%)를 돌파한 경우는 리베이트 없이 원금이 지급되는 구조이다. 리베이트는 낙아웃구조에서 배리어를 터치할 경우 계약소멸을 대가로 주는 것인데, 그림의 경우 리베이트가 전혀 지급되지 않는 'No Rebate' 구조이다.

74
정답 ③

Protective Put = 주식매수 + 풋옵션매수

※ 포트폴리오보험전략의 종류

방어적풋 (Protective Put)	이자추출전략 (Cash Extraction)	옵션복제전략[주7] (동적자산배분)
주식매수 + 풋옵션매수	채권매수 + 콜옵션매수	채권매수 + 주식매수
–	–	장내파생상품 운용형 중 델타복제형에 해당됨

* 주7 : 옵션복제전략은 실제 옵션을 매수하지 않았지만 채권과 주식의 비중조절을 통해서 콜옵션매수의 효과를 만들어내므로 옵션복제전략이라 한다. 그리고 위의 3가지 중에서 옵션복제전략을 가장 많이 사용하는데, 그 이유는 방어적풋이나 이자추출전략과 달리 실제 옵션을 매수하지 않아 옵션매수비용을 절감할 수 있기 때문이다.

75
정답 ①

주식형 차익거래는 주식 간이 아니라 '저평가된 주식을 매수하고 주가지수선물을 매도하는 전략'을 말한다.

※ 주식형 차익거래의 개념

매수한 개별주식 혹은 포트폴리오의 성과가 선물의 기초자산인 주가지수의 성과보다 상대적으로 좋을 경우 절대수익이 발생하는 구조이다.

파생상품펀드 투자 · 리스크관리(10문항)

76
정답 ④

선물계약은 장내파생상품으로서 거래소의 결제기능이 있어서 신용위험이 본질적으로 존재하지 않는다. 즉, 사후적 제로섬(Expost Zero Sum)은 선도거래와 같은 장외파생상품에서 신용위험(채무불이행위험)이 필연적으로 존재하게 되는 상황을 의미한다.

77

정답 ②

$$\text{균형가격} = 200\left\{1 + (0.06 - 0.02) \times \frac{3}{12}\right\} = 202\text{point}$$

※ 균형선물환가격 vs 균형주가지수선물가격

(1) 균형선물환가격(F_t) = $S_t\left\{1 + (r_d - r_f) \times \frac{T - t}{365}\right\}$

(→ 이자율평형이론)

(2) 균형주가지수선물가격(F_t) = $S_t\left\{1 + (r - d) \times \frac{T - t}{365}\right\}$

(→ 보유비용모형)

78

정답 ②

향후의 스프레드가 감소할 것으로 예상되면 비싼 것(12월물)을 매도하고 싼 것(9월물)을 매수한다.

※ 스프레드전략

(1) 향후 스프레드가 증가할 것으로 예상(경기불황기) : 비싼 것(주로 원월물)을 매수하고, 싼 것(주로 근월물)을 매도하면 스프레드가 확대된다.

(2) 향후 스프레드가 감소할 것으로 예상(경기호황기) : 비싼 것(주로 원월물)을 매도하고, 싼 것(주로 근월물)을 매수하면 스프레드가 좁혀진다.

79

정답 ③

콜옵션은 현재가격(100)보다 높은 행사가격(105)이므로 내재가치가 없다(OTM). 따라서 1.8 프리미엄 전체가 시간가치이다. 풋옵션의 행사가격(105)은 현재가격(100)보다 높으므로 내가격(ITM)이며, 내재가치(105 − 100 = 5)와 시간가치(6.5 − 5 = 1.5)로 구성된다.

따라서 두 옵션의 시간가치의 합계는 1.8 + 1.5 = 3.3이 된다.

80

정답 ③

콜 레이쇼 버티컬 스프레드(③)는 옵션매도가 추가되어 잠재위험이 가장 크다.

※ 옵션포지션 이해(예시)

(1) C(80)매수 1개 & C(85)매도 1개 : 옵션매수와 옵션매도가 1:1의 비율이므로 수익과 손실이 제한되어 있다(최악의 경우 약간의 손실을 보는 보수적인 전략).

(2) C(80)매도 1개 & C(85)매수 1개 : (1)과 방향성만 다른 전략이고 나머지 원리는 동일하다.

(3) C(80)매수 1개 & C(85)매도 2개 : 옵션매수와 옵션매도의 비율이 1:2이므로 매수와 매도가 상쇄되지 못하고 옵션매도위험에 노출되어 있다(이론상 무한대위험에 노출).

(4) C(80)매수 2개 & C(85)매도 1개 : 옵션매수와 옵션매도의 비율이 2:1이므로 옵션매수가 더 많다. 옵션매수가 추가된 만큼 프리미엄 손실이 더 발생할 수 있으나 손실이 제한된다(옵션매도와 같은 무한대위험에 노출되지 않음).

81

정답 ④

TRS계약이 체결되면 신용위험과 시장위험에 근거한 모든 수익을 TRS수취자에게 이전하게 되는데, 이때 경영권은 이전되지 않는다. 그리고 ③은 TRS의 '현금흐름복제효과'를 말한다.

※ TRS(Total Return Swap ; 총수익스왑)의 특징

(1) 신용위험뿐 아니라 시장위험도 전가한다(cf CDS와 CLN은 신용위험만 전가).

(2) 현금흐름복제효과가 있다.

(3) 경영권은 TRS수취자에게 이전되지 않는다.

(4) 준거자산을 매각하지 않으므로 고객과의 우호적인 관계를 유지할 수 있다(CDS, CLN도 마찬가지).

82

정답 ①

- 래더콜옵션은 Max(0, 109 − 105) = 4
- 룩백풋옵션은 Max(0, 140 − 109) = 31

※ 경로의존형(Path-Dependent Option)

룩백옵션의 행사가격은 미리 정해져 있지 않다. 해당기간의 최소치나 최대치는 만기시점이 되어봐야 알 수 있다. 확률은 적지만 만기시점 가격이 해당기간의 최대치 혹은 최소치가 될 수 있기 때문이다. 이렇게 보면 룩백콜옵션은 '해당기간 내 최소치'에 기초자산을 매수할 수 있는 권리, 그리고 룩백풋옵션은 '해당기간 내 최고치'에 기초자산을 매도할 수 있는 권리를 의미한다. 래더옵션(Ladder Option)은 룩백옵션의 응용된 형태이다. '해당기간 내 최고가격 혹은 해당기간 내 최저가격'으로 이루어진 수익구조는 대단히 부담스럽다. 그러나 미리 설정된 일련의 가격수준(=래더) 중에서 기간 내에 어디까지 도달해보았는가를 행사가격으로 하여 수익구조를 결정하는 옵션이다.

83

정답 ④

④는 '행사가격결정유예옵션'을 말한다.

비교 평균기초자산옵션, 평균행사가격옵션

(1) 둘 다 경로의존형옵션에 속한다.

(2) 만기시점 기초자산가격으로 수익구조를 결정하는 일반적 옵션과 달리, 일정기간 동안의 '기초자산의 평균가격'으로 수익구조를 결정하는 옵션을 평균기초자산옵션(Average Rate Option)이라 하며, 일정기간 동안의 '행사가격의 평균가격'으로 수익구조를 결정하는 옵션을 평균행사가격옵션(Average Strike Option)이라 한다.

84

정답 ③

동적자산배분은 포트폴리오를 '채권 + 주식'으로 구성하며 이들의 비중조절을 통해 옵션을 복제한다. 즉 실제 옵션을 사지 않고도 포지션 전체가 콜옵션매수의 효과를 내게 하는 전략이다(옵션프리미엄을 지급하지 않는다는 것이 동적자산배분의 큰 장점에 속함).

※ 포트폴리오보험전략의 수익구조

방어적풋 (Protective Put)	이자추출전략 (Cash Extraction)	옵션복제전략 (동적자산배분)
주식매수 + 풋옵션매수	채권매수 + 콜옵션매수	채권매수 + 주식매수
콜옵션매수를 복제	직접 콜옵션을 매수	콜옵션매수를 복제
포트폴리오 수익구조 = Max(X, S_T) [→ 옵션의 행사가격 X를 보장치로 함]		

85

정답 ③

자체헤징을 장내거래로 한 경우 BTB거래처럼 '시장위험과 자금유동성위험'을 완벽히 제거할 수 없으므로 '시장위험과 자금유동성위험'에 노출된다(아래 추가해설 참조). 그리고 장내거래를 하였으므로 신용위험에는 노출되지 않는다.

※ BTB거래 vs 자체헤징(Dynamic Hedging)

BTB거래로 노출되는 위험 (장외거래로서의 위험)	자체헤징으로 노출되는 위험	
	장내거래	장외거래
• 신용위험(Global IB의 파산위험) • 상품유동성위험 • 법률위험	• 시장위험 • 자금유동성위험	• 신용위험 • 상품유동성위험 • 법률위험

부동산펀드 법규(5문항)

86

정답 ①

'다'는 CR-REITs라고 하는데 자본시장법이 아닌 부동산투자회사법에 근거한다. 그리고 합명회사는 자본시장법상 부동산펀드의 법적유형에 속하지 않는다(cf 합명회사는 주로 가족기업의 형태로서 투자회사로서 적합하지 않음).

87

정답 ②

'가, 나'는 증권형부동산펀드의 요건을 충족하는 투자대상이다.

다. 부동산투자회사가 발행한 지분증권이 옳다. 부동산투자회사(REITs)에 투자를 한다고 함은, REITs가 발행한 주식에 투자하고 배당을 받는 형태를 말한다.

라. 부동산개발사업을 영위하는 시행법인이 발행한 주식에 투자하는 것은 자본시장법상 부동산펀드로 인정받는 '부동산 등'이 아니다. 참고로 이러한 시행법인에 대출을 해주고 대출원리금을 받는 목적으로 운용하는 부동산펀드는 대출형부동산펀드에 해당된다.

※ 증권형부동산펀드의 요건을 충족하는 투자대상으로서의 부동산증권

(1) 부동산 관련 자산이 '신탁재산 / 집합투자재산 / 유동화자산'의 50% 이상을 차지할 때의 '수익증권 / 집합투자증권 / 유동화증권'

(2) 부동산 3사가 발행한 증권
- 부동산투자회사법상의 부동산투자회사(REITs)가 발행한 주식
- 부동산개발회사가 발행한 증권
- 부동산투자목적회사가 발행한 지분증권

(3) 자산유동화에 관한 법률상, 부동산이나 부동산매출채권을 기초자산으로 하여 발행한 유동화증권으로서, 그 기초자산의 합계액이 유동화자산가액의 70% 이상인 유동화증권(→ MBS를 말함)
- MBS : ABS 중 주택저당채권(모기지)을 기초자산으로 한 유동화증권을 말함

88

정답 ①

취득 후 일정기간 내에 처분제한을 두는 것은 부동산실물에 한정된다.

※ 부동산실물에 대한 취득 후 처분제한 규제(공모, 사모 구분 없이 적용)

(1) 국내에 있는 부동산 : 취득 후 1년 이내 처분금지. 단, 미분양주택의 취득 후 처분제한 기간은 집합투자규약에서 정하는 기간으로 한다.

(2) 국외에 있는 부동산 : 집합투자규약에서 정하는 기간 이내에 처분금지

(3) 예외규정

㉠ (1), (2)의 제한에도 불구하고 부동산개발사업에 따라 조성하거나 설치한 토지나 건축물을 분양하는 차원에서 매각하는 것은 기간 제한 없이 처분이 가능하다.

㉡ 투자자보호를 위해 필요한 경우로서, 부동산펀드가 합병・해지 또는 해산되는 과정에서 매각하는 것은 기간 제한 없이 처분이 가능하다.

89

정답 ③

'감정평가업자 – 100%'이다.

- 감정평가업자로부터 사업계획서의 적정성에 대해 확인을 받고 이를 인터넷 홈페이지 등을 통해 공시해야 한다.
- 부동산펀드의 운용특례로서 차입은 순자산액의 200%, 대여는 순자산액의 100%까지 가능하다.

90

정답 ④

취득 및 처분은 본질적 업무로서 제3자에게의 업무위탁이 불가하다.

※ 제3자에게의 업무위탁이 불가한 본질적 업무

(1) 투자신탁설정을 위한 신탁계약의 체결 및 해지업무
(2) 펀드재산의 운용, 운용지시업무(부동산의 취득 및 처분 포함)
(3) 펀드재산의 평가업무

부동산펀드 영업(5문항)

91

정답 ④

①, ②, ③은 실물형부동산펀드이나, ④는 증권형부동산펀드이다.

※ 실물형부동산펀드의 종류 : 임대형 / 개량형 / 경공매형 / 개발형

92

정답 ①

설립국가 기준에 따른 분류는 '역내펀드(On Shore Fund, 국내펀드) vs 역외펀드(Off Shore Fund, 해외펀드, 외국펀드)'이다. '국내투자펀드(Domestic Investment Fund) vs 해외투자펀드(Overseas Investment Fund)'의 구분은 투자대상지역에 따른 분류이다.

93

정답 ②

틀린 항목은 '다, 라'이다.

다. 개량비용은 부동산가치를 증대시키기 위해 투입하는 자본적 지출(Capital Expenditure)이므로, 해당 부동산과 관련된 광열비, 전기 및 수도료와 같은 일반적인 경비는 개량비용으로 보지 않는다.
라. 개량도 인·허가를 필요로 하므로 개량에 대한 인·허가가 용이한지 여부를 사전에 점검할 필요가 있다.

94

정답 ①

①은 임대형부동산펀드의 주요 점검사항이다. 임대형은 처음에 부동산을 취득하여 임대수익을 얻고 펀드만기시점에 취득한 부동산을 매각해야 하므로, 매각시점에서의 부동산가격 동향이 중요하다.

[학습안내] 펀드유형별 주요 점검사항 총정리는 모의고사 1회 94번 해설 참조

95

정답 ①

부동산시장은 수요·공급의 비조절성의 특성을 갖는다. 부동산의 부증성으로 인하여 **부동산의 공급이 비탄력적이기 때문에** 수요증가로 가격이 상승하더라도 일반재화처럼 공급을 증가시키기 어렵다. 즉, 수요와 공급의 자동조절기능이 제대로 작용하지 못하는 **불완전한 시장**이다.

② 거래의 비공개성으로 정보의 비대칭성이 존재한다.
③ 시장의 개별성으로 인하여 일물일가의 법칙이 적용되지 않는다.
④ 시장의 비조직성으로 인한하여 부동산의 도매상·소매상의 구분이 어렵다.

부동산펀드 투자·리스크관리(5문항)

96

정답 ③

후퇴기에 해당된다.

※ 부동산 경기국면별 특징

국면	특징	시장
회복국면	부동산거래가 조금씩 증가하고, 공실률이 줄어들기 시작함	매수인우위에서 매도인우위로 전환
호황국면	부동산거래가 활기를 띠고 가격이 상승하며 건축허가신청이 급격히 증가함	매도인우위의 시장이 강화됨
후퇴국면	경기정점을 확인하고 하향세로 바뀌는 국면으로 공실률이 점차 증가하게 됨	매도인우위에서 매수인우위로 전환
불황국면	부동산가격이 하락하고 건축활동이 급감하며, 공실률이 크게 늘어남	매수인우위의 시장이 강화됨

97

정답 ③

①, ②는 수요정책(수요증가에 해당), ③은 공급정책(공급증가에 해당), ④는 가격정책에 해당한다.

※ 정부 부동산정책의 종류

수요정책	공급정책	조세정책	가격정책
LTV·DTI 규제, 기준금리조정, 임대료보조, 각종 소득공제	건폐율·용적율 규제, 개발제한구역 관리, 택지공급의 조절, 도시개발법 규제	세율인상 또는 인하 (취득세, 보유세, 양도소득세), 개발이익환수 제도	분양가상한제, 임대료상한제
간접적 개입			직접적 개입

- 용도지역·지구제도상(국토계획및이용법) 건폐율·용적율의 강화, 완화 또는 배제를 통해 공급량을 조절함
- 개발제한구역의 지정 또는 해제를 통해 공급량을 조절함

98

정답 ①

대체투자는 전통투자의 반대 개념이며, 전통투자는 주식 또는 채권투자를 말한다. 따라서 채권형펀드는 전통투자에 속하며 나머지는 모두 대체투자에 속한다.

99

정답 ④

풋백옵션(Put Back Option)은 유동성위험을 관리하는 방안이다.

※ 부동산펀드의 투자위험관리 방안

가격변동 위험	유동성 위험	임대 및 관리운영위험	개발위험	비체계적 위험
파생금융 상품 활용	사전옵션 계약, 풋백옵션	장기임대계약, 아웃소싱, 리싱패키지	일괄도급 계약 (Turn Key Contract)	분산투자

(1) 파생금융상품은 지수의 미개발, 유동성부족 등으로 현실적으로 이를 통한 위험관리는 용이하지 않다.

(2) 풋백옵션은 매도자에게 되파는 옵션으로서 매매거래가 아닌 담보부차입거래로 해석될 여지가 있다.

(3) 리싱패키지(Leasing Packaging)는 포괄적인 관리방안으로서, 통제할 수 없는 외부여건 변화에 대해 통제가능한 내부여건을 적극적으로 변화시켜 대응해 나가는 것을 말한다.

(4) 부동산투자는 투자규모가 매우 커서 분산투자의 어려움이 있는데, 글로벌 리츠에 투자하는 재간접부동산펀드가 비체계적 위험을 최소화하는 데 유력한 수단이 될 수 있다.

100

정답 ①

청산단계의 위험은 ②, ③, ④이다. 공실위험은 운용단계의 대표적 위험이다.

[학습안내] 임대형부동산펀드의 단계별 리스크유형은 모의고사 1회 100번 해설 참조

※ 임대형부동산펀드의 청산단계 위험

(1) **사업계획미달위험** : 매각시점에서 시장상황악화로 적절한 매수자를 찾지 못하거나 현저히 낮은 가격으로 매각하게 되어 사업계획상의 목표금액미달, 이로 인한 목표수익률 달성에 실패할 위험을 말한다.

(2) **매각위험** : 매각가격의 적정성뿐 아니라 매수인의 적정성(매매금액 납부능력확인 등) 확보의 어려움, 그리고 법률상 분쟁의 소지가 발생할 수 있는 위험을 말한다.

(3) **추가비용발생위험** : 부동산의 매각 후에도 수개월간 제세공과금 등 펀드에서 부담해야 하는 비용이 추가적으로 발생할 수 있는 위험을 말한다.

펀드투자권유자문인력

제4회 정답 및 해설

01	02	03	04	05	06	07	08	09	10
④	③	②	③	①	②	④	③	②	③
11	12	13	14	15	16	17	18	19	20
②	③	④	②	④	④	③	③	③	①
21	22	23	24	25	26	27	28	29	30
①	④	②	④	④	①	①	③	①	④
31	32	33	34	35	36	37	38	39	40
④	③	④	③	④	③	②	③	①	④
41	42	43	44	45	46	47	48	49	50
③	①	②	④	③	①	②	③	④	①
51	52	53	54	55	56	57	58	59	60
①	①	④	④	②	③	④	②	①	③
61	62	63	64	65	66	67	68	69	70
②	②	④	①	①	③	①	④	④	②
71	72	73	74	75	76	77	78	79	80
②	④	③	①	②	①	②	④	④	④
81	82	83	84	85	86	87	88	89	90
②	①	②	①	④	②	①	③	①	①
91	92	93	94	95	96	97	98	99	100
③	③	②	②	③	③	③	①	③	②

펀드일반 법규(13문항)

01

정답 ④

부동산투자회사법, 선박투자회사법, 산업발전법, 여신전문금융업법 등과 같은 특별법에 따라 사모 방법으로 금전 등을 모아 운용 배분하는 것으로서 투자자 수가 49인 이하인 경우, 자산유동화법상의 자산유동화 계획에 따라 금전 등을 모아 운용 배분하는 경우 등은 집합투자의 정의에서 제외된다(자본시장법 시행령 제6조 제1항).

02

정답 ③

투자회사의 신주발행은 이사회 결의로 한다.

03

정답 ②

예비투자설명서는 '**증권신고서 수리 후 효력발생 전**'에 사용할 수 있다.

※ 투자설명서의 사용시기

(1) 일반적인 투자설명서(본 투자설명서 또는 정식투자설명서)는 증권신고서의 효력이 발생한 후에만 사용할 수 있다.

(2) 예비투자설명서는 신고의 효력이 발생하지 않았다는 사실을 덧붙여 적은 투자설명서로서, 증권신고서 수리 후 효력발생 전에 사용할 수 있다.

(3) 간이투자설명서는 투자설명서 내용 중 일부를 생략하거나 중요사항만 발췌하여 기재한 투자설명서로서, 증권신고서 수리 후에 사용할 수 있다는 점에서는 예비투자설명서와 같지만 효력발생 전은 물론이고 효력발생 후에도 사용할 수 있다는 점에서 차이가 있다.

04

정답 ③

③은 적정성 원칙을 말한다.

※ 금융소비자보호법 주요내용

(1) 금융상품(4종류) : 보장성 상품, 투자성 상품, 예금성 상품, 대출성 상품

(2) 금융상품판매업자(3종류)

㉠ 금융상품직접판매업자 : 은행, 보험사, 증권사, 저축은행 등

㉡ 금융상품직접판매대리・중개업자 : 투자권유대행인, 보험설계사/보험대리점/보험중개사, 카드・대출모집인 등

㉢ 금융상품자문업자 : 투자자문업자

(3) 6대 판매원칙 : 적합성 원칙(금소법 제17조), 적정성 원칙(제18조), 설명의무(제19조), 불공정영업행위금지(제20조), 부당권유행위금지(제21조), 허위・과장광고금지(제22조)

05

정답 ①

모두 옳은 내용이다.

연기수익자총회일 1주 전까지 소집을 통지하여야 하며, 소집통지는 수익자총회와 마찬가지로 예탁결제원에 위탁한다. 연기수익자총회의 결의는 수익자총회와 달리 출석한 수익자 의결권의 과반수와 발행된 수익증권 총좌수의 8분의 1 이상(다만, 자본시장법에서 정한 결의사항 외에 신탁계약으로 정한 수익자총회의 결의사항에 대하여는 출석한 수익자 의결권의 과반수와 발행된 수익증권의 총좌수의 10분의 1 이상)으로 결의할 수 있다.

06

정답 ②

'시장성 없는 자산에 10%를 초과하거나, 외화자산에 50%를 초과하여 투자하는 경우'는 환매연기가 가능하다.

cf 시장성 없는 자산에 펀드자산총액의 20%를 초과하여 투자한 경우 → 환매금지형으로 설정해야 함

07

정답 ④

증권의 차입은 펀드자산총액의 20%, 대여는 펀드에 속하는 증권의 50%를 초과할 수 없다(대여한도가 더 많은 것은 대여수수료 수입확보를 통해 펀드수익률을 제고할 수 있도록 하는 차원이다).

① 재간접펀드(Fund of Funds)에 투자하는 펀드는 '재재간접펀드'가 되는데 이는 허용되지 않음을 의미한다(∵ 간접성 또는 전문성이 지나치게 희석되므로).

08

정답 ③

펀드에 속하는 것은 집합투자기구에 대한 회계감사비용, 집합투자증권의 환매수수료로서 2개이다. 즉, 집합투자업자의 자산운용보고서 작성 및 교부 비용(집합투자업자가 부담), 집합투자기구에 대한 회계감사비용(펀드가 부담), 집합투자증권의 환매수수료(펀드에 귀속), 신탁업자의 자산보관・관리보고서 작성 및 교부 비용(신탁업자가 부담)으로 구분할 수 있다.

09

정답 ②

차례대로 '200%, 100%, 70%'이다.

- 부동산펀드가 아니라도 펀드가 보유한 부동산가액의 70%까지 차입이 가능하다.
- 차입금은 부동산에 운용하는 방법 외의 방법으로 운용해서는 아니된다(단, 부동산에 투자할 수 없는 불가피한 사유가 있을 경우 일시적인 현금성 자산에 투자하는 것은 예외로 인정됨).

10

정답 ③

양도성예금증서(CD)의 경우 남은 만기가 6개월 이내이어야 한다.

※ 자본시장법 시행령 제241조(단기금융집합투자기구)

MMF가 투자할 수 있는 단기금융상품이란 다음의 금융상품을 말한다.

(1) 원화로 표시된 다음의 금융상품

① 남은 만기가 6개월 이내인 양도성예금증서

② 남은 만기가 5년 이내인 국채증권, 남은 만기가 1년 이내인 지방채증권・특수채증권・사채권(주권 관련 사채권 및 사모의 방법으로 발행된 사채권은 제외한다)・기업어음증권. 다만, 환매조건부매수의 경우에는 남은 만기의 제한을 받지 않는다.

③ 남은 만기가 1년 이내인 어음(기업어음증권은 제외한다)

④ 단기대출

⑤ 만기가 6개월 이내인 금융기관 또는 「우체국예금・보험에 관한 법률」에 따른 체신관서에의 예치

⑥ 다른 단기금융집합투자기구의 집합투자증권

⑦ 단기사채 등

(2) OECD 가입국가(속령은 제외), 싱가포르, 홍콩, 중화인민공화국의 통화로 표시된 금융상품

① 상기 (1)의 원화의 금융상품

② 상기 (1)의 원화상품에 준하는 것으로 금융위가 정하는 금융상품

11

정답 ②

집합투자기구가 이익금을 분배할 시에, 이익금의 유보나 초과분배가 가능하다. 단, 단기금융집합투자기구(MMF)의 경우 이익금의 유보가 불가하다.

※ 집합투자기구의 이익금 분배원칙

(1) 집합투자업자 또는 투자회사 등은 집합투자재산의 운용에 따라 발생한 이익금을 투자자에게 금전 또는 새로 발행하는 집합투자증권으로 분배해야 한다.

- '새로 발행하는 집합투자증권으로 분배' : 재투자를 의미함

(2) 유보 가능(단, MMF는 유보 불가)

(3) 초과분배 가능

12

정답 ③

다른 회사(다른 기관전용 사모집합투자기구 포함)와 합병할 수 없다.

※ 자본시장법 제249조의17(지분양도 등)

① 기관전용 사모집합투자기구의 무한책임사원은 출자한 지분을 타인에게 양도할 수 없다. 다만, 정관으로 정한 경우에는 사원 전원의 동의를 받아 지분을 분할하지 아니하고 타인에게 양도할 수 있다.

② 기관전용 사모집합투자기구의 유한책임사원은 무한책임사원 전원의 동의를 받아 출자한 지분을 분할하지 아니하고 타인에게 양도할 수 있다.

③ 기관전용 사모집합투자기구의 무한책임사원 및 유한책임사원은 제1항 단서 및 제2항에도 불구하고 양도의 결과 기관전용 사모집합투자기구의 사원 총수가 100인을 초과하지 아니하는 범위에서는 지분을 분할하여 양도할 수 있다.

④ **기관전용 사모집합투자기구는 다른 회사(다른 기관전용 사모집합투자기구를 포함한다)와 합병할 수 없다.**

13
정답 ④

6대 판매원칙(적합성 원칙, 적정성 원칙, 설명의무, 불공정영업행위 규제, 부당권유행위 금지, 광고규제 위반) 중에서 광고규제 위반은 위법계약해지권의 대상이 될 수 없다.

▶ 징벌적 과징금(수입금액의 50%까지)이 부과되는 위법행위로는 설명의무 위반, 불공정영업행위, 부당권유행위, 광고규제 위반 등이다. 적합성 원칙, 적정성 원칙에 대한 위반은 과태료 부과대상이다.

직무윤리 및 투자자분쟁예방(15문항)

14
정답 ②

'청탁금지법'은 **단순히 공직자에게만 국한되는 것이 아니라,** 일반 국민 전체를 적용대상으로 하고 있다는 점에서 그 영향력은 매우 크다. 위반 시 제재조치 또한 강력하여 우리나라의 투명성 제고는 물론 국민들의 인식 변화에 큰 도움이 될 것으로 보이며, 이에 따른 국가경쟁력 강화가 예상된다.

15
정답 ④

이해상충 수준을 낮출 수 없는 경우에는 해당 거래를 회피해야 한다(→ 이해상충발생회피의무, 자본시장법 제44조 제3항).

16
정답 ④

임원 및 직원의 겸직행위는 금지되지만, 이때 '임원 및 직원'의 범위에서 '**대표이사, 감사, 사외이사가 아닌 감사위원회의 위원**'은 제외된다.

※ **정보교류차단의무(Chinese Wall 구축의무)의 준수대상** : 정보제공행위(①), 겸직행위(④는 예외), 공간 · 설비의 공동이용행위(②, ③), 기타

※ 정보교류차단의무는 이해상충방지의무로서 또는 금융투자회사의 표준윤리준칙 제6조 정보보호의무로서 이행되어야 하는 의무이다.

17
정답 ③

금융투자업자는 금융기관의 공공성으로 인하여 일반 주식회사에 비하여 **더욱 높은 수준**의 주의의무가 요구된다.

18
정답 ③

판매절차를 중단하는 것이 아니라 판매의 부적정성을 주지하는 것을 말한다.

※ **적정성 원칙**

(1) 금융투자업자는 **일반투자자에게 투자권유를 하지 아니하고** 파생상품 등을 판매하려는 경우에는 면담 · 질문을 통하여 그 일반투자자의 투자목적 · 재산상황 및 투자경험 등의 정보를 파악해야 한다.

(2) 금융투자업자는 일반투자자의 투자목적 · 재산상황 및 투자경험 등에 비추어 해당 파생상품 등이 그 일반투자자에게 적정하지 않다고 판단되는 경우는, **그 사실을 알리고 일반투자자로부터 서명, 기명날인, 녹취 등의 방법으로 확인을 받아야 한다.**

19
정답 ③

③은 설명의무를 말한다.

④ 해피콜서비스는 판매계약체결 후 **7영업일 이내**에, 불완전판매배상제도는 가입일로부터 **15일 이내**에 해당 절차를 이행하는 제도이다.

20
정답 ①

'가'만 옳은 내용이다.

나. 사용자책임을 진 사용자는 피용자에게 구상권을 행사할 수 있다(민법 제756조).

다. 투자권유대행인은 피용자가 아니지만 민법상 사용자책임을 준용하여, 사용자가 사용자책임을 진다.

21
정답 ①

금융투자업종사자의 회사에 대한 선관주의의무는, 재직 중에는 물론이고 퇴직 등의 사유로 회사와의 고용 내지 위임계약관계가 종료된 이후에도 **합리적인 기간** 동안 지속된다.

22
정답 ④

적절한 보상을 지급할 수 있다. 영업점별 영업관리자가 준법감시업무로 인해 인사상 불이익을 받지 않도록 해야 하며, 영업점별 영업관리자에게 업무수행의 결과에 따라 적절한 보상을 지급할 수 있다.

23 정답 ②

차례대로 '30일-60일-30일'이다. 보기의 내용은 '청문 및 이의신청'에 해당하는데, 외부통제 중 행정제재에 속한다.

※ 직무윤리 외부통제

자율규제, 행정제재[주8], 민사책임, 형사책임, 시장통제

* 주8 : 금융투자업자에 대한 조치권, 금융투자회사 임직원에 대한 조치권, 청문 및 이의신청

24 정답 ④

모두 해당된다.

※ 정보주체의 권리

정보주체는 자신의 개인정보처리와 관련하여 아래의 권리를 가진다.

(1) 개인정보의 처리에 관한 정보를 제공받을 권리
(2) 개인정보의 처리에 관한 동의여부, 동의범위 등을 선택하고 결정할 권리
(3) 개인정보의 처리여부를 확인하고 개인정보에 대하여 열람을 요구할 권리
(4) 개인정보의 처리정지, 정정·삭제 및 파기를 요구할 권리
(5) 개인정보의 처리로 인하여 발생한 피해를 신속하고 공정한 절차에 따라 구제받을 권리

25 정답 ④

법령상의 불가피한 사유는 수집 및 이용이 가능하지만, 정관상의 이유는 개인정보의 수집 및 이용의 사유가 되지 않는다(아래 내용 참조).

※ 개인정보의 수집·이용이 가능한 경우

(1) 정보주체의 동의를 받은 경우
(2) 법률규정이 있거나 법령상 의무준수를 위해 불가피한 경우
(3) 공공기관이 법령 등에서 정하는 소관 업무의 수행을 위해 불가피한 경우
(4) 계약체결·이행을 위해 불가피하게 필요한 경우
(5) 급박한 생명·신체·재산상 이익을 위해 필요한 경우
(6) 개인정보처리자의 정당한 이익달성을 위해 필요한 경우

26 정답 ①

일임매매의 유형에 해당된다. 선물옵션 최종결제일의 거래마감가격에 따라 투자참여자의 이해관계가 크게 좌우되므로 마감가격의 변동성은 매우 크다. 위임을 받았다고는 하지만, 과도한 변동성을 감수하는 거래는 위험성이 크므로 일임계약의 선관주의의무를 위반한 것으로 볼 수 있다.

cf 만일 보기에서 위임을 전혀 받지 않은 상태에서 임의로 거래를 수행한 것이라면 '임의매매'가 되며, 임의매매는 민사상 손해배상책임은 물론 형사처벌까지 받을 수 있는 중대한 사안이다.

27 정답 ①

CDD에서는 '1회 1천만원' 이상이 대상이지만, CTR에서는 '1거래일 1천만원' 이상의 거래를 대상으로 한다.

28 정답 ③

금융실명제법상의 확인대상보다 많다(아래 추가내용 참조). 그리고 ④에서, 고객확인은 금융거래 전에 선행되는 것이 원칙인데 특정금융거래보고법상 2가지 예외가 있다.

※ 실제소유자확인제도(2016.1.1 시행) : 금융실명제법상 규정하고 있는 확인대상이 '성명 + 실명번호'만인 데 반해, 이는 기존의 실지명의 정보 외에 추가로 소유자에 관한 사항을 확인해야 하는 것을 말한다.

- 여기서 '실제소유자'는 자연인을 말하며 법인은 제외된다.

펀드 구성 · 이해(16문항)

29 정답 ①

옳은 내용은 '가, 나'이다.

다. 일반적인 투자설명서(예비투자설명서, 간이투자설명서가 아닌 투자설명서)는 증권신고서의 효력이 발생한 후에만 사용할 수 있다.

30 정답 ④

'보수의 수준(운용보수, 신탁보수 등)이 너무 높다거나, 환매기간이 너무 길다거나'에 대한 판단은 증권신고서의 정정을 요구하는 대상이 아니다.

※ 금융위원회가 증권신고서의 정정을 요구할 수 있는 사항 : 지문 ①, ②, ③. 그리고 금융위가 증권신고서의 정정을 요구한 경우는 요구한 날로부터 해당 증권신고서가 수리되지 아니한 것으로 간주한다.

31 정답 ④

'투자회사의 경우 감독이사가 적격요건을 갖추고 있고 자본금이 1억원 이상일 것, 투자유한회사·투자합자회사·투자유한책임회사·투자합자조합 및 투자익명조합의 경우 출자금이 1억원 이상일 것'

32 정답 ③

ㄹ. 간주의결권은 수익자총회의 연기 여부와 무관하다.

※ 간주의결권의 행사요건

수익자는 수익자총회에 출석하지 아니하고 서면에 의하여 의결권을 행사할 수 있다. 다만, 다음 각 호의 경우 수익자가 소유한 총좌수의 결의내용에 영향을 미치지 않도록 의결권을 행사한 것으로 본다(간주의결권, Shadow voting).

㉠ 수익자에게 의결권 행사 통지가 있었으나 행사되지 아니하였을 것
㉡ 간주의결권행사 방법이 규약에 기재되어 있을 것
㉢ 수익자총회의 의결권을 행사한 총좌수가 발행된 총좌수의 1/10 이상일 것
㉣ 그 밖에 수익자 이익보호와 수익자총회 결의의 공정성을 위해 간주의결권행사 결과를 금융위원회가 정하여 고시하는 바에 따라 수익자에게 제공하는 것을 따를 것

33 정답 ④

현재 국내 대부분의 집합투자기구는 투자신탁의 형태를 띤다.

※ 국내 집합투자기구의 형태

현재 국내 대부분의 집합투자기구는 투자신탁이다. 이는 투자회사가 회사형이어서 펀드설립 시 비용, 펀드 임원선임 절차, 이사회 개최 및 유지 비용, 펀드등록 시 비용, 임원보수 및 상법상 회사와 관련되는 규정의 준수 등 투자신탁과 비교할 때 불편한 점이 많은 반면, 경제적으로는 별 차이가 없기 때문이다.

cf 투자회사로 설립하는 이유 : M&A펀드의 경우 집합투자기구 명의로 지분을 보유하는 것이 필요하고(PEF도 유사한 이유), 부동산펀드는 펀드명의로 등기・등록을 할 필요가 있기 때문이다.

34 정답 ③

'다, 마'가 틀린 항목이다.

다. MMF는 환매조건부매도 시 보유하는 증권총액의 5%를 초과할 수 없다(MMF가 아닌 일반펀드의 경우 50%가 적용됨).

마. MMF는 펀드재산의 40% 이상을 채무증권으로 편입해야 한다.

- 그리고 개별채무증권은 최상위등급에 5%, 차하위등급에 2%를 한도로 편입할 수 있는데, 이때 최상위등급은 AAA등급, 차하위등급은 AA등급을 말한다.

35 정답 ④

시장성 없는 자산에 펀드재산의 10%를 초과할 경우 환매연기가 가능하며, 20%를 초과할 경우는 환매금지형으로의 설정이 가능하다(비교주의).

※ 환매금지형펀드의 집합투자기구 추가발행요건(지문 ②와 관련)

(1) 이익분배금 내에서만 발행하는 경우
(2) 기존투자자 전원의 동의를 받은 경우
(3) 기존투자자의 이익을 해할 우려가 없는 경우로서 신탁업자의 확인을 받은 경우
(4) 추가발행 시 기존투자자에게 우선 매수기회를 부여하는 경우

36 정답 ③

ETF는 '인덱스형 / 개방형 / 추가형 / 상장형'으로 분류된다.

※ ETF와 개방형펀드

일반적인 개방형집합투자기구는 투자자가 언제든지 환매청구를 통하여 투자자금을 회수할 수 있으므로 별도의 유동성보완장치로 증권시장에 상장할 필요가 없으나, ETF(상장지수집합투자기구; Exchange Traded Fund)의 경우에는 그러지 아니하다. ETF는 개방형집합투자기구이나 그 집합투자증권이 상장되어 있고 투자자는 시장에서 보유증권을 매도하여 투자자금을 회수할 수 있다.

37 정답 ②

장외파생상품의 일반적 속성을 고려하면 '폐쇄형, 단위형'이지만, 마케팅의 용이성을 고려하여 '개방형, 단위형'으로 설정・설립하는 것이 일반적이다.

※ 장외파생상품펀드 설정의 일반적 형태 : 단위형, 개방형

(1) 단위형 : 투자기간이 달라지면 장외파생상품의 수익구조가 달라지므로 단위형펀드로 설정하는 것이 일반적이다.
(2) 개방형 : 장외파생상품의 낮은 유동성을 고려하면 폐쇄형이 부합하겠으나, 폐쇄형으로 설정할 경우 상장부담이 생기기 때문에 마케팅차원에서 상장부담이 없는 개방형으로 설정하는 것이 일반적이다(단, 환매수수료를 높게 부과하여 환매청구를 최소화함).

38 정답 ③

채권의 경우 주식보다 개별성이 떨어져서 Bottom Up Approach의 유효성이 주식에 비해 떨어진다.

39 정답 ①

선취된 판매수수료는 투자자가 부담하므로 펀드재산에 영향을 주지 않는다.

주의 빈출문항으로 '추적오차의 발생원인이 아닌 것은?'이란 지문의 경우 투자자가 직접 부담하는 선취 판매수수료는 추적오차 발생원인이 아님에 유의한다.

추적오차가 발생하는 원인으로는 1) 인덱스펀드에 부과되는 보수 등 비용 2) 인덱스펀드의 포트폴리오를 구축하기 위한 거래비용 3) 인덱스펀드의 포트폴리오와 추적대상지수 포트폴리오의 차이 4) 포트폴리오 구축시 적용되는 가격과 실제 매매 가격과의 차이 등이다.

※ 상기 문제는 아래의 문제와 번갈아 출제된다.

다음 〈보기〉는 추적오차의 원인을 나열한 것인데, 만일 인덱스의 추종을 완전복제법(Fully Replication)으로 할 경우 제거될 수 있는 추적오차 원인을 모두 고르시오.

가. 인덱스펀드의 포트폴리오와 추적대상지수 포트폴리오 간의 차이 나. 포트폴리오 구축 시 적용되는 가격과 실제 매매가격과의 차이 다. 인덱스펀드의 포트폴리오를 구축하기 위한 거래비용 라. 인덱스펀드에 부과되는 보수 등의 비용

→ 표본추출(Sampling) 방식이 아닌 완전복제법(Fully Replication)으로 인덱스를 추종한다고 해도 추적오차(Tracking Error)를 완전히 제거할 수는 없다. 왜냐하면 완전복제법을 통해 제거되는 것은 '가'뿐이며 나머지는 그대로 존재하기 때문이다. 추적오차를 최소화하기 위하여 고안된 펀드가 상장지수펀드(ETF)이다. ETF가 아닌 일반 인덱스펀드가 추적오차를 가장 작게 운용할 수 있는 방법은 완전복제방법이다.

40 정답 ④

투자자의 위험회피경향이 높고 시장을 좋지 않게 전망할 경우, 다양한 파생상품의 기능을 활용하여 현물투자보다 더욱 보수적이고 안정적인 운용을 할 수 있다.

※ 파생상품펀드의 특징

(1) 다양한 투자자들의 '시장전망'을 '수익'으로 연결해주는 수단으로 활용이 가능하다. → 매도(Short Sale)전략이 가능하므로 매수중심(Long Only)에서 탈피 가능. 또한 현물과 달리 변동성이 수익원이 됨으로써 파생상품에 투자 시 현물에 비해 효율적 투자기회선이 개선된다.

(2) 다양한 위험에 노출 : 현물투자에서는 발생하지 않는 베이시스위험이나 변동성위험에 노출된다.

(3) 시장효율성 증대 기능 : 현물과 선물의 괴리가 클 때 차익거래가 유입되면서 시장의 효율성을 증대시키며 이에 따라 현물시장의 유동성도 확대된다.

(4) 비선형(Non-linear)의 수익구조를 만들 수 있어 다양한 전략의 수행이 가능하다.

41 정답 ③

변동성이 감소하는 시장에서는 수익률이 낮게 되고, 시장의 방향성이 지속 하락할 경우는 손실이 발생할 수 있다.

※ 구조화형 펀드의 특징

(1) 운용상 특징 : 지수등락이 반복되는 불확실성 장세에서 꾸준히 수익을 낸다. 나머지의 상황에서는 수익이 낮거나 손실이 발생할 수 있다.

㉠ 변동성이 낮은 경우 : 등락을 이용해서 차익을 쌓아가는 방식인데 이러한 기회가 없으므로 낮은 수익률을 실현하게 된다.

㉡ 시장이 지속하락하는 경우(최악) : 일단 차익을 만들 기회가 적으며, RCF의 수익구조상 손익분기점을 넘어설 정도로 하락을 하게 되면 포지션 전체에 손실이 발생한다.

㉢ 시장이 계속 상승하는 경우 : 수익이 발생하기는 하지만 좋은 것만은 아니다. RCF의 전략은 '하락 시 매수, 상승 시 매도'인데 시장이 계속 상승하면 상승 시마다 주식을 처분하게 되어 펀드가 조기상환된다. 최종적으로 일반 주식형펀드에 비해서는 낮은 수익률을 실현하게 된다.

▶ 델타헤징기법 : 델타헤징기법은 구조화형 펀드에서 주로 사용하는 매매방식으로, 델타값이 올라가면 주식편입비율을 높이고 델타값이 떨어지면 주식을 일부 팔아 차익을 실현하는 과정을 계속 되풀이 한다.

(2) ELF와의 비교

㉠ ELF는 ELS를 편입한 펀드이므로 ELS의 쿠폰과 유사한 확정수익률을 얻을 수 있다. 단, 중도환매가 어려우며 펀드수익 전체에 대한 과세(집합투자기구로부터의 이익)가 되는 단점이 있다.

㉡ 구조화형 펀드의 경우 ELF와 같은 준확정수익률이 아닌 운용수익을 얻게 되므로 운용성과에 따라 펀드수익이 좌우되는 것이 장점이자 단점이 된다. 중도환매는 용이하며, 운용소득에 대해서는 비과세되므로 세후수익률면에서는 ELF보다 유리하다.

42 정답 ①

상장주식을 기초자산으로 하는 파생상품은 '증권'에 해당되고, 특별자산이라 함은 '증권과 부동산을 제외한 경제적 가치가 있는 자산'이므로 ①은 특별자산이 아니다.

43 정답 ②

신탁법에서는 수탁자의 권한남용을 방지하기 위하여 민법상의 일반적인 선량한 관리자의 주의의무에 추가하여 수탁자에게 특별히 충실의무를 부여하고 있다. 충실의무란 수탁자가 신탁사무를 처리함에 있어서 항상 (위탁자가 아닌) 수익자를 위하여 처리하여야 한다는 의무이다.

※ 신탁의 경우는 여러 신탁의 신탁재산을 집합하여 운용하는 것을 원칙적으로 금지하고 있다. 즉, 신탁과 집합투자는 모두 간접투자상품이지만 여러 투자자의 재산을 집합하여 운용하는가, 투자자별로 구분하여 운용하는가에 따라 집합투자와 신탁으로 구분한다.

44 정답 ④

비지정형의 경우 고객의 투자성향보다 투자위험도가 높은 신탁상품에는 투자가 불가하다.

※ 신탁상품의 판매절차는 기본적으로 다른 금융투자상품과 동일하나 일부 신탁상품만의 예외적인 사항이 존재한다(예외 비지정형특정금전신탁, 불특정금전신탁 관련 지문 ①, ④의 내용).

펀드영업실무(8문항)

45 정답 ③

금융소비자는 금융소비자보호법령에 의거하여 금융상품계약 체결일로부터 5년 이내, 위법계약 사실을 안 날로부터 1년 이내인 경우에만 위법계약 해지요구가 가능하다. 만일 금융소비자가 위법계약 사실을 안 날이 계약체결일로부터 5년이 경과한 경우에는 위법계약 해지를 요구할 수 없다. 이에 대하여 금융회사는 이 요구를 받은 날로부터 10일 이내에 수락 여부를 통지해야 하며, 거절 시에는 거절사유를 함께 통지한다.

※ 금융상품판매업자등은 금융소비자로부터 자료열람을 요구받은 날로부터 **6영업일 이내**에 금융소비자가 해당 자료를 열람하도록 해야 한다.

46 정답 ①

위험등급은 최소 6단계 이상으로 구분하여야 한다.

※ 2023년 1월, 금융위원회는 투자성 금융상품에 가입하는 금융소비자에게 상품의 실질 위험도를 효과적으로 반영할 수 있는 위험등급 관련 정보를 제공하고 통일된 기준에 따라 상품별 비교・설명이 용이하도록 「투자성 상품 위험등급 산정 가이드라인」을 마련하였다.

47 정답 ②

저축기간은 '수익증권의 최초매수일'부터 시작한다.

48 정답 ③

'3/10, 4/10, 5/10' 매수분에 대해서 환매수수료가 징구된다.

※ 추가해설

(1) 목적식 중 월정액 적립식으로서 저축기간 종료 전에 환매하는 것이므로 환매수수료 징구대상이며, 환매청구일로부터 90일 미만의 기간에 해당하는 수익증권매입분은 '5월 10일, 4월 10일, 3월 10일'에 해당한다.

(2) 그림이해

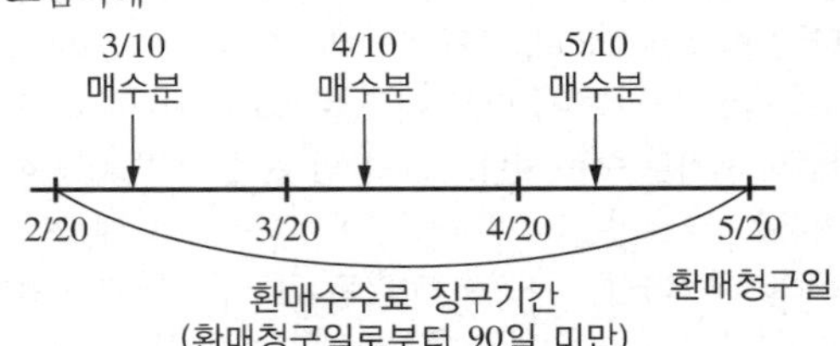

49 정답 ④

'납세의무자가 사망한 때'는 상속인에게 납세의무가 승계되므로 국세의 납부의무 소멸사유가 되지 않는다.

※ **국세의 납부의무 소멸사유** : 부과취소, 제척기간 만료, 소멸시효의 완성

50 정답 ①

①은 양도소득에 해당되어 양도소득세가 과세된다(아래 추가설명 참조).

※ '파생상품 등'에 대한 과세

(1) 파생결합증권 중 ELS, DLS, ETN(상장지수증권)에서 발생한 수익 : 배당과세(유사배당소득에 해당됨)

(2) 파생결합증권 중 ELW에 대한 과세

㉠ KOSPI200을 기초자산으로 하는 ELW로부터 발생한 수익 : 양도소득세 과세

㉡ KOSPI200이 아닌 다른 자산을 기초자산으로 하는 ELW로부터 발생한 수익 : 비과세(상장주식과 마찬가지로 비열거소득에 해당됨)

(3) 장내파생상품에 대한 과세

㉠ KOSPI200을 기초자산으로 하는 '선물 · 옵션, ELW'로부터 발생한 수익 : 양도소득세 과세

㉡ KOSPI200이 아닌 다른 자산을 기초자산으로 하는 장내파생상품(예 개별주식선물 · 개별주식옵션) : 비과세(비열거소득에 해당됨)

51

정답 ①

상속세는 상속인(상속을 받는 자) 또는 수유자(유언을 통해 상속을 받는 자)가, **증여세는 수증자**(재산을 증여받은 자)가 납부한다. 단, 증여세의 경우 수증자가 비거주자이거나 수증자의 주소나 거소가 불명이거나 수증자의 담세능력이 없는 경우는 증여자가 연대납세의무(일부는 면제)를 진다.

52

정답 ①

부동산집합투자기구에 귀속된 부동산처분에 따른 양도소득은 양도소득세가 직접 부과되지 않고, 투자자가 환매 또는 이익분배금을 수령할 때 배당소득(집합투자기구로부터의 이익)으로 과세한다.

※ 부동산집합투자기구에서 발생할 수 있는 과세의 종류

취득단계	보유단계	매각단계
취득세, 등록면허세 ○	종합부동산세, 재산세 ○	양도소득세 × (배당소득으로 납부)

펀드운용 및 평가(8문항)

53

정답 ④

내재이자율은 현재의 채권금리에 내재되어 있는 미래의 일정기간에 대한 금리를 말하며, 기하평균식으로 계산한다(아래).

(1) $(1 + 0.04)^2 = (1 + 0.035)(1 + X)$

$$\rightarrow X = \frac{(1 + 0.04)^2}{1 + 0.035} - 1$$

$\rightarrow X ≒ 0.04502$ (약 4.5%)

(2) 약식계산법 : (4% × 2년) − (3.5% × 1년) = 4.5%

54

정답 ④

낮은데 → 높은데. 그리고 ②에서 '역의 선형관계'라 함은 반비례관계를 말한다.

• 실제 채권가격은 듀레이션가격보다 항상 **높다**. 듀레이션은 직선이고 실제 채권가격은 원점에 대해 볼록하기 때문에(Convex), 실제 채권가격이 듀레이션보다 위에 있게 된다.

55

정답 ②

신용위험은 '나, 다, 라'이다. '가'는 가격변동위험(시장위험), '마'는 유동성위험이다.

※ 채권투자위험

(1) 가격변동위험(Price Risk) : 금리상승으로 채권가격이 하락하는 위험을 말한다.

(2) 신용위험(Credit Risk)

㉠ 부도위험(Default Risk) : 채권발행사의 지급불능으로 원리금을 지급하지 못하는 위험을 말한다.

㉡ 신용등급 하향위험(Downgrade Risk) : 채권의 신용등급이 하락하여 할인율이 상승, 채권가격이 하락하거나 자금조달코스트가 증가하는 위험을 말한다.

㉢ 신용스프레드 확대위험(Credit Spread Risk) : 경기가 침체하면 신용스프레드가 확대되는데, 이때 신용채권의 경우 자금조달코스트가 증가하는 위험을 말한다.

56

정답 ③

법인세율의 조절은 재정정책이고, 나머지는 모두 금융정책에 속한다.

※ 정부의 경제정책

(1) 재정정책 : 정부의 재정정책은 정부지출과 세제변화와 관련된 정책을 말한다. 이들 재정정책은 경제의 수요측면에 영향을 줌으로써 경기활성화를 촉진시키거나 과열경기의 진정에 사용된다. 그러나 정부의 차입을 증가시키는 재정적자는 상대적으로 민간부문의 차입기회를 감소(Crowd out)시킴으로써 이자율을 상승시키는 작용을 할 수 있으므로 경제에 미치는 순효과는 상반되게 나타날 수 있다.

(2) 금융정책 : 한국은행은 기준금리 수준의 결정, 시중은행들의 지급준비율 결정, 통안채 발행량 조정의 세 가지 방법을 통하여 시중 통화량을 조절할 수 있다.

57 정답 ④

$\text{PER} = \frac{\text{주가}}{\text{EPS}}$, $15\text{배} = \frac{\text{주가}}{3,000\text{원}}$

따라서 주가 = 15 × 3,000 = 45,000원

※ PER평가모형

(1) 개념 : 주가가 주당순이익(EPS)의 몇 배에서 거래되는가? 또는 시가총액이 당기순이익의 몇 배에서 거래되는가?

(2) 계산식 : $\text{PER} = \frac{\text{주가}}{\text{EPS}}$

(3) 적정주가 : P = EPS × PER

58 정답 ②

②는 시장리스크의 측정방법으로서 '내부모형법'에 대한 설명이다. 신용리스크는 '내부등급법'이 옳다(아래 추가설명).

※ 신용리스크 측정방법 중 '내부등급법'

내부에서 책정하는 신용등급과 부도확율 등의 일부 변수들을 입력하여 리스크의 양을 측정하는 방식으로 시장리스크의 VaR와 마찬가지로 통계적 모형에 의존하여 감독당국의 승인을 득하여야 한다.

59 정답 ①

차례대로 '대표계정의 오류(Representative Accounts Biases), 생존계정의 오류(Survivorship Biases)'이다.

- '운용사 그룹수익률'이란 특정 운용사의 다수의 펀드 중에서 유형이 같은 펀드끼리(예 주식형, 채권형) 모아서 산출한 수익률을 말한다.

※ 운용사 그룹수익률 산출이유

(1) 대표계정의 오류 제거

(2) 생존계정의 오류 제거

(3) 운용사 간 성과비교 가능

▶ 단, 성과이전가능성의 문제가 발생한다(운용기간 중 펀드매니저의 이동이 발생할 경우 해당 펀드운용의 환경이 달라진 것이므로 평가의 객관성을 저해함).

60 정답 ③

정보비율은 높을수록 운용자의 능력이 좋은 것을 의미하지만, 짧은 기간 동안에 계산된 정보비율에는 운(Luck)이 작용할 수 있으므로, 정보비율로 운용자의 능력을 평가하기 위해서는 **성과측정기간이 충분해야 한다.**

- 정보비율 평가 예시(미국의 경우) : 0.5 이상 – 우수, 0.75 이상 – 매우 우수, 1.0 이상 – 탁월

※ 위험조정성과지표의 종류

(1) 샤프비율 = $\frac{R_P - R_F}{\sigma_P}$

- 위험(표준편차) 한 단위당 얻는 초과수익률

(2) 젠센의 알파 = $\alpha_P = R_P - \{R_F + \beta_P \times (R_M - R_F)\}$

- 시장균형하에서의 베타위험을 가지는 펀드의 초과수익률

(3) 정보비율 = $\frac{R_P - R_B}{sd(R_P - R_B)}$

- 산식이해 : 펀드수익률이 벤치마크수익률보다 높을수록 좋은 펀드라는 분자의 개념과, 펀드수익률이 벤치마크수익률과 큰 차이를 보이면 곤란하다는 분모의 개념을 결합함

▶ 트래킹에러(추적오차)는 위험조정성과지표가 아니다.

- 위험조정성과지표는 성과를 측정할 때 위험을 고려한 것을 말하는데, 트래킹에러(추적오차)의 경우 성과측정은 없고 위험만을 반영한다.

파생상품펀드 법규(7문항)

61 정답 ②

파생결합증권의 정의이다.

※ 자본시장법상 금융투자상품 중 '증권'의 종류 : 채무증권, 지분증권, 수익증권, 투자계약증권, 파생결합증권, 증권예탁증권

62 정답 ②

선도거래나 스왑거래는 모두 장외파생상품이다.

※ 장내파생상품 vs 장외파생상품

장내파생상품	장외파생상품
선 물 (주가지수선물, 통화선물, 금・돈육선물 등)	선 도 (선물환계약, 통화선도거래, 금리선도거래 등)
장내옵션 (주가지수옵션, 개별주식옵션, 달러옵션 등)	장외옵션 (금리옵션, 통화옵션, 신용옵션 등)
–	스 왑

- 통화선물은 '미국달러선물 / 일본엔선물 / 유로선물 / 위안화선물' 등 모두 장내이며, 통화옵션은 미국달러옵션만 장내이고 나머지는 장외파생상품이다.

63

정답 ④

합리적이고 적정한 방법에 따라 측정 및 평가가 가능해야 하므로 ④는 기초자산이 될 수 없다.

※ **자본시장법상 파생상품 등의 기초자산 요건** : 지문 ①, ②, ③에 추가하여 아래가 있다.

- 그 밖에 자연적·환경적·경제적 현상 등에 속하는 위험으로서 합리적이고 적정한 방법에 의하여 가격·이자율·지표·단위의 산출이나 평가가 가능한 것

64

정답 ①

자본시장법상 파생상품펀드는 '파생상품매매에 따른 위험평가액이 펀드자산총액의 10%를 초과하는 경우 / 펀드재산의 50%를 초과하여 파생결합증권에 투자하는 경우'이므로, ②, ③, ④는 파생상품펀드로 분류되지만 ①은 요건을 충족하지 못한다.

65

정답 ①

'옵션매수포지션의 위험평가액 = 기초자산가격 × 델타 × 계약수 × 승수'이므로, '보기의 콜옵션매수 1계약 포지션의 위험평가액 = 300 × 0.4 × 1 × 250,000 = 30,000,000원'이다.

[학습안내] 파생상품매매에 따른 위험평가액 산정방법은 모의고사 1회 65번 해설 참조

66

정답 ③

'1년, 3개월, 단축'이다.

※ **파생상품펀드의 위험지표 공시의무 – 위험지표로서 VaR의 요건**

(1) 측정기준 : '10영업일의 보유기간 & 99% 신뢰구간'을 기준으로 일일단위로 측정

(2) 유지요건 : 문항 보기 참조

67

정답 ①

①은 설명의무를 말하며 '적합성 원칙 / 설명의무 / 부당권유규제 등'은 '일반적인 투자자보호제도'에 속한다.

파생상품펀드 영업(8문항)

68

정답 ④

모두 틀린 항목이다.

가. ELD와 ELS는 '약속된 수익률'을 지급하지만 ELF는 실적배당형으로서 약속된 수익률을 지급할 수 없다.

나. ELD는 은행에서 판매하는 주가연계정기예금으로서 원리금이 보장된다. 따라서 예금자보호가 되며, ELS는 원금보장형 설계는 가능하지만 ELD와 같은 예금이 아니므로 예금자보호가 되지 않는다. ELF는 펀드의 본질상 실적배당형으로서 예금자보호가 불가하다.

다. ELS와 ELF의 투자수익에 대해서는 배당소득세로 과세하지만, ELD는 예금이므로 이자소득세로 과세한다.

69

정답 ④

참여율(Participation Rate)은 기초자산가격의 상승률(또는 하락률) 대비 워런트의 수익이 결정되는 비율을 말한다. 즉, 그림의 워런트 수익구조에서는 '기초자산의 상승률(40%) × 참여율(150%) = 최대수익률(60%)'이다. 따라서 참여율이 50%일 경우 최대수익률은 20%이다.

▶ 최대수익률(제시수익율 또는 쿠폰)
= 40% × 50%(참여율) = 20%

※ **낙아웃(Knock Out) vs 낙인(Knock In) 요건**

낙아웃 요건	낙인 요건
한 번이라도 배리어를 터치하면 계약이 소멸된다.[주9]	만기일의 가격위치에 따라 수익률을 결정한다.
주로 '옵션매수'가 내재된 상품에 사용	주로 '옵션매도'가 내재된 상품에 사용

* 주9 : 계약이 소멸될 때 리베이트를 지급하는데, 리베이트가 제시수익률과 동일하면 Full Rabate, 리베이트가 전혀 없으면 No Rebate, 제시수익률보다 낮은 리베이트를 지급하면 Partial Rebate라고 한다.

70

정답 ②

금리가 일정범위 안에 머문 날짜를 계산하여 쿠폰이 결정되는 것은 레인지 어크루얼(Range Accrual) 상품이다(금리연계의 대표적 상품).

71

정답 ②

소수의 고액투자자만이 가능했던 것은 과거에 해당되며, 현재는 이러한 펀드의 개발·판매로 누구나 펀드가입을 통해 안정적인 수익을 위한 투자가 가능하게 되었다.

※ 멀티에셋파생상품펀드의 특징

(1) 고수익보다는 분산투자를 통해 안정적인 수익을 추구하는 펀드이다.
- 안정성을 중시하는 투자자나 처음 펀드를 투자하는 투자자에게 적합

(2) 분산투자대상을 파생상품으로 하여 투자하는 펀드이다.

(3) 글로벌자산배분펀드 등이 있다.

72

정답 ④

상승, 하향 두 방향 모두 추종이 가능하다. 지수의 반대방향을 추종하는 것이 리버스인덱스펀드(Reverse Index Fund), 그리고 지수의 상승방향을 추종하는 것이 레버리지인덱스펀드(Leverage Index Fund)이다.

※ 인덱스펀드의 인덱스추종법

완전복제법	부분복제법(샘플링법)	지수선물 이용법	장외파생상품 계약방법
		파생형인덱스펀드	
정확성은 높지만 비용이 많이 든다.	대부분의 인덱싱 방법에 해당한다.	(+) 거래비용 절감 (−) 롤오버위험 노출	(+) 롤오버위험 없음 (−) 신용위험 노출

73

정답 ③

③은 가치주투자전략(액티브 운용에 해당, 펀드운용평가 편 참조)에 해당한다. 시스템운용형은 주로 모멘텀전략에 기반하는데, 모멘텀전략이란 상승의 모멘텀이 있는 종목을 찾아 가격상승의 흐름에 동참하면서 수익을 추구하는 전략이다.

74

정답 ①

최저가치는 보장치(Floor)를 말한다.

※ 포트폴리오보험전략 용어이해(옵션복제전략 중 일정비율보험전략에 해당) : 아래 예시를 통해 '보장치, 쿠션, 익스포저'의 용어를 확실히 이해해야 함

[예시] 최초투자금액 100억원, 보장치 90억원, 무위험수익률 4%, 만기 1년, 승수 1일 경우, 쿠션과 익스포저는?

(1) 현재시점의 보장치(Floor)를 먼저 구한다.

: $\frac{90억원}{(1+0.04)}$ = 86.53억원

(2) 완충치(쿠션 ; Cushion)를 구한다.

: 100억원 − 86.53억원 = 13.47억원
- 쿠션은 만기 시 보장금액을 확보하고 남은 여유금액으로서, 위험자산에 투입할 수 있는 금액을 말한다.

(3) 위험자산투자금액(익스포저 ; Exposure)을 구한다

: 쿠션 × 승수 = 13.47 × 1 = 13.47억원

(4) 즉 포트폴리오 100억원에서 위험자산(주식)에 13.47억원을 투자하고 나머지 86.53억원은 안전자산(채권)에 투자한다.

75

정답 ②

주식은 채권에 비해 변동성이 크므로 과소헤지(Under Hedge)를 하는 것이 바람직하다. 즉 주식투자의 경우 투자원금의 50%~70% 정도의 헤지를 하는 것이 일반적이다.

※ 환리스크 헤지방법

FX Swap (현물환매입 & 선물환매도)	Block Deal (현물환매입 & 통화선물매도)
(+) 통화선물에 비해 유동성이 풍부하다. (+) 통화선물과 달리 롤오버위험이 없다. (−) 장외거래이므로 신용위험에 노출된다. (−) 만기 시 인수도는 의무사항이므로 불리한 상황이라도 무조건 결제해야 한다.	(+) 장내거래이므로 신용위험이 없다. (−) 선물환계약에 비해 유동성이 현저히 떨어진다. (−) 롤오버위험에 노출된다. (−) 통화선물의 대상통화가 아닐 경우, 통화선물거래를 두 번해야 한다.

[추가사항] 무비용전략의 환헤지 방법(Zero Cost 헤지전략) : 옵션을 이용한 헤지는 옵션을 매입하는 것이지만, 옵션매입포지션에 옵션매도를 추가할 경우 옵션매도의 프리미엄이 유입되어 포지션 전체의 비용이 제로가 될 수 있다. 단, 환율변동성이 커져서 옵션매도의 위험이 현실화될 경우는 큰 폭의 손실을 입을 수 있다(사례 : KIKO).

파생상품펀드 투자 · 리스크관리(10문항)

76

정답 ①

미국에 수출하고 나중에 달러결제를 받는 기업은 달러원환율의 하락위험에 노출되므로 선물환계약을 매도하는 거래를 통해 헤지를 할 수 있다. 즉 매도헤지가 된다.
- 반면 수입업자는 나중에 달러를 주는 입장이므로 달러원환율의 상승위험에 노출되므로 이 경우 선물환계약을 매수하면 된다. 즉 매수헤지가 된다.

[암기법] 입.수 (수입업자는 매수헤지)

※ 랜덤베이시스 헤지 vs 제로베이시스 헤지

랜덤베이시스 헤지	제로베이시스 헤지
헤지포지션을 만기일 이전에 청산하는 것 → 만기일 이전이므로 베이시스가 존재함. 따라서 베이시스위험에 노출됨	헤지포지션을 만기일에 청산하는 것 → 만기일이므로 베이시스가 0이 됨. 따라서 베이시스위험에 노출되지 않음
둘 다 시장위험(Market Risk)을 회피한다는 점에서는 동일하며, 약간의 베이시스위험이라도 회피하고자 할 경우 제로베이시스 헤지를 하면 됨	

77 정답 ②

베타계수가 주어졌으므로 베타헤지를 적용한다.

▶ 헤지계약수(h) = $\frac{100억원}{200point \times 250,000} \times 0.8 = 200 \times 0.8$ = 160계약. 현물포지션이 매수이므로 헤지를 위한 선물포지션은 매도가 된다. 즉, 160계약 매도이다. 만일 베타를 반영하지 않은 단순헤지라면 '200계약 매도'가 된다.

※ **헤지비율(h) 계산 : 단순헤지, 베타헤지, 최소분산헤지비율**

78 정답 ④

행사가격이 다른 옵션물의 매수, 매도로 구성한 것이므로 수직스프레드이다. 수평스프레드는 '동일한 행사가격인데 만기가 다른 월물로 구성된 스프레드'를 말한다. 그리고 ③에서, '시간가치감소현상(Time Decayed)'은 옵션매수포지션에 작동되는 것인데 스프레드포지션은 옵션매수의 시간가치감소현상을 상쇄하는 옵션매도를 같이 보유하고 있으므로 결국 시간가치 면에서 중립포지션이 됨을 의미한다.

79 정답 ④

스트랭글 매도자는 변동성이 작을 것이라는 예상을 토대로 취하는 포지션이다. 즉 매도하면서 수취한 옵션프리미엄만큼 수익을 취하는 전략이다.

80 정답 ④

TRS는 시장위험과 신용위험에 근거한 모든 수익을 보장매도자에게 이전함으로써 신용위험뿐 아니라 시장위험도 이전하는 거래이다.

※ 신용파생상품 정리

구 분	보장매입자	보장매도자	전가위험
신용부도스왑(CDS)	프리미엄 지불자	프리미엄 수취자	신용위험
신용연계채권(CLN)	CLN발행자	CLN매입자	신용위험
총수익스왑(TRS)	TRS지급자	TRS수취자	신용위험, 시장위험

81 정답 ②

'올오어나싱' 방식은 만기일 하루에 평가하여 내가격이면 수익을 지급하고 내가격이 아니면 수익을 지급하지 않는다. 그리고 내가격일 경우 얼마만큼의 내가격이 달성되었는가로 수익을 차등지급하지 않는다(내가격이기만 하면 그 정도와 관계없이 제시수익률을 지급함).

82 정답 ①

옵션의 매수 포지션의 민감도는 다음과 같다. 옵션의 매도 포지션은 아래 표의 반대로 표시된다.

옵션 (매수) 포지션 민감도		
구 분	콜옵션	풋옵션
델타	+	−
감마	+	+
쎄타	−	−
베가	+	+
로	+	−

• 특징은 콜, 풋의 감마값은 매수일 경우 (+)로 동일하며, 쎄타(시간가치)는 (−)로 동일하다.

83 정답 ②

②는 '방어적풋(Protective Put)'에 해당하며, ①과 ③은 같은 '$B_t + c_t$'의 구조로서 이자추출전략에 해당한다. 그리고 ④는 광의로 이자추출전략이라 할 수 있다.[주10]

* 주10 : 기업이 발행하는 전환사채를 매입할 경우 투자자는 일정수익률을 보장받는 동시에 CB발행기업 주식의 가격이 상승할 경우 상승분만큼 이익을 보게 된다. 따라서 CB매입전략은 일종의 이자추출전략으로 해석될 수 있으며 이는 광범위한 의미의 포트폴리오보험전략이라고 볼 수 있다. 결국 우리가 앞에서 살펴본 파생결합증권이 바로 여기서 설명된 이자추출전략과 정확하게 일치함을 알 수 있고 이것이 파생결합증권의 근간을 형성하는 구조라고 볼 수 있다.

84 정답 ①

통화선물 시장의 유동성이 상대적으로 부족하다. 외환 관련 파생상품 거래는 전 세계 어느 시장에서든 장외거래가 장내거래를 압도한다. 따라서 통화선물 거래를 하고자 하는 운용사로서는 선물환 시장에 비해서는 불리한 가격으로 거래를 할 수밖에 없는 것이 현실이다.

85 정답 ④

운용사의 평판리스크는 중요하지만 발행사의 평판리스크는 크게 문제될 것이 없다.

※ 판매사의 리스크관리

(1) 투자자에게 적합한 상품유형 제시
(2) 중도환매 시 수익구조와 높은 환매수수료 등에 대한 주지
(3) 계약조건변경 또는 조기종결에 대한 설명 : 기초자산이나 발행사 또는 시장의 문제 발생 시 계약조건의 변경이나 조기상환의 가능성이 있다.
 예 기초자산이 되는 회사의 합병이나 상장폐지, 기초자산이 되는 회사의 선물이나 옵션의 거래제한, 외환시장붕괴 등
(4) 평판리스크 고려 : 발행사의 평판리스크는 크게 문제될 것이 없는 반면, 운용사의 평판리스크는 펀드의 수익・위험구조에 큰 영향을 주므로 주의해야 한다.

부동산펀드 법규(5문항)

86 정답 ②

환매금지형부동산펀드에서 상장의무가 부과되는 것은 '부동산투자신탁, 부동산투자회사'의 2가지이다.

87 정답 ①

라. 분양권의 매입, 마. 주택저당채권담보부채권의 매입, 바. **호텔이나 리조트의 직・간접 운영이 가능**하다. 50% 이상 요건을 갖추고 나면 보기의 나머지 자산에 대한 투자는 제한이 없다.

88 정답 ③

부동산운용특례상 부동산펀드에서 차입은 순자산총액의 200%까지, 대여는 순자산총액의 100%까지 가능하다. 그리고 부동산펀드가 아니라도 펀드재산으로 부동산을 보유하고 있을 경우 그 부동산가액의 70%까지 차입할 수 있다.

89 정답 ①

실사보고서에는 취득이나 처분과 관련된 항목(거래가격, 거래비용 등) 또는 취득이나 처분의 결과와 관련된 항목(재무자료, 수익에 영향을 주는 요소 등)이 포함된다.

학습안내 실사보고서와 사업계획서를 구분하는 것도 중요한데, 이는 1회 모의고사 89번 해설 참조

90 정답 ①

원칙적으로 시가로 평가하며 신뢰할 만한 시가가 없는 경우는 공정가액으로 평가한다. 이때 공정가액이란 '집합투자재산평가위원회가 충실업무를 준수하고 평가의 일관성을 유지하여 평가한 가액'을 말한다.

부동산펀드 영업(5문항)

91 정답 ③

지상권이란 민법상 물권(物權)의 하나로서 남의 토지에서 공작물(工作物) 또는 수목(樹木)을 소유하기 위하여 그 토지를 사용하는 권리로서 용익물권(지상권, 지역권, 전세권)에 속한다.

지역권은 요역지의 편익을 위해 승역지에 설정하는 권리로 주로 통행・인수를 위한 권리를 의미한다. 예를 들어, 요역지의 조망권을 해치지 않기 위해 승역지에는 높은 건물을 짓지 않기로 계약하는 것이다. 또는 다른 사람의 토지를 통행하는 권리 등을 말한다.

92 정답 ③

유치권은 점유로서 공시되므로 등기가 필요 없다.

▶ 유치권은 타인의 물건이나 유가증권을 점유한 자가 그 물건이나 유가증권에 관하여 생긴 채권의 변제기에 있을 경우에 그 채권을 변제받을 때까지 그 물건이나 유가증권을 유치할 수 있는 권리로서 법정담보물권이며, 점유로서 공시되므로 등기가 필요 없다.

유치권이 성립하려면 목적물이 타인의 물건 또는 유가증권이어야 하고, 피담보채권이 목적물과 견련관계에 있어야 하며, 채권이 변제기에 있어야 하고, 유치권자가 목적물을 점유하고 있어야 하며, 당사자 사이에 유치권의 발생을 배제하는 특약이 없어야 한다.

93

정답 ②

부동산 권리확보 위험은 건설 중인 부동산 매입 위험에 해당한다. 투자대상이 (추후 임대할) 건축 중인 건축물이므로 공사기간 중에는 사업대상 토지에 대해 계약금 및 중도금 등에 120~130% 정도를 채권최고액으로 하는 담보신탁을 설정하여 우선 수익권을 확보하여야 한다. 가급적 **잔금비율을 높여** 건축기간 중 발생하는 위험에 노출되는 금액을 최소화하여야 한다.

※ **임대형부동산펀드 리스크(위험)**

단 계	내 용
매입단계의 위험	매입가격의 적정성, 법률적 위험, 물리적 위험, 재무타당성
건설 중인 부동산 매입 위험	개발사업 위험, **부동산 권리확보 위험**, 기타 공사 관련 위험
운용단계의 위험	임차인 위험, 공실 위험, 관리비 증가 위험, 타인자본(Leverge) 위험, 재해 등 물리적 위험, 제도 변화 관련 위험
청산단계의 위험	사업계획 미달 위험, 매각 위험, 추가비용 발생 위험

94

정답 ②

일반적으로 시행법인은 자본금이 작고 신용평가등급이 없다. 따라서 대출형부동산펀드의 입장에서는 ④와 같은 신용보강장치를 마련하는 것이 보통이다.

95

정답 ③

'부동산투자목적회사가 발행한 지분증권'이다. 그리고 ①, ②, ③, ④는 증권형부동산펀드의 투자대상을 말한다.

※ **부동산투자목적회사의 정의** : 부동산투자목적회사(그 종속회사 포함)가 소유하고 있는 자산을 합한 금액 중 부동산이나 지상권 · 지역권 · 전세권 · 분양권 등 부동산 관련 권리를 포함한 금액이 100분의 90을 초과하는 회사를 말한다.

부동산펀드 투자 · 리스크관리(5문항)

96

정답 ③

시장금리가 낮아지고 다른 투자자산의 기대수익률이 낮아지면 부동산의 시장요구자본환원율도 **낮아진다.**

※ **부동산의 가치추정** : 임대료와 (시장요구)자본환원율을 알면 부동산의 시장가격을 추정할 수 있다.

예 A 부동산의 1년 임대료가 1,000만원이고 자본환원율이 5%라면 → 'A 부동산의 가치 $= \frac{1,000\text{만원}}{0.05} = 2\text{억원}$'이며 이는 소득접근법에 의한 부동산의 가치추정법에 해당된다.

※ **부동산시장의 3가지 하부시장** : 공간시장, 자산시장, 개발시장

97

정답 ③

LTV나 DTI의 비율이 낮아지면 대출여력이 감소하여 부동산의 수요가 줄어든다. 즉 LTV나 DTI 비율을 낮추는 것은 부동산시장을 안정시키고자 하는 수요억제정책이라 할 수 있다. 그리고 ②는 대체재의 개념이다.

※ **부동산시장의 수요요인과 공급요인**

수요요인	공급요인
(1) 소득수준 열등재나 기펜재는 소득수준과 (-)의 방향 (2) 인 구 (3) 대체관계 부동산의 가격 소형아파트 vs 소형주거용오피스텔 (4) 소비자의 기호 (5) 정부의 대출정책(LTV, DTI 비율 조정) (6) 금 리 (7) 기대심리	(1) 부동산의 가격 (2) 건설비용 (3) 기술수준 (4) 공급자의 수 (5) 기대심리

98

정답 ①

기준금리 변경은 부동산시장의 수요측면에만 영향을 주는 것이 아니라 부동산시장의 공급측면은 물론 일반경제 전반에 영향을 미치게 된다. 그러므로 부동산시장의 심각한 과열 또는 침체로 인해 국가경제 전반에 악영향을 미치는 부득이한 상황이 아니라면, 단순히 부동산시장만을 타겟으로 기준금리 변경과 같은 정책을 실행하는 경우는 드문 일이다.

99 정답 ③

기회추구(Opportunistic) 전략이란 고위험을 감수하며 최고의 수익을 추구하는 전략으로, 개발되지 않은 토지에 투자하여 개발하거나 저평가된 시장이나 교통이 덜 발달한 지역 등에 투자한다.

※ 부동산투자의 전통 4방식

핵심전략	입지가 좋고 현금흐름이 우량한 부동산에 투자	저위험 저수익
핵심플러스 전략	약간의 가치제고활동이 수반되거나 입지개선이 기대되는 부동산에 투자	핵심전략보다 조금 더 높은 위험 감수
가치부가 전략	부동산개량, 일정수준의 재개발에 투자	중위험 고수익
기회추구 전략	개발되지 않은 토지를 개발하거나, 교통이 덜 발달된 지역에 투자	고위험 고수익

100 정답 ②

사업위험(Business Risk) 중 운영위험(Operating Risk)에 속한다.

※ 부동산 투자위험

종 류		내 용
사업위험 (Business Risk)	시장위험 (Market Risk)	경제위축으로 부동산시장의 수요가 감소하고 임대수입 감소 등 투자수익률이 하락하는 위험
	운영위험 (Operating Risk)	부동산관리, 근로자파업, 영업경비변동 등으로 인해 야기될 수 있는 수익성의 불확실성을 말함
금융위험 (Financial Risk)		부채사용 시 차입금에 대한 채무불이행 위험
법적위험 (Legal Risk)		정부의 정책변경으로 인한 법적환경의 변화 위험
인플레이션위험 (Inflation Risk)		투자기간 중 화폐가치의 하락으로 인해 투자수익의 실질가치가 하락하는 위험

2024~2025 시대에듀 펀드투자권유자문인력 실제유형 모의고사 [4회분 + 특별부록] PASSCODE

개정4판1쇄 발행	2024년 09월 05일 (인쇄 2024년 08월 20일)
초 판 발 행	2021년 01월 05일 (인쇄 2020년 11월 13일)
발 행 인	박영일
책 임 편 집	이해욱
편 저	유창호 · 강성국
편 집 진 행	김준일 · 이보영
표지디자인	박수영
편집디자인	김기화 · 하한우
발 행 처	(주)시대고시기획
출 판 등 록	제10-1521호
주 소	서울시 마포구 큰우물로 75 [도화동 538 성지 B/D] 9F
전 화	1600-3600
팩 스	02-701-8823
홈 페 이 지	www.sdedu.co.kr
I S B N	979-11-383-7673-0 (13320)
정 가	21,000원

What is your passcode?

펀드투자권유자문인력 실제유형 모의고사

정답 및 해설

2024년 최신 기본서 반영 및
2개년(23~24년) 기출분석

특별부록

빈출포인트 파이널체크 O/X 퀴즈

시대에듀

특별부록

빈출포인트
파이널체크 O/X 퀴즈

펀드투자권유자문인력 **제1과목** 60문항

펀드일반

제1장 펀드일반 법규(13문항)

01 투자펀드(집합투자)는 '집단성, (　　　　), (　　　　), 투자자평등원칙, 펀드자산의 분리'의 속성을 지닌다.

02 집합투자의 개념요소
① 2인 이상의 자에게 판매할 것, ② 투자자로부터 모은 금전 등을 집합하여 운용할 것, ③ (　　　　), ④ 재산적 가치가 있는 투자대상자산을 취득, 처분 그 밖의 방법으로 운용할 것, ⑤ 운용결과의 투자자 귀속

03 집합투자기구의 형태는 신탁형, 회사형, 조합형으로 구분되는데 공모형으로 가장 많이 설정・설립되는 형태는 (　　　　)과 (　　　　)이다.

04 투자신탁의 세 당사자는 (　　　　), (　　　　), (　　　　)이며, 자산의 보관 및 관리를 담당하는 자는 (　　　　)이다.

05 투자신탁을 설정 및 해지하고, 투자신탁을 운용하며, 수익증권발행업무를 수행하는 자는 (　　　　)이다.

06 투자회사는 서류상의 회사(Paper Company)이므로 투자업무 이외의 업무는 할 수 없고 본점 외의 영업소도 둘 수 없다. 따라서 모든 업무는 외부전문가에 위임을 해야 하는데 자산운용은 (　　　　)에게, 자산보관은 (　　　　)에게, 판매 및 환매는 (　　　　)에게, 기타 업무는 (　　　　)에게 위탁해야 한다.

07 (　　　　)은/는 수익증권을 발행하며, (　　　　)은/는 주식을 발행한다.

정답
01 간접성, 실적배당원칙 ▸ 펀드자산의 분리란 집합투자업자의 고유재산과 고객자산(집합투자재산)은 엄격하게 구분해서 관리해야 함을 말한다.
02 일상적인 운용지시를 받지 않을 것 ▸ '일상적인 운용지시를 받지 아니하면서'의 의미 → 펀드매니저가 전문적으로 운용(투자자 입장에서는 직접투자가 아닌 간접투자, 즉 간접성을 의미함)
03 투자신탁, 투자회사 ▸ 투자신탁이 가장 많다.
04 위탁자, 수탁자, 수익자, 수탁자 ▸ 위탁자 = 집합투자업자(자산운용사), 수탁자 = 신탁업자(은행), 수익자 = 투자자
05 위탁자(또는 집합투자업자)
06 집합투자업자, 수탁자, 판매사, 일반사무관리회사 ▸ 투자회사의 운용 → 집합투자업자, 투자회사의 운영 → 일반관리회사
07 투자신탁, 투자회사 ▸ 투자자의 입장에서 수익증권에 투자하면 수익자, 주식에 투자하면 주주가 된다.

08 수익자총회의 소집은 집합투자업자, (　　　　), 그리고 수익증권 총좌수의 (　　　　) 이상 보유수익자가 서면으로 요청하면 집합투자업자가 1개월 이내에 수익자총회를 소집해야 하며, 수익자총회의 의결은 '출석수익자의 2분의 1 이상과 전체의 (　　　　) 이상의 찬성'으로 의결한다.

09 수익자총회의 의결사항은 크게 '합병 / 환매연기 / 신탁계약 중요내용 변경'으로 구분할 수 있는데 '집합투자 또는 신탁 보수의 지급, 집합투자 또는 신탁 보수의 인상, 집합투자업자의 변경, 신탁업자의 변경, 판매업자의 변경' 중에서 수익자총회의 의결사항에 포함되지 않는 것은 (　　　　), (　　　　)이다.

10 법정 의결사항이 아닌 신탁계약으로 정한 수익자총회 결의사항에 대해서는 '출석과반수와 전체 수익증권의 (　　　　) 이상'의 수로 의결할 수 있다.

11 투자신탁을 설정한 집합투자업자는 수익자총회의 결의가 이루어지지 아니한 경우 그날부터 (　　　　) 이내에 연기된 수익자총회를 소집해야 하며, 연기수익자총회의 결의는 수익자총회와 달리 출석한 수익자의 과반수와 발행된 수익증권 총좌수의 (　　　　) 이상으로 결의할 수 있다(법정 결의사항에 대함).

12 법정 의결사항이 아닌 신탁계약으로 정한 총회 결의사항에 대해서 연기수익자총회를 통해 결의할 경우 '출석과반수와 전체수익증권의 (　　　　) 이상'의 수가 필요하다.

13 총회결의에 반대하는 수익자는 수익자매수청구권을 행사할 수 있는데, 총회결의일로부터 (　　　　) 이내에 서면으로 매수를 청구할 수 있다.

14 ○|× 투자회사의 이사는 법인이사와 감독이사로 구분되는데, 내부감사가 없는 대신 외부감사가 의무화되어 있다.

15 투자회사는 (　　　　) 1인과 (　　　　) 2인 이상을 선임하여야 하며, 당해 투자회사의 집합투자업자가 (　　　　)가 된다.

16 투자회사는 (　　　　)의 방법으로만 설립해야 한다.

정답

08 수탁자, 5%, 4분의 1 ▸ 수익자총회 소집 → '출석 1/2 & 전체 1/4의 찬성'으로 의결. 참고로 총회 의결사항에 반대하는 수익자(또는 주주)는 매수청구권의 행사가 가능함

09 집합투자 또는 신탁 보수의 지급, 판매업자의 변경 ▸ 보수의 지급 · 판매업자의 변경은 이사회 결의(∵ 일반적 사항이므로)를, 보수의 인상 · 집합투자업자나 신탁업자의 변경은 수익자총회 결의(∵ 중요사항이므로)를 요구한다.

10 1/5 ▸ 법정사항은 전체의 1/4, 법정사항이 아닌 것은 전체의 1/5 이상의 수가 있어야 한다(출석과반수 전제).

11 2주, 1/8 ▸ 연기수익자총회를 두는 이유는, 장기간 총회가 성립되지 않으면 수익자이익이 침해될 수 있기 때문이다.

12 1/10 ▸ 연기수익자총회의 결의는 수익자총회와 달리 출석한 수익자 의결권의 과반수와 발행된 수익증권 총좌수의 8분의 1 이상(신탁계약으로 정한 수익자총회의 결의사항에 대하여는 출석한 수익자 의결권의 과반수와 발행된 수익증권 총좌수의 10분의 1 이상)으로 결의할 수 있다.

13 20일

14 ○ ▸ 서류상의 회사이므로 내부감사가 별도로 없으며, 따라서 외부감사가 의무화된다.

15 법인이사, 감독이사, 법인이사

16 발기설립

17 투자신탁은 집합투자업자와 ( ) 간의 신탁계약에 의해 설정되며, 신탁계약을 변경하고자 하는 경우에도 집합투자업자와 ( ) 간의 변경계약이 있어야 한다. 또한 신탁계약 변경 시 중요사항은 사전에 ( )의 결의를 거치고 그 내용을 공시해야 하며 공시 외에도 수익자에게 개별통지해야 한다.

18 투자신탁 외의 형태의 펀드(회사형, 조합형 펀드)는 등록신청 당시 자본금 또는 출자금이 ( ) 이상이어야 한다.

19 집합투자업자는 금융위에 등록된 집합투자기구의 관련사항이 변경된 경우에는 ( ) 이내에 그 내용을 금융위에 변경등록해야 한다.

20 집합투자업자는 수익증권의 발행가액 전액이 납입된 경우 ( )의 확인을 받아 수익증권을 발행해야 한다.

21 펀드매입을 위한 투자자 납입은 금전으로 하는 것이 원칙이나, ( )로서 다른 수익자 전원의 동의를 얻은 경우에 한해 실물자산으로 납입이 가능하다.

22 집합투자증권의 발행은 (/)으로 해야 한다.

23 집합투자증권은 실물증권발행에 따르는 문제점을 제거하기 위해 ( )을 명의로 하여 일괄예탁방법으로 발행한다.

24 투자회사의 주식은 (/)으로 발행해야 하며, 오로지 보통주로만 발행해야 한다.

25 집합투자증권을 공모로 발행하는 경우에는 ( )를 제출해야 하며, 제출의무자는 발행인이다.

26 증권신고서의 효력발생기간은 개방형, 폐쇄형 모두 최장 ( )이며, 정정신고서의 효력발생기간은 원칙적으로 ( )이다.

27 증권신고서의 효력이 발생한 집합투자증권을 취득하고자 하는 자에게는 반드시 ( )를 교부해야 한다(단, 전문투자자 및 서면 등으로 수령거부의사를 표시한 일반투자자에게는 교부를 하지 않아도 된다).

정답
17 수탁자, 수탁자, 수익자총회
18 1억원
19 2주
20 신탁업자
21 사모집합투자기구 ▸ 금전납입원칙의 예외이다.
22 무액면 / 기명식
23 예탁결제원
24 무액면 / 기명식 ▸ '무액면 / 기명식'은 투자신탁이든 투자회사든 동일함. 일반 주식회사와 달리 투자회사는 우선주나 상환주 등의 발행이 불가함(보통주만 가능).
25 증권신고서
26 15일, 3일
27 투자설명서 ▸ 투자설명서는 일반투자자에게 반드시 교부해야 하는 법정투자권유문서이다.

28 정식투자설명서는 반드시 효력발생 후에 사용할 수 있으며, (   )는 신고의 효력이 발생하지 않았다는 사실을 덧붙여서 효력발생 전에도 사용할 수 있다.

29 개방형펀드는 최초 투자설명서를 제출한 후 매년 (   ) 이상 정기적으로 투자설명서를 갱신해야 하며, 집합투자기구를 변경등록 시에는 그 통지를 받은 날로부터 (   ) 이내에 투자설명서를 갱신해야 한다.

30 ○× 적합성 원칙, 적정성 원칙, 설명의무는 일반투자자에게만 적용된다.

31 (   )란 투자위험을 감수할 수 있는 자를 말하며, 국가・지자체・한국은행・금융기관・주권상장법인 등을 말한다.

32 투자자가 일반투자자인 경우에는 집합투자증권의 투자를 권유하기 전에 투자자의 특성을 파악하기 위해 (   ), (   ), (   ) 등을 투자자와의 면담 등을 통해 파악하고, 이를 그 투자자로부터 확인을 받아 유지・관리해야 하며, 확인받은 내용을 투자자에게 지체 없이 제공해야 한다(확인방법은 서명, 기명날인, 녹취, ARS 등 다양한 방법으로 가능함).

33 ○× 일반투자자에게 투자권유를 하지 않고 파생상품 등을 판매하려는 경우에는 면담, 질문 등을 통하여 일반투자자의 투자목적, 재산상황 및 투자경험 등의 정보를 파악해야 한다.

34 KYC Rule, 적합성 원칙, 설명의무, 적정성 원칙 중에서 그 위반 시 자본시장법상 손해배상책임을 지는 것은 (   )이다.

35 투자자로부터 투자권유 요청을 받지 않고 방문, 전화 등 실시간 대화의 방법으로 투자권유를 하는 것을 (   )라고 하며, 장외파생상품은 일반금융소비자는 물론 전문금융소비자에게도 사전안내가 불가하다.

36 투자자가 투자권유에 대한 거부의사를 나타낸 동일 상품에 대해서 (   )이 지나서 다시 투자권유를 한다면 재권유금지의 대상이 아니다.

37 (   )에 대해서는 일반투자자의 투자목적, 재산상황, 투자경험 등을 고려하여 차등화된 투자권유준칙을 마련해야 한다.

정답

28 예비투자설명서 ▸참고로 홍보전단과 같은 간이투자설명서는 효력발생 전후를 구분하지 않고 사용할 수 있다.

29 1회, 5일

30 ○ ▸비교하여 '부당권유금지 규정(불초청권유금지 등)'이 전문투자자에게도 적용된다.

31 전문투자자 ▸전문투자자 중에서 지자체와 주권상장법인 등이 일반투자자로 대우를 받기 원할 경우는 금융투자회사에 서면통지하면 된다(이들이 장외파생상품 매매 시에는 일반투자자로 간주됨).

32 투자목적, 재산상황, 투자경험 ▸KYC Rule을 말한다.

33 ○ ▸적정성 원칙을 말한다.

34 설명의무 ▸참고로 자본시장법상 손배책임은 설명의무가 유일하나 나머지도 위반 시 민법상 손배책임의 대상은 될 수 있다.

35 불초청권유(Unsolicited Call) ▸일반금융소비자에게 고난도금융투자상품, 고난도투자일임계약, 고난도금전신탁, 사모펀드, 장내파생상품, 장외파생상품에 대한 사전안내(권유)를 할 수 없으며, 이 중에서 전문금융소비자에게는 장외파생상품을 권유할 수 없다.

36 1개월

37 파생상품 등

38 금융투자회사가 투자권유대행인으로 하여금 투자권유를 하게 하려면, 먼저 금융위원회 등록업무를 위탁받은 (　　　　) 에 그 투자권유대행인을 등록해야 한다.

39 ○ × 투자권유대행인은 위탁한 금융투자업자를 대리하여 계약을 체결하는 행위를 할 수 없다.

40 ○ × 투자권유대행인도 고객파악의무(KYC Rule) 및 설명의무를 준수해야 하며, 동 의무를 위반하여 투자자에게 손해배상책임을 질 경우는 금융투자업자도 사용자로서의 배상책임이 있다.

41 집합투자증권의 광고규제는 '① 집합투자기구에서 반드시 광고에 포함시켜야 할 사항, ② 집합투자기구에서 광고에 포함시킬 수 있는 사항, ③ 금융투자상품 전체에 적용되는 광고 시 준수사항'의 3가지로 규제하는데, '과거운용실적이 미래 수익률을 보장하지 않는다는 사실'은 ①, ②, ③ 중 (　　　　)에 해당한다.

42 집합투자증권을 판매한 투자매매업자 또는 투자중개업자가 투자자에게 지속적으로 제공하는 용역의 대가로 집합투자기구로부터 받는 금전은 (판매수수료 / 판매보수 / 환매수수료)이다.

43 판매수수료는 납입금액 또는 환매금액의 (　　　　)가 한도이고, 판매보수는 집합투자재산의 연평균가액의 (　　　　)이 한도이며, 이는 공모형펀드에 한한다.

44 판매수수료는 투자자로부터 받고, 판매보수는 (투자자 / 집합투자기구)로부터 받으며, 둘 다 판매업자에게 귀속된다.

45 환매기간은 (　　　　)을 초과하지 않는 범위 내에서 집합투자기구가 정할 수 있으며, 다만 '펀드재산의 (　　　　)를 초과하여 시장성 없는 자산에 투자하는 경우 또는 (　　　　)를 초과하여 해외자산에 투자하는 경우'는 법정환매기간을 초과하여 정할 수 있다.

46 투자자의 환매요청 시 집합투자업자나 신탁업자, 판매업자가 자기 또는 제3자의 계산으로 매입을 할 수 없는데 이는 '자기거래금지의 원칙'에 입각한 것이다. 그런데 MMF를 판매한 투자매매업자, 투자중개업자가 전체의 (　　　　) 상당 금액과 (　　　　) 중 큰 금액의 범위 내에서 개인투자자로부터 환매청구를 받은 경우에는 환매청구일에 공고되는 기준가격으로 매입할 수 있다.

정답

38 금융투자협회

39 ○ ▸ 계약체결의 대리, 투자자로부터의 재산수취 등은 금지된다.

40 ○

41 ① ▸ 참고로 '과거의 운용실적이 있는 경우 그 운용실적'은 ②, '금융투자업자의 경영실태평가와 영업용순자본비율은 절대 비교하지 말아야 하는 것'은 ③에 해당한다.

42 판매보수

43 100분의 2, 100분의 1

44 집합투자기구 ▸ 판매보수는 집합투자기구 자산에서 차감하는 형식으로 수취한다(따라서 투자자의 체감비용은 낮은 편).

45 15일, 10%, 50% ▸ 법정환매기간은 15일이며, 환매연기 결정 시에는 6주 이내에 총회를 열어야 함(참고 : 수익자총회 의결사항 – 합병 / 환매연기 / 신탁내용의 중요사항 변경).

46 5%, 100억원 ▸ 자기거래금지 원칙의 예외로서, 개인이 MMF를 전체 5% 또는 100억원 중 큰 금액을 환매청구 시에는 원활한 유동성의 제공을 위하여 판매업자가 매입할 수 있도록 하고 있다.

47 (　　　　)란 집합투자재산의 일부가 환매연기사유에 해당하는 경우 그 일부에 대해서는 환매를 연기하고 나머지에 대해서는 집합투자자가 보유하고 있는 집합투자증권의 지분에 따라 환매에 응하는 것을 말한다.

48 환매수수료는 환매금액 또는 이익금을 기준으로 부과할 수 있으며, 환매수수료는 (　　　　)에 귀속된다.

49 자본시장법은 투자자로부터 집합투자증권의 매수 또는 환매청구를 받은 이후 최초로 산정된 순자산가치로 판매 또는 환매가격을 정하는데, 이를 (　　　　)이라 한다.

50 투자자가 금융투자상품의 매도나 환매에 따른 수취한 결제대금으로 결제일에 (　　　　)를 매수하기로 미리 약정한 경우는, 미래가격방식의 예외로서 당일의 기준가격을 적용할 수 있다.

51 (　　　　)란, 투자설명서에서 정하고 있는 펀드지분의 판매 및 환매주문 접수 종료시점 이후에 접수된 주문에 대하여 종료시점 이전에 접수된 주문처럼 거래가격을 적용하는 불법적인 거래를 말한다.

52 투자신탁은 그 자체로는 법인격이 없으므로 신탁재산에 대한 운용은 (　　　　)가 필요한 운용지시를 하고, (　　　　)가 그 지시에 따라 거래를 집행하는 구조를 취한다. 다만, 운용의 효율성과 적시성을 위하여 집합투자업자가 직접 거래할 수 있도록 예외를 두고 있지만 (상장주식 / 비상장주식)의 직접매매는 불가하다.

53 공모펀드는 동일종목에 대해 펀드재산의 10%를 초과하여 투자할 수 없으나 국채의 경우 (　　　　), 지방채나 특수채는 (　　　　)까지 예외적으로 투자할 수 있다.

54 동일법인이 발행한 지분증권에 대해서는 '각 집합투자기구는 지분증권총수의 (　　　　), 동일한 집합투자업자가 운용하는 전체 집합투자기구는 지분증권총수의 (　　　　)'까지 투자할 수 있다.

55 집합투자업자는 파생상품매매에 따른 위험평가액이 집합투자기구 자산총액의 (　　　　)를 초과하여 투자할 경우, 그 위험지표를 인터넷 홈페이지 등을 이용하여 공시해야 한다.

56 파생상품매매에 따른 위험평가액은 공모펀드의 경우 집합투자 순자산총액의 (　　　　), 사모펀드의 경우 (　　　　)를 초과할 수 없다.

정답

47 부분환매연기제도 ▸유사한 것으로 펀드분리제도가 있다.
48 집합투자재산(또는 집합투자기구)
49 미래가격방식(Forward Pricing) ▸미래가격방식은 과거가격방식(Backward Pricing)에서 발생하는 무임승차의 문제를 해소하기 위한 것이다.
50 MMF(단기금융집합투자기구)
51 장마감후 거래(Late Trading)
52 집합투자업자, 신탁업자(수탁자), 비상장주식 ▸집합투자업자가 신탁업자에게 운용지시함. 다만, 운용의 효율성과 적시성을 위하여 집합투자업자가 직접 거래할 수 있도록 예외를 두고 있다(예외 : 상장주권의 매매 / 단기대출 / CD의 매매 / 장내파생상품 매매 / 위험회피목적에 한정된 장외파생상품).
53 100%, 30% ▸국공채는 안전하므로 예외가 허용된다.
54 10%, 20% ▸각 10%, 전체 20%(→ 지분증권에 대한 취득제한은 ① 분산투자강제 ② 무분별한 경영권위협문제의 억제를 위한 것이다.)
55 10% ▸공시대상 위험지표는 2과목 파생상품펀드에서 학습함
56 100%, 400% ▸순자산총액의 100%, 400%(기준이 자산총액이 아니라 순자산총액임에 주의)

57 동일 거래상대방과의 (장내파생상품 / 장외파생상품) 매매에 따른 거래상대방 위험평가액이 각 펀드자산총액의 10%를 초과할 수 없다.

58 집합투자기구에서 국내소재 부동산을 취득한 경우에는 취득일로부터 (　　　　) 이내, 국외부동산의 경우 집합투자규약에서 정하는 기간 이내에는 처분할 수 없는 것이 원칙이다.

59 집합투자기구가 다른 집합투자증권에 투자할 경우, 동일한 집합투자기구에 대한 투자는 해당집합투자기구 자산총액의 (　　　　)를, 동일한 집합투자업자가 운용하는 전체 집합투자기구들에 대한 투자는 자산총액의 (　　　　)를 초과할 수 없다.

60 다른 집합투자기구에 주로 투자하는 펀드(재간접펀드 ; FOFs)에 대한 투자는 금지되는데, 재간접투자기구란 집합투자재산의 (　　　　) 이상을 타집합투자기구에 투자하는 펀드를 말한다.

61 공모집합투자기구는 사모집합투자기구에 펀드재산의 (　　　　)를 초과하여 투자할 수 없다.

62 각 집합투자기구는 자산총액의 (　　　　)까지 증권차입을 할 수 있으며, 증권대여는 보유하고 있는 증권총액의 (　　　　)까지 가능하다.

63 공모펀드는 부실화방지를 위하여 집합투자기구의 금전차입과 대여를 원칙적으로 금지한다. 그러나 대량환매로 인해 환매자금이 부족한 경우에는 예외적으로 차입을 허용하는데 이 경우에도 차입의 대상이 (　　　　)이어야 하며, 순자산총액의 (　　　　)까지만 차입이 허용된다.

64 ○ × 집합투자업자는 펀드재산의 운용에 있어 집합투자재산인 지급보증을 포함하여 금전을 대여할 수 없다. 단, 금융기관에 대한 30일 이내의 단기대출은 허용된다.

65 집합투자업자는 이해관계인과 거래를 할 수 없는데, 집합투자재산의 (　　　　) 이상을 보관하는 신탁업자나 집합투자증권을 (　　　　) 이상 판매하는 판매업자는 이해관계인으로 간주된다.

66 이해관계인이 되기 (　　　　) 이전에 체결한 계약에 따른 거래는 이해관계인과의 거래제한의 예외이다.

정답
57 장외파생상품 ▸ 거래상대방위험(신용위험)은 장내상품에는 존재하지 않는다.
58 1년 ▸ 이는 사모펀드에도 적용된다.
59 20%, 50% ▸ '각 펀드 20% – 전체 펀드 50%'
60 40% ▸ 참고로 재재간접투자기구는 존재하지 않는다(∵전문성이 지나치게 희석).
61 5% ▸ 동 규제가 없으면 공모펀드가 실질적으로 사모펀드로 둔갑할 수 있다.
62 20%, 50% ▸ '차입 20% – 대여 50%', 참고로 환매조건부매도는 증권총액의 50%를 초과할 수 없다.
63 금융기관, 10% ▸ 그리고 차입을 할 경우 차입금을 변제하기 전까지는 투자대상자산의 매입이 불가피하다(2017 개정사항).
64 ○
65 30%, 30%
66 6개월

67 ○× 일반적인 조건에 비추어 집합투자기구에 유리한 거래는 이해관계인과의 거래가 허용된다.

68 ○× 집합투자업자는 공모집합투자기구의 운용실적에 연동하여 성과보수를 받는 것은 절대 금지된다.

69 집합투자에서 취득한 주식에 대한 의결권행사는 운용의 한 부분에 해당하므로 ( )가 의결권을 행사하게 된다.

70 집합투자업자가 의결권행사 여부를 공시해야 하는 의결권공시대상 법인은 '펀드재산의 ( ) 이상 또는 ( ) 이상의 주식을 펀드가 소유할 경우' 그 주식을 발행한 기업을 말한다.

71 집합투자업자는 자산운용보고서를 ( )에 ( ) 이상 투자자에게 교부해야 한다.

72 수시공시사항이 발생하면 ① 판매업자 및 협회의 인터넷 홈페이지에 공시하는 방법, ② 판매회사가 투자자에게 전자우편으로 알리는 방법, ③ 집합투자업자나 판매업자의 본·지점 등에 게시하는 방법에서 (①, ②, ③ 중 하나를 / ①, ②, ③ 모두를) 공시하는 방법으로 이행해야 한다.

73 투자운용인력의 변경, 환매연기가 발생하였을 때 지체 없이 공시해야 하는데, 이는 ( )에 해당한다.

74 투자자는 집합투자업자에게 영업시간 내에 이유를 기재한 서면으로 그 집합투자재산에 관한 장부·서류의 열람이나 등초본의 교부를 청구할 수 있고, 이때 집합투자업자는 정당한 사유 없이는 요구를 거부할 수 없으며, 이때 투자자는 집합투자증권 ( ) 이상을 가진 자를 말한다.

75 집합투자업자는 파생상품매매에 따른 위험평가액이 집합투자기구 자산총액의 ( )를 초과할 경우, 위험지표 등에 대한 공시의무가 부과된다.

76 집합투자업자는 장외파생상품매매에 따른 위험평가액이 집합투자기구 자산총액의 ( )를 초과할 경우, 장외파생상품 운용에 따른 위험관리방법을 작성하여 ( )의 확인을 받아 금융위에 신고해야 한다.

정답

67 ○

68 × ▸ 요건충족하에 예외가 인정된다.

69 집합투자업자

70 5%, 100억원

71 3개월, 1회

▸ 비교

자산운용보고서	자산보관·관리보고서
집합투자업자 → 투자자, 분기별 1회 이상	신탁업자 → 투자자, 사유발생일로부터 2개월 이내

72 ①, ②, ③ 모두를

73 수시공시

74 1좌 ▸ 수량제한 없이 행사가 가능하다.

75 10%

76 10%, 신탁업자

77 공모형부동산펀드는 특례로서 순자산총액의 (　　　)까지 차입이 가능하며, 대여는 순자산총액의 (　　　)까지 가능하다. 부동산펀드가 아니라도 펀드재산에 부동산을 보유하고 있다면 그 가액의 (　　　)까지 차입이 가능하며, 차입한 금액은 부동산 취득에만 사용해야 한다.

78 부동산개발사업을 할 경우 사전에 (　　　)를 작성하고 공시해야 하며, 부동산을 취득하고 처분한 후에는 (　　　)를 작성하고 비치해야 한다.

79 부동산의 (개발 / 관리 및 개량 / 임대 / 취득 및 처분) 업무 중 제3자에게 위탁할 수 없는 것은 (　　　) 업무이다.

80 (　　　)는 집합투자재산의 50%를 초과하여 증권에 투자하되 부동산집합투자기구나 특별자산집합투자기구가 아닌 펀드를 말한다.

81 집합투자재산의 50%를 초과하여 부동산투자회사의 주식에 투자하면 (　　　)가 된다.

82 집합투자재산을 운용함에 있어 투자대상자산의 제한을 받지 않는 집합투자기구는 (　　　)이다.

83 특별자산집합투자기구에서의 (　　　)이란, 증권과 부동산을 제외한 투자대상자산을 말한다.

84 단기금융집합투자기구(MMF)는 집합투자재산의 (　　　)를 단기금융상품에 투자하는 펀드를 말한다.

85

구 분	펀드재산의 가중평균된 남은 만기
투자자가 모두 개인인 MMF	(　) 이내
법인 MMF 중 집합투자규약에 장부가격으로 평가하지 않음을 명시한 MMF	(　) 이내
그 밖의 MMF	60일 이내

86 ○× MMF는 증권의 대여와 차입은 금지된다.

87 MMF에서 CD는 남은 만기가 (　　　) 이내, 국채는 (　　　) 이내, 지방채나 특수채는 (　　　) 이내로 운용해야 한다.

정답
77 200%, 100%, 70%
78 사업계획서, 실사보고서
79 취득 및 처분 ▸취득 및 처분(운용업무)은 본질적 업무로서 제3자에게 위탁이 불가하다.
80 증권집합투자기구
81 부동산집합투자기구 ▸부동산집합투자기구 중 증권형부동산집합투자기구에 해당한다.
82 혼합자산집합투자기구
83 특별자산
84 전부(또는 100%)
85 (순서대로) 75일, 120일
86 ○ ▸타 집합투자기구는 증권의 차입은 펀드재산의 20%, 대여는 50%까지 가능하다.
87 6개월, 5년, 1년

88 MMF를 남은 만기가 1년 이상인 국채에 투자할 경우는 집합투자재산의 (   )를 초과할 수 없다.

89 MMF는 펀드재산의 (   ) 이상을 채무증권으로 운용해야 하며, 투자대상인 개별채무증권은 신용평가등급상 상위 (   ) 등급 이내이어야 한다.

90 MMF가 동일법인이 발행한 채무증권에 투자할 경우 최상위등급의 채권에는 (   ), 차상위등급의 채권에는 (   )를 초과할 수 없다.

91 외화로 표시된 개별MMF에는 국제협력개발기구에 가입되어 있는 국가 등의 외화 중 (하나의 통화로 표시된 / 복수의 통화로 표시된) 단기금융상품을 편입할 수 있다.

92 원칙적으로 환매금지형으로 설정・설립해야 하는 펀드는 (   ), (   ), (   ) 집합투자기구이며, 이들은 설정・설립일로부터 (   ) 이내에 증권시장에 상장할 의무가 있다.

93 ○× 폐쇄형펀드는 기준가격의 산정 및 공고에 관한 규정이 적용되지 않는다.

94 (   )에 편입된 여러 클래스의 펀드는 판매수수료 체계는 서로 다르되, 운용보수 및 신탁보수는 반드시 동일해야 한다.

95 ○× 종류형집합투자기구는 특정 종류의 집합투자자만으로도 총회개최가 가능하다.

96 ○× 전환형집합투자기구는 동일 세트 내의 펀드에서 다른 펀드로 전환할 경우 환매수수료를 징구하지 않는다.

97 모자형집합투자기구에서 투자자에게 공모하는 대상은 (모 / 자) 집합투자기구이다.

98 모자형펀드는 운용의 효율성을 위한 것이지만, (   )는 전문능력의 아웃소싱을 위한 것이다.

정답
88 5% ▸ 가중평균잔존만기를 75일 이내로 맞추기 위한 규정이다.
89 40%, 2개
90 5%, 2% ▸ 어음의 경우는 최상위 3%, 차상위 1%이다.
91 하나의 통화로 표시된 ▸ 개별MMF에 외화금융상품을 편입할 시 단일의 국제통화로만 구성되어야 한다(예를 들어, 1개의 외화MMF에 달러표시와 엔화표시의 금융상품을 함께 편입할 수 없다).
92 부동산, 특별자산, 혼합자산, 90일
93 ○ ▸ 환매를 하지 않으므로(상장되어 거래), 매일 기준가격을 공고할 필요가 없다.
94 종류형집합투자기구 ▸ Multi-class Fund
95 ○
96 ○
97 자(子)
98 재간접펀드

99 ETF는 설정일로부터 (   ) 이내에 상장해야 한다.

100 ETF는 운용제한의 예외로서 자산총액의 (   )까지 동일종목에, 동일법인이 발행한 지분증권 총수의 (   )까지 동일지분증권에 투자할 수 있다.

101 ○× ETF는 이해관계인과의 거래를 할 수 있다.

102 집합투자재산은 원칙적으로 시가로 평가하고, 시가를 구할 수 없는 경우에는 (   )으로 평가해야 한다. 다만, (   )에 대하여는 장부가평가를 허용하고 있다.

103 (   )이란, 집합투자재산평가위원회가 충실의무를 준수하고 평가의 일관성을 유지하며 평가한 가격을 말한다.

104 MMF의 장부가와 시가와의 차이가 (   )를 초과하거나 초과할 염려가 있는 경우에는 집합투자규약이 정하는 바에 따라 필요한 조치를 해야 한다.

105 기준가격은 기준가격 공고・게시일 전일의 집합투자기구 대차대조표상에 계상된 (   )에서 (   )을 뺀 금액을 그 공고・게시일 전일의 집합투자증권 총수로 나누어서 산정한다.

106 집합투자업자가 공고・게시한 기준가격이 잘못 계산된 경우 기준가격을 변경하고 다시 공고・게시해야 한다. 단, MMF의 경우 그 차이가 (   )를 초과하지 않는 경우는 재공고를 하지 않아도 된다.

107 투자신탁이나 투자회사 등이 기준가격을 변경하고자 할 때에는, 사전에 (   )과 (   )의 확인을 받아야 하며, 변경내용은 금융위에 보고해야 한다.

108 집합투자업자 또는 투자회사 등은 각 집합투자재산에 대해 회계기간의 말일 등부터 (   ) 이내에 회계감사인의 감사를 받아야 한다. 단, 자산총액이 (   ) 이하인 집합투자기구 등은 외부감사가 면제된다.

109 집합투자재산의 운용에 따라 발생한 이익금을 투자자에게 (   ) 또는 새로 발행하는 집합투자증권으로 분배해야 한다. 다만, 집합투자규약에 정함이 있으면 이익금의 분배를 유보할 수 있으며 또는 초과분배도 가능하다. 다만, (   )의 경우 유보가 불가하다.

정답
99 30일
100 30%, 20% ▸ETF가 편입하는 것은 지수의 구성을 위한 것이므로 예외가 적용된다.
101 ○ ▸할 수 있다(일반펀드와는 다름).
102 공정가액, MMF
103 공정가액
104 1,000분의 5
105 자산총액, 부채금액 ▸기준가격 = 순자산총액/발행증권총수
106 1만분의 5
107 준법감시인, 신탁업자
108 2개월, 300억원
109 금전, MMF

110 ⓞ⊠ 신탁업자가 집합투자재산을 보관·관리함에 있어서 고유재산과의 거래는 금지된다. 단, 금융기관예치나 단기대출의 경우 고유재산과 거래를 할 수 있다.

111 (　　　　)의 경우 신탁업자가 신탁재산의 법적소유인이 되어 신탁재산을 보관하며, (　　　　)는 신탁업자가 민법상 위임법리에 따라 보관대리인이 되어 신탁재산을 보관한다.

112 집합투자재산을 보관·관리하는 신탁업자는 집합투자업자의 운용행위를 감시하는 기능도 있는데 여기서 말하는 감시기능이란 예를 들어 (시장을 능가하는 수익률의 달성여부 / 집합투자규약에서 정하는 편입비중을 준수하는지의 여부)를 감시하는 것을 말한다.

113 집합투자업자가 펀드재산의 운용과정에서 법령이나 규약을 위반할 경우, 투자회사의 경우 신탁업자는 (　　　　)에게 위반사항을 보고해야 한다.

114 (　　　　)가 산정한 기준가격과 (　　　　)가 산정한 기준가격의 편차가 1000분의 3을 초과하는 경우에는 지체 없이 집합투자업자에게 또는 투자회사의 감독이사에게 그 시정을 요구해야 한다.

115 집합투자재산을 보관 및 관리하는 신탁업자는 펀드의 회계기간 종료, 존속기간 종료 등 사유발생일로부터 (　　　　) 이내에 자산보관·관리보고서를 투자자에게 제공해야 한다.

116 투자신탁의 해지는 (　　　　)와 (　　　　)로 구분되는데, 투자신탁이 해지되면 투자신탁 계약관계는 종료되고 신탁재산은 투자자에게 지급된다.

117 집합투자업자는 (　　　　) 사유가 발생하면 지체 없이 투자신탁을 해지하고 그 사실을 금융위에 보고해야 하며(사후보고), 임의로 해지를 하려면 사전에 금융위원회의 승인을 얻어야 한다. 다만, 공모개방형펀드로서 설정 후 1년이 되는 날에 원본액이 (　　　　) 미만인 경우나 수익자전원이 동의하는 등의 경우에는(특정 임의해지 사유) 사전승인을 받지 않고도 해지할 수 있다.

118 수익자총회에서의 해지결의는 (　　　　) 사유이다.

119 수익자전원이 해지에 동의하는 경우는 (　　　　) 사유이다.

정답
110 ○ ▸안전한 거래이며, 운용의 효율성을 높일 수 있어 허용된다.
111 투자신탁, 투자회사
112 집합투자규약에서 정하는 편입비중을 준수하는지의 여부 ▸소극적 감시기능이라 한다.
113 감독이사 ▸그리고 감독이사가 집합투자업자에게 시정을 요구해야 한다.
114 집합투자업자, 신탁업자
115 2개월
116 임의해지, 법정해지
117 법정해지, 50억원
118 법정해지 ▸계약기간 종료, 피흡수합병, 수익자총회 해지결의, 수익자총수가 1인인 경우
119 임의해지 ▸수익자전원의 동의, 수익증권전부에 대한 환매청구('임동환'으로 암기)

120 집합투자업자는 투자신탁 해지로 인해 투자신탁관계가 종료되면 투자신탁재산을 결산하여 ( )과 이익분배금을 수익자에게 지급해야 한다.

121 합병계획서를 작성하여 합병하는 각 투자신탁(투자회사)은 ( )의 승인을 얻어야 한다.

122 ○|× 집합투자기구의 합병은 법적형태가 같은 집합투자기구 간에만 허용된다.

123 공모집합투자기구는 설립 전에 금융위에 등록해야 하지만, 사모집합투자기구는 통상 설립 후 ( ) 이내에 금융위에 등록하면 된다.

124 2021년 4월 20일 사모펀드 체계 개편 등에 따라 현재 자본시장법상 사모펀드는 일반 사모펀드와 ( ) 사모펀드로 구분하고 있다.

125 일반 사모집합투자기구의 등록요건은 필요자기자본이 ( ) 이상, 상근 임직원으로서 투자운용인력이 ( ) 이상이며, 물적설비나 이해상충방지체계 등을 갖추어야 한다.

126 ○|× 일반 사모펀드의 ① 파생상품매매에 따른 위험평가액, ② 채무보증이나 담보제공목적물의 가액, ③ 금전차입금 총액, ④ 기타 실질적으로 차입에 해당하는 금액(RP등 거래)의 전체 합산금액이 펀드순자산액의 200%를 초과하지 않은 경우에 개인이나 법인의 최소투자금액은 3억원이다.

127 파생상품을 매매할 경우, 파생상품 매매에 따른 위험평가액이 공모펀드의 경우 펀드순자산총액의 ( ), 일반 사모펀드는 펀드순자산총액의 ( )를 초과할 수 없다.

128 기관전용 사모펀드를 설립하기 위해서는 1인 이상의 ( )과 1인 이상의 ( )이 있어야 하며, 사원의 총수는 ( ) 이하이어야 한다.

129 기관전용 사모집합투자기구는 대통령령으로 정하는 방법에 따라 ① 파생상품매매 및 그에 따른 위험평가액 현황, ② 채무보증 또는 담보제공 현황, ③ 금전차입 현황 등에 관하여 ( )에 보고하여야 한다.

정답

120 상환금 ▸ 원금 = 상환금, 수익금 = 이익분배금
121 수익자총회 ▸ 합병은 수익자총회 의결사항이다. 단, 소규모합병의 경우 수익자총회의 의결을 생략할 수 있다.
122 ○ ▸ 투자신탁과 투자신탁 간, 투자회사와 투자회사 간에만 합병이 가능하다.
123 2주
124 기관전용
125 10억원, 3인
126 ○ ▸ 차입레버리지가 200% 미만의 일반 사모펀드의 경우는 개인이나 법인 투자자는 3억원 이상 투자하여야 하지만, 레버리지가 200% 초과 시에는 5억원 이상 투자하여야 한다.
127 100%, 400%
128 무한책임사원, 유한책임사원, 100인 ▸ 무한책임사원 중에서 1인 이상을 업무집행사원으로 정한다.
129 금융위

130 외국집합투자기구의 등록요건은 외국집합투자업자요건과 외국집합투자증권요건으로 나누어져 있는데, 외국집합투자업자는 최근 사업연도 말 현재의 운용자산규모가 (　　　) 이상이어야 하며, 외국집합투자증권은 OECD 가맹국, 홍콩, 싱가폴의 법률에 의해 발행되어야 하는 등의 요건이 있다.

131 (외국집합투자업자 / 외국집합투자증권)의 판매적격요건은 'OECD 가맹국, 홍콩, 싱가폴의 법률에 의해 발행될 것, 보수 등의 투자자비용이 국제관례에 비추어 지나치게 높지 않을 것 등'이다.

132 ○× 적격요건을 갖춘 외국집합투자증권을 판매할 경우 증권신고서를 제출하지 않아도 된다.

133 일반사무관리회사, 집합투자기구평가회사, 채권평가회사는 그 업을 영위하려면 금융위에 요건을 갖추어 (인가 / 등록)을 받으면 된다.

134 금융소비자보호법은 금융상품을 (　　　), (　　　), (　　　), (　　　)의 4종류로 분류한다.

135 금융소비자보호법상 금융상품판매업자는 (　　　), (　　　), (　　　)의 3종류로 분류된다.

136 금융소비자보호법상의 금융상품판매업자 중 투자권유대행인, 보험설계사와 같은 자는 (　　　)에 속한다.

137 금소법상 6대 판매원칙은 (　　　), (　　　), (　　　), 불공정영업행위금지, (　　　), 허위・과장광고금지의 6가지를 말한다.

138 소비자의 재산상황, 금융상품 취득・처분 경험 등에 비추어 부적합한 금융상품계약 체결의 권유를 금지하는 것은 6대 판매원칙 중 (　　　)에 해당된다.

139 소비자가 자발적으로 구매하려는 금융상품이 소비자의 재산 등에 비추어 부적절할 경우 이를 고지하고 확인을 받는 것은 6대 판매원칙 중 (　　　)에 해당된다.

정답

130 1조원

131 외국집합투자증권

132 × ▸증권신고서 제출, 기준가격 공시, 자산운용보고서 교부의무 등 대부분의 규제는 외국집합투자증권에도 동일하게 적용된다.

133 등록

▸인가대상과 등록대상의 구분

인가대상	등록대상
투자매매업, 투자중개업, 집합투자업, 신탁업	투자자문업, 투자일임업, 기타 관계회사업무(채권평가, 일반사무, 집합투자기구평가 등)

134 보장성 상품, 투자성 상품, 예금성 상품, 대출성 상품

135 금융상품직접판매업자, 금융상품판매대리・중개업자, 금융상품자문업자

136 금융상품판매대리・중개업자

137 적합성 원칙, 적정성 원칙, 설명의무, 부당권유행위금지

138 적합성 원칙(금소법 제17조)

139 적정성 원칙(금소법 제18조)

140 현재 자본시장법상 파생상품이나 파생결합증권 등에 도입된 상태이며, 금소법상 대출성 상품과 보장성 상품으로 확대 적용되는 것은 (   )이다.

141 ○|× 적합성 원칙과 적정성 원칙은 금소법상의 금융상품 4가지를 모두 대상으로 한다.

142 판매업자 등이 금융상품 판매 시 우월적 지위를 이용하여 소비자의 권익을 침해하는 행위는 금지되는데, 이는 금소법 6대 판매원칙 중 (불공정영업행위금지 / 부당권유행위금지)에 해당한다.

143 판매업자 등이 금융상품 계약체결 권유 시 소비자가 오인할 우려가 있는 허위사실 등을 알리는 행위는 금소법 6대 판매원칙 중 (불공정영업행위금지 / 부당권유행위금지)에 해당한다.

144 '손실보전 또는 이익보장이 되는 것으로 오인하게 하는 행위'는 금융상품 4종류 중에서 (   )에 해당하는 부당권유 행위 금지사항이다.

145 금융소비자보호법상 금융소비자가 금융상품판매업자 등의 위법한 행위로 금융상품에 관한 계약을 체결할 경우, 계약체결일로부터 (   )의 범위에서 서면 등으로 계약을 해지할 수 있다.

146 금융소비자보호법은 설명의무 위반에 따른 손해배상청구 소송 시 고의나 과실입증책임을 (계약자 / 금융회사)에 부과한다.

147 금융소비자보호법상 주요 판매원칙을 위반 시 관련 수입의 (   )까지 과징금을 부과할 수 있다.

148 금소법은 금융소비자의 권익을 보호하는 차원에서 청약철회권을 인정하는 바, 투자성 상품은 계약서류제공일 또는 계약체결일로부터 (   ), 대출성 상품은 계약서류제공일 또는 계약체결일로부터 (   ) 이내에 청약철회를 할 수 있다.

149 상품선택 시 일반인들도 전문적·중립적인 자문서비스를 쉽게 이용할 수 있도록 (   )을 신설하였다.

150 ○|× 금소법은 대출모집인에 대해서도 법률상 감독을 할 수 있다.

정답
- **140** 적정성 원칙
- **141** × ▸ 보장성 상품, 투자성 상품, 대출성 상품을 대상으로 한다(예금성 상품은 제외).
- **142** 불공정영업행위금지(금소법 제20조)
- **143** 부당권유행위금지(금소법 제21조)
- **144** 투자성 상품
- **145** 5년 ▸ 위법계약해지권을 말한다.
- **146** 금융회사 ▸ 입증책임을 금융회사에 부과하여 금융소비자의 부담을 완화함
- **147** 50%
- **148** 7일, 14일 ▸ 청약철회는 서면등(전자우편, 휴대전화 문자메시지 또는 이에 준하는 전자적 의사표시문자 전송 등 다른 방법도 가능함)을 발송한 때 청약철회의 효력이 생기며, 금융상품판매업자등은 청약철회를 접수한 날부터 3영업일 이내에 이미 받은 금전·재화등을 반환하여야 한다.
- **149** 금융상품자문업 ▸ 금소법상 3대 판매주체 중 금융상품자문업자에 해당함
- **150** ○ ▸ 대출모집인에 대해서는 법적 근거가 없어서 법상의 감독이 되지 않았으나 금소법 제정으로 법상의 감독이 가능하게 되었다.

제2장 직무윤리 및 투자자분쟁예방(15문항)

01 ○ × 도덕적 딜레마 상황에서 어느 한쪽을 선택해야 하는 바, 이때 선택의 근거가 되는 것이 옳고 그름의 판단기준 즉 윤리기준이 된다.

02 윤리에 합당한 법, 정의에 좀 더 부합하는 법은 (있는 그대로의 법 / 있어야 할 법)이다.

03 기업윤리가 (거시적 / 미시적) 개념이라면 직무윤리는 (거시적 / 미시적) 개념이다.

04 기업윤리는 (윤리강령 / 임직원 행동강령)으로 반영되는 것이 일반적이다.

05 직무윤리는 오늘날과 같은 포스트 산업사회에서 신용 또는 믿음이라는 (　　　　)으로 인식된다.

06 ○ × 윤리는 경제적으로 이득이 되지는 않지만 신뢰(Reliability)나 평판(Reputation)에 중대한 영향을 주므로 최대한 준수하는 것이 좋다.

07 (　　　　)에서 직무윤리의 중요성이 더 큰 이유는 판매대상인 금융투자상품의 원본손실가능성, 고객자산의 수탁, 불특정다수와의 비대면거래 등의 산업특성 때문이다.

08 ○ × 직무윤리준수가 자기보호(Safeguard)의 역할을 하는 것은 모든 산업에 해당된다.

09 ○ × 직무윤리는 강행규정이 아니다.

10 '금욕적인 생활윤리에 기반한 노동과 직업은 신성한 것이다'라는 사상으로 자본주의 발전의 정신적 원동력이자 지주로서의 역할을 하였으며 서구사회의 건전한 시민윤리의 토대를 이룬 것은 (칼뱅 / 베버)이다.

11 국제투명성기구(TI)가 평가한 국가별 부패인식지수를 볼 때, 한국은 경제규모에 비해 윤리수준이 (높게 / 낮게) 평가되고 있다.

정답

01 ○
02 있어야 할 법 ▸법은 최소한의 윤리이며, 윤리를 최대한 반영하는 법은 '있어야 할 법'이다.
03 거시적, 미시적
04 윤리강령 ▸임직원 행동강령은 직무윤리이다.
05 무형의 자본 ▸직무윤리는 무형의 자본이자 기업의 지속성장을 위한 윤리 인프라이기도 하다.
06 × ▸윤리는 결과적으로는 경제적으로도 이득이 된다(Ethics Does Pay).
07 금융투자산업
08 ○ ▸금융투자산업에서 좀 더 크게 작용하지만 모든 산업에 공통으로 해당된다.
09 × ▸강행규정이다. 직무윤리 위반 시 법적처벌을 받을 수도 있다(예 신의성실의 양면성).
10 칼뱅
11 낮게

12 윤리경영을 평가하는 국제적인 지표 중 사회적 책임을 평가하는 것은 (BITC / CR Index)이다.

13 ○ × 소위 '김영란법'이라 불리는 청탁금지법은 공직자만을 그 대상으로 한다.

14 ○ × 직무윤리는 직무행위에 종사하는 일체의 자를 대상으로 하는데, 여기서 '일체의 자'란 회사와의 고용관계에 있지 않는 자, 무보수로 일하는 자, 금융투자전문인력 자격이 없는 자 등을 포함한다.

15 ( )는, 금융투자업과 관련된 일체의 직무활동으로서 투자정보의 제공, 투자의 권유, 금융투자상품의 매매 또는 그 밖의 거래, 투자관리 등과 이에 직접 또는 간접으로 관련된 일체의 행위를 말한다.

16 2015년 12월에 개정된 '금융투자회사의 표준윤리준칙'은 16개의 조항으로 구성되어 있는데, 윤리준수의 대상이 어딘가에 따라 분류를 하면 ( ), ( ), ( ), ( )의 4가지로 분류할 수 있다.

17 직무윤리에서 가장 기본적이고 핵심이 되는 2가지 원칙은 ( ), ( )이다.

18 금융투자업에서 준수해야 할 가장 중요한 2가지 직무윤리인 '고객우선의 원칙'과 '신의성실의 원칙'의 기본적인 근거가 되는 의무를 ( )라 한다.

19 '회사와 임직원은 항상 고객의 입장에서 생각하고 고객에게 보다 나은 금융서비스를 제공하기 위해 노력해야 한다'는 금융투자회사의 표준윤리준칙 제2조인 ( )에 해당된다.

20 '회사와 임직원은 ( )과 ( )를 가장 중요한 가치관으로 삼고, 신의성실의 원칙에 입각하여 맡은 업무를 충실히 수행해야 한다'는 금융투자회사의 표준윤리준칙 제4조인 '신의성실의 원칙'에 해당된다.

21 ( )은 금융투자회사의 임직원이 준수해야 할 직무윤리이면서 동시에 법적 의무이기도 하다.

22 금융투자업 직무윤리의 기본원칙에 따라 발생하는 의무를 법제화시킨 것은 ( ), ( )이다.

정답

12 CR Index ▸ Corporate Responsibility Index는 사회적 책임을 평가하는 지표이다.
13 × ▸ 청탁금지법은 공직유관단체임직원, 언론사임직원, 교원 등 그 적용대상이 '일반국민'의 범주와 가깝게 확대되어 있다.
14 ○ ▸ 정식의 고용관계 여부, 보수의 유무 등을 불문하고 오직 관련 직무에 종사할 경우 직무윤리의 준수대상이 된다.
15 직무행위
16 고객에 대한 의무, 본인에 대한 의무, 회사에 대한 의무, 사회에 대한 의무 ▸ 고객에 대한 의무의 예로는 '제2조 고객우선의 원칙, 제4조 신의성실의 원칙'이 있다.
17 고객우선의 원칙, 신의성실의 원칙
18 선량한 관리자로서의 주의의무 ▸ '선관주의 의무'라고 한다.
19 고객우선의 원칙
20 정직, 신뢰
21 신의성실의 원칙 ▸ 신의성실의 원칙의 양면성이라고 한다.
22 이해상충방지의무, 금융소비자보호의무

23 금융투자업을 영위하는 회사 내에서 (공적업무 / 사적업무)에서 얻은 정보를 (공적업무 / 사적업무)에 이용할 경우 이해상충이 발생한다.

24 이해상충이 발생하는 대표적인 예는 (과당매매 / 과잉권유)이다.

25 ○ × 이해상충발생가능성이 있다고 판단되는 경우 먼저 해당 고객에게 알려야 하고, 거래를 하기 전에 이해상충발생가능성을 투자자보호에 문제가 없는 수준까지 낮추어야 하며, 낮추는 것이 곤란하다고 판단되는 경우에는 해당 거래를 하지 말아야 한다.

26 고유자산운용업무와 집합투자업 간에는 정보교류를 차단해야 하는데, 이때의 정보차단벽을 (   )이라고 한다.

27 ○ × 정보교류의 차단의무로서 대표이사를 포함한 모든 임직원은 이해상충이 발생하는 부서 간의 겸직을 할 수 없다.

28 고객이익과 회사이익, 직원이익이 충돌할 경우 올바른 업무처리순서는 (   ) → (   ) → (   )의 순서이다.

29 투자매매업자 또는 투자중개업자는 금융투자상품에 관한 매매에 있어서, 자신이 본인이 됨과 동시에 상대방의 투자중개업자가 되어서는 안 되는데, 이를 (   )라 한다.

30 자기거래금지의무는 (증권 / 장내파생상품 / 장외파생상품)만을 대상으로 적용된다.

31 금융소비자보호의무는 신중한 투자자의 원칙과 (   )에 그 바탕을 둔다.

32 금융투자업종사자가 고객 등의 업무를 수행함에 있어서 '① 그 때마다의 구체적인 상황에서 ② 전문가로서의 ③ 주의를 기울여야 한다'는 주의의무 중에서 결과론적으로 판단하지 말아야 한다는 것은 (① / ② / ③)에 해당하는 의미이다.

33 금융회사는 관련 규정에 따라 금융소비자보호의무를 총괄하는 금융소비자보호 총괄책임자인 (CEO / CFO / CCO)를 지정해야 한다.

정답

23 사적업무, 공적업무 ▸사적업무란 미공개중요정보를 얻을 수 있는 M&A 관련 업무를 말한다.
24 과당매매 ▸비교하여 '과잉권유'는 적합성 원칙에 위배되는 사항이다.
25 ○ ▸이해상충의 '공시 또는 회피의 원칙'이라고도 한다(Disclosure → Control → Avoid).
26 Chinese Wall ▸만리장성처럼 견고한 벽을 쌓아야 한다는 의미이다. 이해상충방지의무의 일환이며 충실의무의 개념에 속한다.
27 × ▸겸직금지의 대상에서 '대표이사, 감사 및 사외이사가 아닌 감사위원회의 위원'은 제외된다.
28 고객이익, 회사이익, 직원이익 ▸금융투자회사 내부통제기준 제50조의 내용이다.
29 자기거래금지의무
30 장외파생상품 ▸상대방이 우연히 결정되는 장내상품은 자기거래금지의 예외가 적용된다.
31 전문가로서의 주의의무
32 ① ▸'주의의무'에 대한 설명이다.
33 CCO ▸Chief Consumer Officer

34 ○× 신중한 투자자의 원칙(Prudent Investor Rule)과 전문가로서의 주의의무는, 금융투자업종사자에게 금융소비자보호의무를 준수하는 차원에서 부과되는 원칙과 의무이다.

35 ○× 전문가로서의 주의의무는 금융회사가 금융소비자에게 판매할 상품을 개발하는 단계에서부터 판매이후 단계까지 전 단계에 걸쳐 적용되는 의무이다.

36 ELS가 포함된 특정금전신탁은 파생상품투자권유자문인력 자격증이 있는 임직원이 권유할 수 있는데, 이처럼 임직원의 자격의 적격성을 확보하는 것은 (상품개발 단계 / 금융상품 판매절차 구축단계 / 상품판매 단계 / 상품판매이후 단계)의 금융소비자보호 조치에 해당된다.

37 '요청하지 않는 투자권유의 금지, 부당한 투자권유의 금지 등 준수'는 (금융상품 판매절차 구축단계 / 상품판매 단계 / 상품판매이후 단계)의 금융소비자보호의무 이행사항이다.

38 '미스터리쇼핑, 해피콜서비스, 위법계약해지권 등의 운영'은 (금융상품 판매절차 구축단계 / 상품판매 단계 / 상품판매이후 단계)의 금융소비자보호의무 이행사항이다.

39 KYC Rule(Know Your Customer Rule)은 투자자의 (　　　), (　　　), (　　　) 등을 면담・설문조사 등을 통해 파악하고 이를 투자자로부터 서명・기명날인・녹취・ARS 등의 방식으로 확인받아 이를 투자자에게 제공하고 유지・관리하는 것을 말한다.

40 ○× 청약철회권은 금융회사의 고의 또는 과실 사유 여부 등 귀책사유가 있는 경우 일반금융소비자가 행사할 수 있는 법적 권리이다.

41 설명의무란, '중요한 내용'에 대해서는 일반투자자가 (　　　) 설명하여야 하고, 허위나 누락해서는 안 되며, 위반 시 손해배상책임을 지는 것을 말한다.

42 금융투자상품의 취득으로 인하여 일반투자자가 지급하였거나 지급하여야 할 금전 등의 총액에서 그 금융투자상품의 처분, 그 밖의 방법으로 그 일반투자자가 회수하였거나 회수할 수 있는 금전 등의 총액을 뺀 금액을 제1항에 따른 손해액으로 추정하는데, 이는 자본시장법상 (　　　)를 위반 시 손해배상책임의 추정금액을 말한다.

정답
34 ○
35 ○
36 금융상품 판매절차 구축단계
37 상품판매 단계
38 상품판매이후 단계
39 투자목적, 투자경험, 재산상황 ▸그리고 자료의 유지기간은 10년이다.
40 × ▸청약철회권은 금융회사의 고의 또는 과실 사유 여부 등 귀책사유가 없더라도 일반금융소비자가 행사할 수 있는 법적 권리이다.
41 이해할 수 있도록 ▸투자권유 관련 자본시장법상 손해배상책임이 명시된 것은 설명의무가 유일하다.
42 설명의무 ▸자본시장법 제48조

43 ○× 금융소비자에게 제공하는 정보는 알아보기 쉽도록 글자 크기가 크고, 읽기 쉽게 제작하여야 하며, 이해도를 높이기 위해 그림이나 기호 등 시각적인 요소를 적극 활용해야 한다.

44 금융투자업자는 일반투자자에게 투자권유를 하지 않고 파생상품, 그 밖에 대통령령으로 정하는 금융투자상품('파생상품 등')을 판매하려는 경우에는 면담・질문 등을 통하여 그 일반투자자의 투자목적・재산상황 및 투자경험 등의 정보를 파악해야 하는데, 이를 (　　　　)이라고 한다.

45 투자권유대행인은 파생상품 등을 권유할 수 (있다 / 없다).

46 ○× 고객에게 제공하는 정보는 객관적인 사실과 미래의 예측을 포함한 담당자의 의견을 명확히 구분하여 제공해야 한다.

47 투자자로부터 투자권유의 요청을 받지 아니하고 방문・전화 등 실시간 대화의 방법을 이용하는 행위는 금지되는데 이를 (　　　　)이라고 한다.

48 투자권유를 받은 자가 거부의사표시를 한 후 1개월이 지나 다시 투자권유를 하는 행위, 다른 종류의 금융투자상품에 대하여 투자권유를 하는 행위는 (　　　　)의 예외가 된다.

49 ○× A회사 주식에 대한 투자권유를 거부한 투자자에게 다음 날에 B회사 채권을 투자권유하는 행위는 재권유금지 원칙의 예외가 된다.

50 ○× 금융투자업종사자가 허위・과장・부실표시를 하지 않음에 있어 '부실표시'는 문서에 의한 표시만을 제약한다.

51 ○× 업무수행과정에서 알게 된 고객의 정보를 누설하거나 부당이용하는 것은 예외없이 금지된다.

52 임의매매와 일임매매를 구분하는 것은 투자일임약정이 실제 존재하는가의 여부인데, 이는 보고 및 기록의무와 관련이 있으며 금융투자업종사자의 의무 중 (상품판매 단계 / 상품판매이후 단계)에 해당된다.

정답

43 ○ ▸금융소비자에게 제공하는 자료의 '접근성과 용이성'에 해당되는 내용이다.

44 적정성 원칙

45 없다

46 ○ ▸'합리적 근거의 제공 및 적정한 표시의무'에 속하는 내용이다.

47 불초청권유금지 원칙 ▸그러나 현재의 시장의 거래실질을 감안하여 투자권유를 하기 전에 금융소비자의 개인정보 취득경로, 권유하려는 금융상품의 종류와 내용 등을 금융소비자에게 미리 안내(사전안내)하고 금융소비자가 투자권유를 받을 의사를 표시한 경우에는 초청을 받은 권유로 본다. 다만, 아래 상품은 사전안내가 불가하다.
㉠ 일반금융소비자의 경우 : 고난도금융투자상품, 고난도투자일임계약, 고난도금전신탁계약, 사모펀드, 장내 및 장외 파생상품
㉡ 전문금융소비자의 경우 : 장외파생상품

48 재권유금지 의무 ▸참고로 투자성이 있는 보험계약(변액보험)은 예외 대상에서 제외되었다.

49 ○ ▸다른 종류의 금융투자상품은 자본시장법상의 분류를 적용한다(예 지분증권과 채무증권은 다른 상품).

50 × ▸구두와 문서를 불문하고 허위 또는 과장, 부실표시를 해서는 안 된다.

51 × ▸법원명령이나 영장에 의한 정보제공은 가능한데 이 경우도 최소한의 범위 내에서 이루어져야 한다.

52 상품판매이후 단계

53 판매 후 모니터링제도상, 금융회사는 판매계약을 맺은 날로부터 (   ) 이내에 금융소비자와 통화하여 불완전판매가 없었는지를 확인해야 한다.

54 금융소비자는 본인에 대한 금융투자회사의 불완전판매가 있었음을 알게 된 경우, 가입일로부터 (   ) 이내에 금융투자회사에 배상을 신청할 수 있다.

55 금융소비자가 분쟁조정 또는 소송의 수행을 위하여 자료열람을 청구할 경우 금융회사는 그 요구받은 날로부터 (   )영업일 이내에 해당 자료를 열람할 수 있게 하여야 한다. 이때 자료열람에 대한 우송료 등의 비용을 청구할 수 (있다 / 없다).

56 금융투자회사의 표준윤리준칙 제8조 상호존중은 (본인에 대한 의무 / 회사에 대한 의무)이다.

57 금융투자회사의 표준윤리준칙 제9조 주주가치 극대화는 (회사에 대한 의무 / 사회에 대한 의무)이다.

58 법규를 모르고 위반했을 경우 관련 당사자에게 구속력이 (있다 / 없다).

59 '금융투자산업은 글로벌 경제환경의 변화를 많이 받는 산업으로서 그 변화의 속도가 매우 빠르므로, 금융투자업종사자는 이에 맞추어 전문성을 갖추기 위한 노력을 해야 한다'는 금융투자회사의 표준윤리준칙 중 (   )에 해당한다.

60 ○|× '하급자는 상급자의 부당한 명령이나 지시를 거부해야 한다'는 것은 금융투자회사 임직원의 본인을 위한 의무 중 '공정성 및 독립성 유지 의무'에 속한다.

61 동일 거래상대방에게 최근 5년간 제공한 재산상의 이익이 (   )을 초과할 경우, 인터넷 홈페이지를 통해 즉시 공시해야 하는데, 이는 금융투자회사의 표준윤리준칙 제14조 사적이익추구금지 및 자본시장법 시행령 제68조(불건전영업행위의 금지)에 해당되는 사항이다.

62 ○|× 거래상대방만 참석한 여가 및 오락활동 등에 수반되는 비용을 제공하는 것은 부당한 재산상의 이익이 되어 제공 및 수수가 금지된다.

정답

53 7영업일 ▸ 해피콜서비스라고도 한다.

54 15일 ▸ 불완전판매 배상제도이다.

55 6(영업일), 있다. ▸ 금융소비자는 분쟁조정 또는 소송의 수행 등 권리구제를 위한 목적으로 금융상품판매업자등이 기록 및 유지·관리하는 자료의 열람(사본의 제공 또는 청취를 포함)을 요구할 수 있다.

56 회사에 대한 의무 ▸ 회사에 대한 의무로는 '정보보호(제6조), 상호존중(제8조), 경영진의 책임(제11조), 위반행위보고(제12조), 고용계약 종료 후의 의무(제15조), 대외활동(제16조)'이 있다.

57 사회에 대한 의무 ▸ 사회에 대한 의무로는 '시장질서존중(제5조), 주주가치 극대화(제9조), 사회적 책임(제10조)'이 있다.

58 있다 ▸ 법규는 알고 모르고를 떠나서 준수해야 하는 것이다. 금융투자회사의 표준윤리준칙 제3조 법규준수에 해당한다.

59 자기혁신 ▸ 금융투자회사의 표준윤리준칙 제7조 자기혁신에 해당한다.

60 ○

61 10억원

62 ○

63 O X 금융투자업 개정(2017.3)으로 재산상 이익의 1인당 제공한도, 회사별 한도가 모두 폐지되었다.

64 상명하복(上命下服)이라는 조직문화는 금융투자회사의 표준윤리준칙 제8조 (   ) 의무를 저해하는 요소라고 할 수 있다.

65 회사와 중간책임자가 소속직원에 대한 지도지원의무를 이행하지 못하여 소속직원이 고객에 대한 손해배상책임을 질 경우, 회사는 사용자책임을 지고 중간책임자는 일반불법행위책임을 지는데, 이는 금융투자회사의 표준윤리준칙 제11조 (   )에 해당한다.

66 회사의 비밀정보를 제공해야 할 경우는 (   )의 사전승인과 (   )의 요건을 충족할 경우 제공할 수 있다.

67 내부제보제도(Whistle Blower)는 금융투자회사의 표준윤리준칙 제12조 (   )에 해당되며, 동시에 금융투자회사의 내부통제기준상 준수사항이기도 하다.

68 임직원이 웹사이트나 인터넷게시판에 특정 금융투자상품을 분석한 내용 또는 투자권유를 하는 내용을 게시하고자 할 경우 사전에 준법감시인의 사전승인을 받아야 한다. 단, 자료출처를 명시하고 인용하는 경우나 (   )에 따른 투자권유는 준법감시인의 사전승인을 받지 않아도 된다.

69 O X 미공개중요정보 이용행위(내부자거래) 금지의 적용대상은 내부자, 준내부자, 1차 수령자까지이지만 시장질서교란행위 규제 대상은 상기 1차 수령자로부터 미공개정보임을 알면서도 이를 수령하거나 전달한 2차 수령자를 포함한 모든 자이다.

70 O X 시장질서교란행위에 대한 규제는 불공정거래의 목적성이 인정되어야 적용된다.

71 금융투자업종사자의 직무윤리준수를 독려하고 감독하는 내부통제의 수단에는 (   ), (   )이/가 있다.

72 내부통제기준의 제정과 변경은 (이사회 결의 / 주총 보통결의)로 한다.

73 (   )는 회사의 임직원 모두가 선량한 관리자로서의 의무에 입각하여 금융소비자의 이익을 위해 최선을 다했는지, 업무를 수행함에 있어 윤리기준을 포함한 제반 법규를 엄격히 준수하고 있는지에 대하여 사전적으로 또는 상시적으로 통제・감독하는 장치를 말한다.

정답
63 O ▸금융투자회사의 영업자율성 보장을 위함
64 상호존중
65 경영진의 책임
66 준법감시인, 필요성에 의한 제공원칙(Need to Know Rule)
67 위반행위의 보고
68 기술적 분석
69 O ▸개정 전에는 내부자, 준내부자, 1차수령자까지만 처벌이 가능하였다.
70 X ▸목적성이 입증되지 않아도 처벌할 수 있는 포괄주의가 적용된다.
71 내부통제기준, 준법감시인제도
72 이사회 결의
73 준법감시인제도 ▸사전적, 상시적으로 통제・감독하는 장치이다.

74 준법감시인을 임면할 경우 (   )를 거쳐야 하며, 특히 해임 시에는 이사총수의 (   ) 이상의 찬성으로 의결한다.

75 최근 사업연도 말 자산총액이 (   ) 미만인 금융투자회사, 보험회사, 여신전문금융회사와 (   ) 미만의 상호저축은행은 내부통제위원회를 설치하지 않아도 된다.

76 내부통제위원회의 위원장은 (대표이사 / 준법감시인)이며, (반기 / 분기)에 1회 이상 개최해야 한다.

77 (위험관리업무 / 자산운용업무 / 회사의 겸영업무 / 회사의 부수업무) 중 준법감시인의 겸임금지대상에 속하지 않는 것은 (   )이다.

78 ○|× 내부제보제도의 운영상 내부제보자에게 인사상, 금전적인 혜택을 줄 수는 있어도 미제보자에 대한 불이익을 줄 수는 없다.

79 ○|× 영업점별 영업관리자에게 업무수행의 결과로 성과보수나 보상을 지급하는 것은 직무윤리 기준상 불가하다.

80 준법감시체계의 하나로서 금융사고의 우려가 높은 업무를 담당하는 직원에게는 일정기간 휴가를 명령하며, 당해 기간에 해당직원의 업무적정성을 평가·점검하는 제도는 (   )이다.

81 직무윤리위반 시 가해지는 제재 중에서 '자율규제'는 (금융투자회사 / 금융투자협회)의 제재를 말한다.

82 감독권, 등록취소권, 6개월 이내의 업무의 전부 또는 일부의 정지명령권은 외부통제의 하나로서 (   )가 (   )에게 가하는 제재의 수단이다.

83 ○|× 금융투자회사의 임직원에 대한 해임요구나 면직요구, 정직요구는 청문의 대상이 된다.

84 분쟁조정의 대상이 되는 경우 금융감독원장은 분쟁조정신청을 받은 날로부터 (   ) 이내에 합의가 이루어지지 않은 때에는 지체 없이 분쟁조정위원회에 회부하여야 하고, 조정위원회는 조정안을 (   ) 이내에 작성하며, 금융감독원장은 당사자에게 조정안을 제시하여 수락을 권고할 수 있다. 그러나 관계당사자가 조정안을 제시받은 날로부터 (   ) 이내에 조정안을 수락하지 않을 때에는 해당 조정안을 수락하지 않은 것으로 본다.

정답

74 이사회 결의, 2/3
75 5조원, 7천억원 ▸ 단, 금융투자회사의 경우 5조원 미만이라 하더라도 운용재산이 20조원 이상인 경우는 예외가 인정되지 않는다.
76 대표이사, 반기
77 회사의 부수업무
78 × ▸ 내부제보제도는 미제보자에 대한 불이익부과의 규정까지 포함해야 한다.
79 × ▸ 적절한 보상을 줄 수 있다. 참고로 영업관리자는 준법감시인이 임명한다.
80 명령휴가제도
81 금융투자협회 ▸ 협회가 자율규제기관이므로 자율규제라 한다.
82 금융위원회, 금융투자회사 ▸ 행정제재에 속한다.
83 × ▸ 정직요구는 청문의 대상이 아니다(정직은 해임이나 면직에 비해 사안이 중대하지 않음).
84 30일, 60일, 20일

85 고객이나 시장으로부터 신뢰상실과 명예실추, 고객과의 관계단절 등은 ( )라고 하는데 직접적인 외부통제는 아니지만 가장 무섭고 어려운 제재라고 할 수 있다.

86 ○× 금융투자상품 권유 및 판매와 관련하여 판매직원에게 부여되는 의무는 '고객이익최우선의 원칙(선관주의 의무 등), 소속회사에 대한 충실 의무, 정확한 정보제공 의무'가 있다.

87 금융투자회사 판매직원이 준수해야 하는 고객이익최우선의 원칙은 ( ) 고객의 희생 위에 자기 또는 제3자의 이익을 취하는 것을 금지하는 것에 그치는 것이 아니라, ( ) 고객이 실현가능한 최대한의 이익을 취득할 수 있도록 업무를 수행해야 함을 말한다.

88 ○× 어떠한 경우에도 고객의 이익은 회사나 임직원의 이익에 우선하고, 회사의 이익은 임직원의 이익에 우선하며, 모든 고객의 이익은 상호 동등해야 한다.

89 ○× 회사와 판매직원 간에 약정한 고용계약기간이 종료되면 소속회사에 대한 충실의무는 부과되지 않는다.

90 ○× 고객에게 정보를 제공함에 있어 유의해야 할 것은 고객에게 유리한 정보에만 치중할 것이 아니라, 반드시 불리한 정보도 제공해서 고객이 이를 이해할 수 있도록 해야 한다는 점이다.

91 ○× 고객에 관한 어떤 정보가 비밀정보인지의 여부가 불명확할 경우에는 일단 비밀이 요구되는 정보인 것으로 취급해야 한다.

92 보호되어야 하는 고객의 정보 중에서 계좌개설 시 얻게 되는 금융거래정보는 ( )인 정보이며, 매매주문동향을 통해 알게 되는 정보는 ( )인 정보이다.

93 임직원이 고객 또는 회사의 비밀정보를 관련법령에 따라 제공하는 경우에도 ( )의 사전승인을 받아 직무수행에 필요한 최소한의 범위 내에서 제공해야 한다.

94 ( )은 개인정보를 대량으로 처리하는 기관 등에서 대규모 개인정보가 유출되는 사고의 예방 및 개인정보의 수집·유출·남용으로부터 사생활의 비밀 등을 보호하기 위해 만든 법률이다.

정답
85 시장통제
86 ○
87 소극적으로, 적극적으로
88 ○ ▸ 이해상충이 발생하였을 때의 우선순위의 기준이다.
89 × ▸ 계약이 종료되더라도 일정기간까지는 의무가 부과된다.
90 ○
91 ○
92 정적, 동적
93 준법감시인
94 개인정보보호법

95 고객의 개인정보보호를 위한 법령근거 중에서 가장 후순위로 적용되는 것은 (금융실명법 / 신용정보법 / 전자금융거래법 / 개인정보보호법)이다.

96 ○× 개인정보는 개인정보의 처리목적에 필요한 범위 내에서 적합하게 개인정보를 처리해야 하며, 그 목적 외의 용도로 사용해서는 안 된다.

97 ○× 개인정보의 익명처리가 가능한 경우에는 익명에 의해 처리될 수 있도록 해야 한다.

98 ○× 개인정보 중 정보주체와의 계약 체결 및 이행에 불가피한 정보는 정보주체의 동의를 받지 않아도 수집 가능하다.

99 ○× 정보주체의 동의를 받고 개인정보를 처리하고자 할 경우 정보주체에게 4가지 사항을 알려야 하며 그 4가지 사항은, ① 개인정보 수집이용의 목적, ② 수집하려는 개인정보의 항목, ③ 개인정보의 보유 및 이용기간, ④ 동의를 거부할 권리가 있다는 사실과 거부에 따른 불이익이 있을 경우 그 불이익의 내용이다.

100 (　　　) 및 (　　　)는 정보주체에게 별도의 동의를 얻거나, 법령에서 구체적으로 허용된 경우에 한하여 예외적으로 처리를 허용하도록 엄격하게 제한하고 있다.

101 개인정보보호법에는 징벌적 손해배상제도가 도입되어 있는데, 고의 또는 중과실로 개인정보를 유출한 기관에 대해서는 피해액의 최대 (　　　)까지 가중책임이 부과되며, 피해자 입장에서는 피해액을 입증하지 못하더라도 (　　　) 이내에서 법원판결금액을 보상받을 수 있다.

102 금융소비자보호가 필요한 이유는 금융소비자가 금융상품의 공급자에 비해 (　　　)이 떨어지기 때문이다.

103 회원의 제명요구, 회원자격의 정지, 제재금의 부과 등은 (행정제재 / 자율규제)에 해당된다.

104 (금융위원회 / 금융투자협회)는 금융투자업자의 임원에게 해임요구, 6개월 이내의 직무정지, 문책경고 등의 조치를 취할 수 있으며, 직원에게는 면직, 정직, 감봉, 견책, 경고, 주의 등의 조치를 취할 수 있다.

105 ○× 분쟁조정제도는 소송에 비해서는 시간과 비용이 절감되고 전문가의 조언을 받을 수 있는 장점이 있다. 반면 양당사자의 합의가 도출되지 않을 경우 분쟁처리가 지연될 수 있다는 단점이 있다.

정답
95 개인정보보호법 ▸ 나머지는 개인정보보호법의 특별법이다.
96 ○
97 ○ ▸ 익명처리가 우선이다.
98 ○
99 ○
100 민감정보, 고유식별정보
101 5배, 300만원
102 교섭력 ▸ 교섭력의 차이 또는 정보의 비대칭성이 존재하므로 금융소비자보호가 필요하다.
103 자율규제 ▸ 회원(협회에 가입한 금융투자회사)에 대한 제재는 금융투자협회(자율규제기관)의 제재이다.
104 금융위원회 ▸ 금융위원회는 공적기관으로서 직원의 면직 등을 직접 조치할 수 있지만, 자율규제기관은 면직 등에 대한 권고만 할 수 있다.
105 ○

106 ○× 금융소비자의 경우 분쟁조정기구를 이용할 경우 금융회사에 비해 유리한 결과가 나오는 것이 일반적이므로, 소송보다는 금융분쟁조정기구를 이용하는 것이 좋다.

107 ○× 수사기관이 수사 중이거나 법원에 제소된 경우 또는 직접적인 이해관계가 없는 자가 조정신청을 하는 경우 등은 위원회에 회부하기 전에 종결처리할 수 있다.

108 회원사 간의 영업 관련 분쟁이나 착오매매로 인한 분쟁은 (　　　　)의 분쟁조정기구에서 조정한다.

109 유가증권시장이나 코스닥시장, 파생상품시장에서의 매매거래와 관련하여 발생한 권리의무 또는 이해관계에 관한 분쟁은 (　　　　)의 분쟁조정기구에서 조정한다.

110 금융분쟁조정위원회는 신청일로부터 (　　　　) 내로 회부하며, 회부일로부터 (　　　　) 내로 심의・의결한다.

111 금융투자협회의 분쟁조정위원회는 신청일로부터 (　　　　) 내로 회부하며, 회부일로부터 (　　　　) 내로 심의・의결하며, 부득이한 경우 (　　　　) 내에서 기한을 연장할 수 있다.

112 금융감독원의 분쟁조정기구에서 쌍방간에서 조정안이 수락되면 (재판상화해 / 민법상화해)의 효력을 가진다.

113 금융투자상품의 내재적 특성은 '(　　　　), (　　　　), 그리고 투자상품에 대한 지속적인 관리요구'의 3가지라고 할 수 있다.

114 금융투자상품 관련 분쟁의 유형은 '(　　　　), (　　　　), (　　　　), (　　　　), 주문착오, 기타분쟁'이 있다.

115 '당초 체결한 일임계약의 취지를 위반하여 과도한 매매(수수료수입 증대목적)를 하여 고객에게 피해를 입힌 경우'는 (　　　　)로 인한 금융분쟁유형이라 할 수 있다.

116 금융투자회사의 직원이 고객의 주문을 받지 않았음에도 불구하고 고객의 예탁자산을 마음대로 매매하여 발생하는 분쟁유형은 (　　　　)이다.

정답

106 × ▸ 분쟁조정은 소송에 비해서는 시간과 비용을 절감할 수 있다. 또한 전문가의 도움을 받을 수 있지만, 분쟁조정결과는 중립적인 것이므로 금융소비자에게 일방적으로 유리하다고 할 수 없다.
107 ○ ▸ 금융분쟁조정위원회나 협회의 분쟁조정위원회에 마찬가지로 적용된다.
108 한국금융투자협회
109 한국거래소
110 30일, 60일 ▸ 협회나 거래소의 분쟁조정기구는 '30일 – 30일'이 적용된다.
111 30일, 30일, 15일
112 재판상화해 ▸ 민법상화해와 달리 재판상화해가 성립되면 이후 어떠한 법적다툼도 인정되지 않는다.
113 원금손실가능성, 투자결과에 대한 본인책임
114 일임매매, 임의매매, 부당권유, 불완전판매
115 일임매매
116 임의매매 ▸ 임의매매는 형사상책임까지 부과되는 무거운 사안이다.

117 고객으로부터 포괄적 일임매매를 받지 않는 것은 분쟁조정의 유형 중 (　　　　)를 예방하는 것이다.

118 [분쟁사례] 고객이 증권사직원에게 주식매매를 일임한 기간에 월매매회전율이 약 1,400%에 달했고 단기매매를 했어야 할 특별한 사정이 없었던 점 등을 고려컨대 (　　　　)가 인정된다. 또한 고객의 당일 '전부 처분 지시'에도 불구하고 직원의 지정가주문으로 일부 수량만 매도되었다면 (　　　　)를 해태한 것으로 본다.

119 [분쟁사례] 직원이 '혼자만 알고 있는 호재인데 소문이 날까 봐 이를 밝힐 수 없다. 지금 당장 투자하지 않으면 시기를 놓친다'는 등의 말로 매매를 권유한 것은 (임의매매 / 일임매매 / 부당권유)로 인정되는 사례이다.

120 ○ × 적극적인 적합성 원칙을 준수할 경우 자금세탁을 방지하기 위한 의심거래보고(STR)는 필요하지 않을 수 있다.

121 미국 관세청의 3단계 모델이론에 따르는 자금세탁의 절차는 (　　　　) → (　　　　) → (　　　　)이다.

122 자금세탁과정에서 성공하기가 가장 어려운 단계는 (　　　　)이다.

123 자금세탁방지제도의 하나로써 금융회사직원의 주관적 판단에 의존하는 것은 (　　　　)이다.

124 고액현금거래보고제도(CTR)는 1거래일 동안의 거래가 (　　　　)일 경우에 금융정보분석원에 의무적으로 보고하는 제도를 말한다.

125 고객확인제도(CDD / EDD)의 대상이 되는 세 가지 경우는 (　　　　), (　　　　), (　　　　)이다.

126 고객확인제도(CDD / EDD)의 3가지 경우 중 '금융거래목적'까지 파악해야 하는 것은 (　　　　)이다.

127 강화된 고객확인제도(EDD)는 자금세탁행위가 우려되거나 위험기반접근법에 의해 고위험군으로 분류된 고객에 대해서 (　　　　)과 (　　　　)을 파악하는 제도이다.

정답

117 일임매매

118 과당매매, 선관주의의무 ▸ 일임매매로 인한 분쟁사례의 하나이다.

119 부당권유 ▸ 부당권유란 '거짓의 내용을 알리는 행위 및 불확실한 사항에 대해 단정적인 판단을 제공하는 행위, 불초청권유금지의 위반, 재권유금지의 위반' 등을 말한다.

120 ○

121 예치, 은폐, 합법화 ▸ Placement → Layering → Integration

122 예치단계

123 의심거래보고제도(STR)

124 1천만원 ▸ 이 경우 일단 온라인보고를 하고 금융거래발생 후 30일 내로 보고해야 한다.

125 계좌의 신규개설, 일회성거래가 1,000만원 이상, 자금세탁의 우려가 있는 경우

126 자금세탁의 우려가 있는 경우

127 금융거래목적, 자금의 원천

128 금융기관 등 임직원의 판단에 의존하는 의심스러운 거래보고제도를 보완하기 위한 것으로 비정상적인 금융거래를 효율적으로 규제하기 위해 도입한 자금세탁방지제도의 종류는 (　　　　)이다.

129 회사의 임직원이 자금세탁 등에 이용되지 않도록 채용 시 임직원의 신원사항을 확인하고 관련정보를 지속적으로 파악·관리하는 것을 (고객확인제도 / 직원알기제도)라 한다.

130 ○× FATF 40 권고사항은 자금세탁방지를 위한 국제협력을 권장하는 사항이며, 법적·실질적 구속력이 없는 다자간 협력체계라고 할 수 있다.

131 원화 (　　　　)을 초과하는 모든 전신송금에 대해서는 고객관련 정보를 확인하고 보관해야 한다.

132 ○× 금융실명제는 해당 거래고객에 대해서 실명확인(실지명의)을 하지만 자금세탁방지제도는 신원확인과 함께 금융거래목적과 자금의 원천까지 확인을 할 수 있다.

133 ○× 차명거래금지제도(2014.11~)에 의해 모든 차명거래는 금지된다.

134 (　　　　)(이)란 개인의 경우 성명과 주민등록번호, 법인의 경우 법인 명칭과 사업자등록번호를 말하며, (　　　　)(이)란 실지명의에 추가하여 주소와 연락처를 확인하는 것을 말한다.

135 해외금융계좌 납세자협력법(FACTA)은 미국시민권자, 영주권자, 세법상 미국거주자를 적용대상으로 하며, 개인의 경우 기존계좌잔액이 (　　　　)를 초과하는 경우를 신고대상으로 한다.

136 해외금융계좌신고제도(FBAR)는 미국의 납세의무자가 1여 년 동안 어느 시점이든 모든 금융계좌잔고의 합계액이 (　　　　)를 초과하는 경우 미국 재무부에 해외금융계좌 잔액을 신고해야 한다.

정답
128 고액현금거래보고제도(CTR)
129 직원알기제도(Know Your Employee)
130 × ▸ 실질적 구속력이 있다.
131 100만원
132 ○ ▸ 자금세탁방지제도의 법적근거가 되는 주요법률은 특정금융거래보고법이다.
133 × ▸ 합법적인 차명거래는 허용된다.
134 실지명의, 신원확인
135 5만달러 ▸ 이 경우 일단 온라인보고를 하고 금융거래발생 후 30일 내로 보고해야 한다.
136 1만달러

제3장 펀드 구성 · 이해(16문항)

01 집합투자기구의 설정절차는 (　　　　)의 제출로 효력이 발생함과 동시에 금융위에 집합투자기구를 (　　　　) 신청해야 한다.

02 집합투자기구의 종류별 효력발생기간은 상장형 환매금지형 집합투자기구는 (　　　　), 비상장형 환매금지형 집합투자기구는 (　　　　), 그 외의 집합투자기구는 (　　　　)이다.

03 국채, 지방채, 특수채, 그리고 공모금액이 (　　　　) 미만인 경우 증권신고서를 제출하지 않아도 된다.

04 ○× 사모투자신탁이나 모투자신탁은 증권신고서의 대상이 되지 않는다.

05 투자설명서는 효력발생일 전에 사용할 수 있는 (　　　　)투자설명서, 효력발생 후에 사용할 수 있는 (　　　　)투자설명서, 그리고 효력발생 전후에 모두 사용이 가능한 (　　　　)투자설명서, 세 종류가 있다.

06 집합투자기구의 3면에서, 투자신탁의 설정 및 해지를 담당하는 자는 (　　　　)이다.

07 신탁업자의 업무는 ① 투자신탁재산의 (　　　　) 및 (　　　　), ② 집합투자업자의 운용지시에 따른 자산의 취득 및 처분의 이행, ③ 집합투자업자의 운용지시에 따른 수익증권의 환매대금 및 이익금의 지급, ④ 집합투자업자의 투자신탁재산 (　　　　) 등에 대한 감시, ⑤ 투자신탁재산에서 발생하는 이자, 배당, 수익금, 임대료 등의 수령, ⑥ 무상으로 발행되는 신주의 수령, ⑦ 증권의 상환금의 수입, ⑧ 여유자금 운용이자의 수입 등이 있다.

08 신탁계약의 변경내용이 ① 집합투자업자, 신탁업자가 받는 보수나 그 밖의 수수료의 인상, ② 집합투자업자나 신탁업자의 변경, ③ 투자신탁의 종류나 투자신탁계약기간의 변경, ④ 주된 투자대상의 변경, ⑤ 환매지급일의 연장일 경우에는 (　　　　)의 결의를 거쳐야 한다.

09 ○× 신탁계약의 변경내용이 수익자총회의 결의를 통과한 경우에는 공시를 하며, 수익자에게는 별도의 통지를 할 필요가 없다.

정답

01 증권신고서, 등록 ▸ 등록신청을 하면 금융위는 20일 이내에 등록여부를 결정해야 한다.
02 10일, 7일, 15일
03 10억원
04 ○
05 예비, 정식, 간이 ▸ 투자설명서는 일반투자자에게 반드시 교부해야 하는 법정투자권유문서인데, 받기를 거부하는 의사를 서면 등으로 표시한 자에게는 교부를 하지 않아도 된다.
06 위탁자(또는 집합투자업자) ▸ 자산운용회사를 말한다.
07 보관, 관리, 운용지시
08 수익자총회 ▸ 비교하여 '보수의 지급, 판매업자의 변경'은 총회 결의사항이 아니다.
09 × ▸ 수익자에게도 통보해야 한다.

10 수익자가 수익자총회를 소집하기 위해서는 ( ) 이상의 지분을 소유한 수익자이어야 한다.

11 ○× 수익자는 총회에 참석하지 않고는 의결권을 행사할 수 없다.

12 수익자는 수익자총회에 출석하지 아니하고 서면에 의하여 의결권을 행사할 수 있다. 다만, 다음 조건의 경우 수익자가 소유한 총좌수의 결의내용에 영향을 미치지 않도록 의결권을 행사한 것으로 본다(간주의결권 : Shadow Voting).
(1) 수익자에게 의결권 행사 통지가 있었으나 행사되지 아니하였을 것
(2) 간주의결권행사 방법이 규약에 기재되어 있을 것
(3) 수익자총회의 의결권을 행사한 총좌수가 발행된 총좌수의 ( ) 이상일 것

13 수익자 전원이 투자신탁의 해지에 동의하면 (임의해지 / 법정해지) 사유가 된다.

14 수익증권 전부에 대한 환매청구가 발생한 경우 (임의해지 / 법정해지) 사유가 된다.

15 사모집합투자기구가 아닌 투자신탁으로서 설정한 후 1년이 되는 날에 원본액이 ( ) 미만인 경우 또는 1년이 지난 후 1개월간 계속하여 투자신탁원본액이 ( ) 미만인 경우는, 금융위원회의 사전승인 없이도 투자신탁을 해지할 수 있다.

16 수익자 총수가 1인이 되는 경우는 (임의해지 / 법정해지) 사유가 된다.

17 자본시장법상의 집합투자기구 중 회사형에는 ( ), ( ), ( ), ( )의 4가지가 있다.

18 법인이사가 1인, 감독이사가 2인 이상이며 일반사무관리회사가 반드시 필요한 회사형집합투자기구는 ( )이다.

19 집합투자재산의 대한 법률적 소유자는 투자신탁은 ( ), 투자회사는 ( )이다.

20 국내 대부분의 집합투자기구는 (투자신탁 / 투자회사)이다. 왜냐하면 (투자신탁 / 투자회사)의 경우 회사형이므로 펀드설립비용, 임원보수 등의 비용이 들기 때문이다.

정답
10 5%
11 × ▸ 행사할 수 있다(서면행사 가능).
12 1/10 ▸ 간주의결권제도는 중립투표제도(Shadow Voting)를 말한다.
13 임의해지
14 임의해지
15 50억원, 50억원
16 법정해지
17 투자회사, 투자유한회사, 투자합자회사, 투자유한책임회사
18 투자회사
19 신탁업자(또는 수탁자), 집합투자기구
20 투자신탁, 투자회사

21 M&A펀드나 등기・등록이 필요한 선박펀드, 타법인의 경영권지배를 목적으로 하는 PEF의 경우, 투자신탁보다는 (   )의 형태가 필요하다.

22 (   )는 집합투자업자가 무한책임사원이며, 다수의 유한책임사원으로 이루어진 상법상의 회사이다.

23 ○|× 투자합자회사는 투자회사의 감독이사에 해당하는 자가 없으므로, 청산감독인 관련 내용을 제외한 투자회사의 해산, 청산, 합병의 규정을 준용한다.

24 주식회사처럼 유한책임을 지지만, 이사와 감사를 선임하지 않아도 되는 등 회사의 설립이나 운영 등에서 사적 영역을 인정하는 회사형집합투자기구는 (   )이다.

25 (투자합자조합 / 투자익명조합)은 영업자 1인과 그 조합원 1인이 기명날인 또는 서명함으로써 설립하며, 영업자 1인이 조합재산의 운용을 담당한다.

26 자본시장법상의 집합투자기구 분류는 증권펀드, 부동산펀드, 특별자산펀드, (   ), (   )의 5가지로 분류된다.

27 (   )는 집합투자재산의 50%를 초과하여 증권에 투자하는 집합투자기구로서, 부동산집합투자기구나 특별자산집합투자기구가 아닌 집합투자기구를 말한다.

28 부동산투자목적회사가 발행한 지분증권에 집합투자재산의 50%를 초과하여 투자하는 펀드는 (증권 / 부동산) 집합투자기구이다.

29 부동산 등이 신탁재산의 50% 이상을 차지할 경우, 해당 신탁을 50%를 초과해서 편입한 집합투자기구는 (   ) 집합투자기구가 된다.

30 부동산관련자산을 기초자산으로 하는 자산유동화증권의 유동화자산의 가액이 (   )인 유동화증권에, 집합투자재산의 50%를 초과하여 투자하는 펀드는 부동산집합투자기구이다.

31 사회기반시설사업의 시행을 목적으로 하는 법인이 발행한 증권에 집합투자재산의 50%를 초과하여 투자하는 펀드는 (증권 / 부동산 / 특별자산) 집합투자기구이다.

정답

21 투자회사 ▸M&A펀드는 지분의 법률적 소유권 문제가 있어 반드시 투자회사로 설립해야 한다.
22 투자합자회사
23 ○
24 투자유한책임회사
25 투자익명조합
26 혼합자산펀드, 단기금융펀드(MMF)
27 증권집합투자기구
28 부동산
29 부동산 ▸신탁재산 / 집합투자재산 / 유동화자산과 관련해서는 '50% 이상 – 50% 초과'의 패턴을 보인다.
30 70% ▸부동산전문 유동화증권은 부동산관련자산이 70% 이상이어야 한다.
31 특별자산

32 특별자산집합투자기구의 특별자산이란 (　　　)과 (　　　)을 제외한 투자대상자산을 말한다.

33 자본시장법상의 5가지 펀드유형 중에서 '운용대상이 사전에 특정되지 않기 때문에 보다 많은 투자기회를 찾고 그만큼 수익을 향유할 수 있다는 장점이 있으나, 반면 그로 인한 투자손실 가능성도 높다'고 할 수 있는 것은 (　　　)이다.

34 ○|× 외화MMF에 편입하는 투자대상에 대한 신용등급은 해외 주요 신용평가기관 등급을 국내 등급으로 전환하여 활용 가능하다.

35 MMF는 잔존만기 (　　　) 이내의 양도성예금증서, 잔존만기 (　　　) 이내의 국채, 잔존만기 (　　　) 이내의 지방채, 특수채, 기업어음에 투자할 수 있다.

36 ○|× MMF는 다른 MMF에 투자할 수 있고, 금융기관이나 체신관서에 예치가 가능하며, 전자단기사채에 투자할 수 있고, 단기대출이 가능하다.

37 MMF는 증권의 차입이나 대여를 할 수 없고, 남은 만기가 1년 이상인 국채는 (　　　) 이내에서 운용해야 하며, 환매조건부매도는 펀드가 보유하는 증권총액의 (　　　) 이내이어야 하고, 펀드재산의 (　　　) 이상을 채무증권에 투자해야 한다.

38 MMF는 ① 현금, ② 국채, ③ 통안증권, ④ 잔존만기가 (　　　) 내의 CD, 지방채, 특수채, 사채권, 기업어음, 전자단기사채, ⑤ 환매조건부매수, ⑥ 단기대출, ⑦ 수시입출금이 가능한 금융기관 예치의 각 호에 펀드재산의 (　　　) 이상을 투자해야 한다.

39 MMF는 ① 현금, 국채, 통안증권, ② 잔존만기가 (　　　) 내의 CD, 지방채, 특수채, 사채권, 기업어음, 전자단기사채, ③ 환매조건부매수, 단기대출, 수시입출금이 가능한 금융기관 예치의 각 호에 펀드재산의 (　　　) 이상을 투자해야 한다.

40 판매회사는 고유자금으로 MMF 판매규모의 (　　　)와 (　　　) 중 큰 금액 내에서, 개인투자자의 환매청구에 응할 수 있다.

정답
32 증권, 부동산
33 혼합자산집합투자기구
34 ○ ▸ 외화MMF도 국내MMF와 동일한 수준의 규제를 원칙으로 하되 외화자산의 특성을 반영하여 일부 규제는 합리적으로 조정하였다.
35 6개월, 5년, 1년 ▸ 단, 잔존만기 1년 이상인 국채에는 자산총액의 5% 이내에서 운용해야 한다.
36 ○
37 5%, 5%, 40%
38 1영업일, 10%
39 7영업일, 30%
40 5%, 100억원

41 시장성 없는 자산에 펀드자산의 (　　　　)를 초과해서 투자할 경우 환매연기를 할 수 있지만, 시장성 없는 자산에 펀드자산의 (　　　　)를 초과해서 투자할 경우는 환매금지형집합투자기구로 설정·설립해야 한다.

42 ○|× 종류형집합투자기구는 특정 종류의 투자자에 대해서만 이해관계가 있는 때에는 그 종류의 투자자만으로 총회를 개최할 수 있으며, 이미 만들어진 비종류형집합투자기구도 종류형집합투자기구로 전환할 수 있다.

43 다양한 자산과 투자전략을 가진 투자기구를 묶어 하나의 투자기구세트를 만들고 투자자는 그 세트 내에 속하는 다양한 투자기구 간에 교체투자를 할 수 있는 것은 (　　　　)이다.

44 모자형펀드와 재간접펀드(FOFs)의 차이는, (　　　　)는 운용의 효율성을 위해 도입된 것이나 (　　　　)는 운용능력의 아웃소싱을 위한 것이라는 점이다.

45 (　　　　)펀드에서는 펀드 간 이동을 하여도 포트폴리오의 변경은 없으나, (　　　　)펀드의 경우 펀드 간 전환을 하면 포트폴리오가 변한다는 차이점이 있다.

46 특수한 형태의 집합투자기구 중에서 운용의 효율성을 위한 집합투자기구는 (　　　　)집합투자기구와 (　　　　)집합투자기구가 있다.

47 ETF는 (상장형 / 비상장형)이고, (인덱스형 / 개별주식형)이며, (추가형 / 단위형)이고, (개방형 / 폐쇄형)이며, ETF는 일반펀드와는 달리 증권실물로 설정 및 해지를 할 수 (있다 / 없다).

48 ETF에는 2가지 시장이 있는데 (　　　　)에서는 지정참가회사(AP)를 통해 ETF의 설정과 해지 또는 환매가 이루어지며, (　　　　)에서는 일반투자자와 지정참가회사 간 ETF수익증권의 매매를 한다.

49 ETF는 그 특성상 이해관계인인 대주주와 거래할 수 (있다 / 없다).

50 ○|× ETF는 Shadow Voting으로 의결권을 행사하는 것이 원칙이다.

51 ○|× ETF는 자산운용보고서를 제공하지 않아도 된다.

정답
- **41** 10%, 20%
- **42** ○
- **43** 전환형집합투자기구
- **44** 모자형집합투자기구, 재간접집합투자기구
- **45** 종류형, 전환형
- **46** 종류형, 모자형
- **47** 상장형, 인덱스형, 추가형, 개방형, 있다 ▸ETF는 그 특수성으로 금전납입원칙의 예외가 적용된다(납입한 금전으로 증권을 매입해야 하므로 증권납입을 허용함).
- **48** 발행시장, 유통시장 ▸ETF를 개방형이라고 하는 것은 기관투자가는 발행시장에서 매입하고 환매하기 때문이다.
- **49** 있다
- **50** ○ ▸단, 집합투자재산의 손실이 명백하게 예상되는 사안이 있는 경우는 적극적으로 의결권을 행사할 수 있다.
- **51** ○ ▸ETF운용은 지수를 구성하고 보유하는 것이므로 별도의 자산운용보고서를 제공하지 않아도 된다.

52 ETF는 동일종목에 자산총액의 (　　　　)까지 투자할 수 있다.

53 ETF를 폐지하는 경우에는 상장폐지일로부터 (　　　　) 이내에 펀드를 해지해야 하며, 해지일로부터 (　　　　) 이내로 금융위에 보고해야 한다.

54 일반 사모펀드 또는 기관전용 사모펀드는 (　　　　)위험평가액 + 채무보증액 또는 담보목적물가액 + (　　　　)총액 + RP매도액 또는 공매도 금액의 합계가 펀드 순재산의 (　　　　) 이내이어야 한다.

55 장외파생상품은 기간에 따라 수익구조가 달라질 수 있으므로 (추가형 / 단위형)으로 설정하는 것이 일반적이다.

56 장외파생상품은 공모형의 경우 (개방형 / 폐쇄형)으로 설정하는 것이 일반적이다.

57 ○ × 공모펀드를 폐쇄형으로 설정할 경우 상장의무(90일 내 상장)를 부과하는 것은 유동성 측면을 고려한 것이다.

58 증권형펀드 중에서 주식비중이 펀드재산의 50% 미만인 펀드를 (　　　　)펀드라 하고, 주식비중이 50% 이상 60% 미만인 펀드를 (　　　　)펀드라 한다.

59 시장위험은 (주식 / 채권)이 더 높고, 유동성위험은 (주식 / 채권)이 더 높은 것이 일반적이다.

60 향후 국내 경기가 차츰 회복되고 주식시장이 안정될 때 미래성장성을 바탕으로 투자하는 펀드는 (성장주펀드 / 가치주펀드)이다.

61 기업의 내재가치에 비해서 저평가되어 있는 기업을 골라서 투자하는 펀드는 (성장주펀드 / 가치주펀드)이다.

62 (성장주 / 가치주)는 현재가치에 비해 미래의 수익이 클 것으로 기대되지만, (성장주 / 가치주)는 성장은 더디지만 현재가치에 비해 저평가된 주식을 말한다.

63 운용시작 후 예상한 배당수익률 이상으로 주가가 상승하면 주식을 팔아 시세차익을 얻고, 반대로 주가가 오르지 않으면 배당시점까지 주식을 보유해서 예상배당금을 획득하는 펀드를 (성장주펀드 / 가치주펀드 / 배당주펀드)라고 한다.

정답

52 30% ▸동일법인 지분증권에 대해서는 20%까지 투자할 수 있다.
53 10일, 7일 ▸ETF는 설정 후 30일 내로 상장하고, 상장폐지일로부터 10일 내로 펀드를 해지한다.
54 파생상품, 차입금, 400% ▸법 개정으로 기존의 사모펀드 400% 한도의 개념이 변경되었다.
55 단위형
56 개방형 ▸성격상으로는 폐쇄형이 적합하나, 폐쇄형의 경우 상장부담이 있으며 또한 마케팅의 용이성을 감안하여 개방형으로 설정한다.
57 ○ ▸부동산펀드의 경우 환매청구 시 부동산을 분할하여 매도할 수 없으므로 그 수익증권을 상장한다(환매금지형은 설정일로부터 90일 내로 상장).
58 채권혼합형, 주식혼합형 ▸참고로 주식형펀드는 주식비중이 60% 이상, 채권형펀드는 채권비중이 60% 이상이다.
59 주식, 채권 ▸가격변동성은 주식이 더 크고 유동성은 채권이 주식에 비해 부족하다.
60 성장주펀드 ▸하락 시에는 주가변동성이 가치주펀드보다 크다는 단점이 있다.
61 가치주펀드 ▸성장주펀드에 비해 주가변동폭이 작다.
62 성장주, 가치주 ▸강세장에서는 성장주, 약세장에서는 가치주를 선호하는 것이 일반적이다.
63 배당주펀드

64 (　　　　)는 주식과 채권의 효율적 배분을 통해 주식의 성장성과 채권의 안정성을 동시에 추가하는 펀드이다.

65 ○|× 파생형펀드에서 장외파생상품에 투자할 경우 증권형과 달리 거래상대방 위험이 추가된다.

66 대부분의 펀드는 (상장형 / 비상장형)이다.

67 수익증권을 상장하는 상장형펀드에는, 설정·설립 후 (　　　　) 내로 상장하는 환매금지형과 설정 후 (　　　　) 내로 상장하는 ETF의 두 가지 형태가 있다.

68 판매회사의 보유현금으로 자금을 납입하여 펀드를 설정한 후 설정된 펀드의 수익증권을 보유하고 있던 판매회사가 고객의 수익증권 매입청구에 대응하여 보유 중인 수익증권을 고객에게 매각하는 펀드를 (모집식 / 매출식) 펀드라고 한다.

69 Cost Averaging 효과는 (거치식 / 적립식) 펀드에서 얻을 수 있는 효과이다.

70 해외투자펀드는 투자지역을 기준으로 전세계투자펀드(Global Fund), 지역펀드(Regional Fund), 특정국가펀드(Single Country Fund)로 구분된다. 이 중에서 기대수익과 위험이 가장 높은 펀드는 (　　　　)이다.

71 ○|× 대부분의 글로벌투자펀드는 투자지역을 선진국 위주로 한다.

72 ○|× 해외투자펀드는 환위험에 노출되며 환헤지를 하게 되면 환위험을 완전하게 제거할 수 있다.

73 인덱스펀드는 대표적인 (　　　　) 펀드이며, 스타일펀드는 대표적인 (　　　　) 펀드이다.

74 (　　　　) 운용전략은 Top-down Approach와 Bottom-up Approach의 두 가지로 나눌 수 있다.

75 주식 운용에 있어 자산 간·섹터 간 투자의사결정을 함에 있어 거시경제 및 금융변수에 대한 예측을 하지 않고 투자대상 종목의 저평가여부만을 투자의 기준으로 판단하는 것은 (Top Down Approach / Bottom Up Approach)에 해당된다.

정답

64 혼합형펀드
65 ○ ▸ 장외파생상품에 투자할 경우 거래상대방의 결제불이행 위험(신용위험)에 노출된다.
66 비상장형 ▸ 대부분의 펀드는 개방형이며, 개방형은 비상장형이다.
67 90일, 30일
68 매출식 ▸ 현재 대부분은 모집식으로 하고 있다(매출식은 판매사의 자금부담이 크기 때문이다).
69 적립식
70 특정국가펀드
71 ○ ▸ 선진국이 이머징마켓이나 프런티어마켓보다 수익률은 낮지만 투자제한이 없고 안정적인 수익을 추구할 수 있기 때문이다.
72 × ▸ 환헤지는 환율변동위험을 완전하게 제거하는 것이 아니라, 현재시점의 환율을 계약기간 종료시점의 환율로 고정시키는 것이다.
73 패시브, 액티브
74 액티브(Active)
75 Bottom Up Approach ▸ 실제는 두 가지 운용전략을 혼용한다.

76 ‘인덱스형, 포트폴리오보험형, 차익거래형, 롱숏형, 시스템트레이딩형’은 (패시브 / 액티브) 운용전략에 속한다.

77 ‘KOSPI, KOSPI200, KRX, 코스닥150, S&P500, Dow, Nasdaq’ 중에서 국내 주식시장의 인덱스가 아닌 것은 (　　　　), (　　　　), (　　　　)이/가 있다.

78 인덱스를 구성하는 방법은 완전복제법과 샘플링법이 있는데, 현실적으로 (　　　　)이 많이 활용된다.

79 ‘저렴한 비용, 투명한 운용, 시장수익률의 힘’은 (　　　　)의 특징이다.

80 인덱스펀드의 수익률은 추적대상지수의 수익률보다 항상 (낮을 / 높을) 수밖에 없는데 그 이유는 아래의 4가지이며 만일 완전복제법으로 지수를 구성한다면, 아래 4가지 중 (　　　　)으로 인한 오차는 제거할 수 있다.

① 인덱스펀드에 부과되는 보수 등의 비용
② 인덱스펀드의 포트폴리오를 구축하기 위한 거래비용
③ 인덱스펀드의 포트폴리오와 추적대상지수 포트폴리오의 차이
④ 포트폴리오 구축 시 적용되는 가격과 실제 매매가격과의 차이

81 인덱스펀드가 추적하는 지수를 완전복제하였다고 해도 거래비용이나 운용보수, 신탁보수 등이 존재하기 때문에 (　　　　)는 완전히 제거되지 않는다.

82 [O|X] 추적오차를 최소화하기 위해 고안된 펀드는 ETF이다.

83 추적대상지수 수익률을 초과하는 수익률을 목표로 하는 인덱스펀드를 (　　　　)라고 한다.

84 인핸스드인덱스펀드의 추적오차는 정통인덱스펀드의 추적오차보다 (크다 / 작다).

85 알파추구전략이나 차익거래전략을 통하여 ‘인덱스수익률 + 알파’의 수익률을 추구하는 펀드를 (　　　　)라고 하며, KOSPI200을 추종하는 인덱스펀드는 대부분 여기에 해당된다.

정답

76 패시브
77 S&P500, Dow, Nasdaq
78 샘플링법(Sampling) ▸ 완전복제법은 비용과 시간의 부담이 있기 때문이다.
79 인덱스펀드
80 낮을, ③ ▸ 인덱스펀드와 추적대상지수의 수익률의 차이를 추적오차(Tracking Error)라고 하는데, 완전복제법을 사용할 경우 추적오차 요인 중 ③번을 제거할 수는 있지만 추적오차 전체는 제거할 수 없다.
81 추적오차(Tracking Error) ▸ 그러나 투자자가 부담하는 선취판매수수료는 추적오차에 영향을 주지 않는다.
82 O ▸ ETF는 차익거래를 통해 주가와 펀드순자산가치의 차이를 근소한 범위 내로 유지한다(따라서 추적오차가 가장 작은 펀드라고 할 수 있다).
83 인핸스드인덱스펀드 ▸ 강화된(Enhanced) 인덱스펀드라는 뜻이다.
84 크다 ▸ 정통인덱스보다는 크고 액티브펀드에 비해서는 훨씬 작다.
85 인핸스드인덱스펀드 ▸ 코스피200을 추종할 경우 차익거래가 가능하고 따라서 ‘인덱스 + 알파’의 수익률이 가능하므로 인핸스드인덱스펀드라고 할 수 있다.

86 자본시장법상 정의로 '금융투자상품으로서 투자자가 취득과 동시에 지급한 금전 외의 어떠한 명목으로든지 추가로 지급의무를 부담하지 아니하는 것'은 (비금융투자상품 / 증권 / 장내파생상품 / 장외파생상품)이다.

87 파생결합증권은 자본시장법상 분류로 (증권 / 파생상품)이다.

88 파생결합증권(ELS)은 증권사가 발행하며 (확정수익률 / 실적배당형) 상품이다.

89 처음 투자를 하는 투자자에게 상품을 권유하는 판매사는 가급적 (일반적이고 표준화된 / 수익률이 높은) 파생상품펀드 구조를 선택하게 하는 것이 바람직하다.

90 파생결합증권의 수익구조가 배리어(Barrier)를 기준으로 '만기에 한 번이라도 터치한다면'의 형식으로 설계되어 있다면 (Knock-out형 / Knock-in형)이다.

91 파생결합증권의 수익구조가 배리어(Barrier)를 기준으로 '만기일에만 평가하여'의 형식으로 설계되어 있다면 (Knock-out형 / Knock-in형)이다.

92 투스타형 주가연계파생결합증권에서 상환조건의 달성여부를 두 종목 중에서 나쁜 종목을 기준으로 평가하는 것을 (Best Performer / Worst Performer) 구조라고 한다.

93 원금보존 구조이긴 하지만 기초자산의 변동성이 낮아 기대수익률이 높지 않고 판매사 입장에서도 매력적인 구조를 제시하면서 최소한의 보수를 확보하기 어려워 공모펀드로 만들기 어려운 것은 (금리연계파생결합증권 / 상품연계파생결합증권)이다.

94 (금리연계파생결합증권 / 환율연계파생결합증권)에서 쿠폰을 상향시키기 위한 방법으로 만기를 장기로 하거나 레버리지형으로 설계하기도 한다.

95 기초자산을 국내 CD 91일물로 하고, 레인지(Range)에 머문 일수에 따라 수익률이 결정되는 금리연계파생결합증권을 (CD레인지형 / 투스탁형)이라 한다.

정답

86 증권
87 증권
88 확정수익률 ▸ 확정수익률(제시수익률 = Coupon) 상품이며, 확정수익에 대해서는 배당과세한다.
89 일반적이고 표준화된
90 Knock-out형
91 Knock-in형
92 Worst Performer ▸ 부분의 상품은 W.P. 구조로 설계되어 있다(∵ 상품성이 더 좋기 때문이다).
93 금리연계파생결합증권
94 금리연계파생결합증권
95 CD레인지형

96 상당히 안정적인 흐름을 보이다가도 갑작스런 변동성이 나타날 수 있어 섣부른 예측 시 자칫하면 큰 손실로 이어질 수 있는 것은 (금리연계파생결합증권 / 환율연계파생결합증권)이다.

97 전통자산과의 낮은 상관관계로 높은 분산투자 효과를 기대할 수 있으며, 인플레헤지 효과도 뛰어나지만, 기초자산이 선물인 경우가 많아 Roll-over Risk에 노출될 수 있는 파생결합증권은 (주가연계파생결합증권 / 상품연계파생결합증권)이다.

98 기초자산이 특정 구간에 있을 때에는 지속적으로 수익이 상승하고 특정 구간을 넘어서면 일정한 수익만을 받는 구조의 워런트는 (Digital형 / Spread형)이다.

99 일반적인 콜옵션이나 풋옵션보다 가격이 저렴하여 시장전망이 맞는 경우 효율적인 투자가 가능하며, 배리어를 터치하면 리베이트(Rebate)를 지급하고 계약이 소멸하는 형태의 워런트는 (Knock-out형 / Knock-in형)이다.

100 배리어가 150%이고 제시수익률의 최고수익이 연 20%라면 참여율은 (   )이다.

101 원금비보존형 또는 조건부 원금보존형은 투자시점에서는 상당히 높은 확률로 안정적 수익을 얻을 것으로 예상되는 기초자산과 구조를 이용하되, 적은 확률로 원금손실도 가능하게 함으로써 (옵션매수 / 옵션매도)의 프리미엄을 이용하여 상품의 수익을 제고시켜 투자자에게 제공하는 상품이다.

102 원금비보존형에서는 변동성이 클수록, 상환조건이 높을수록, KO/KI 수준이 높을수록, 상관관계가 낮을수록 쿠폰이 (올라간다 / 내려간다).

103 장내파생상품운용형에서 포트폴리오 보험전략은 (콜옵션매수 / 풋옵션매도)를 복제한 것이며, 리버스컨버티블은 (콜옵션매수 / 풋옵션매도)를 복제한 것이다.

104 부동산펀드의 투자대상으로서의 '부동산에 투자한다'의 의미에 해당하지 않는 것은 (취득 및 처분 / 관리 및 개량 / 임대 / 개발 / 매매중개)이다.

105 부동산개발과 관련된 법인에게 대출을 하는 투자행위는 부동산관련펀드로 (인정된다 / 인정되지 않는다).

정답
96 환율연계파생결합증권
97 상품연계파생결합증권
98 Spread형
99 Knock-out형
100 40% ▸ 워런트 최고수익(20%) = 배리어의 상승률(50%) × 참여율
101 옵션매도
102 올라간다 ▸ 상관관계만 반대방향임에 유의해야 한다.
103 콜옵션매수, 풋옵션매도
104 매매중개
105 인정된다 ▸ 대출형부동산펀드(PF형 펀드)를 말한다(부동산개발과 관련된 법인 = 시행법인).

106 취득이나 처분대상으로서 '부동산 등'에는 부동산권리도 포함이 되는데, 그 부동산권리에는 '(　　　　), 지역권, 전세권, 임차권, 분양권'이 해당된다.

107 부동산투자목적회사란, 해당회사와 그 종속회사가 소유하고 있는 자산을 합한 금액 중 부동산 또는 부동산관련자산(부동산권리)을 합한 금액이 100분의 (　　　　)을 초과하는 회사를 말한다.

108 ○× 부동산펀드에서 취득한 부동산 중 국내부동산은 취득 후 1년 이내에 처분할 수 없는데, 이는 공모펀드와 사모펀드를 불문하고 적용된다.

109 부동산펀드에서 토지를 취득한 후 그 토지에 대하여 부동산개발사업을 시행하기 전에 해당 토지를 처분하는 행위를 할 수 없다. 다만, 해당펀드가 합병되거나 관련법령의 개정 등으로 인해 사업성이 (　　　　) 떨어진 경우에는 예외가 적용된다.

110 부동산펀드를 크게 5가지로 분류한다면 '(　　　　), (　　　　), 권리형, 증권형, 파생상품형'으로 분류할 수 있다.

111 실물형부동산펀드의 종류에는 (　　　　), (　　　　), (　　　　), (　　　　), (　　　　)부동산펀드가 있다.

112 Buy & Lease형이라고 할 수 있는 것은 (　　　　)부동산펀드이고, 자본적 지출을 하는 펀드는 (　　　　)부동산펀드이며, 부동산물건을 저가매수하는 것이 주목적인 것은 (　　　　)부동산펀드이고, 가장 높은 기대수익률과 위험을 안고 있는 것은 (　　　　)부동산펀드이다.

113 실물형부동산펀드 중에서 임대수익(Income Gain)을 전혀 얻을 수 없는 펀드는 (　　　　)부동산펀드이다.

114 일반적으로 PF형 부동산펀드라고 하며, 우리나라에서 가장 먼저 개발된 부동산펀드는 (　　　　)부동산펀드이다.

115 권리형 부동산펀드의 투자대상 권리로 인정되지 않는 것은 (지상권 / 지역권 / 전세권 / 임차권 / 분양권 / 부동산을 담보로 한 금전채권 / 부동산 신탁수익권 / 저당권)이다.

정답

106 지상권 ▸비교하여 저당권은 해당되지 않는다.
107 90
108 ○ ▸국외부동산의 처분제한 기간은 집합투자규약에서 정하는 바에 따른다.
109 현저하게 또는 명백하게
110 실물형, 대출형
111 매매형, 임대형, 개량형, 경공매형, 개발형 ▸매매형을 제외하고 나머지 4가지로 보기도 한다.
112 임대형, 개량형, 경공매형, 개발형
113 매매형
114 대출형
115 저당권

116 부동산투자회사(REITs)가 발행한 주식에 펀드재산의 50%를 초과해서 투자하는 펀드는 (증권집합투자기구 / 부동산집합투자기구)이다.

117 특별자산집합투자기구의 투자대상이 될 수 없는 것은 (일반상품 / 선박・항공기 / 미술품 / 사회기반시설사업의 시행을 목적으로 하는 법인의 발행증권 / 부동산을 담보로 한 금전채권)이다.

118 선박투자회사법에 따른 선박투자회사가 발행한 주식에 펀드재산의 50%를 초과해서 투자하는 펀드는 (증권집합투자기구 / 특별자산집합투자기구)이다.

119 공모특별자산펀드임에도 불구하고 '사회기반시설에 대한 민간투자법'에 따른 사회기반시설사업의 시행을 목적으로 하는 법인이 발행한 주식과 채권에는 각 펀드 자산총액의 100분의 (　　　　)까지 투자할 수 있다.

120 (특별자산집합투자기구 / 부동산집합투자기구)를 금융위에 등록하는 경우에는 등록신청서에 추가하여 특별자산의 평가방법을 기재한 서류를 별도로 첨부해야 한다.

121 (　　　　)이란 '위탁자와 수탁자 간의 신임관계에 기하여 위탁자가 수탁자에게 특정의 재산을 이전하고 수탁자로 수익자의 이익을 위하여 특정의 재산을 관리, 처분, 운용하는 행위를 하게 하는 법률관계'를 말한다.

122 신탁(信託)은 신탁계약이나 유언에 의해 설정되는데, 신탁계약은 (　　　　)와 (　　　　) 간에 체결되는 계약을 말한다.

123 신탁이 설정되면 신탁재산은 법률적으로는 수탁자의 재산이 되나 실질적으로는 수익자의 재산이 된다. 즉, 신탁재산은 위탁자나 수탁자의 고유재산으로부터 독립된 재산이 되는데 이를 신탁재산의 (독립성 / 혼동)이라 한다.

124 신탁재산 독립성에 따라 신탁재산에 대해 강제집행・상계가 금지되고, (수탁자 / 수익자)의 상속인이 상속할 수 없으며, (수탁자 / 수익자)의 파산재단에 포함되지 않는다.

125 신탁의 기본원칙 3가지는, ① 수탁자의 선관의무 및 충실의무 ② 신탁재산의 분별관리의무 ③ (　　　　)이다.

정답

116 부동산집합투자기구 ▸증권형부동산펀드의 대상이 되는 부동산관련회사 3가지 : ① 부동산투자회사, ② 부동산개발회사, ③ 부동산투자목적회사

117 부동산을 담보로 한 금전채권

118 특별자산집합투자기구

119 100 ▸사회기반시설에 투자할 경우 그 공익성도 있음을 감안하여 공모형펀드의 분산투자규정인 10% 한도제한의 예외로 인정하고 있다(100% 투자 가능).

120 특별자산집합투자기구 ▸특별자산은 그 자산의 다양한 특수성이 있으므로 별도의 평가방법이 있어야 함을 말한다.

121 신탁(信託) ▸신탁법 제2조(신탁의 정의)이다.

122 위탁자, 수탁자 ▸신탁이나 집합투자는 3면관계인데 3면관계의 주요 당사자는 위탁자와 수탁자이다.

123 독립성

124 수탁자, 수탁자 ▸반면 수익자의 상속인은 상속할 수 있다.

125 실적배당원칙

126 신탁은 자본시장법상 (금융투자상품 / 비금융투자상품)이며, 더 세분하면 (증권 / 파생상품)으로 분류된다.

127 ○|× 신탁은 실적배당상품이므로 원금이 보전되는 신탁은 없다.

128 신탁과 (　　　　)는 간접투자상품이라는 점에서는 동일하지만, 투자자별로 구분하여 운용하는가의 차이가 있다.

129 신탁과 (　　　　)는 투자재산을 분별관리한다는 점에서는 동일하지만, 신탁재산은 법적인 소유권을 완전히 이전한다는 점에서 차이가 있다.

130 신탁재산을 돈으로 맡기면 (　　　　), 재산으로 맡기면 (　　　　)이다.

131 금전신탁에는 (　　　　), (　　　　)이 있으며 재산신탁에는 증권신탁, 금전채권신탁, 동산신탁, 부동산신탁, 무체재산권신탁이 있다.

132 2023년 8월 말 기준 전체 신탁상품잔액은 총 1,293조원인데, 이 중에서 가장 큰 규모의 신탁은 (특정금전신탁 / 부동산신탁)이다.

133 위탁자인 고객이 신탁재산의 운용방법을 수탁자인 수탁회사에게 지시하고, 신탁회사는 위탁자의 운용지시에 따라 신탁재산을 운용한 후 실적 배당하는 단독운용상품을 (특정금전신탁 / 불특정금전신탁)이라 한다.

134 ○|× 특정금전신탁에서 위탁자 본인이 수익자가 되지 않고 제3자를 수익자로 지정하는 경우에는 증여세가 과세된다.

135 ○|× 특정금전신탁은 신탁재산의 운용방법을 위탁자가 지정하는 대로 운용하는 것이므로, 신탁회사에 투자판단의 전부 또는 일부를 위탁할 수 없다.

136 ○|× 특정금전신탁은 신탁재산의 운용대상을 제한하지 않으므로 어떠한 투자대상자산도 운용할 수 있다.

정답

126 금융투자상품, 증권 ▸ 그리고 증권의 6가지 중에서 '수익증권'으로 분류된다.
127 × ▸ 연금신탁은 그 특수성을 인정하여 납입원금을 보장한다.
128 집합투자 ▸ 신탁은 투자자별로 구분하여 운용하는 것이 원칙이다.
129 랩어카운트 ▸ 랩어카운트는 위탁재산에 대해 법적소유권의 이전 없이 대리인의 자격으로 운용을 한다.
130 금전신탁, 재산신탁
131 특정금전신탁, 불특정금전신탁 ▸ 불특정금전신탁은 위탁자의 운용지시 없이 수탁자가 신탁재산을 운용하므로 이는 펀드와 같은 성격이기에 연금신탁 외에는 신규 수탁이 금지되어 있다.
132 특정금전신탁
133 특정금전신탁 ▸ 금전신탁의 대부분은 특정금전신탁이다(연금신탁은 불특정금전신탁).
134 ○ ▸ 위탁자와 수익자가 다르면 타익신탁이라고 하고 타익신탁은 증여세가 부과된다.
135 × ▸ 위탁할 수 있다. 특정금전신탁을 설정하고 투자판단의 전부 또는 일부를 위임한 것을 '비지정형특정금전신탁'이라고 한다.
136 × ▸ 운용대상자산의 제한이 없는 것이 원칙이다. 단, 자본시장법상 신탁재산을 보험상품으로 운용하는 것은 금지된다.

137 특정금전신탁은 고객의 니즈를 반영하여 다양한 상품개발이 가능한데, 특정금전신탁에 ELS를 포함시킨 상품을 ( ), MMF처럼 운용하여 수시입출이 가능하도록 한 상품을 ( )이라 한다.

138 ○× 연금신탁은 현재 불특정금전신탁상품 중 유일하게 판매가 되고 있다.

139 연금저축은 가입자의 연령제한이 없고, 최소 적립기간은 ( )년, 연금수령 개시연령은 만 ( )세 이후이며, 연금수령은 ( )년 이상으로 하여야 한다. 수령기간 동안 연간 연금수령한도 1,500만원를 초과해서 연금수령 시에는 분리과세 또는 ( )과세 중에서 선택하여야 한다.

140 연금신탁은 운용대상에 따라 채권형과 주식형으로 구분되는데, 주식형 상품은 총자산의 ( ) 이내에서만 주식에 투자할 수 있다.

141 ○× 연금신탁의 세제혜택은, 연금 납입 시에는 세액공제혜택을 받으며, 연금 수령 시에는 저율의 분리과세혜택을 받는다.

142 ( )은 신탁의 수익권을 제3자에게 양도함으로써 자금을 조달하는 자산유동화의 목적으로 주로 이용된다.

143 부동산신탁에는 '부동산담보신탁, 부동산관리신탁, 부동산처분신탁, 부동산개발신탁, 부동산분양관리신탁' 등이 있는데, 이 중에서 자금차입을 목적으로 하는 것은 ( )이다.

144 투자권유를 희망하는 일반투자자에게는 신탁상품을 권유하기 전에 ( )를 통하여, 투자자의 투자목적, 재산상황, 투자경험 등을 파악해야 한다.

145 투자권유를 희망하지 않는 일반투자자에게는 ( )의 내용이 포함된 확인서를 받은 뒤 후속 판매절차를 진행할 수 있다. 이때 투자자에게 확인서의 취지와 유의사항을 충분히 이해할 수 있도록 설명하여야 한다.

146 신탁상품 중 ( ), ( ), ( )의 경우, 투자자가 자신의 정보를 제공하지 않으면 신탁상품의 거래가 불가하다.

정답

137 ELT, MMT ▸ Equity Linked Trust, Money Market Trust
138 ○
139 5(년), 55(세), 10(년), 종합 ▸ 분리과세 세율은 16.5%(지방세 포함)이다.
140 10% ▸ 연금신탁은 원금보전신탁이므로 주식비중을 10%로 제한한다.
141 ○ ▸ 세액공제혜택은 '납입한도 400만원 × 16.5% 또는 13.2%'를 말하며, 분리과세혜택은 '5.5%~3.3%(연령에 따라 차등)'를 말한다.
142 금전채권신탁
143 부동산담보신탁 ▸ 신탁회사가 발생하는 수익권증서를 담보로 하여 자금을 차입하는 상품이다.
144 투자자정보확인서
145 투자권유 희망 및 투자자정보 제공여부 확인
146 불특정금전신탁, 비지정형특정금전신탁, 파생상품

147 위탁자인 투자자가 자신에게 적합하지 않은 것으로 판단되는 신탁상품에 투자하고자 할 경우에는 해당투자가 적합성에 위배된다는 사실과 해당 신탁상품의 위험성을 고객에게 알린 후 서명 등의 방법으로 이를 고지하였다는 사실을 확인받아야 한다. 그러나 (　　　　)의 경우에는 이러한 확인을 받는다고 하여도 신탁계약을 체결할 수 없다.

148 (　　　　)을 판매할 경우, ① 위탁자가 신탁재산인 금전의 운용방법을 정하고, 신탁회사는 지정된 운용방법에 따라 운용한다는 사실, ② 위탁자는 신탁계약에서 정한 바에 따라 특정금전신탁의 운용방법을 변경지정할 수 있고 계약해지도 요구할 수 있다는 사실, ③ 위탁자는 자기의 재무상태, 투자목적 등에 대해 신탁회사의 임직원에게 상담을 요청할 수 있으며, 신탁회사 임직원은 그 상담요구에 대해 응할 준비가 되어 있다는 사실, ④ 특정금전신탁재산의 운용내역 및 평가가액을 위탁자가 조회할 수 있다는 사실에 대해서 추가로 설명하고 '상품설명서 및 상담확인서'를 통해 확인받아야 한다.

149 ○× 전문투자자와 특정금전신탁을 체결할 경우, 투자권유절차 중 일부는 생략이 가능하지만 상품설명서 및 상담확인서는 징구해야 한다.

150 ○× 비지정형특정금전신탁은 매분기 1회 이상 고객의 재무상태 등의 변경여부를 확인하여 신탁재산 운용에 반영해야 한다.

151 ○× 장외파생상품이 포함된 신탁상품을 일반투자자가 거래하고자 할 경우에는, 투자권유여부와 관계없이 위험회피목적에 한해서 거래가 가능하다.

152 (　　　　)에 대한 특칙으로서, ① 신탁회사는 하나 이상의 자산배분유형군을 마련해야 하며, 하나의 자산배분유형군은 둘 이상의 세부자산배분유형으로 구분되어야 한다. ② 신탁회사는 투자자유형에 적합한 세부자산유형군을 정하고 신탁계약을 체결해야 한다.

정답
147 비지정형특정금전신탁 ▸ 비지정형특정금전신탁은 다른 금융투자상품에 비해 규제가 엄격하다.
148 특정금전신탁
149 ○ ▸ 일반 금융투자상품에 대한 투자권유절차에서는 전문투자자에 대한 설명의무가 생략된다는 점에서 차이가 있다.
150 ○
151 ○
152 비지정형특정금전신탁

제4장 펀드영업실무(8문항)

01 펀드판매절차 1단계인 투자자정보파악은 ( )의 서류를 통해 파악한다.

02 ○ × 임직원등은 투자자로부터 별도의 변경요청이 없으면 투자자정보를 파악한 날로부터 12~24개월(투자자정보 유효기간) 동안 투자자정보가 변경되지 않은 것으로 간주할 수 있다. 투자자정보를 '일반적 투자자 성향'과 '현재 투자자금 성향'으로 구분하여 파악하는 회사는 '일반적 투자자 성향'에 대해서만 유효기간을 설정한다.

03 적합성보고서는 ( ), ( ), ( ), ( ), ( ), ( )를 신규투자자 등에 판매할 경우 교부해야 한다.

04 적합성보고서를 교부하는 대상은 ( ), ( ), ( )이다.

05 금융투자업자는 투자권유를 함에 있어서 그 임직원이 준수해야 할 구체적인 기준 및 절차인 ( )을 정하여야 한다. 다만, 파생상품 등에 대해서는 일반투자자의 투자목적, 재산상황 및 투자경험 등을 고려하여 투자자 등급별로 차등화된 ( )을 정하여야 한다.

06 파생상품매매에 따른 위험평가액이 집합투자기구 자산총액의 ( )를 초과하는 펀드, 집합투자기구 자산총액의 ( )를 초과하여 파생결합증권에 운용하는 펀드는 '파생상품 등'으로 분류된다.

07 ( )란 특정 투자자를 상대로 금융투자상품의 매매 또는 투자자문계약, 투자일임계약, 신탁계약의 체결을 권유하는 것을 말한다.

08 ○ × 금융투자상품의 매매 또는 계약체결의 권유가 수반되지 않은 정보제공 등은 투자권유로 보기 어려우며 이 경우 투자자정보확인서를 작성할 필요가 없다.

09 주권상장법인은 ( )을 매매하고자 할 경우에는 일반투자자로 간주된다.

정답
01 투자자정보확인서
02 ○
03 ELS, ELF, ELT, DLS, DLF, DLT
04 신규투자자, 고령투자자, 초고령투자자
05 투자권유준칙, 투자권유준칙
06 10%, 50%
07 투자권유
08 ○
09 장외파생상품

10 ○× 임직원 등은 투자자가 투자권유를 받지 않고 투자하고자 하는 경우에는 원금손실가능성, 투자결과 그 손익이 모두 투자자에게 귀속된다는 사실 등의 투자에 수반되는 유의사항을 알리지 않아도 된다.

11 ○× 투자권유를 희망하지 않는 일반투자자에게는 어떠한 종류의 투자자정보확인서라도 작성하지 않는다.

12 ○× 임직원 등은 파악한 투자자정보에 비추어 해당 파생상품 등이 그 투자자에게 적정하지 않다고 판단되는 경우에는, 해당 파생상품 등에 투자하는 것이 적정하지 않다는 사실을 투자자에게 알려야 한다. 이때 알리는 방법은 '투자권유 희망 및 투자자정보 제공여부 확인'의 내용이 포함된 확인서를 받은 뒤 후속 판매절차를 진행할 수 있다.

13 투자권유 단계는 첫째 (   )를 통해 투자자의 정보를 파악하고, 둘째 이를 통해 투자자성향을 분석하며, 다음은 투자자성향에 적합한 금융투자상품을 권유하는 것이다.

14 ○× 투자자정보확인서는 투자자가 반드시 자필로 작성해야 한다.

15 ○× 임직원 등은 파악한 투자자정보의 내용 및 분류된 투자자의 성향을 투자자에게 지체 없이 제공해야 한다.

16 ○× MMF, 국채, 지방채, 특수채 등 저위험 금융투자상품에 대해서는 별도의 투자자정보확인서를 통해 투자자정보를 간략히 파악해도 된다.

17 임직원 등은 투자자가 장외파생상품을 거래하고자 하는 경우 투자권유와 관계없이 (   )를 이용하여 투자자정보를 파악해야 한다.

18 ○× 회사가 이미 투자자정보를 알고 있는 투자자에 대해서는, 기존 투자자성향과 그 의미에 대해 설명하고 투자권유를 하는 것이 바람직하다.

19 ○× 투자자가 회사가 파악한 투자자성향에 비해 위험도가 높은 투자상품에 투자하고자 하는 경우에는 판매를 중단하여야 한다.

정답

10 × ▸투자권유불원고객이라도 원금손실가능성 등 투자유의사항을 알려야 한다.
11 × ▸투자권유불원고객확인서를 작성해야 한다.
12 ○
13 투자자정보확인서
14 × ▸투자자정보를 단말기에 입력, 이를 출력하여 확인하는 방법도 가능하다.
15 ○
16 ○
17 장외파생상품 투자자정보확인서
18 ○
19 × ▸판매를 중단하지는 않으며, '투자권유 희망 및 투자자정보 제공여부 확인'의 내용이 포함된 확인서를 징구하고 판매를 하거나, 회사가 정한 기준에 따라 판매를 중단할 수도 있다.

20 적합성 판단을 위해서 투자자가 제공한 투자자정보를 통해 투자자의 유형을 분류하는 방식은 ( ), ( ), ( ), ( )의 4가지가 있다.

21 부적합 상품을 순차적으로 추출해 냄으로써 점수화방식에 비해 불완전판매가능성을 낮출 수 있으나, 정교한 설문과 프로세스를 갖추어야 하는 단점이 있는 것은 ( )이다.

22 점수화방식보다는 불완전판매가능성이 낮고, 추출방식보다는 절차가 덜 복잡한 적합성 판단 방식은 ( )이다.

23 적합성을 판단하는 4가지 방식 중 투자자유형을 특정유형으로 분류할 필요가 없는 것은 ( ), ( )이다.

24 적합성보고서는 파생상품이 포함된 상품(ELS, ELF, ELT, DLS, DLF, DLT)에 대해서 추천사유와 유의사항을 기재한 보고서를 말하는데, 이 보고서의 교부대상자는 ( ), ( ), ( )이다.

25 ○× 임직원 등은 일반투자자의 위험회피목적 거래에 한하여, 일반투자자와 장외파생상품 거래를 할 수 있다.

26 ○× 투자권유대행인은 일반금융소비자로부터 투자권유의 요청을 받지 아니하고 방문・전화 등 실시간 대화의 방법으로, 증권과 장내파생상품에 대해서는 사전안내할 수 있다.

27 투자권유를 받은 투자자가 이를 거부하는 취지의 의사표시를 한 후 ( )이 지난 후에 다시 투자권유를 하는 행위는 금지되지 않는다.

28 ○× 투자자에게 투자권유를 하는 경우 해당 금융투자상품의 중요사항에 대해서 투자자가 이해할 수 있도록 설명하고, 설명한 내용을 투자자가 이해하였음을 서명 등의 방법으로 확인을 받아야 한다.

29 ○× 해당 금융투자상품의 복잡성 및 위험도 등 상품 측면과 투자자의 투자경험 및 인식능력 등 투자자 측면을 고려하여 설명으로 정도를 달리 할 수 있다.

30 ○× 투자자가 주요 손익구조 및 손실위험을 이해하지 못하는 경우에는 준법감시인의 확인을 받은 후 투자권유를 할 수 있다.

정답
20 점수화방식, 추출방식, 혼합방식, 상담보고서방식
21 추출(Factor Out)방식
22 혼합방식
23 추출방식, 상담보고서방식
24 신규투자자, 고령투자자, 초고령투자자
25 ○
26 × ▸부당권유금지 규정 중 '불초청권유의 금지조항'으로서 장내파상상품도 투자권유(전화등을 통한 사전안내)할 수 없다. 금소법 개정으로 유의해야 한다.
27 1개월 ▸부당권유금지 규정 중 '재권유금지조항'을 말한다.
28 ○
29 ○
30 × ▸투자자가 이해하지 못하는 경우에는 투자권유를 계속할 수 없다('이해할 수 있도록' 설명해야 하는 것을 위배).

31 ○× 투자자가 추후에도 금융투자상품에 대해 문의할 수 있도록 자신의 성명, 직책, 연락처 및 콜센터 또는 상담센터 등의 이용방법을 알려야 한다.

32 위험등급의 산정주체는 금융상품직접판매업자로서, 금융투자상품의 위험등급은 ( ), ( ), ( ), ( ), ( ), ( )의 6개 등급으로 분류할 수 있다.

33 ○× 투자자성향 분류기준에는 점수화(Scoring)방식, 추출(Factor-out)방식, 혼합방식 및 상담보고서 활용방식이 있으며, 추출(Factor-out)방식 또는 상담보고서 방식을 활용할 경우 투자자성향을 특정 유형으로 분류할 필요는 없다.

34 고난도금융투자상품은 위험등급 산정시 ( )등급보다 낮은 등급을 부여할 수 없음을 원칙으로 한다.

35 금융투자상품의 위험등급 산정시 신용위험 장기등급의 1등급(고위험)은 (B^+ 이하 / $BB^+ \sim BB^-$)이다.

36 ( )의 금융투자상품에는 '채권형펀드, 원금보존추구형 파생상품펀드, 금융채, A^+ 등급 이상의 회사채, 원금보장형 ELS'가 있다.

37 ( )의 금융투자상품에는 '채권혼합형펀드, 해외투자채권펀드, $BBB^+ \sim A^0$ 등급의 회사채, 원금부분보장형 ELS'가 있다.

38 ( )의 금융투자상품에는 '주식형펀드, 주식혼합형펀드, 원금손실율이 20% 이내로 제한되는 파생상품투자펀드, $BBB^- \sim BBB^0$ 등급의 회사채, 주식, 원금비보장형 ELS'가 있다.

39 ( )의 금융투자상품에는 '해외투자펀드, 파생상품투자펀드, 부동산펀드, 특별자산펀드, 혼합자산펀드, BB^+ 이하 등급의 회사채, 주식 신용거래, 선물옵션, 원금비보장형 ELS, ELW, 장외파생상품'이 있다.

40 채권형펀드는 ( ), 채권혼합형펀드와 해외투자채권펀드는 ( ), 주식형펀드와 주식혼합형・원금손실율이 20% 이하인 파생상품투자펀드는 ( ), 해외투자펀드와 파생상품투자펀드・환매금지형펀드(부동산, 특별자산, 혼합자산)는 ( )이다.

정답

31 ○
32 매우 낮은 위험, 낮은 위험, 보통 위험, 다소 높은 위험, 높은 위험, 매우 높은 위험
33 ○
34 2(등급)
35 B^+ 이하 또는 무등급이다. $BB^+ \sim BB^-$는 2등급에 해당한다.
36 저위험등급
37 중위험등급
38 고위험등급
39 초고위험등급
40 저위험등급, 중위험등급, 고위험등급, 초고위험등급 ▸참고로 펀드에서 초저위험등급은 MMF가 유일하다.

41 주식은 ( )등급이고, 주식신용거래는 ( )등급에 속한다.

42 원금보장형 ELS는 ( ), 원금 부분보장형 ELS는 ( ), 원금비보장형 ELS는 ( ) 또는 ( )에 속한다.

43 MMF는 모든 투자자에게 권유할 수 있으며, ELW는 ( )투자자에게만 투자권유할 수 있다.

44 주식신용거래, 선물옵션, ELW, BB^+ 이하 등급의 회사채, 원금비보장형 ELS는 ( )투자자에게만 투자권유할 수 있다.

45 장외파생상품은 주의, 경고, 위험의 3단계로 구분하는데 주의단계의 상품에는 ( ), ( ), 경고단계의 상품에는 ( ), ( ), ( ), 주의와 경고단계가 아닌 그 밖의 장외파생상품은 위험단계이다.

46 장외파생상품의 위험도 분류에서 옵션매수는 ( )단계, 옵션매도는 ( )단계이다.

47 O X 포트폴리오투자의 경우, 이를 구성하는 개별 금융투자상품의 위험도를 투자금액 비중으로 가중 평균한 포트폴리오 위험도를 사용할 수 있다.

48 O X 임직원 등은 투자자가 입을 손실의 전부 또는 일부를 보전하여 줄 것을 사전에 약속하는 행위를 하면 안 된다.

49 임직원 등은 투자자의 투자목적, 재산상황 및 투자경험 등을 고려하지 아니하고 일반투자자에게 빈번한 금융투자상품의 매매거래 또는 과도한 규모의 금융투자상품의 매매거래를 권유해서는 아니 된다. 이는 (과당매매권유 금지 / 부당한권유 금지)에 해당된다.

50 O X 임직원 등은 특정 집합투자증권의 판매와 관련하여 투자자들을 상대로 예상수익률의 보장, 예상수익률의 확정적 단언 또는 이를 암시하는 표현, 실적배당상품의 본질에 반하는 주장이나 설명 등을 하면 아니되는데, 이는 자본시장법상 부당한 투자권유의 금지에 해당된다.

51 O X 우리나라 수익증권의 매매방식은 '수익증권현물거래 → 수익증권예탁통장제도 → 수익증권저축제도'의 순서로 발전되어 왔다.

정답
41 고위험, 초고위험
42 저위험등급, 중위험등급, 고위험, 초고위험 ▸참고로 원금보장형 ELS는 ELB(파생결합채권)라고 하며 채무증권으로 분류된다. 따라서 채권형펀드와 같이 저위험등급이 된다.
43 공격투자형
44 공격투자형
45 옵션매수, 금리스왑, 통화스왑, 옵션매도, 선도거래
46 주의, 경고
47 ○
48 ○
49 과당매매권유 금지
50 ○
51 ○

52 (　　　　)는 수익증권예탁통장제도가 가지고 있는 좌수위주의 보관개념을 금액위주의 저축개념으로 전환시킴으로써 수익증권을 은행의 예금거래와 같이 편리하게 매매할 수 있게 되었다.

53 수익증권저축의 종류는 (　　　　), (　　　　), (　　　　)이 있다.

54 저축자가 저축금 인출요건과 저축기간, 저축금액 및 저축목표금액을 정하면 (　　　　), 정하지 않으면 (　　　　)이다.

55 (임의식 / 목표식) 저축은 편리하게 납입하고 인출할 수 있는 장점이 있으나 대신 인출 시 환매수수료 면제혜택이 없다.

56 목적식 저축에는 거치식과 적립식이 있는데, 중도인출금에 대해서 환매수수료를 징구하지 않는 것은 (　　　　)이다.

57 수익증권저축의 종류 중에서 중도인출금에 대해서 환매수수료를 징구하지 않는 것은 (　　　　), (　　　　)이다.

58 정액적립식의 경우 저축자가 (　　　　) 이상 저축금을 납입하지 않은 경우에는 저축자에게 (　　　　) 이상의 기간을 정하여 납입최고를 한 후, 추가납입이 안 될 경우 계약을 해지할 수 있다.

59 (　　　　)은 임의식과 적립식을 혼합한 저축방식인데, 이와 유사하면서도 편리한 자유적립식이 도입되면서 현재 널리 이용되지 않는 것이 현실이다.

60 O X 저축자의 요청이 있을 경우, 저축목표금액의 도달과 관계없이 저축기간을 종료하거나 연장할 수 있고, 저축목표금액의 감액이나 증액도 가능하다.

61 O X 저축기간은 수익증권의 최초매수일부터 시작한다.

62 O X 저축자는 현금이나 즉시 받을 수 있는 수표, 어음 등으로 저축금을 납입할 수 있다.

63 O X 판매회사는 수익증권을 1좌 단위로 매각 또는 환매할 수 있다.

정답
52 수익증권저축제도
53 임의식, 목적식, 목표식
54 목적식, 임의식
55 임의식
56 거치식 ▸ 거치식에는 수익금인출식, 일정금액인출식이 있다.
57 수익금인출식, 일정금액인출식
58 6개월, 14일
59 목표식 저축
60 O
61 O
62 O
63 O

64 판매회사는 월간 매매내역, 잔량현황 등을 다음달 (   )까지 저축자에게 통지해야 한다. 그리고 반기 동안 매매나 그 밖의 거래가 없는 경우에는 그 반기 종료 후 (   )까지 저축자에게 통지해야 한다.

65 ○× 저축기간을 월 또는 연단위로 정한 경우, 저축기간이 만료되는 월의 최초납입상당일을 만기지급일로 한다. 단, 만료되는 월에 그 해당일이 없는 경우에는 그 월의 말일을 만기지급일로 한다.

66 2023년 6월 30일에 3개월 만기로 가입한다면 만기지급일은 (2023년 9월 29일 / 2023년 9월 30일)이다.

67 2023년 8월 31일에 가입하고 만기를 6개월로 한다면 만기지급일은 (2024년 2월 말일 / 2024년 3월 1일)이다.

68 ○× 저축기간을 일단위로 정한 경우, 수익증권의 최초매수일로부터 계산하여 저축기간이 만료되는 날을 만기지급일로 한다.

69 2024년 4월 15일에 가입하고 저축기간을 10일로 하면 만기지급일은 (   )이다.

70 투자자의 환매요청에 따라 저축재산을 일부인출할 경우 (선입선출법 / 후입선출법)에 의해 지급한다.

71 ○× 저축자는 판매회사의 동의가 없어도, 저축계좌의 저축금 및 수익증권을 양도할 수 있다.

72 ○× 저축기간을 1년 이상으로 하는 목적식저축에서, 저축기간 종료 후 수익증권을 환매할 경우 환매수수료 징구를 면제한다.

73 ○× 저축기간을 연장하고 기존의 종료기간 이후에 수익증권을 환매할 경우 환매수수료 징구를 면제한다.

74 가입일이 2023년 5월 10일이며, 목적식저축의 저축기간은 1년이다. 환매일이 2024년 5월 20일이라면 환매금액에 대한 환매수수료가 (면제된다 / 면제되지 않는다).

75 2023년 10월 20일에 저축기간 1년의 월정액적립식으로 A펀드에 가입한 후 매월 20일에 10만원씩 매수한 경우, 2024년 6월 10일에 전액환매청구 시 (   ), (   ), (   ) 매수분에 대해 환매수수료가 징구된다(환매수수료 징구기간 90일 미만으로 가정).

정답
64 20일, 20일
65 ○
66 2023년 9월 30일
67 2024년 2월 말일
68 × ▸'만료되는 날의 다음영업일'을 지급일로 한다.
69 4월 25일 ▸4월 15일 + 10일
70 선입선출법
71 × ▸판매회사의 동의 없이는 양도가 불가하다. 판매회사의 동의 없이 저축통장만 양도해봐야 효력이 없기 때문이다.
72 ○
73 ○
74 면제된다
75 3/20, 4/20, 5/20

76 ○× 저축재산에서 발생한 이익분배금을 새로 발행하는 집합투자증권으로 받고, 해당 집합투자증권을 환매할 경우는 환매수수료가 면제된다.

77 ○× 소규모 투자신탁을 해지하고 그 자금으로 판매회사로부터 안내받은 수익증권을 매수한 경우 선취판매수수료를 면제하고, 해당 수익증권을 환매할 경우에는 후취 판매수수료 및 환매수수료를 면제한다.

78 ○× 저축자 간 과세금액을 확정하기 위해 수익증권을 양도하고 그 환매대금으로 즉시 해당 수익증권을 재매수한 때에는 환매분에 대한 환매수수료를 면제한다.

79 저축자가 세금정산을 목적으로 수익증권 전부를 환매하고 즉시 그 환매자금으로 해당 수익증권을 재매입한 때에는, 환매 시의 환매수수료와 매입 시의 판매수수료를 연 (　　　)에 한하여 면제한다.

80 펀드매입 시 좌수는 매입금액을 기준가격으로 나누어서 구하는데, 이때 (좌수절상 / 좌수절사)이/가 적용된다.

81 '환매 시 출금금액 = 환매 시 평가금액 − (　　　) − 세액'이다.

82 조세의 전가성으로 조세를 분류할 경우 (　　　)와 (　　　)이다.

83 소득세는 (국세 / 지방세), (직접세 / 간접세), (보통세 / 목적세), (종가세 / 종량세), (비례세 / 누진세)로 분류한다.

84 송달이 곤란할 때 서류의 요지를 공고한 날로부터 (　　　)이 경과하면 서류송달로 인정하는 것을 공시송달이라 한다.

85 소득세와 법인세, 부가가치세의 납세의무 성립일은 (　　　)이다.

86 상속세의 납세의무 성립일은 (　　　)이며, 증여세의 납세의무 성립일은 (　　　)이다.

87 국세를 부과할 수 있는 법정기간을 (　　　), 부과된 국세를 징수하는 기간을 (　　　)라 한다.

정답

76 ○ ▸재투자분에 대해서는 환매수수료를 면제한다(재투자 활성화 차원).
77 ○ ▸이때 판매보수는 면제대상이 아니다.
78 ○
79 2회
80 좌수절상 ▸1,000,000원으로 기준가격 1,148.25에 매입 시 878,541.62좌가 된다. 이때 수익증권 좌수는 878,542좌(좌수절상)로 한다.
81 환매수수료
82 직접세, 간접세
83 국세, 직접세, 보통세, 종가세, 누진세
84 14일
85 과세기간이 종료하는 때
86 상속이 개시되는 때, 증여재산을 취득하는 때
87 제척기간, 소멸시효

88 5억원 이상의 국세채권의 소멸시효는 (5년 / 10년)이다.

89 거주자는 국내에 주소를 두거나 ( ) 이상 거소를 둔 개인을 말한다.

90 소득세법은 거주자에 대해서는 ( )에 대해 과세를 하고, 비거주자에 대해서는 ( )에 대해서만 과세한다.

91 소득의 종류에는 '이자소득 / 배당소득 / 근로소득 / 사업소득 / 연금소득 / 기타소득 / 양도소득 / 퇴직소득'이 있는데 이 중 양도소득과 퇴직소득은 ( )과세를 하며, 나머지 소득은 합산하여 ( )과세한다.

92 분류과세의 대상이 되는 소득은 ( ), ( )이다.

93 ○ × 상속세의 납세의무자는 상속인 또는 수유자이다.

94 '민법상의 상속재산, 유증재산, 사인증여재산, 특별연고자분여재산, 보험금, 신탁재산, 퇴직금' 중에서 상속재산으로 의제되는 것은 ( ), ( ), ( )이다.

95 ○ × 상속개시일 전 10년 이내에 피상속인이 상속인에게 증여한 재산가액은 생전증여재산가액으로서 상속재산에 합산한다.

96 ○ × 상속인이 상속세를 부담할 상속세과세가액의 대상에서 '피상속인의 부채부담액, 공과금, 장례비'는 차감한다.

97 우리나라 상속세와 증여세는 과세표준이 ( ) 미만이면 면세이다.

98 2023년에 귀속되는 상속세와 증여세에 대한 신고세액공제율은 ( )이다.

99 증여세의 납세의무자는 (증여자 / 수증자)를 원칙으로 한다.

정답

88 10년
89 183일
90 국내외 모든 원천소득, 국내 원천소득
91 분류, 종합 ▸ '양도소득 · 퇴직소득'과 달리 나머지 6개의 소득은 경상소득으로서 합산하여 종합과세한다.
92 양도소득, 퇴직소득
93 ○ ▸ 수유자는 유증으로 상속을 받은 자를 말한다.
94 보험금, 신탁재산, 퇴직금 ▸ 간주상속재산이라고도 한다.
95 ○ ▸ 상속인이 아닌 자(비상속인)의 경우 5년 이내 증여한 금액은 상속재산에 합산한다.
96 ○
97 50만원
98 3% ▸ 2019년 귀속분부터 3%가 적용된다.
99 수증자 ▸ 증여재산을 취득하는 자(수증자)가 증여세를 부담하는 것이 원칙이다.

100 증여세의 신고와 납부기한은 증여취득이 속한 달의 말일로부터 (   ) 이내에, 상속세는 상속개시가 속한 달의 말일로부터 (   ) 이내에, 단 상속인이 국외거주시에는 (   ) 이내에 신고 및 납부를 해야 한다.

101 상속세액이나 증여세액이 (   )을 초과하는 경우 납부기한 경과일로부터 2개월 이내에 분납할 수 있다.

102 (   )란 기준금액(2013년부터 2천만원 적용)까지는 원천징수율(14%)로 과세의무를 종결하고 기준금액을 초과하는 금액은 종합소득에 합산하여 종합과세하는 것을 말한다.

103 금융소득종합과세는 '무조건 분리과세, 조건부 분리과세, 무조건 종합과세'의 세 종류가 있는데 국외에서 거둔 소득으로서 원천징수대상이 아닌 경우는 (   )를 한다.

104 직장공제회 초과반환금은 (이자소득 / 배당소득)에 해당한다.

105 저축성보험의 보험차익은 (이자소득 / 배당소득)에 해당한다.

106 저축성보험의 보험차익은 최초납입일로부터 만기일 또는 중도해지일까지의 기간이 10년 이상인 계약으로서, '종신형으로 연금을 수령할 것, 보험료합계액이 (   ) 이하일 것, 5년 이상의 월납 보험계약으로서 월납 금액이 (   ) 이하일 것' 중의 하나를 충족하면 비과세이다.

107 집합투자기구로부터의 이익은 (이자소득 / 배당소득)에 해당한다.

108 형식상으로는 배당이 아니라도 사실상 회사의 이익이 주주 등에 귀속되는 경우 이를 배당으로 간주하는 것을 (   )이라 한다.

109 ○ × ELS, DLS, ETN으로부터 발생하는 수익은 '유사 배당소득'으로서 배당소득으로 과세한다.

정답

100 3개월, 6개월, 9개월

101 1천만원 ▸ 비교하여 연부연납은 2천만원을 초과하는 경우에 가능하다.

102 금융소득종합과세

103 무조건 종합과세 ▸ 국외에서의 이자 · 배당소득으로서 원천징수대상이 아닌 소득의 경우 무조건 종합과세를 하지 않으면 세금을 전혀 부담하지 않을 수도 있기 때문이다.

104 이자소득

105 이자소득

106 1억원, 150만원

107 배당소득

108 의제배당

109 ○ ▸ 용어가 비슷한 것으로서 ETF는 상장주식과 같으므로 비과세이다. ELW도 상장되어 거래되기 때문에 비과세가 원칙이지만 코스피200을 기초자산으로 하는 것에 한해서 양도소득세가 부과된다.

110 장내파생상품이나 ELW의 매매차익은 비열거소득으로 비과세되었으나, 2016년부터 'KOSPI200을 기초자산으로 하는 선물・옵션・ELW'에 한해서 (   )로 과세한다.

111 집합투자기구로부터의 이익은 (   )로 과세하고, 집합투자기구 이외의 신탁의 이익은 소득의 내용별로 과세를 한다.

112 ○|× 소득세법상 변액보험을 세법상 집합투자기구에서 제외하고 있어, 변액보험의 수익에 대해서는 저축성보험의 보험차익(이자소득)으로 과세한다.

113 세법상 적격집합투자기구 요건을 충족할 경우 '운용보수・수탁보수 등'의 보수가 비용으로 (인정되어 / 인정되지 않아) 비적격에 비해 절세효과가 크다.

114 세법상 적격집합투자기구는 비적격과는 달리 일부손익과세제외 제도가 (적용된다 / 적용되지 않는다).

115 ○|× 세법상 요건을 갖춘 집합투자기구에는 일부손익과세제외가 적용되며, 동 규정에 따라 '① 증권시장에 상장된 증권 및 이를 기초자산으로 하는 장내파생상품, ② 벤처기업의 주식 또는 출자증권'이 과세제외된다.

116 ○|× 일부손익과세제외 제도는 직접투자와 간접투자의 과세형평을 고려한 것인데, 채권의 매매차익은 직접투자에서는 비과세이지만 펀드투자에서는 과세가 된다는 점에서 과세형평이 완전히 실현되는 것은 아니다.

117 ○|× 집합투자기구로부터의 이익은 집합투자기구에 소득이 귀속되는 때가 아니라 투자자에게 소득이 분배되는 때에 과세한다.

118 투자신탁 외의 신탁(자본시장법상의 투자신탁이 아닌 특정금전신탁 등을 말함)은 원칙적으로 소득이 신탁재산에 귀속되는 때가 수입시기가 된다. 다만, 귀속시마다 원천징수하는 불편함을 덜기 위하여 귀속된 날로부터 (   ) 이내 특정일을 과세시기로 한다.

정답

110 양도소득세 ▸즉, 코스피200을 기초자산으로 하는 ELW의 매매차익은 양도소득세의 과세대상이지만, 코스피200이 아닌 개별주식 등을 기초자산으로 할 경우는 비과세이다.

111 배당소득세 ▸'집합투자기구 이외의 신탁'이라 함은 은행의 신탁상품(특정금전신탁이나 재산신탁)을 말한다.

112 ○

113 인정되어

114 적용된다 ▸'일부손익과세제외 제도'는 직접투자 시 비과세가 되므로 이를 펀드투자에도 적용하여 과세형평성을 실현하고자 하는 제도이다.

115 ○

116 ○

117 ○ ▸집합투자기구로부터의 이익(적격펀드)은 투자자가 환매할 때 과세한다.

118 3개월

▸과세방법 및 시기

집합투자기구로부터의 이익(적격집합투자기구)	집합투자기구의 이익(비적격집합투자기구 중, 투자신탁 그외의 신탁)
집합투자기구의 이익이 투자자에게 분배되는 날에 과세한다.	집합투자기구(또는 신탁)의 이익이 신탁재산에 귀속하는 날에 과세한다. – 다만, 번거로움 해소를 위해 귀속된 날로부터 3개월 이내의 특정일에 과세한다.

119 ○ × 투자자가 집합투자증권을 환매하지 않고 양도하여 얻은 이익에 대해서도 배당소득세로 과세한다.

120 ○ × 펀드 내의 부동산을 양도하여 얻은 이익에 대해서는 양도소득세가 과세되지 않고, 투자자가 환매 또는 이익분배금으로 수령시에 배당소득으로 과세된다.

121 ○ × 집합투자기구로부터의 이익에 대해서 배당소득세를 과세할 경우, 금융소득합산 2천만원까지는 14%(지방세 별도)의 원천징수세율로 과세하여 납세의무를 종결하고, 2천만원 초과분에 대해서는 타 종합소득에 합산하여 기본세율 6%~45%로 종합과세한다.

122 ○ × 부동산집합투자기구가 부동산을 등기·등록하는 경우에는 취득세, 등록면허세 그리고 종합부동산세를 납부하여야 한다.

123 ○ × 부동산집합투자기구가 부동산을 처분할 경우 양도소득을 과세한다.

정답

119 ○ ▸ 환매가 아닌 양도의 경우는 양도소득세를 과세하였으나 2011년 후로 배당소득세로 전환되었다.

120 ○ ▸ 적격 펀드 내의 모든 수익(부동산양도소득 포함)에 대해서 투자자가 환매할 때 배당소득세가 부과된다.

121 ○

122 × ▸ 종합부동산세는 보유 과세이므로 과세기준일(매년 6월 1일 현재 소유자)에 납부의무가 성립한다.

123 × ▸ 부동산투자기구에 속하는 부동산의 양도소득은 부동산집합투자기구 단계에서 과세되지 아니하고 투자신탁에 귀속되는 다른 소득(사업소득, 이자소득, 배당소득 등)과 통산되어 투자자가 환매금 또는 이익분배금을 수령할 때 배당소득으로 과세된다.

제5장 펀드운용 및 평가(8문항)

01 액면금액 10,000원, 발행금리 4%, 잔존만기 3년, 3개월 단위 복리식 채권의 만기상환금액 공식은?

02 '복리채 / 할인채 / 이표채 등'으로 분류하는 것은 (　　　　)에 따른 채권의 분류이며, 회사채는 3가지 종류 중 대부분 (　　　　)에 속한다.

03 채권보유로부터 발생하는 미래현금흐름의 현재가치와 채권의 현재가격을 일치시키는 할인율을 (　　　　)이라 한다.

04 액면금액 10,000원, 발행금리 4%, 만기 3년인 연단위복리채를 만기수익률 6%로 발행일에 매입한다면 채권가격 공식은?

05 '4번 문제'에서 나머지 조건은 동일하며 잔존만기가 2년 50일이라고 할 때의 채권가격 공식은? (관행적복할인 방식으로 구할 것)

06 91일 후 5천만원을 지급받는 은행 CD를 만기수익률 5.5%로 발행일에 매입했을 때의 가격 공식은?

07 신용도가 동일한 무이표채 채권의 만기수익률과 만기와의 관계를 표시한 곡선을 (　　　　)이라 한다.

08 3년 만기 국채수익률이 4%, 3년 만기 회사채수익률이 7%라고 할 때 수익률스프레드는 (　　　　)이다. 그리고 이러한 수익률스프레드는 경기가 (　　　　)일 때 더욱 확대된다.

09 채권수익률곡선의 4가지 형태는 상승형(Upward), 하강형(Downward), 수평형(Flat), 낙타형(Humped)인데 이 중 가장 일반적인 형태는 (　　　　)이다.

10 우상향하는 수익률곡선을 활용한 대표적인 운용전략은 숄더효과(Shoulder Effect)와 (　　　　)가 있다.

정답

01 $S = 10,000\left(1+\frac{0.04}{4}\right)^{3\times4}$ ▸연복리 / 6개월복리 / 3개월복리식을 구분할 수 있어야 함

02 이자지급방식, 이표채

03 만기수익률 ▸Yield To Maturity(YTM) 또는 유통수익률, 시장수익률, 내부수익률이라고도 한다.

04 $P = \frac{10,000(1+0.04)^3}{(1+0.06)^3}$ ▸분자에는 발행금리(CR)가 들어가고 분모에는 만기수익률(YTM)이 들어간다.

05 $P = \frac{10,000(1+0.04)^3}{(1+0.06)^2\left(1+0.06\times\frac{50}{365}\right)}$ ▸1년 미만의 할인기간이 있을 때는 관행적복할인 방식으로 구한다.

06 $P = \frac{50,000,000}{\left(1+0.055\times\frac{91}{365}\right)}$ ▸할인채는 분자가 원금이다.

07 수익률곡선(Yield Curve) ▸'동일한 채권의 만기수익률의 기간구조'도 같은 의미이다.

08 3%, 불황 ▸이를 채권의 위험구조라고 한다. 불황기에 신용스프레드는 확대되는데 이는 신용경색이 발생하기 때문이다.

09 상승형

10 롤링효과(Rolling Effect) ▸Shoulder Effect는 단기채에서, Rolling Effect는 장기채에서 나타나는 효과이다.

11 100bps(Basis Points)는 1%이므로, 1bps는 ( )%를 말한다.

12 말킬의 정리 중에서, 만기가 일정할 때 수익률 하락으로 인한 가격상승폭이 수익률 상승으로 인한 가격의 하락폭보다 (더 크다 / 더 작다).

13 '현재가치로 환산된 가중평균상환기간' 또는 '투자원금의 가중평균회수기간'을 말하는 것은 ( )이다.

14 표면이자가 낮을수록, 잔존만기가 길어질수록, 만기수익률이 낮을수록 듀레이션은 ( ).

15 잔존만기가 3년인 할인채의 듀레이션은 ( )이다.

16 3년 만기 회사채의 듀레이션이 2.85이고 채권수익률이 하루 동안 1% 하락하였다면 채권가격은 ( ) 상승할 것이다.

17 실제 채권가격은 듀레이션으로 측정하는 채권가격보다 항상 (위에 / 아래에) 있다.

18 듀레이션이 2, 컨벡시티 60인 은행채의 경우 채권수익률이 1% 하락하면 채권가격은 2%보다 (더 크게 / 더 작게) 상승한다.

19 채권수익률이 상승하면 채권가격이 하락한다. 이러한 위험을 채권의 (가격위험 / 신용위험 / 유동성위험)이라 한다.

20 차입자가 (금리상승위험 / 금리하락위험)을 회피하기 위해서는 고정금리 지급포지션을 취하면 된다.

21 채권의 신용등급이 하락하면 채권수익률이 상승하여 채권가격이 하락하게 된다. 이는 신용위험 중 (신용등급하향위험 / 신용스프레드확대위험)을 말한다.

22 채권의 신용평가 등급표에서 투자적격등급은 AAA^+에서 ( )까지를 말한다.

정답

11 0.01

12 더 크다 ▸ 이러한 성격은 채권의 볼록성으로부터 나온다.

13 듀레이션 ▸ 듀레이션의 2가지 의미 : ① 투자원금의 가중평균회수기간, ② 채권가격의 변동성(민감도지표)

14 상승한다 ▸ 듀레이션↑ = ƒ(표면이자↓, 잔존기간↑, 만기수익률↓)

15 3년 ▸ 듀레이션은 이표채에서만 존재한다. 무이표채(만기일시상환채 = 복리채/할인채)에서는 듀레이션이 잔존만기와 동일하다.

16 2.85% ▸ 듀레이션측정치 : dP = (−) × 듀레이션 × dY = (−) × 2.85 × (−)1% = +2.85%. 즉 2.85% 상승한다.

17 위에 ▸ 듀레이션으로 측정하는 채권가격은 직선으로 나타나지만 실제 채권가격은 볼록한(Convex) 곡선으로 나타나기 때문이다.

18 더 크게 ▸ 채권의 볼록성은 동일한 수익률변동에 대해 '더 상승하고 덜 하락한다.' 즉 듀레이션측정치가 +2%이고 볼록성만큼 더 상승하므로 +2.6%이다.

19 가격위험 ▸ 채권투자자는 ① 만기에서 원리금을 수령하는 방법, ② 중도에 매각하는 방법의 2가지 전략을 취할 수 있는데 ①에서는 신용위험(Default Risk)에 ②에서는 가격변동위험(Price Risk 또는 Market Risk)에 노출된다.

20 금리상승위험 ▸ 금리상승이 예상되면, 차입자는 고정금리지불이 유리하고 대여자는 변동금리수령이 유리하다.

21 신용등급하향위험 ▸ 신용스프레드위험(Credit Spread Risk)은 경기가 불황일수록 신용스프레드가 상승하는 것을 말하며, 이 경우 위험채권(Credit Bond)의 가격이 상대적으로 더 많이 하락하게 된다.

22 BBB^- ▸ 채권은 'AAA–AA–A–BBB'까지, 기업어음은 'A1–A2–A3'까지 투자적격이다.

23 유동성위험(Liquidity Risk)이 클수록 Bid-ask Spread가 (크게 / 작게) 나타난다.

24 정부가 직·간접적으로 보증하고 있는 국공채를 제외한 채권을 (   )이라 하며, 이들은 신용평가회사로부터 신용등급을 평가받는다.

25 회사채의 투자적격등급은 (   ) 이상이며, 기업어음의 투자적격등급은 (   ) 이상이다.

26 (   ) = 동일만기의 신용채권금리 - 무위험채권금리

27 '선순위채권, 후순위채권, 주식' 중에서 발행회사 부도 시 청구권의 우선순위는 (   ), (   ), (   )의 순서이다.

28 일반적으로 '소비 증가, 투자 증가, 통화량 감소, 환율 상승'이 나타나면 채권수익률이 (상승 / 하락)한다.

29 일반적으로 물가가 상승하면 채권수익률은 (상승 / 하락)한다.

30 일반적으로 이자율이 상승하면 주가가 (상승 / 하락)한다.

31 완만한 인플레이션하에서는 주가가 (상승 / 하락)하고, 급격한 인플레이션하에서는 주가가 (상승 / 하락)하는 것이 일반적이다.

32 '경기호전, 정부지출의 확대, 이자율의 상승' 중 주식의 수요곡선(Demand Curve)을 좌측으로 이동(Shift)시키는 것은 (   )이다.

33 '진입장벽이 높을수록, 대체가능성이 낮을수록, 기존 경쟁업체 간의 경쟁치열도가 낮을수록' 해당 산업의 경쟁력은 (강해진다 / 약해진다).

정답

23 크게 ▸ 일반적으로 신용위험이 높으면 유동성위험도 높다.
24 신용채권(Credit Bond) 또는 위험물채권
25 BBB^-, $A3^-$
26 신용스프레드(Credit Spread)
27 선순위채권, 후순위채권, 주식
28 상승 ▸ Y = C + I + G에서 'Y↑'의 방향이라면 '채권수익률↑'이다.
29 상승 ▸ 물가가 상승하면 채권투자자는 실질구매력 감소를 우려하여 더 높은 수익률을 요구한다. 따라서 채권수익률이 상승한다(물가와 금리는 정의 관계이다).
30 하락 ▸ 이자율 상승 → 투자 감소 → 기업실적 감소 → 주가 하락
31 상승, 하락 ▸ 완만한 인플레이션은 기업의 매출 증가로 이어지지만 급격한 물가 상승은 제품원가의 급등과 소비자의 실질구매력 급락으로 기업의 매출 감소, 주가 하락으로 이어진다.
32 이자율의 상승 ▸ 이자율의 상승은 투자를 감소시켜 총수요(C + I + G)를 감소시킨다(즉 좌측으로 이동). 나머지는 모두 총수요를 증가시킨다(우측으로 이동).
33 강해진다 ▸ M.Porter의 이론이다.

34 현금흐름할인(DCF)법은 '$P_0 = \Sigma PV(CF_t)$'로 기업가치를 구하지만, (   )은 '$P_0 = \Sigma PV(FCF_t)$ + 잔여가치'로 기업가치를 구한다.

35 '잉여현금흐름(FCF) = 세후영업이익 − 신규투자액(투하자본증가액)'으로서 기업의 3가지 현금흐름 중에서 (   )이 반영되지 않는다.

36 자산가치가 급등락하는 경제상황이나 자원개발업체와 같은 업종에서는 (수익가치 / 자산가치)가 더 중요해진다.

37 주당순자산가치는 장부가를 기준으로 한다는 점에서 실제의 주가와 큰 차이를 보일 수 있는 문제점이 있다. (   )는 이러한 한계점을 보완하는 데에서 의미가 있으며, '$\frac{\text{주식의 시장가격}}{\text{순자산의 대체원가}}$'로 구한다.

38 기업의 단위당 수익가치에 대한 상대적인 주가수준을 말하는 지표는 (   )이다.

39 어떤 기업의 주당순이익(EPS)이 10,000원이고, 적정 PER가 15배라면, 이 기업의 적정주가는 (   )원이라고 할 수 있다.

40 (   )평가모형은 기업본연의 가치라고 할 수 있는 수익가치를 가장 잘 반영하나 계속기업의 전제가 필요하고 적자기업에는 평가가 불가하다는 단점이 있다.

41 (   )평가모형은 적자기업에도 적용할 수 있다는 장점이 있으며, 유동자산이 많은 기업의 평가에 유용하나 인적자본과 같은 무형의 자산이 큰 기업은 적절하게 평가할 수 없다는 단점과 장부가를 근거로 평가해서 실제가격과의 괴리도가 큰 문제점이 있다.

42 (   )평가모형은 기술력은 있으나 처음에 수익을 내지 못하는 신생벤처기업의 평가에 적절하고 적자기업의 평가도 가능하다는 장점이 있으나, 저부가가치기업의 평가에는 부적절하다.

정답

34 잉여현금흐름(FCF)법 ▸ 현금흐름할인(DCF)법이 미래 모든 기간의 현금흐름을 추정하여 할인한 데 반하여, 잉여현금흐름(FCF)법은 추정가능한 기간만 할인하고 나머지 기간은 잔여가치로 추정한다. 즉, 현금흐름할인법(배당평가모형이나 이익평가모형)의 비현실적인 부분을 보완하는 점에서 의미가 있다.

35 재무활동현금흐름 ▸ 'FCF = 영업활동현금흐름 − 투자활동현금흐름'으로 표현가능하다.

36 자산가치

37 토빈의 q ▸ 토빈의 q = $\frac{\text{주식의 시장가격}}{\text{순자산의 대체원가}}$ → 분모의 순자산 대체원가가 실물대체비용의 개념으로서 BPS가 장부가를 기초한 점을 보완한다(q비율이 1보다 작은 경우에는 기업인수의 표적이 된다).

38 PER(또는 이익승수)

39 150,000 ▸ PER = 주가/EPS, 따라서 적정주가 = EPS × 적정PER

40 PER

41 PBR ▸ PBR은 청산을 전제로 한 평가모형으로서, 보수적인 평가의 특성이 있다.

42 PSR ▸ PSR = 주가/SPS, 매출액은 왜곡이나 조작가능성이 상대적으로 낮다는 점도 장점의 하나이다.

43 (   )모형은 기업도산이 크게 증가할 정도로 경제상황이 악화되거나 주가수준이 극도로 낮아져서 상대가치평가가 유효하지 않을 때 기업가치평가에 적절한 모형이다.

44 최근 형성된 추세를 바탕으로 상승추세이면 매수전략을 택하고, 하락추세로 전환된 경우에는 매도전략을 수행하는 전략을 (   )이라 한다.

45 일반적으로 추세순응전략은 (   ) 이내, 역추세순응전략은 (   ) 이상으로 사용한다.

46 헤드앤쇼울더형, 이중삼중천정(바닥)형, 원형천정(바닥)형, V자형 등은 (반전형패턴 / 지속형패턴)에 속한다.

47 펀드운용의 3단계는 '계획 – 실행 – 성과평가' 단계를 말한다. 자산배분전략에 따라 거래비용을 최소화하는 노력을 하는 가운데 포트폴리오를 구성하는 단계는 (   )이다.

48 펀드운용의 3단계 중 성과평가 단계에서, 펀드의 성과를 '종목선정능력과 마켓타이밍포착능력'으로 배분하는 것을 (성과측정 / 성과배분)이라 한다.

49 '수익률곡선타기전략 / 탄환형 채권운용전략' 등은 (적극적 / 소극적) 채권운용전략이다.

50 수익률곡선타기전략은 (우상향 / 우하향)의 기울기를 가진 경우에만 사용할 수 있고, 잔존만기가 5년 이상인 채권에서는 (쇼울더효과 / 롤링효과)를 얻을 수 있으며, 잔존만기가 2~3년인 단기채에서는 (쇼울더효과 / 롤링효과)를 얻을 수 있다.

51 (바벨형 / 불릿형) 운용전략은 중기채 중심의 채권으로 포트폴리오를 구성하는 것을 말한다.

52 단기채와 중기채, 장기채를 골고루 편입하여 위험을 평준화시키고 수익성도 적정 수준으로 활용하는 전략은 (바벨형 / 불릿형 / 사다리형) 전략을 말한다.

정답

43 EV/EBITDA ▸EV/EBITDA, 여기서 EV는 '시가총액 + 순차입금'이며 EBITDA는 '감가상각비, 이자, 세금을 차감하기 전의 영업이익'이다. 즉 감가상각비 등을 반영하므로 기업의 현금흐름가치를 잘 반영한다는 의미가 있으므로, 흑자도산이 우려가 되는 기업의 평가에 특히 유용하다.

44 추세순응전략 ▸추세순응전략(Trend Following) vs 역추세순응전략(Counter Trend Following)의 개념 구분

45 1년, 3년 ▸추세순응전략은 단기 모멘텀(Momemtum) 전략이라고 하며 단기는 1년 이내를 의미한다. 역추세순응전략은 장기 역발상(Contrarian) 전략으로서 장기는 3년 이상을 의미한다.

46 반전형패턴 ▸지속형패턴 – 삼각형 / 쐐기형 / 깃발형 / 직사각형 등

47 실행 단계

▸펀드운용의 3단계

계획 단계	실행 단계	성과평가 단계
기대수익률과 위험을 측정 → 자산배분 결정(전략적 / 전술적)	결정한 전략에 따라 포트폴리오 구성 (거래비용 최소화 주력)	성과측정과 성과배분

48 성과배분

49 적극적

50 우상향, 롤링효과, 쇼울더효과

51 불릿형(또는 탄환형)

52 사다리형

53 가치주투자는 ( ), ( ), ( )에 투자초점을 두고 있다.

54 성장주투자는 ( ), ( ), ( )에 투자초점을 두고 있다.

55 ○× 중소형주투자(Small Cap)는 대형주투자(Large Cap)에 비해서 'High Risk, High Return'이다.

56 VaR로 대표되는 리스크는 (시장리스크 / 신용리스크 / 운영리스크 / 유동성리스크)이다.

57 시장리스크 측정방식에는 표준방식과 내부모형법이 있는데, 실행이 간편하나 각 리스크를 단순합산하게 되어 분산투자효과를 감안하지 못한다는 단점이 있는 것은 ( )이다.

58 표준방식에서 옵션의 시장리스크를 측정하는 방식에는 '간편법, 델타플러스법, 시나리오법'의 3가지가 있는데, 이 중에서 옵션 매도포지션의 측정에 활용되는 것은 ( )이다.

59 신용리스크(Credit Risk)를 측정하는 방식에는 표준방식과 내부등급법이 있는데 시장리스크와 마찬가지로 금융기관의 대부분은 ( )을 사용하고 있다.

60 내부절차의 불완전성, 인력과 시스템, 외부사건 등으로 손실을 입을 리스크로 정의되는 것은 ( )이다.

61 지금까지는 내부통제시스템과 감사기능을 통해 관리되어 왔으나, 바젤2 협약에서는 운영리스크에 대해서도 일정의 가이드라인을 통해 ( )을 쌓도록 하고 있다.

62 유동성리스크에는 자금유동성리스크와 상품유동성리스크가 있는데, 'Tightness / Depth / Resiliency'로 측정되는 것은 ( )이다.

정답

53 저PER주, 저PBR주, 고배당주

54 고PER주, 고PBR주, 저배당주

55 ○

56 시장리스크 ▸VaR는 시장리스크를 측정하는 지표이며, Operational VaR는 운영리스크를 측정하는 지표이다.

57 표준방식

▸시장리스크 측정방식

표준방식	내부모형법
각각의 리스크를 단순합산하는 방식 → 실행이 간편하나 분산투자효과가 감안되지 않는 단점	VaR로 측정하는 방법 → 감독당국의 승인을 얻어야 사용할 수 있음

58 델타플러스법

▸옵션에 대한 시장리스크 측정방식(표준방식)

간편법	델타플러스법	시나리오법
옵션 매수포지션 측정	옵션 매도포지션 측정	옵션 합성포지션 측정

59 표준방식

60 운영리스크 ▸참고로 BIS에서 정하는 3대 위험은 '시장위험 / 신용위험 / 운영위험'이다.

61 자기자본 ▸위험에 대해 자기자본을 쌓도록 하는 것이 자기자본규제이다.

62 상품유동성리스크

63 펀드투자과정에서 양호한 성과를 달성하는 데 영향을 주는 3요소는, '자산배분의 선택, 투자시점의 선택, 투자한 펀드의 운용수익률'이다. 그렇다면, 펀드투자를 함에 있어 주식형에 투자할 것인가, 채권형에 투자할 것인가를 결정하는 것은 3요소 중 (　　　　)에 해당한다.

64 펀드투자과정에서 양호한 성과를 달성하는 데 영향을 주는 3요소는 '자산배분의 선택, 투자시점의 선택, 투자한 펀드의 운용수익률'인데, 이는 곧 (투자자관점 / 운용자관점)의 성과평가 대상이 된다.

65 펀드운용자와 운용회사의 운용능력을 평가하고자 하는 것은 (투자자관점 / 펀드관점)의 성과평가이다.

66 '펀드관점의 성과평가'는 투자자가 해당펀드에 일시불로 투자한 다음 평가기간 말까지 그대로 유지했을 경우의 '투자자관점 성과평가'와 (동일하다 / 동일하지 않다).

67 (　　　　)(이)란 분석대상 펀드의 특징을 찾아내는 과정이며, (　　　　)(이)란 평가대상 펀드의 운용성과를 측정하여 그 우열이나 순위를 가리는 과정을 말한다.

68 계량적으로 펀드성과를 측정한 결과 양호한 집합투자기구로 선택할 수 있는 것은, ① 수익률이 절대적・상대적으로 (　　　　) 펀드 ② 위험이 절대적・상대적으로 (　　　　) 펀드 ③ 위험조정성과가 절대적・상대적으로 (　　　　) 펀드이다.

69 ○× 계량적으로 측정한 성과는 과거의 성과로서 성과가 양호했다는 결과를 보여줄 뿐 그러한 성과가 미래에도 계속해서 지속된다는 것을 보장해 주지 않는다.

70 1차적으로 (정량평가 / 정성평가)를 통해 양호한 집합투자기구에 해당하는지를 판단하며, 2차적으로 (정량평가 / 정성평가)를 통해 미래에도 양호한 집합투자기구로 지속될 수 있는지에 대해서 판단할 수 있다.

71 ○× 집합투자기구의 운용결과를 분석하는 궁극적인 이유는 환매여부나 재투자여부를 결정하기 위함이다.

정답

63 자산배분의 선택

64 투자자관점 ▸ 펀드투자에서 양호한 성과를 달성하는 3요소 자체가 투자자관점에 의한 것이므로, 투자자관점의 성과평가 대상이 된다.

65 펀드관점

▸ 관점에 따른 성과평가의 종류

투자자관점의 평가	펀드관점의 평가
• 자산배분의 선택 • 투자시점의 선택 • 선택한 펀드의 운용수익률	펀드운용자와 운용회사의 운용능력을 평가하고자 하는 것

66 동일하다 ▸ 펀드운용 시 중도에 현금흐름이 없다면 투자자관점이나 펀드관점의 성과평가는 동일하다.

67 펀드분석, 펀드평가 ▸ 펀드분석(Fund Analysis), 펀드평가(Fund Evaluation)

68 높은, 낮은, 높은

69 ○ ▸ 따라서 정성평가가 필요하다.

70 정량평가, 정성평가 ▸ 정량평가는 계량적 평가와 같은 말이다.

71 ○

72 집합투자기구평가회사는 성과원인이 운용사 또는 운용자의 의사결정과정에서의 체계적인 프로세스에 의한 것인지 아니면 단순한 운(Luck)에 의한 것인지를 평가하는데, 이를 (정량적 / 정성적)인 평가라고 한다.

73 집합투자기구 평가 프로세스는 '① 집합투자기구의 유형분류, ② 벤치마크 설정, ③ 수익률 측정, ④ 위험 측정, ⑤ 위험조정성과 측정, ⑥ 등급부여(Rating), ⑦ 성과요인 분석, ⑧ 포트폴리오 분석, ⑨ 운용회사에 대한 질적평가'인데, 이 중에서 정량평가는 ( )을 말하며 정성평가는 ( )를 말한다.

74 '위험조정성과 측정, 성과요인 분석, 포트폴리오 분석, 운용회사에 대한 질적평가' 중에서 집합투자기구의 성과가 지속될 수 있는지 여부에 대한 판단을 할 수 없는 것은 ( )이다.

75 ( )이란 집합투자기구의 성과를 상대적으로 비교 측정하기 위하여, 집합투자기구의 투자목적, 투자자산, 투자전략, 투자스타일, 특징 등이 유사한 집합투자기구끼리 묶어 놓은 동류집단(Peer Group)을 말한다.

76 ( )는 사전적인 의미로 기준, 잣대라는 뜻이다.

77 ( )는 투자자로 하여금 해당 집합투자기구에 투자할지를 사전에 판단할 수 있게 하는 투자지침(Guideline) 역할을 한다.

78 집합투자기구의 벤치마크는 ( )가 사전에 집합투자기구별로 정한다.

79 벤치마크의 종류 중에서, 가장 넓은 대상을 포함하며 운용에 특이한 제약조건이 없는 경우에 적합한 것은 (시장지수 / 섹터지수 / 합성지수)이다.

80 벤치마크의 종류 중에서, 특정분야에 집중투자하는 경우 적합한 것은 ( )이다.

81 벤치마크의 종류 중에서, 복수의 자산유형에 투자할 때 적합한 것은 ( )이다.

정답

72 정성적

▸ 정량평가 vs 정성평가

정량평가	정성평가
성과의 우열을 가리기 위함 → 수익률, 위험, RAPM 평가	운용성과가 지속될 수 있는지의 여부를 평가 → 운용사 또는 운용자의 프로세스 평가

73 ③, ④, ⑤, ⑥ / ⑦, ⑧, ⑨ ▸ 그리고 평가를 위해 사전에 선행되어야 하는 것이 ①, ②에 해당된다.

74 위험조정성과 측정 ▸ 성과의 지속성 여부는 정성평가를 통해 할 수 있다. 위험조정성과 측정은 정량평가이다.

75 집합투자기구 유형(Fund Category) ▸ 예를 들어 주식형과 채권형은 서로 다른 집합투자기구의 유형이 된다(주식형은 주식형끼리 비교하고, 채권형은 채권형끼리 비교해야 한다).

76 벤치마크(Benchmark)

77 벤치마크(Benchmark) ▸ 벤치마크는 성과평가의 잣대이자 투자가이드 역할을 한다.

78 집합투자업자

79 시장지수(Market Index) ▸ 섹터지수는 업종지수와 같이 시장지수의 하위개념이고, 합성지수는 2개 이상의 지수를 합성한 것을 말한다.

80 스타일지수(또는 섹터지수)

81 합성지수 ▸ 혼합형펀드에 적합하다.

82 벤치마크의 종류 중에서, 투자가능한 종목만으로 포트폴리오를 구성한 것으로서 채권형 벤치마크로 많이 활용되는 것은 (　　　　)이다.

83 벤치마크의 종류 중에서, 특정 집합투자기구의 운용과 평가를 위한 것이며 일반성이 적은 펀드를 평가하기 위한 것은 (　　　　)이다.

84 벤치마크 중에서 KOSPI는 (　　　　)에 해당되며, 혼합형집합투자기구에 적합한 것은 (　　　　), 포트폴리오보험전략으로 운용하는 집합투자기구에 적합한 것은 (　　　　)이다.

85 ○ × 운용회사의 그룹수익률이란 운용회사 또는 집합투자기구유형에 속한 집합투자기구 전체를 하나의 집합투자기구로 간주하고 측정하는 수익률이다.

86 운용회사의 그룹수익률을 산출하는 이유는, ① (　　　　)의 오류를 제거하고, ② (　　　　)의 오류를 제거하며, ③ 운용사 간의 성과를 객관적으로 비교할 수 있기 때문이다.

87 운용회사의 수익률을 산출하는 이유의 하나는, '성과가 나빠서 중단된 집합투자기구를 제외하고 현재시점에서 존재하는 집합투자기구만을 대상으로 평가함으로써 부실한 고객이탈이 많은 회사의 운용수익률이 상대적으로 높게 표시되는 (　　　　)'를 제거하기 위함이다.

88 벤치마크 수익률이 +10%이고, 동류그룹(Peer Group)펀드의 수익률이 +15%이며, 평가대상 펀드의 수익률이 +13%라면, 해당 펀드는 (　　　　)으로 우수하나 (　　　　)으로 열위하다고 할 수 있다.

89 위험지표에는 절대적 지표와 상대적 지표가 있는데, 절대적 지표에는 '(　　　　), VaR'가 있으며 상대적 지표에는 '공분산, (　　　　), 초과수익률, 상대VaR, 추적오차'가 있다.

90 수익률의 안정성을 중시하는 전략에 적합한 위험지표는 (절대적 / 상대적) 위험지표이다.

91 A주식과 B주식의 기대수익률은 +10%로 동일하다. 그런데 A주식은 −10% ~ +30%에서 수익률 분포를 보이고, B주식은 −20% ~ +40%의 분포를 보였다면, 표준편차가 더 큰 주식은 (A / B)이다.

정답
82 정상포트폴리오
83 맞춤형포트폴리오
84 시장지수, 합성지수, 맞춤형포트폴리오 ▸합성지수는 2개 이상의 지수를 혼합한 것이므로 혼합형펀드에 적합하다. 또 포트폴리오보험펀드는 일반성이 적은 특수한 펀드이므로 맞춤형포트폴리오가 적합하다.
85 ○
86 대표계정, 생존계정 ▸운용회사 수익률은 ①, ②, ③의 장점이 있으나, 운용자의 이동이 발생할 경우 성과의 이전가능성이라는 문제가 발생한다.
87 생존계정의 오류 ▸비교하여 대표계정의 오류는 해당 운용사에서 가장 좋은 펀드만을 골라서 수익률을 산출하는 것을 말한다.
88 절대적, 상대적
89 표준편차, 베타
90 절대적 ▸표준편차가 대표적이다.
91 B ▸B의 수익률변동성이 A의 수익률변동성보다 크다. 즉 B의 표준편차가 더 크다(더 위험하다).

92 수익률의 변동성을 말하며 가장 일반적인 위험지표는 (   )이다.

93 집합투자기구 수익률과 벤치마크 수익률 간의 상대적인 관계로 파악하는 위험지표 중 가장 대표적인 지표로서, (   )가 1보다 큰 경우 공격적인 투자, 1보다 작은 경우는 방어적인 투자라고 할 수 있다.

94 사전에 자산배분이 정해지고, 실제운용단계에서 벤치마크를 추구하는 경우에 적합한 것은 (절대적 / 상대적) 위험지표이다.

95 펀드재산을 주식에 투자하는 경우, 강세장에서는 (고베타주 / 저베타주)를, 약세장에서는 (고베자투 / 저베타주)를 매입하는 것이 유리하다.

96 성과평가를 위해 수익률과 위험을 결합하여 하나의 값으로 나타낸 지표를 (   )라고 하는데, 이를 사용하는 이유는 지배원리로도 평가할 수 없는 증권을 평가하기 위함이다.

97 위험조정성과지표의 종류에는 (   ), (   ), (   )이 있다.

98 펀드수익률에서 무위험수익률을 차감한 초과수익률을 총위험으로 나눈 지표가 (   )인데, 위험조정성과지표로서 가장 많이 쓰이는 지표이며 높을수록 좋다.

99 포트폴리오의 수익률이 20%, 무위험수익률이 8%, 표준편차가 10%일 때 샤프비율은 (   )이다.

100 (   )을 통한 성과분석 시 유의사항은, '① 반드시 평가기간이 동일해야 하며, 동일한 유형의 집합투자기구 간에만 비교해야 한다. ② 수익률 구간에 따라 평가결과가 다르게 나타날 수도 있다. ③ 정규분포가 나타날 수 있는 장기수익률을 측정해야 한다(월간데이터, 30개월 이상). ④ 초과수익률이 마이너스로 나타날 때는 왜곡이 발생한다.'이다.

101 부(−)의 수익률을 보이는 펀드를 평가할 경우 샤프비율은 (더욱 정확해진다 / 왜곡이 발생한다).

정답

92 표준편차 ▸ 일반적으로 좋은 펀드는 '샤프비율이 높고 표준편차가 낮다.'

93 베타 ▸ 베타가 1보다 크면 고베타주, 1보다 적으면 저베타주라고 한다.

94 상대적 ▸ 베타가 대표적이다.

95 고베타주, 저베타주 ▸ 고베타주는 공격적 운용, 저베타주는 방어적 운용의 대상이다.

96 위험조정성과지표 ▸ 샤프비율 / 트레이너비율 / 젠센의 알파 등을 위험조정성과지표(RAPM)라고 한다.

97 샤프비율, 젠센의 알파, 정보비율

98 샤프비율

▸ 위험조정성과지표의 종류

샤프비율	젠센의 알파	정보비율
$S_P = \dfrac{R_P - R_f}{\sigma_P}$	$\alpha_P = (R_P - R_f) - \beta(R_m - R_f)$	$\dfrac{R_P - R_B}{S_d(R_P - R_B)}$

*샤프비율의 초과수익은 무위험수익률(R_f)을 기준으로 하지만, 정보비율에서의 초과수익은 벤치마크 대비 수익률(R_B)을 기준으로 한다.

99 1.2 ▸ $\dfrac{20\% - 8\%}{10\%} = 1.2$

100 샤프비율

101 왜곡이 발생한다.

102 (　　　　)는 집합투자기구수익률에서 균형하에서의 기대수익률을 차감하여 계산되는데, 이는 집합투자기구의 실제수익률이 시장균형을 가정한 경우의 기대수익률보다 얼마나 높은지를 의미한다.

103 젠센의 알파가 0보다 크다는 것은 시장균형하에서의 (　　　　)위험을 가진 집합투자기구의 수익률보다 해당 집합투자기구의 수익률이 더 높았다는 것을 의미한다.

104 ○|× 젠센의 알파는 운용자의 종목선택능력 등을 측정하는 데 도움이 되지만, 성과요인을 분석함에 있어 종목선택능력과 시장예측능력을 정확히 구분하지 못하는 단점이 있다.

105 (　　　　)이란 적극적 투자활동의 결과로 발생한 초과수익률과 집합투자기구의 초과수익률에 대한 표준편차(트래킹에러)의 비율로 나타내며, 평가비율(Appraisal Ratio)이라고도 한다.

106 샤프비율과 트레이너비율의 초과수익은 무위험수익률 대비 초과수익이지만, 정보비율의 초과수익은 (　　　　) 대비 초과수익을 말한다.

107 짧은 기간 동안 계산된 정보비율일수록 신뢰도가 (높다 / 낮다).

108 정보비율이 0.5 이상이면 (　　　　), 0.75 이상이면 (　　　　), 1.0 이상이면 (　　　　)한 것으로 판단한다.

109 (　　　　)는 일정기간 펀드수익률이 이에 대응하는 벤치마크수익률에 비해 어느 정도 차이를 보이는가를 측정하는 지표이다.

110 트래킹에러가 (크다 / 작다)는 것은 펀드가 투자한 종목의 구성이 벤치마크와 크게 다르다는 것을 의미한다.

111 ○|× 추적오차는 위험조정성과지표로 본다.

112 집합투자기구 등급이란, 집합투자기구의 성적을 몇 개의 급수로 나누어 평가하는 것인데 이는 (정량평가 / 정성평가)에 속한다.

정답
102 젠센의 알파
103 베타
104 ○ ▸따라서 시장예측과 종목선택 활동을 모두 활용하는 집합투자기구를 평가할 때, 젠센의 알파는 적절한 지표가 될 수 없다.
105 정보비율
106 벤치마크 ▸집합투자기구의 수익률이 벤치마크수익률보다 높을수록 좋은 분자의 개념과, 집합투자기구의 수익률이 벤치마크수익률과 큰 차이를 보이면 곤란하다는 분모의 개념이 결합된 것이다.
107 낮다 ▸통계기간은 충분히 길어야 한다. 일반적으로 높은 정보비율은 집합투자기구 운용자의 능력이 탁월한 것을 의미하지만, 짧은 기간 동안에 계산된 정보비율에는 운용자의 능력 외에 운(Luck) 등이 반영될 수 있다.
108 우수, 매우 우수, 탁월
109 추적오차 또는 트래킹에러(Tracking Error)
110 크다
111 × ▸추적오차는 그 자체로 위험의 측정치로 간주된다(정보비율의 분모에 해당됨). 즉, 수익률과 위험을 동시에 반영하지 않으므로 위험조정성과지표(RAPM)로 보지 않는다.
112 정량평가

113 ○× 높은 평가등급을 받은 집합투자기구는 향후에도 매우 좋은 성과를 낼 것으로 예상할 수 있다.

114 성과요인분석은 성과의 원인을 파악하는 과정인데, 일반적으로 성과요인은 (　　　　)과 (　　　　)으로 나눌 수 있다.

115 시장의 흐름을 잘 예측한다면 저점에 매수하고 고점에 매도할 수 있으며 자산의 비중 조절을 통해서 초과수익을 얻을 수 있는데, 이러한 능력은 (시장예측능력 / 종목선택능력)이다.

116 ○× 성과요인분석을 하는 이유는 해당 능력이 잘 발휘될 수 있는 펀드를 선택할 수 있으며 이는 높은 성과로 이어질 수 있기 때문이다.

117 포트폴리오분석은 포트폴리오의 결과물이 아닌 포트폴리오 자체의 특성을 분석하는 것으로서 (정량적 / 정성적) 분석에 속한다.

118 포트폴리오분석상, 주식편입비중이 최소 60%인 집합투자기구의 실제 주식편입비중이 95%라면 이 펀드는 시장전망을 (낙관적 / 비관적)으로 보고 있는 것이다.

119 포트폴리오분석 중에서 집합투자기구평가사의 기능을 가장 잘 설명해 주는 것은 (　　　　)이다.

120 스타일분석은 (　　　　)으로는 좋은 수익률을 보일 펀드를 고르는 판단요소가 되며, (　　　　)으로는 과거 펀드성과의 원인을 적절하게 설명해 주는 역할을 한다.

121 집합투자기구의 (단기 / 장기) 성과는 해당 집합투자기구를 운용하는 운용자와 운용회사의 질적인 특성의 결과로 나타난다.

122 ○× 운용회사의 질적 특성을 구성하는 변수는 운용프로세스, 운용조직 및 인력, 위험관리능력, 운용규모, 운용회사의 재무적 안정성 등이 있다.

정답

113 × ▸ 앞으로도 좋은 성과를 낸다는 보장은 없다. 성과의 지속여부는 정성평가(성과요인분석, 포트폴리오분석, 운용자의 질적 평가)를 통해 알 수 있다.

114 종목선택능력, 시장예측능력

115 시장예측능력 ▸ 종목선택능력(증권선택능력)은 시장의 흐름과 무관하게 향후 상승가능성이 높은 저평가된 종목을 선택할 수 있는 능력을 말한다.

116 ○ ▸ 성과요인분석은 정성평가에 속한다.

117 정성적

118 낙관적 ▸ 이러한 분석이 포트폴리오분석(정성분석)에 해당된다.

119 스타일분석 ▸ 스타일분석을 통해 펀드의 성과요인을 가장 잘 분석할 수 있다는 의미이다. '가치주 / 성장주' '대형주 / 중형주 / 소형주' 등이 스타일분류이다.

120 사전적, 사후적

121 장기 ▸ 단기성과는 운(Luck)에 의해 나타날 수 있지만 장기적인 성과는 운용사의 체계적인 운용프로세스 등 질적인 특성에 의해 나타난다.

122 ○

펀드투자권유자문인력 **제2과목** 25문항

파생상품펀드

제1장 파생상품펀드 법규(7문항)

01 자본시장법의 금융상품에 대한 포괄적 정의상, 금융투자상품과 비금융투자상품을 구분하는 기준은 (   )이며, 증권과 파생상품을 구분하는 기준은 (   )이다.

02 기초자산의 가격, 이자율, 지표, 단위 또는 이를 기초로 하는 지수 등의 변동에 연계하여 미리 정해진 방법에 따라 지급금액 또는 회수금액이 결정되는 권리가 표시된 것은 (파생결합증권 / 파생상품)이다.

03 일반적으로 파생상품이란 그 가치가 기초자산으로부터 파생되는 상품을 말하고, 파생상품의 특성에 따라 (   ), (   ), (   )으로 구분하며, 파생상품시장에서의 거래여부에 따라 (   ), (   )으로 구분한다.

04 ELS(주가연계증권)는 (장내파생상품 / 장외파생상품)의 성격을 지닌다.

05 자본시장법상 파생상품펀드는 ① 파생상품매매에 따른 위험평가액이 (   )를 초과하는 펀드와, ② 펀드재산의 (   )를 초과해서 파생결합증권에 운용하는 펀드를 말한다.

06 O X 파생상품펀드는 자본시장법상 주된 투자대상에 따른 5가지 분류 중에 하나에 해당한다.

정답
01 원본손실가능성(투자성), 원본초과손실가능성(추가지급의무)
02 파생결합증권 ▸파생결합증권의 정의이다.
03 선도(선물), 옵션, 스왑, 장내파생상품, 장외파생상품
04 장외파생상품 ▸ELS는 자본시장법상으로 파생결합증권이나 거래의 특성상 장외파생상품의 성격을 지닌다. 파생결합증권에는 ELS와 DLS, ELW가 있다.

▸장내파생상품의 종류(5대 기초자산별)

주 식	금 리	통 화	상 품	신 용
• KOSPI200지수선물 · 옵션 • 개별주식선물 / 옵션 • 코스닥150선물	• 국채금리선물 (3년 / 5년 / 10년)	• 미국달러선물 · 옵션 • 유로선물 • 일본엔선물 • 위안화	• 금선물 • 돈육선물	없 음

05 10%, 50% ▸종전 간투법에서는 ①로서만 정의했으나 자본시장법은 ①, ②의 2가지로 정의하고 있다.
06 × ▸5가지 유형에 포함되지 않으며, 파생상품의 기초자산의 무엇인가에 따라 5가지 유형이 하나로 분류된다.
• 자본시장법상의 5가지 펀드유형 : 증권 · 부동산 · 특별자산 · 혼합자산 · MMF

07 자본시장법상의 집합투자기구 5가지 종류 중에서 파생상품에 투자할 수 없는 펀드는 ( )이다.

08 파생상품펀드는 일반펀드와 마찬가지로 동일증권에 대해 자산총액의 10%를 초과해서 투자할 수 없지만 예외적으로 파생결합증권에 대해서는 자산총액의 ( )까지 동일증권에 투자할 수 있다.

09 ○× 적격요건을 갖추지 못한 자와의 장외파생상품 거래금지는 공모에만 적용된다.

10 파생상품 매매에 따른 위험평가액이 펀드순자산총액의 100분의 100을 초과하여 투자하는 행위는 금지된다. 다만, 사모펀드는 위험평가액 기준이 100분의 ( )이다.

11 파생상품 매매와 관련된 기초자산 중 동일법인 등이 발행한 증권의 가격변동 위험평가액이 펀드자산총액의 100분의 ( )을 초과하여 투자하는 행위는 금지된다.

12 같은 거래상대방과의 (장내파생상품 / 장외파생상품) 매매에 따른 거래상대방 위험평가액이 각 펀드자산총액의 100분의 10을 초과하여 투자하는 행위는 금지된다.

13 자본시장법상 파생상품매매에 따른 위험평가액이 ( )를 초과하면 파생상품펀드로 규정하는데 파생상품 매매에 따른 위험평가액은 장내파생상품 또는 장외파생상품의 거래에 따른 (명목계약금액 / 실질계약금액)으로 한다.

14 '기초자산가격 × 계약수 × 승수'로 위험평가액이 산정되는 파생상품 거래는 ( )이다.

15 (옵션매수 / 옵션매도)는 기초자산의 가격에 계약수와 승수 및 델타를 각각 곱한 금액으로 위험평가액을 산정한다.

16 금리스왑에서의 위험평가액 산정방법은 ( )를 지급하는 경우 만기까지로 지급하기로 한 금전총액, ( )를 지급하는 경우 만기까지 지급할 것으로 예상되는 금전총액의 시가평가금액으로 한다.

정답

07 MMF ▸ 증권·부동산·특별자산·혼합자산 집합투자기구는 재산의 일부로 파생상품을 편입할 수 있으나, 단기금융집합투자기구(MMF)는 펀드재산의 전부를 단기금융상품에 투자해야 한다.

08 30%

09 × ▸ 장외파생상품은 위험이 높아서 비적격자와의 거래는 공모·사모 모두 금지된다.

10 400 ▸ 참고로 9번과 10번의 규제를 제외한 모든 규제는 사모펀드에서는 면제이다.

11 10 ▸ 분산투자를 강제하는 차원이다.

12 장외파생상품 ▸ 거래상대방책임은 신용위험이 있는 장외파생상품에서만 부과됨(장내상품은 거래소가 결제).

13 10%, 명목계약금액 ▸ 명목(名目)금액이다. 실질금액은 물가를 반영한 금리로서 이론상으로만 존재한다.

14 선도거래 또는 선물거래

15 옵션매수 ▸ 옵션매도는 '델타위험액 + 감마위험액 + 베가위험액'으로 한다.

16 고정금리, 변동금리

17 (신용부도스왑 / 총수익스왑)의 위험평가액은 보장매수자의 경우 지급하기로 한 금전총액, 보장매도자의 경우 신용사건 발생 시 지급하기로 한 명목금액으로 한다.

18 ○× 선도, 옵션, 스왑거래가 혼합된 경우는 각각의 위험평가액 산정방법을 준용하여 산정한다.

19 ○× 장외파생상품의 경우, 각각의 위험평가액 산정방법을 적용하지 않고 거래 당사자 간의 거래체결 시 합의하는 명목원금으로 위험평가액을 산정할 수 있다.

20 ○× 위험회피회계가 적용되는 거래는 위험평가액 산정에서 제외된다.

21 자본시장법상의 파생상품펀드로 분류되면 투자자에게 파생상품투자의 위험을 알리는 측면에서 위험지표의 공시의무를 부과하는데, 이때 위험지표는 (　　　), (　　　), (　　　), (　　　)의 4가지이다.

22 파생상품펀드가 공시해야 하는 4가지 위험지표 중 거래가 없다 하더라도 매일 공시해야 하는 것은 (　　　), (　　　)이다.

23 최대손실예상금액(VaR)은 (　　　)영업일의 보유기간 및 (　　　)%의 단측 신뢰구간을 적용하여 일일단위로 측정되어야 한다.

24 VaR는 (　　　) 이상의 자료관측기간을 기초로 하여 측정되어야 하고, 시장상황에 따라 최소한 (　　　)에 (　　　) 이상 자료구성을 보완・측정되어야 하며, 시장가격의 중대한 변동이 있는 경우에는 수정보완기간을 (확대 / 단축)해야 한다.

25 ○× 파생상품펀드의 위험지표 공시의무는 일반 사모펀드에도 적용된다.

정답

17 신용부도스왑 ▸Credit Default Swap

18 ○ ▸단, 최대손실금액의 제한이 있는 합성거래의 경우 그 최대손실금액을 명목계약금액으로 할 수 있다.

19 ○

20 ○

21 계약금액, 만기시점의 손익구조변동, 시나리오별 손익구조변동, 최대손실예상금액 ▸최대손실예상금액은 VaR를 말한다.

22 시나리오별 손익구조변동, 최대손실예상금액(VaR)

▸위험지표 공시대상별 공시방법

거래 익일 공시	매일 공시
• 계약금액 • 만기시점의 손익구조변동	• 시나리오별 손익구조변동 • 최대손실예상금액(VaR)

23 10, 99

24 1년, 3개월, 1회, 단축

25 × ▸일반 사모펀드에는 적용되지 않는 규제이다.

26 ○ × 금융소비자보호법상의 적합성 원칙, 설명의무, 부당권유금지 등은 파생상품펀드에도 동일하게 적용되는 투자자보호제도이다.

27 ○ × 일반투자자는 장외파생상품거래를 할 수 없다.

28 금융투자업자가 일반투자자에게 투자권유를 하지 않고 파생상품펀드를 판매하려는 경우에는 면담·질문 등을 통하여 그 일반투자자의 투자목적·재산상황 및 투자경험 등의 정보를 파악해야 한다. 이는 (적합성 원칙 / 적정성 원칙)을 말한다.

29 투자권유대행인은 파생상품의 투자권유가 (가능하다 / 불가능하다).

정답
26 ○
27 × ▸ 위험회피거래는 가능하다(일반투자자에 대한 장외파생상품거래는 위험회피거래에 국한되어야 함).
28 적정성 원칙
29 불가능하다

제2장 파생상품펀드 영업(8문항)

01 우리나라에서 가장 대표적인 파생상품펀드로 자리매김하고 있는 것은 (주가연계 / 금리연계 / 환율연계 / 상품연계) 파생상품펀드이다.

02 주가연계파생상품은 (장내파생상품 / 장외파생상품)처럼 거래소에서 거래하거나, (장내파생상품 / 장외파생상품)처럼 계약의 형태로 거래할 수 있다.

03 은행은 워런트를 예금에 편입하여 주가에 연동시킨 (ELD / ELS / ELF)를 제공하고, 투자매매업자는 직접 고객들에게 (ELD / ELS / ELF)를 발행하며, 집합투자업자는 주가연계증권을 편입하여 (ELD / ELS / ELF)를 제공하거나 장내외 파생상품을 활용한 파생상품펀드를 제공한다.

04 'ELD, ELS, ELF' 중에서 약속된 수익률(쿠폰)을 지급하는 것은 (   ), (   )이다.

05 워런트(Warrant)의 가격을 프리미엄(Premium)이라 하며, 워런트의 프리미엄은 일반적으로 (   ) ~ (   )% 이다.

06 워런트는 장외파생상품으로서 (   )과 (   )에 동시에 노출된다.

07 현재 2,000point인 주가지수가 향후 1년간 1,600 ~ 2,400point에서 등락을 보일 것으로 예상한다면 (디지털형 / 스프레드형 / 레인지형) 워런트에 투자하는 것이 유리하다.

08 기초자산가격이 일정수준(Barrier)에 도달하면 기존의 수익구조가 사라지는 것을 (Knock-out / Knock-in) 구조라 하고, 일정수준에 도달하면 새로운 수익구조가 생기는 것을 (Knock-out / Knock-in) 구조라 한다.

09 낙아웃, 낙인 옵션은 표준 콜옵션, 풋옵션에 비해 프리미엄이 (저렴하므로 / 비싸므로) 시장전망이 맞는 경우 효율적인 투자가 가능하다.

정답

01 주가연계

02 장내파생상품, 장외파생상품

03 ELD, ELS, ELF

04 ELD, ELS

05 3, 5 ▸ 프리미엄이 5%라면 한 계약의 원금 대비 5%의 가격으로 워런트를 매입할 수 있다는 것이며, 이 경우 20배의 레버리지 효과를 거둘 수 있다(현물 · 선물 · 옵션 중 레버리지 효과가 가장 높은 것은 옵션이다).

06 시장위험, 신용위험 ▸ 모든 금융투자상품은 가격위험이 있으며, 장외파생상품은 결제위험인 신용위험에 노출된다.

07 레인지(Range)형 ▸ 일정범위(또는 특정구간)에 있을 때에만 수익이 있는 구조를 매입하는 것이 유리하다.

08 Knock-out, Knock-in

09 저렴하므로 ▸ '낙아웃옵션 + 낙인옵션 = 일반(표준)옵션.' 따라서 낙아웃이나 낙인옵션은 일반옵션에 비해 저렴하다.

10 워런트의 대부분은 (유럽형 / 미국형 / 아시안형)이고, 낙아웃·낙인·레인지의 일부에서 (유럽형 / 미국형 / 아시안형)으로 발행되며, 원자재상품에 연계된 파생상품에 주로 이용되는 것은 (유럽형 / 미국형 / 아시안형)이다.

11 일반적으로 워런트편입펀드의 경우 중도상환이 (있는 / 없는) 구조이다.

12 원금보존추구형 펀드의 수익률은 기초자산의 가격변동과 투자한 (주식 / 채권)의 운용결과로 결정되는 경향이 강하다.

13 국내 시장에서 가장 대표적인 구조화펀드는 (원금보존형 / 원금비보존형)이다.

14 원금비보존형 구조에서 쿠폰(제시수익률)에 가장 크게 영향을 주는 것은 (변동성 / 상환조건 / KO·KI 수준 / 상관관계)이다.

15 원금비보존형의 쿠폰은 '변동성·상환조건·KO배리어·KI배리어'가 (높을수록 / 낮을수록) 올라가며, 상관관계는 (높을수록 / 낮을수록) 올라간다.

16 장내파생상품 운용형펀드는 주로 절대수익을 추구하며, 절대수익을 추구하는 과정에서 옵션의 수익구조를 복제하는데 이러한 펀드를 (　　　　)라고 한다.

17 대표적인 델타복제펀드에는 (　　　　)의 성과를 복제하는 포트폴리오보험전략과 (　　　　)의 성과를 복제하는 Reverse Convertible 전략이 있다.

18 장내파생상품 운용형펀드 중에서 지수의 움직임과 반대의 수익률을 추구하는 펀드를 (레버리지 / 리버스인덱스) 펀드라고 하며, 이 펀드의 수익률은 (일일지수 수익률의 반대 / 특정구간수익률의 반대)로 산정한다.

19 장내파생상품 운용형펀드에서 지수가 크게 하락할 경우 손실위험이 가장 크게 나타나는 것은 (Reverse Index Fund / Portfolio Insureance Fund / Reverse Convertible Fund)이다.

정답

10 **유럽형, 미국형, 아시안형** ▸ 아시안형은 가격이 낮아 참여율은 좋으나, 주가연계상품에서는 일반적이지 않고 원자재와 연계된 파생상품에서 주로 이용된다.

11 **없는** ▸ 워런트편입펀드는 만기에 도달해야 원금이 보전되는 구조로 설계가 되는 것이 일반적이므로, 만기 전에 환매(중도환매)할 경우 일정한 손실이 불가피하다.

12 **채권** ▸ 원금보존추구형펀드는 안전자산인 채권을 대부분 편입하므로 채권의 운용결과가 수익률에 미치는 영향이 크다.

13 **원금비보존형** ▸ ELS 등 구조화 상품은 저금리기조에서 수익률을 제고하기 위한 차원에서 개발된 상품으로 국내에서는 원금비보존형이 더 많이 판매되고 있다.

14 **변동성** ▸ 변동성은 파생상품의 중요한 수익원이다.

15 **높을수록, 낮을수록** ▸ 상관관계는 '낮을수록' 상환조건 달성이 어려우므로 쿠폰이 올라간다.

16 **델타복제펀드**

17 **콜옵션매수, 풋옵션매도** ▸ 주식매수 + 풋옵션매수 = 콜옵션매수를 복제, 주식매수 + 콜옵션매도 = 풋옵션매도를 복제

18 **리버스인덱스, 일일지수 수익률의 반대** ▸ Reverse Index Fund 또는 Inverse Index Fund는 일일지수 수익률의 반대일 뿐이며, 특정구간 수익률과 정확하게 반비례해서 움직이는 것은 아니라는 점에 유의해야 한다.

19 **Reverse Convertible Fund** ▸ R.C.형은 지수가 크게 하락 시 손실도 크게 발생한다(콜옵션매도가 내재).

20 일반적으로 (주가연계 / 금리연계) 파생상품펀드는 만기가 길고 발행사의 중도상환옵션이 내재되어 있다. 그리고 경제에 대한 이해가 수반되어야 한다.

21 CD91일물 금리와 통안채 금리를 이용한 (Range Accrual / Spread) 상품은 금리가 일정범위 안에 머문 날짜를 계산하여 쿠폰이 결정되는 구조이다.

22 펀드수익에 대해서 과세부담이 작다는 것은 (ELS편입펀드 / 델타복제펀드)의 장점이다.

23 환율은 안정적으로 움직이다가도 짧은 기간에 큰 폭의 등락을 보이기 때문에 위험관리에 신중해야 한다. 만일 환율이 큰 폭으로 움직일 것으로 예상되지만 방향성에 대한 확신이 없을 경우에는 (양방향 낙아웃매수 / 양방향 낙인매수)가 적절하다.

24 '디지털형 / 레인지형 / 낙아웃형 / 낙인형' 중에서, 환율이 제한적으로 움직일 것으로 예상될 경우 가장 적합하지 않는 구조는 (   )이다.

25 (금리연계 / 상품연계) 파생상품펀드는 뛰어난 인플레이션 헤지 효과 및 타 자산과의 낮은 상관관계로 분산투자 효과가 뛰어나다는 장점이 있으나, 가격예측이 어렵고 변동성이 매우 크다는 단점이 있다.

26 롤오버리스크(Roll-over Risk)에 주로 노출되는 펀드는 (주가연계 / 금리연계 / 환율연계 / 상품연계) 파생상품펀드이다.

27 상품지수 중에서 가장 분산이 잘 되어 있는 지수는 (Dow Jones-UBS / S&P GSCI)이고, 에너지 비중이 가장 높은 지수는 (Dow Jones-UBS / S&P GSCI)이다.

정답

20 금리연계

21 Range Accrual

22 델타복제펀드 ▸델타복제형은 쿠폰을 지급하는 것이 아니라 운용결과를 귀속하는 펀드로서 배당과세를 한다. 이때 주식매매로 인한 수익은 비과세되므로 ELS편입펀드에 비해 절세 면에서 유리하다.

▸주가연계파생상품펀드(ELF)의 종류

ELF의 종류					
워런트 편입형	ELS 편입형	장외파생상품 계약형		장내파생상품 운용형	
채권 + 워런트 매수	펀드 내 다수의 ELS를 편입	하나의 상품을 계약		장내파생상품을 활용	
		원금부거래 (Funded Swap)	이자부거래 (Unfunded Swap)	레버리지 · 리버스 인덱스펀드 등	P.I.형 펀드, R.C.형 펀드 ↓ 델타복제펀드

23 양방향 낙인매수 ▸낙아웃과 낙인의 개념을 이해하고 있는가에 대한 질문이다. 변동성이 제한될 것으로 예상되면 낙아웃매수, 변동성이 클 것으로 예상되면 낙인매수가 적절하다.

24 낙인(Knock-in)형 ▸낙인구조 매수는 환율이 큰 폭으로 움직일 것으로 예상될 경우 적합하다.

25 상품연계

26 상품연계 ▸상품연계파생상품펀드의 기초자산은 주로 선물(장내파생상품)을 사용하므로, 선물만기(보통 만기 3개월물)를 지속적으로 이월(Roll-over)시켜야 한다. 이때 발생하는 위험이 롤오버리스크이다.

27 Dow Jones-UBS, S&P GSCI

28 멀티에셋펀드(Multi-asset Fund)는 (고수익 추구 / 안정적 투자)에 적합한 펀드이다.

29 KOSPI200을 추종하는 인덱스를 현물(주식)로 구성한다면 (일반인덱스펀드 / 파생형인덱스펀드)가 되며, KOSPI200지수선물을 매입하여 추종한다면 (일반인덱스펀드 / 파생형인덱스펀드)가 된다.

30 인덱스펀드는 운용목표에 따라 순수(Pure)인덱스펀드와 알파추구형(Enhanced)인덱스펀드로 나눌 수 있는데, KOSPI200을 추종하는 펀드는 대부분 (Pure Index Fund / Enhanced Index Fund)라고 할 수 있다.

31 P.I.전략에는 '방어적풋전략, 콜옵션을 이용하는 전략, 옵션복제전략'이 있는데 '주식을 매수하고 풋옵션을 매수하는 전략'을 (　　　　)이라고 한다.

32 채권과 주식을 편입하고 지수의 상승 또는 하락에 따라 주식편입비중을 조절하는 전략을 (　　　　)라고 한다.

33 P.I.전략의 용어 중에서 포트폴리오의 최저가치를 (　　　　)라고 한다.

34 옵션복제전략에는 CPPI와 TIPP 두 전략이 있는데 상승장에서는 (　　　　) 전략이 우수하며 횡보장이나 하락장에서는 (　　　　) 전략이 우수하다.

35 (시장중립펀드 / 시스템운용형펀드)는 대부분의 전략을 차익거래에 의존하는데, 차익거래의 기회가 상당기간 발생하지 않거나 또는 일정한 위험을 감수해야 하는 준차익거래를 하기 때문에 무위험수익률 이하의 수익률이 실현될 수도 있다는 점에 유의해야 한다.

36 (시장중립펀드 / 시스템운용형펀드)는 펀드매니저의 주관을 배제한 채 시스템에서 보내주는 매매신호에 따라 기계적으로 거래해서 안정적인 수익을 노리는 전략이다.

37 시스템운용형 전략은 대부분 (모멘텀전략 / 역발상전략)에 기반하므로, 시장이 추세를 보이고 있는 구간에서는 성과가 양호할 수 있으나, 시장이 등락을 반복하거나 하락구간에서 성과가 부진할 수 있다.

정답

28 안정적 투자 ▸ 안정성을 중시하거나 처음 펀드에 투자하는 투자자에게 적합한 펀드이다.

29 일반인덱스펀드, 파생형인덱스펀드 ▸ 인덱스의 추종을 파생상품을 매입하여 추종하는 펀드를 파생형인덱스펀드라 하고, 이 펀드는 일반인덱스펀드보다 거래비용이 작다는 장점이 있으나 롤오버리스크에 노출되는 단점이 있다.

30 Enhanced Index Fund ▸ KOSPI200을 추종하는 펀드들은 차익거래가 가능하므로 인핸스드인덱스펀드에 해당한다.

31 방어적풋(Protective Put)전략

32 옵션복제전략(또는 동적자산배분전략) ▸ 주가상승 시 주식편입비중을 늘려 상승수익을 확보하고, 주가하락 시에는 최소편입비중을 통한 최소보장치(Floor)를 확보할 수 있다. 즉 콜옵션매수와 동일한 효과를 내므로, 이를 옵션복제전략이라고 한다.

33 보장치(Floor) ▸ Exposure, Floor, Cushion, Multiplier의 용어를 구분할 것

34 CPPI, TIPP ▸ CPPI는 옵션 같은 복잡한 상품을 따로 다루지 않아도 된다는 장점이 있기는 하나 투자 잔여기간의 이자액수가 계속 변하는 데 따른 조정을 계속 해줘야 하는 불편함이 있다. TIPP는 투자 개시 이후 포트폴리오 최고가치의 일정비율을 방어하도록 설계되었고, CPPI 방식과 동일하게 운용되는 대신 보장치는 포트폴리오의 가치가 늘게 되면 비례적으로 증가한다.

35 시장중립펀드

36 시스템운용형펀드

37 모멘텀전략 ▸ 모멘텀전략은 추세순응전략이다.

38 (Worst Performer / Best Performer) 구조는 기초자산이 2개 이상일 때 수익률이 낮은 자산을 기준으로 상품의 수익을 결정하는 것이다.

39 '시장위험, 신용위험, 운영위험, 변동성위험, 베이시스위험' 중 파생상품에만 존재하는 위험은 ( ), ( ) 이다.

40 파생상품의 다양한 매매전략, 특히 ( )의 등장으로 시장의 효율성, 가격의 효율성 및 안정성이 확대되었다.

41 파생상품을 펀드에 포함시킬 경우 현물로만 구성된 일반펀드에 비해 효율적 투자기회선이 (개선된다 / 개선되지 않는다).

42 펀드를 판매할 때에는 투자자와의 의사소통 및 투자자의 이해 등을 감안하여 (고수익에 우선하는 구조 / 가급적 단순한 구조)로 투자자입장에서 결정하는 것이 좋다.

43 채권형 펀드에 대한 환리스크를 헤지하는 경우 (투자원금의 전액에 대해서 / 투자원금의 50%~70%에 대해서) 헤지하는 것이 일반적이다.

정답

38 Worst Performer(W.P) ▸ W.P 구조가 상품성이 높은 것으로 평가되며, B.P 구조는 사실상 시장에 없다.

39 변동성위험, 베이시스위험 ▸ 현물의 수익구조는 방향성으로만 결정되나 파생상품은 방향성뿐만 아니라 변동성도 수익구조에 영향을 준다. 베이시스는 파생상품에만 존재한다(베이시스 = 현선물 간의 가격차이).

40 차익거래

41 개선된다 ▸ 파생상품은 변동성도 수익원이 되기 때문이다.

42 가급적 단순한 구조 ▸ 고수익 구조는 위험 또한 크다는 것이므로 무조건적인 고수익 구조보다는 투자자가 이해하기 쉬운 단순한 구조로 함이 바람직하다.

43 투자원금의 전액에 대해서 ▸ 채권형은 원금보존성향이 강하므로 전액 헤지하고, 주식형은 환리스크 자체를 수익의 기회로도 활용하려는 경향이 있으므로 원금의 50%~70% 정도를 헤지하는 것이 일반적이다.

제3장 파생상품펀드 투자 · 리스크관리(10문항)

01 개시증거금이 1,500만원이고, 유지증거금이 1,000만원인데 계좌증거금이 800만원으로 하락하여 마진콜(Margin Call)이 발생하였다. 이 경우 계좌에 추가로 입금해야 하는 추가증거금은 (　　　　)이다.

02 신규매수와 신규매도의 거래가 체결된다면 미결제약정은 (+1 / 0 / −1)계약이 된다.

03 선도거래의 '사후적 제로섬'이라는 특성은 (시장위험 / 신용위험)이 발생할 수 있음을 말한다.

04 현물가격이 100point, 차입이자(r) = 4%, 배당률(d) = 2%, 잔여만기가 3개월일 때, 주가지수선물가격은 (　　　　)이다.

05 '선물(F) − 현물(S)'을 시장베이시스라 하며, '시장베이시스 > 0'일 경우 (Contango / Backwardation) 시장이라 하며, 이 경우 (매수차익거래 / 매도차익거래)가 가능하다.

06 미국에 수출계약을 한 수출업자가 달러변동위험을 헤지를 한다면, 달러에 대해 (　　　　)를 해야 한다.

07 시장위험을 회피하기 위해 베이시스위험을 취한다는 것은 (랜덤베이시스 헤지 / 제로베이시스 헤지)를 말하며, 헤지포지션을 만기에서 청산하는 것은 (랜덤베이시스 헤지 / 제로베이시스 헤지)를 말한다.

08 시가 100억원의 현물포트폴리오에 대해서 주가지수선물로 헤지하고자 한다. 주가지수 선물가격이 200point(승수 50만원 가정)일 때 단순헤지를 한다면 (　　　　)을 매도하면 된다.

09 근월물의 가격이 100이고 원월물의 가격이 103이다. 두 월물 간 스프레드가 향후 더 (확대 / 축소)될 것으로 예상한다면 근월물을 매도하고 원월물을 매수한다.

정답

01 700만원 ▸ 마진콜이 발생 시 개시증거금까지의 부족금액을 추가증거금으로 납부해야 한다.

02 +1

03 신용위험 ▸ 손실을 본 당사자의 계약불이행(Default Risk) 위험이 존재한다.

04 해설참조 ▸ $F = S\left[1+(0.04-0.02)\times\frac{3}{12}\right] = 100 \times 1.005 = 100.5$

05 Contango, 매수차익거래 ▸ F − S = B(시장베이시스) = 보유비용. B > 0 → F가 고평가 → 선물매도 / 현물매수 → 매수차익거래

06 매도헤지 ▸ 수출업자는 달러에 대해 LONG Position이므로, 달러하락위험을 헤지하고자 하며 이는 매도헤지가 된다(수입업자는 SHORT Position, 매수헤지).

07 랜덤베이시스 헤지, 제로베이시스 헤지

08 100계약 ▸ $h = \frac{100억원}{200 \times 500,000}$ = 100(계약). 베타헤지의 경우, 포트폴리오의 베타가 1.5라면 150계약을 매도하면 된다.

09 확대 ▸ 스프레드매수 = 롱스프레드 = 비싼가격물 매수 / 싼가격물 매도 = 스프레드확대전략

10 미재무성채권(Treasury Bond)과 유로달러(Euro Dollar)에 대해 서로 반대포지션을 취하는 스프레드 포지션을 (상품 간 스프레드 / 상품 내 스프레드)라 한다.

11 기초자산가격(S)이 100이고 행사가격(X)이 80이라면 콜옵션의 내재가치는 (　　　)이고, 풋옵션의 내재가치는 (　　　)이다.

12 옵션이 낙첨될 경우 수령한 프리미엄이 모두 수입이 되고, 옵션이 당첨이 되면 기초자산가격과 행사가격의 차이만큼 지급해야 하는 의무를 가진 자는 (옵션매수자 / 옵션매도자)이다.

13 기초자산가격(S)이 150이고, 행사가격이 120인 콜옵션의 프리미엄이 36이라면, 시간가치는 (　　　)이다.

14 내재가치가 양(+)인 상태를 (OTM / ATM / ITM)이라고 한다.

15 '근월물매수 + 원월물매도'는 (수평스프레드 / 수직스프레드)이며, 'C(80)매수 + C(90)매도'는 (수평스프레드 / 수직스프레드)에 해당된다.

16 행사가격이 낮은 콜옵션을 매수하고 행사가격이 높은 콜옵션을 매도하면 (　　　) 포지션이 된다(매수 : 매도 = 동일비율).

17 아래의 포지션은?

1) C(80) 1개 매수 + P(80) 1개 매수 → (　　　) 포지션
2) P(70) 1개 매수 + C(90) 1개 매수 → (　　　) 포지션
3) C(80) 1개 매수 + C(90) 1개 매도 → (　　　) 포지션
4) C(80) 1개 매수 + C(90) 2개 매도 → (　　　) 포지션
5) C(80) 2개 매수 + C(90) 1개 매도 → (　　　) 포지션

정답

10 **상품 간 스프레드** ▸ 상품 간 스프레드(Intra-commodity Spread)는 이종상품 간의 스프레드를 말하며, 상품 내 스프레드(Inter-commodity Spread)는 동종상품 간의 스프레드를 말한다.
• TED 스프레드는 대표적인 상품 간 스프레드이다.

11 20, 0 ▸ 콜옵션의 내재가치 = Max(0, S-X), 풋옵션의 내재가치 = Max(0, X-S)

12 **옵션매도자(옵션발행자)** ▸ 옵션계약은 선물계약과는 달리 불평등하다. 즉 옵션매수자에게 일방적으로 유리하므로 옵션매수자는 프리미엄을 지불하고 옵션매도자는 프리미엄을 받고 옵션을 매도(발행)한다.

13 6 ▸ 옵션의 프리미엄(36) = 내재가치(30) + 시간가치(6)

14 ITM(내가격)

15 **수평스프레드, 수직스프레드** ▸ 참고로 '근월물 C(80)매수 + 원월물 C(90)매도'는 대각스프레드의 예가 된다.

16 **콜강세스프레드** ▸ 예 'C(80)매수 + C(100)매도'는 콜강세스프레드이다. 비싼 옵션을 매수하고 싼 옵션을 매도하였으므로 스프레드확대전략이며, 지수가 상승 시 수익이 발생하므로 강세스프레드, 콜옵션으로 구성되었으므로 종합하여 '콜강세스프레드'이다.
• 콜강세스프레드는 비싼 옵션을 매수하고 싼 옵션을 매도했으므로 초기지불상태가 된다. 즉, 돈을 내고 시작한다.

17 **스트래들매수 – 스트랭글매수 – 콜강세스프레드 – 콜레이쇼버티칼스프레드 – 콜백스프레드**

18 옵션스프레드 전략인 스트래들(Straddle)과 스트랭글(Strangle) 중 기초자산의 가격이 매우 크게 변동할 것으로 예상할 때 취하는 전략으로서, 수수료도 상대적으로 절약되는 전략은 (스트래들 / 스트랭글) 전략의 (매수 / 매도)이다.

19 콜옵션의 델타는 ATM에서 (　　　)이고, ITM이 강화될수록 (　　　)에 가까워지며, OTM이 강화될수록 (　　　)에 가까워진다.

20 감마는 (OTM / ATM / ITM)에서 가장 크다.

21 옵션의 시간가치 감소현상(Time Decayed)을 (　　　)라고 한다.

22 콜옵션매수의 쎄타는 (　　　)이나, 콜옵션매도의 쎄타는 (　　　)이다.

23 금리가 올라가면 콜옵션가격은 (상승 / 하락)하며, 풋옵션의 가격은 (상승 / 하락)한다.

24 3개월 후에 발표되는 6개월 금리에 대한 FRA계약을 (　　　) FRA라고 한다.

25 FRA매수자는 자금의 (차입자 / 대여자)이다.

26 금리하락위험을 헤지하기 위해서는 FRA (매수 / 매도) 포지션을 취하면 된다.

27 FRA(Free Rate Agreement)는 (장내파생상품 / 장외파생상품)이다.

28 스왑의 거래대상이 금리이면 (　　　), 통화이면 (　　　)이라 한다.

29 고정금리를 지불하고 변동금리를 수취하면 (Payer's Swap / Receiver's Swap)이 된다.

정답

18 스트랭글, 매수
19 0.5, 1, 0
20 ATM ▸ 감마는 곡률(곡선의 구부러진 정도)를 말하는데 ATM에서 가장 크다.
21 쎄타 ▸ 옵션매수의 가장 큰 적은 시간가치 감소현상(쎄타)이다.
22 −, + ▸ 예 콜옵션매수의 감마는 (+)이나 콜옵션매도의 감마는 (−)이다.
• 쎄타가 (−)라 함은 시간과 옵션가격과의 관계가 (−) 관계, 즉 역의 관계임을 말한다.
23 상승, 하락 ▸ 금리와 옵션의 민감도계수는 로우이다.
24 3 × 9 ▸ 예 1개월 후에 발표되는 3개월 금리에 대한 FRA계약을 1×4 FRA라고 한다.
25 차입자
26 매도
27 장외파생상품
28 금리스왑, 통화스왑
29 Payer's Swap ▸ Payer's Swap(고정지불 / 변동수취)은 금리상승에 대비하는 Swap이다.

30 (　　　　)의 가장 큰 특징은 금리스왑과는 달리 실제 원금이 교환된다는 점이다.

31 통화스왑의 3단계 중 신용위험이 가장 커지는 단계는 (　　　　)이다.

32 CDS(Credit Default Swap)는 (　　　　)가 (　　　　)에게 보장에 대한 프리미엄을 지불하고, 기준채권의 부도발생 시 미회수금액을 보장금액으로 지급받는 계약을 말한다.

33 기준채권(준거자산)의 채무불이행 가능성이 높을수록 CDS프리미엄이 (올라가고 / 내려가고), 보장매도자의 신용도가 높을수록 CDS프리미엄이 (올라간다 / 내려간다).

34 CLN의 발행자는 (보장매수자 / 보장매도자)이다.

35 준거자산에서 발생하는 모든 총수익을 일정한 현금흐름으로 교환하는 계약을 (CLN / TRS)라고 한다.

36 TRS계약을 체결하게 되면 TRS지급자는 준거자산을 매각하지 않고도 자산을 사실상 매각한 것과 같은 효과를 얻게 되며, TRS수취자는 준거자산을 매입하지 않고도 매입한 것과 같은 효과를 누리는데 이를 TRS의 (　　　　)라고 한다.

37 룩백옵션은 미국식옵션보다 더 (저렴하다 / 비싸다).

38 래더옵션은 룩백옵션보다 (저렴하다 / 비싸다).

39 해당 기간 내에 최저가격이 콜옵션의 행사가격이 되는 것을 (　　　　), 해당 기간 내에 미리 정해진 가격수준 중에서 가장 낮은 가격수준이 콜옵션의 행사가격이 되는 것을 (　　　　)이라고 한다.

40 배리어옵션, 룩백옵션, 래더옵션, 평균기초자산옵션, 평균행사가격옵션은 (경로의존형 / 첨점수익구조형 / 시간의존형 / 다중변수형) 옵션이다.

정답

30 통화스왑 ▸ 금리스왑은 같은 통화이므로 금리차액만을 결제하면 되지만, 통화스왑은 '원금교환 – 이자교환 – 원금재교환'의 3단계를 거친다.

31 원금재교환단계(3단계) ▸ 환율리스크에 가장 크게 노출되는 원금재교환단계에서 신용위험이 가장 확대된다(스왑은 모두 장외거래이므로 신용위험에 노출됨).

32 보장매수자, 보장매도자 ▸ 위험회피자 = 보장매수자(Protection Buyer), 미회수금액 = 채권금액 – 회수금액

33 올라가고, 올라간다 ▸ 보장매도자가 신용도가 높아지면 더 확실하게 보장을 받으므로 프리미엄이 올라간다.

34 보장매수자 ▸ 위험회피자 = 보장매수자 = CLN발행자 = TRS지급자

35 TRS ▸ CDS나 CLN이 신용위험만 전가하는 것에 비해 TRS는 신용위험과 가격위험(시장위험)까지도 전가한다.

36 현금흐름 복제효과

37 비싸다 ▸ 룩백옵션에 투자하면 옵션행사의 최적기를 놓칠 염려가 없으므로 미국식에 비해 훨씬 비싸다.

38 저렴하다 ▸ 룩백은 해당 기간 내 최저가격 또는 최고가격으로 행사가격이 정해지지만, 래더는 미리 설정한 일정한 가격수준(래더) 중에서 최저 또는 최고가격으로 행사가격을 결정한다. 즉, 래더는 룩백옵션이 완화된 것으로 볼 수 있다.

39 룩백콜옵션, 래더콜옵션

40 경로의존형

41 일반 옵션은 처음부터 프리미엄을 지불하나 (　　　)은 내가격이 되어야 비로소 프리미엄을 지불한다.

42 만기 2달 전에는 스트래들 포지션을 구축하고 있다가 만기 1달 전에 콜이든 풋이든 선택하는 옵션을 (　　　)이라 한다.

43 (　　　)을 행사하면 만기일의 기초자산가격이 행사가격이 되는 새로운 등가격 옵션을 받게 된다.

44 수익구조가 Max[0, max(S_1, S_2, …S_n) − X]인 옵션을 (　　　)이라 한다.

45 무지개옵션, 포트폴리오옵션, 바스켓옵션, 스프레드옵션은 (경로의존형 / 첨점수익구조형 / 시간의존형 / 다중변수형) 옵션이다.

46 Max(S_T, X)는 (　　　)의 수익구조이다.

47 포트폴리오보험전략 중 ELS의 구조와 가장 밀접한 전략은 (　　　)이다.

48 포트폴리오보험전략에서 '보호적풋'의 방어자산은 (　　　)이고, 이자추출전략의 방어자산은 (　　　)이며, 옵션복제전략의 방어자산은 (　　　)이다.

49 옵션복제전략에서는 주가가 오르면 주식의 편입비율을 (증가 / 감소)시키고, 주가가 내리면 주식의 편입비율을 (증가 / 감소)시킨다.

50 포트폴리오보험전략은 (Positive / Negative) Feedback 전략이다.

정답

41 **조건부프리미엄옵션(후불옵션)** ▸ 조건부프리미엄옵션(후불옵션)은 내가격이 되어야 프리미엄을 지불하는데 ATM에서 가장 손실이 크다.

42 **선택옵션** ▸ 선택옵션은 비용면에서는 스트래들보다 유리하나, 일단 선택을 하면 수익가능성 면에서 스트래들보다 불리하다.

43 **행사가격결정유예옵션** ▸ 정상적인 상황이 아닌 특수한 상황을 전제로 한 Delayed Option이다.

44 **무지개옵션** ▸ 기초자산이 여러 개인 옵션은 무지개옵션이다.

45 **다중변수형**

46 **포트폴리오보험전략** ▸ 기초자산가격이나 행사가격 중 큰 것이 수익이 되므로 최소 행사가격을 보장하는 것 → 포트폴리오보험전략의 수익구조이다.

47 **이자추출전략** ▸ ELS의 구조는 '채권 + 워런트매입'으로 채권에서 이자가 가산되어 원금보존이 되도록 설계할 경우 이자만 가지고 워런트에 투자하는 셈이 되는데, 이를 이자추출전략(Cash Extraction)이라 하고 P.I.전략의 이자추출전략과도 동일하다.

48 **풋옵션, 채권, 채권**

▸ 포트폴리오보험전략

보호적풋	이자추출전략	옵션복제전략
주식 + 풋옵션매수	채권 + 콜옵션매수	채권 + 주식
방어자산 : 풋옵션(매수)	방어자산 : 채권	방어자산 : 채권

49 **증가, 감소** ▸ 주가가 오르면 주식비중을 증가시켜 수익에 동참하고, 주가가 하락하면 주식비중을 감소시켜 보험전략을 실행한다.

50 **Positive** ▸ '주가상승 시 매수, 주가하락 시 매도'였으므로 Positive 전략이다.

51 포트폴리오보험전략 3가지 중 프리미엄을 따로 지불할 필요가 없는 것은 (   )이다.

52 ELS를 발행한 금융투자회사가 ELS의 시장위험을 완벽하게 헤지하기 위해 동일한 구조의 ELS를 글로벌IB로부터 매입하는 것을 (   ) 거래라고 한다.

53 BTB거래를 한 금융투자회사는 (   )을 완벽하게 제거하지만, (   )과 (   )에 새롭게 노출된다.

54 Fully Funded Swap일수록 BTB거래의 필요성이 (증가한다 / 감소한다).

55 BTB거래와는 달리 ELS의 발행사의 헤징 자체가 수익원이 될 수 있는 거래를 (   )이라 한다.

56 BTB거래와 자체헤징 중에서 자금유동성리스크에 노출될 수 있는 것은 (   )이다.

57 파생상품펀드에 대해 부담하는 운용사의 리스크는 발행사의 리스크와 (같다 / 다르다).

58 파생상품펀드의 위험지표 공시의무는 (발행사 / 운용사)가 진다.

59 자본시장법상 파생상품펀드는 파생결합증권에 100분의 (   )까지 투자할 수 있다.

60 O X 파생상품펀드는 그 가격을 매일 공시하여야 하며, 2개 이상의 채권평가회사가 제공하는 가격을 기준으로 하여 공정가액을 산정하도록 하고 있다.

61 O X 시장침체기에 주가지수선물을 매도하여 보유하고 있는 현물(주식)에 대한 위험을 헤지할 수 있는데, 이는 고객이 적극적으로 요청하는 경우가 아니라면 자제하는 것이 좋다.

정답

51 옵션복제전략

52 BTB(Back To Back)

53 시장위험, 신용위험, 유동성위험 ▸ BTB거래는 장외거래이므로 글로벌IB에 대한 신용위험(예 2008년 리먼브라더스의 파산), 거래량 부족에 따른 유동성위험에 노출된다.

54 증가한다 ▸ 원금부거래를 Funded Swap, 내재된 파생상품부분만 떼어서 하는 거래를 Unfunded Swap이라 하는데 Fully Funded Swap일수록 시장리스크도 확대되므로 BTB의 필요성이 커진다.

55 자체헤징(Dynamic Hedging)

56 자체헤징 ▸ BTB는 시장위험과 자금유동성리스크를 완벽히 제거할 수 있다. 자체헤징을 장내시장에서 할 경우 시장위험과 자금유동성리스크에 노출된다.

57 다르다 ▸ 운용사의 경우 펀드투자자가 펀드의 리스크를 부담하고 있으므로, 발행사가 부담하는 위험(시장위험 / 신용위험 / 유동성위험)과 본질적인 차이가 있다. 다만, 투자자에 대한 충실의무를 이행하기 위해 선관주의의무를 다해서 리스크 관리를 해야 한다.

58 운용사 ▸ 발행사는 ELS를 발행한 후 유동성공급자로서의 의무를 부담하나, 위험지표공지의무(계약금액 / 만기 시 손익구조변동 / 시나리오별 손익구조변동 / VaR)는 펀드를 운용하는 자산운용사가 부담한다.

59 30% ▸ 일반공모펀드의 경우 분산투자제한으로 동일증권에 100분의 10까지만 투자할 수 있으나 파생결합증권은 지방채 / 특수채와 함께 30%까지 투자가 가능하다.

60 O

61 O ▸ 선물매도에서 손실이 발생할 경우 민원이 발생할 수 있기 때문이다.

62 판매사의 리스크는 (하자상품 / 불완전판매의 방지)의 문제로 귀결된다.

63 파생상품펀드에 대해 상환 이전에 환매(Unwinding)를 요청하는 경우 환매금액의 ( )에서 ( )에 이르는 높은 환매수수료를 부담하는 것이 일반적이다.

64 보기 중에서 파생상품펀드의 투자유인이 될 수 없는 것은 (선형의 수익구조 / 기초자산의 범위확대 / 무위험수익의 추구 가능)이다.

65 (발행사 / 운용사)에 대한 평판리스크에 주의해야 한다.

정답
62 불완전판매의 방지 ▸ 하자상품에 대한 리스크는 발행사가 진다.
63 3%, 7% ▸ 만기 또는 중간평가일에 요건을 충족하여 상환조건을 만족하여 상환을 받게 되는데, 그렇지 않고 중도에 환매를 할 경우에는 환매금액의 3%~7% 정도의 높은 환매수수료를 부담한다(→ ELS의 중도환매 시 높은 수수료를 부담하는 것과 같은 맥락).
64 선형의 수익구조 ▸ 파생상품을 구조화 상품에 포함시킬 경우 '비선형의 수익구조' 즉 다양한 수익구조를 만들 수 있다는 장점이 있다.
65 운용사 ▸ '고위험고수익'의 운용정책을 가진 운용사는 피하는 것이 좋으며, 발행사에 대한 평판리스크는 크게 문제될 것이 없다.

펀드투자권유자문인력 **제3과목** 15문항

부동산펀드

제1장 부동산펀드 법규(5문항)

01 ○× 자본시장법은 펀드재산의 50%를 초과하여 부동산 등에 투자하면 부동산펀드로 규정되는데, 여기서 '부동산 등'에는 부동산 실물투자뿐 아니라 관리 및 개량, 임대 및 운영, 부동산의 개발, 개발사업을 영위하는 법인에 대한 대출, 부동산과 관련된 권리에 투자하는 경우, 부동산을 담보로 한 금전채권에 투자하는 경우도 부동산투자의 범위에 포함시키고 있다.

02 부동산펀드가 직접 부동산개발사업시행자로서 부동산개발사업에 투자하는 경우 적합한 펀드의 법적형태는 (   ), (   )의 2가지가 있다.

03 자본시장법상 부동산펀드는 법적형태에 따라 신탁업자로 하여금 그 집합투자업자의 지시에 따라 투자・운용하게 하는 신탁형태의 (   ), 상법에 따른 주식회사 형태의 (   ), 유한회사 형태의 (   ), 합자회사 형태의 (   ), 유한책임회사 형태의 (   ), 합자조합 형태의 (   ), 익명조합 형태의 (   ) 등으로 구분할 수 있다.

04 법인이사가 집합투자업자이며 사원총회를 여는 부동산집합투자기구는 (   )이다.

05 무한책임사원이 집합투자업자이며 사원총회를 여는 부동산집합투자기구는 (   )이다.

정답

01 ○

02 부동산투자회사, 부동산투자유한회사 ▸ 펀드의 법인격이 있되 유한책임을 지는 부동산투자회사, 부동산투자유한회사의 2가지가 적합하다.

03 부동산투자신탁, 부동산투자회사, 부동산투자유한회사, 부동산투자합자회사, 부동산투자유한책임회사, 부동산투자합자조합, 부동산투자익명조합

04 부동산투자유한회사 ▸ 부동산투자회사는 주주총회를 연다.

▸ 부동산집합투자기구

구 분	집합투자업자	투자자총회
부동산투자신탁	집합투자업자	수익자총회
부동산투자회사	법인이사	주주총회
부동산투자유한회사	법인이사	사원총회
부동산투자합자회사	무한책임사원	사원총회
부동산투자유한책임회사	업무집행자	사원총회
부동산투자합자조합	무한책임조합원	조합원총회
부동산투자익명조합	영업자	익명조합원총회

05 부동산투자합자회사

06 펀드는 일반적으로 투자자평등원칙에 입각하여 투자자 간 이익분배 등에 있어 차별을 허용하지 않는데, 이에 대한 예외로서 (　　　　), (　　　　)은 배당률이나 배당순서를 달리 할 수 있다.

07 자본시장법상 부동산펀드를 설정・설립하는 경우에는 (　　　　)으로 설정・설립하는 것이 원칙이다.

08 환매금지형부동산펀드를 공모형으로 설정하는 경우 설정일로부터 90일 내로 상장을 해야 하는데, 이때 상장의무가 부과되는 집합투자기구의 법적형태는 (　　　　), (　　　　)의 2가지이다.

09 ○× 사모형 환매금지형부동산펀드는 상장의무가 없다.

10 ○× 환매금지형부동산펀드는 존속기간을 정하도록 하고 있기 때문에 존속기간이 도래하면 원칙적으로 해산해야 하지만 투자자산 중 현금화되기 어려운 자산이 있는 경우 존속기간을 연장할 수 있는데, 이때 수익자총회의 의결을 거쳐야 한다.

11 ○× 자본시장법은 펀드재산의 50%를 초과하여 '부동산 등'에 투자하면 부동산집합투자기구로 인정하는데, 부동산개발과 관련된 법인에 대한 대출은 '부동산 등'에 포함되지 않는다.

12 자본시장법상의 법적 요건을 충족한 부동산펀드는 나머지 펀드재산으로 다른 자산, 즉 '증권 및 특별자산'에 자유롭게 투자할 수 (있다 / 없다).

13 ○× 부동산에 투자하는 방법은 실물부동산의 취득뿐 아니라 부동산의 관리 및 개량, 임대 및 운영, 부동산 개발, 부동산중개 등이 포함된다.

14 '지상권, 지역권, 전세권, 임차권, 분양권, 저당권, 부동산을 담보로 한 금전채권' 중 부동산관련 투자대상자산으로 인정되지 않는 것은 (　　　　)이다.

15 공모형 부동산집합투자기구는 동일종목에 대한 10% 투자한도가 있음에도 불구하고, ① (　　　　)가 발행한 증권, ② (　　　　)가 발행한 지분증권, ③ 주택저당증권에 대해서는 100%까지 투자가 가능하다.

정답

06 **투자합자회사, 투자합자조합** ▸ 합자회사(또는 합자조합)는 무한책임사원(또는 무한책임조합원)과 유한책임사원(또는 유한책임조합원) 간의 배당률이나 배당순서의 차이를 둘 수 있다.
*무한책임사원(무한책임조합원)은 무한책임을 지므로 더 많은 배당을 받을 수 있도록 한다.

07 **환매금지형** ▸ '반드시'에서 '원칙적'으로 바뀜(부동산펀드라도 시장성이 있는 경우는 환매금지형으로 설정하지 않아도 된다)

08 **투자신탁, 투자회사** ▸ 나머지 법적형태의 경우 상장의무가 부과되지 않는다.

09 ○

10 ○ ▸ 존속기간의 연장은 '신탁계약기간의 변경'으로서 '신탁계약 중요내용'에 해당된다. 따라서 수익자총회의 의결을 통해 존속기간의 연장이 가능하다.

11 × ▸ 포함된다(대출형부동산펀드에 해당됨).

12 **있다** ▸ 펀드재산의 50%를 초과해서 '부동산 관련 자산'에 투자하고 나머지는 증권 및 특별자산에 투자할 수 있다.

13 × ▸ 부동산중개는 제외된다.

14 **저당권**

15 **부동산개발회사, 부동산투자목적회사** ▸ 단, 부동산투자회사가 발행한 주식은 100% 투자대상에서 제외된다.

16 특정한 부동산을 개발하기 위해 존속기간을 정하여 설립하는 회사를 (부동산개발회사 / 부동산투자목적회사)라고 한다.

17 ( )는 부동산에 투자할 목적으로 설립되고, 회사가 소유하고 있는 자산의 90% 이상이 부동산관련 자산인 회사를 말한다.

18 부동산을 담보로 한 금전채권이 신탁재산의 50% 이상을 차지하는 경우의 수익증권에, 자산총액의 50%를 초과해서 투자할 경우 (증권집합투자기구 / 부동산집합투자기구)가 된다.

19 부동산펀드에서 취득한 부동산 중 국내부동산은 취득 후 ( ) 이내에는 처분할 수 없다.

20 ○|× 부동산펀드에서 토지를 취득한 후 그 토지에 대하여 부동산개발사업을 시행하기 전에 해당 토지를 처분하는 행위를 할 수 없다. 다만, 해당펀드가 합병되거나 관련법령의 개정 등으로 인해 사업성이 떨어진 경우에는 예외가 적용된다.

21 부동산을 기초로 하는 파생상품에 투자하는 경우, 동 파생상품의 위험평가액은 공모형의 경우 펀드순자산총액의 ( )를 초과할 수 없고, 일반 및 기관전용 사모펀드의 경우 펀드순자산총액의 ( )를 초과할 수 없다.

22 집합투자업자가 펀드재산으로 부동산개발사업에 투자하고자 하는 경우에는 사전에 (사업계획서 / 실사보고서)를 작성하고 공시하여야 한다.

23 집합투자업자는 펀드재산을 부동산을 취득하거나 처분하는 경우 (사업계획서 / 실사보고서)를 작성하고 비치해야 한다.

24 '부동산의 거래가격, 부동산과 관련된 재무자료, 부동산의 수익에 영향을 미치는 요소, 부동산개발사업 추진일정' 중에서 실사보고서를 적성하지 않아도 되는 것은 ( )이다.

25 공모부동산펀드의 차입한도는 (자산총액 / 순자산총액)의 200%이고, 대여한도는 (자산총액 / 순자산총액)의 100%이다.

26 부동산펀드가 아닌 펀드에서 부동산을 취득함에 있어 금전을 차입하고자 하는 경우에는 펀드가 보유하고 있는 부동산가액의 100분의 ( )까지 차입할 수 있다.

정답

16 부동산개발회사

17 부동산투자목적회사

18 부동산집합투자기구 ▸'50% 이상 – 50% 초과' 패턴이다. 부동산을 담보로 한 금전채권에 투자하는 것은 '부동산과 관련된 투자행위'가 되므로 부동산펀드가 된다.

19 1년 ▸동 제한은 실물부동산에만 해당되며 사모펀드에도 적용되는 규제이다.

20 × ▸현저하게 또는 명백하게 떨어진 경우에만 예외가 인정된다.

21 100%, 400%

22 사업계획서

23 실사보고서

24 부동산개발사업 추진일정 ▸'미래형'이므로 사업계획서에 해당된다.

25 순자산총액, 순자산총액 ▸차입·대여한도는 순자산액을 기준으로 한다.

26 70 ▸차입금은 부동산의 운용으로만 사용해야 한다.

27 ○ × 부동산펀드는 상호저축은행으로부터는 차입을 할 수 있지만, 신용협동조합으로부터는 차입을 할 수 없다.

28 ○ × 부동산펀드는 다른 부동산펀드로부터 차입을 할 수 없다.

29 ○ × 부동산펀드의 펀드재산에 대한 평가업무는 제3자에게 위탁이 가능하다.

30 ○ × 부동산의 취득 및 처분 업무는 제3자에게 위탁이 가능하다.

31 부동산펀드의 업무를 제3자에게 위탁하고자 할 경우, 그 업무를 위탁받은 자가 해당 업무를 실제로 수행하려는 날의 ( ) 전까지 금융위원회에 보고해야 한다.

32 부동산펀드의 ( )이란, 부동산의 취득가격, 부동산의 거래가격 및 감정평가업자가 제공한 가격 등을 고려하여, 집합투자재산평가위원회가 충실의무를 준수하고 평가의 일관성을 유지하여 평가한 가액을 말한다.

33 우리나라 전세제도는 부동산 소유자인 (전세권자 / 전세권설정자)와 세입자인 (전세권자 / 전세권설정자) 간의 전세권 설정계약과 전세금의 수수 및 ( )에 의하여 성립한다. 전세권 존속기간은 최소한 ( ) 이상이어야 하며 ( )을 넘지 못한다. 세입자는 부동산소유권자와의 별도의 약정에 의해 전세권 목적물을 양도・임대・( )를 할 수 없도록 한 경우가 아니고서는 원칙적으로 부동산소유자의 동의 없이 양도・임대・( )를 할 수 있으며, 전세권 위에 (저당권 / 질권)을 설정할 수 (있다/ 없다).

34 채무자 또는 제3자가 채권의 담보로 제공한 부동산을 담보제공자의 사용・수익에 맡겨두면서 채무의 변제가 없는 경우에 그 부동산의 가격으로부터 다른 채권자보다 우선하여 변제받을 수 있는 권리를 (질권 / 저당권 / 유치권)이라고 한다.

35 등기의 효력에 있어서 본등기는 물권변동적 효력, 순위의 (보전적 / 확정적) 효력, 형식적 확정력, 대항적 효력, 권리존재의 (확정력 / 추정력) 및 점유적 효력 등이 있다.

36 가등기란 실체법상 요건이 불비할 때 본등기 전에 청구권보전의 효력을 가지며, 본등기 후에는 (순위보전적 / 순위확정적) 효력을 가진다.

정답

27 ○
28 × ▸ 차입을 할 수 있다.
29 × ▸ 본질적 업무에 대해서는 위탁할 수 없다.
*본질적 업무 : 신탁계약의 체결・해지 업무, 회사의 설립 업무, 운용 및 운용지시 업무, 펀드재산의 평가 업무
30 × ▸ 취득 및 처분 업무는 본질적 업무 중 '운용 및 운용지시 업무'에 해당된다.
31 7일
32 공정가액 ▸ 집합투자재산은 시가로 평가하고, 신뢰할 만한 시가가 없는 경우는 공정가액으로 평가한다.
33 전세권설정자, 전세권자, 등기, 1년, 10년, 전전세, 전전세, 저당권, 있다.
34 저당권 ▸ 아파트 담보대출 시 은행이 해당 부동산의 등기부(을구)에 저당권을 설정한다.
35 확정적, 추정력 ▸ 권리존재의 추정력을 가진다. 우리나라 등기법은 공신력이 없기 때문이다.
36 순위보전적

제2장 부동산펀드 영업(5문항)

01 실물형부동산펀드는 (　　　　), (　　　　), (　　　　), (　　　　) 부동산펀드로 분류하는 것이 일반적이다.

02 펀드재산의 50%를 초과하여 '부동산개발과 관련된 법인에 대한 대출' 형태의 투자를 하는 부동산펀드는 (　　　　)이다.

03 펀드재산의 (　　　　) 이상을 부동산에 투자하는 펀드로서 주로 해외증권시장에 상장된 글로벌 리츠에 포트폴리오를 구성하여 투자하는 것은 재간접형부동산펀드이다.

04 펀드재산의 50%를 초과하여 부동산과 관련된 증권에 투자하는 부동산펀드는 (　　　　)부동산펀드이다.

05 외국법령에 의거하여 설정·설립되고 외국금융감독기관의 감독을 받는 펀드를 (　　　　)라고 한다.

06 역내펀드와 역외펀드로 구분하는 것은 (설립국가 기준 / 투자대상지역)에 따른 부동산펀드의 분류이다.

07 ○ × 해외투자펀드는 실물 부동산을 직접 취득하기보다는 투자목적회사(SPV) 등을 설립하여 취득하는 것이 일반적이다.

08 펀드투자자들로부터 펀드자금을 모집하기 이전에 사전적으로 펀드의 투자대상자산 또는 투자행위를 특정하고, 펀드자금을 모집한 후에 사전에 특정된 투자대상자산에 투자하거나 투자행위를 하는 방식의 펀드를 (사전특정형 / 사전불특정형) 펀드라고 한다.

09 대부분의 경공매형펀드는 (사전특정형 / 사전불특정형)이다.

10 당초 목표로 한 적정수준의 임대수익을 확보함으로써 펀드의 수익률을 안정적으로 유지하고 또한 양호한 수준의 매각차익을 추가로 확보함으로써 펀드의 수익을 증대시키는 것을 목적으로 하는 펀드로서, 실물형부동산펀드를 대표하는 펀드라고 할 수 있는 것은 (　　　　)부동산펀드이다.

정답
01 임대형, 개량형, 경공매형, 개발형
02 대출형부동산펀드
03 40%
04 증권형
05 역외펀드(Off Shore Fund)
06 설립국가 기준 ▸ 투자대상지역에 따른 기준은 '국내투자펀드 / 해외투자펀드'이다.
07 ○
08 사전특정형(Designated) ▸ 현재 운용하는 부동산펀드의 대부분은 사전특정형이다.
09 사전불특정형(Blind형)
10 임대형

11 임대형부동산펀드에서 공실률이 높을수록 임대수익은 (증가 / 감소)한다.

12 임대형부동산펀드는 임대료 이외의 기타소득도 병행하여 수령할 필요가 있는데 기타소득 중 가장 임대수익에 기여도가 높은 것은 (관리비 / 주차료 / 전용선임대료)이다.

13 차입위험에 노출될 수 있는 펀드는 (대출형 / 임대형) 부동산펀드이다.

14 (　　　　)는 펀드만기 이전에 부동산을 매각해야 하므로 향후의 부동산시장 환경 및 부동산가격의 동향이 매우 중요하다.

15 국내 및 해외의 부동산투자회사(REITs)의 성격과 가장 가까운 부동산펀드는 (임대형 / 개량형 / 경공매형 / 개발형)이다.

16 개량형펀드에서의 개량비용에는 광열비, 전기 및 수도료 등의 일반적 경비는 (포함된다 / 포함되지 않는다).

17 ○ × 개량형부동산펀드는 인허가위험에 노출되지 않는다.

18 Blind형 자금모집방식, 미운용자금(Idle Money)의 존재, 유동화방안(Exit Plan)을 마련하기가 쉽지 않다는 특성을 가진 부동산펀드는 (개발형 / 경공매형) 부동산펀드이다.

19 ○ × 경공매형부동산펀드는 펀드규모가 클수록 수익률 달성에 유리하다.

20 경공매부동산이 (아파트나 토지 / 상업용부동산)일 경우, 경공매형부동산펀드에서 기대하는 수익률 달성이 어려울 수 있다.

21 가치투자형부동산펀드라고 할 수 있는 것은 (매매형 / 임대형 / 개량형 / 경공매형) 부동산펀드이다.

정답

11 감소

12 관리비

13 임대형 ▸ 임대형은 임대물건(오피스빌딩 등)을 취득하기 위해 차입을 과다하게 한 경우 수익성 저하의 요인이 된다(대출형은 차입하지 않으므로 차입위험이 없다).

14 임대형부동산펀드

15 임대형

16 포함되지 않는다 ▸ 개량비용은 일반적 경비가 아니라 부동산의 가치를 증가시키는 자본적 지출(Capital Expenditure)이다.

17 × ▸ 개량(리모델링 등)에도 인허가 절차가 요구된다.

18 경공매형

19 × ▸ 경공매형의 펀드규모가 너무 크면 미운용자금(Idle Money)의 비중이 높아 수익률이 높아지기 어려우며, 펀드규모가 너무 작을 경우 소수의 경공매부동산에 의해 전체 수익률이 결정되는 집중투자의 위험이 있다(즉, 규모는 적정해야 함).

20 아파트나 토지 ▸ 아파트나 토지는 일반인의 참여가 용이하여 낙찰가격이 상승할 우려가 있고, 이 경우 경공매형펀드의 수익률은 저하된다(즉, 상업용 오피스가 유리함).

21 경공매형

22 (　　　　)란, 부동산을 취득한 후 직접 부동산개발사업을 추진하여 부동산을 분양・매각하거나 임대 후 매각함으로써 개발이익을 획득하는 것을 목표로 하는 펀드이다.

23 자본시장법은 집합투자업자가 부동산펀드 재산으로 부동산개발사업에 투자하고자 할 경우, 사전에 (　　　　)를 작성하도록 하고 그 적정성의 검증을 위해 (　　　　)로부터 확인을 받아 인터넷 홈페이지 등에 공시하도록 하고 있다.

24 PF형부동산펀드라고 불리는 것은 (　　　　)이다.

25 프로젝트파이낸싱(PF)은 기업금융에 비해 대출규모가 (크고 / 적고), (소구금융 / 비소구금융), (부내금융 / 부외금융)의 특성을 가지고 있다.

26 ○× 프로젝트파이낸싱은 다양한 주체의 참여가 가능하고 또한 참여한 주체별로 위험배분이 가능하다.

27 ○× 자본시장법은 부동산펀드에서 부동산개발회사 등에 대출을 할 때 '부동산에 대한 담보권을 설정하거나 시공사들로부터 지급보증을 받는 등 대출금회수를 위한 법적 장치를 반드시 갖출 것'을 요구하고 있다.

28 일반적으로 대출형부동산펀드는 지급보증 또는 채무인수 등 신용보강을 하는 (시행사 / 시공사)의 신용평가등급으로 투자적격 이상의 등급을 요구하고 있다.

29 대출형부동산펀드에서는 시행사의 채무불이행위험으로부터 대출채권을 담보하기 위해 (　　　　)가 소유하는 사업부지에 담보권을 설정하고 이에 더해 중첩적으로 (　　　　)의 책임준공확약, 지급보증, 채무인수 등의 신용보강장치를 둔다.

30 (　　　　)의 주요점검사항은 ① 시행법인의 사업부지확보, ② 시행법인의 인허가, ③ 시공사의 신용평가등급, ④ 부동산개발사업의 사업성이 있다.

31 ○× 대출형부동산펀드는 사업부지확보 위험에 노출된다.

정답

22 개발형부동산펀드

23 사업계획서, 감정평가업자

24 대출형부동산펀드 ▸ 대출형부동산펀드는 기존의 간투법에 따라 자산운용사에서 최초로 개발하여 판매한 부동산펀드이다.

25 크고, 비소구금융, 부외금융 ▸ PF는 비소구금융 또는 제한적 소구금융이며, 부외금융(Off Balance)이다.

26 ○ ▸ 비소구금융이라는 점은 채권자의 대출위험을 증가시키는 것이지만, PF는 다양한 주체의 참여와 각 참여주체의 신용보강을 통해 이를 보완한다.

27 × ▸ '적절한 수단을 갖출 것'을 요구한다. 대출금회수를 위한 법적 안전장치를 확보한다면 투자형이 아닐 것이며, 가능하다 해도 안전한 만큼 대출이자가 지나치게 낮아져 투자형으로서의 기대수익률 달성이 어려울 것이다.

28 시공사 ▸ 시행사는 규모가 작고 신용등급이 없는 편이라, 시공사의 신용보강을 요구한다(투자적격등급 이상이라 함은 회사채등급기준으로 BBB(−) 이상을 의미).

29 시행사, 시공사

30 대출형부동산펀드

31 ○ ▸ 펀드를 설정하더라도 시행사가 적법하게 사업부지를 확보하지 못한다면 펀드가 조기에 해지될 수 있다.

32 [O|X] 대출형부동산펀드는 차입위험이 없다.

33 시행법인의 인허가 위험에 노출되는 것은 (대출형 / 임대형) 부동산펀드이다.

34 펀드재산의 50%를 초과하여 부동산개발회사가 발행한 증권 또는 부동산투자목적회사의 발행지분증권에 투자하는 펀드는 (　　　　)부동산펀드에 해당된다.

35 자본시장법상 '특정한 부동산을 개발하기 위하여 존속기간을 정하여 설립된 회사'를 (부동산투자회사 / 부동산개발회사)라고 한다.

36 (　　　　)란, 해당회사와 그 종속회사가 소유하고 있는 자산을 합한 금액 중 부동산 또는 부동산관련 자산(부동산권리)을 합한 금액이 100분의 90을 초과하는 회사를 말한다.

37 부동산펀드에서 부동산의 직접 취득에 따른 여러 위험을 회피하면서도 직접 취득한 것과 같은 효과를 기하기 위해서는 해당 부동산투자를 목적으로 이미 설립된 일종의 SPC성격의 (부동산개발회사 / 부동산투자목적회사)에 투자하는 것이 효과적이다.

38 펀드재산의 50%를 초과하여 '부동산을 기초자산으로 하는 파생상품'에 투자하는 펀드는 (　　　　)부동산펀드에 해당되며, 자본시장법하에서 이러한 펀드가 개발될 여지는 (크다 / 크지 않다).

39 민법상 물권은 (　　　　)과 본권으로 나누며 본권은 (　　　　)과 제한물권으로 나눈다. 이 제한물권은 다시 용익물권과 담보물권으로 나누는데 용익물권에는 지상권, 지역권, (　　　　)이 있으며, 담보물권에는 (　　　　), 질권, 저당권이 있다. 이 중 (질권, 유치권)은 부동산물권에 속하지 아니한다.

40 부동산등기법상 가등기란 본등기 전에 (청구권보전의 효력 / 물권변동적 효력)을 가지며, 본등기 후에는 (순위확정적 효력 / 순위보전적 효력)을 가진다.

정답

32 ○ ▸ 대출형펀드가 대출을 하는 것은 순자산금액으로 한정하기 때문에 차입위험에 노출될 수 없다.

33 대출형 ▸ 대출형부동산펀드는 개발형부동산펀드의 모든 위험(인허가위험 등)을 간접적으로 부담하게 된다.
*임대형은 인허가 위험이 없지만(완공된 오피스 등을 매입하므로), 차입위험이 있다.

34 증권형

35 부동산개발회사

36 부동산투자목적회사

37 부동산투자목적회사 ▸ 특히 해외부동산투자 시 부동산투자목적회사에 투자하는 것이 효과적이다.

38 파생형, 크지 않다 ▸ 파생형부동산펀드는 과거 간투법하에서는 사례가 없었으며, 자본시장법하에서도 개발될 여지가 크지 않다.

39 점유권, 소유권, 전세권, 유치권, 질권

40 청구권보전의 효력, 순위보전적 효력 ▸ 부동산 매매계약 시 매수자가 매도자에게 계약금을 지불한 상태에서 (잔금을 치르기 전에) 매도자가 타 매수자에게 매도하는 것을 방지하기 위하여 매수자는 등기부상 소유권이전 청구권 가등기를 요구한다. 이는 매수인이 (타 매수인에 앞서) 소유권이전을 요구할 수 있는 '청구권보전의 효력'을 가진다.
그리고 부동산물권의 변동은 등기의 선·후가 중요하다. 따라서 가등기를 한 후 본등기(소유권 이전 등)를 하면 순위상 가등기를 한 때로 소급하므로 본등기의 날짜가 늦더라도 가등기한 날짜로 소급해서 본등기의 효력이 발생한다. 이를 가등기의 '순위보전적 효력'이라 한다.

41 부동산의 공시방법은 ( )이고, 동산의 공시방법은 ( )이다.

42 유치권은 ( )로서 공시되므로 ( )가 필요 없다. 유치권이 성립하려면 목적물이 타인의 물건이어야 하고, 피담보채권이 목적물과 견련관계가 있어야 하며, 채권이 ( )에 있어야 하고, 유치권자가 목적물을 ( )하고 있어야 하며, 당사자 간에 유치권이 발생을 배제하는 특약이 없어야 한다.

43 물권의 효력으로서 동일한 물건 위에 물권과 채권이 함께 성립하는 경우에는 그 성립의 선후에 관계없이 (물권 / 채권)이 우선하지만, 예외적으로 부동산에 관한 물권의 변동을 청구하는 채권이 가등기된 경우, 부동산 임차권이 등기된 경우, 주택임대차보호법의 적용을 받는 주택임차권의 경우 등은 (선순위 / 후순위) 물권에 우선한다.

44 부동산 시장의 상승기에는 고수익 창출이 가능한 (Equity / Debt) 투자에, 하락기에는 안정적인 (Equity / Debt) 투자에 집중되는 경향이 있다.

45 투자합자조합, 투자익명조합 등의 조합형태로 설립되는 부동산펀드는 우리나라 상법상 법인격이 (있으며 / 없으며), 투자합자조합의 경우 집합투자업자인 업무집행조합원이, 투자익명조합의 경우는 집합투자업자가 (익명조합원 / 영업자)(으)로서 대외적인 법적 행위를 수행하게 된다.

46 부동산펀드는 순자산의 (100% / 200%)까지 차입이 가능하지만, 부동산투자회사는 자기자본의 (100% / 200%)까지 차입이 가능하고 주주총회의 특별결의로 자기자본의 (4배 / 10배)까지 차입이 가능하다.

47 부동산투자회사법상 부동산투자회사(REITs)는 (집합투자업자 / 발기인)에 의해 (모집설립 / 발기설립)이 되며, (금융위원회 / 국토교통부)로부터 영업인가를 받아야 한다.

48 부동산펀드는 펀드자산의 50%을 초과하여 부동산 등에 투자하여야 하며, 부동산투자회사법상의 부동산투자회사는 부동산의 개발・실물매입 및 운용에 자산의 ( ) 이상 투자하여야 한다.

정답
41 등기, 점유
42 점유, 등기, 변제기, 점유
43 물권, 후순위
44 Equity, Debt
45 없으며, 영업자
46 200%, 200%, 10배
47 발기인, 발기설립, 국토교통부
48 70%

제3장 부동산펀드 투자 · 리스크관리(5문항)

01 부동산시장에는 3가지의 하부시장이 존재한다. (　　　　), (　　　　), 개발시장의 3가지인데 이들은 서로 유기적으로 연결되어 움직인다.

02 (　　　　)이란 공간 이용에 대한 권리를 사고파는 시장을 말하는데 흔히 임대(Rent)시장이라고도 한다.

03 자산으로서의 부동산을 사고파는 시장을 (공간시장 / 자산시장 / 개발시장)이라 한다.

04 공간시장에서 (　　　　)가 결정되고, 자산시장에서 (　　　　)이 결정되는데 이 둘을 알면 수익환원법(직접환원법)을 통해 부동산의 가격을 추정할 수 있다.

05 월임대료가 100만원(공간시장을 통해 구함), 자본환원율이 10%(자산시장을 통해 구함)라고 할 때 부동산시장가격을 직접환원법을 통해 추정하면 (　　　　)이다.

06 일반적으로 통화량이 증가하면 부동산가격이 (　　　　)한다.

07 일반적으로 부동산가격이 상승하면 국가경제에 (긍정적 / 부정적)인 영향을 미친다.

08 부동산경기변동 4국면에서 확연한 매도자우위의 시장이 형성되는 국면은 (　　　　)이다.

09 매수자우위에서 매도자우위로 전환되어 가는 국면은 (회복 / 호황 / 후퇴 / 불황) 국면이다.

정답

01 공간시장, 자산시장

02 공간시장 ▸ 공간시장의 수요는 지역 및 국가경제의 영향을 받으며, 공급은 건축완공량에 영향을 받는다.

03 자산시장

04 임대료, 자본환원율 ▸ 수익환원법으로 추정하는 부동산의 가치 = $\frac{\text{영업소득}}{\text{자본환원율}}$

05 1억 2천만원

▸ 추정부동산가치 = $\frac{\text{1,200만원}}{0.1}$ = 1억 2,000만원(순영업소득 = 월임대료 × 12 = 1,200만원)

▸ 공간시장과 자산시장을 통해 부동산가치를 추정한 결과, 부동산을 개발하게 되면(개발시장) 자산시장에 신규로 공급되는 동시에 공간시장의 임대공간으로 제공되게 된다.

06 상승 ▸ 통화량 증가 → 금리 하락 → 주식 / 부동산수요의 증가 → 주식 / 부동산가격의 상승

07 부정적 ▸ 부동산가격이 상승하면 소비가 증가한다는 부분은 긍정적이나, 제조원가의 상승 / 근로의욕저하 등으로 경제를 위축시키는 부정적 측면이 있다(부정적 측면 우세).

08 호황 ▸ 호황기에는 부동산매수가 강해지므로 매도자(공급자) 우위의 시장이 형성되며, 반대로 불황기에는 공급과잉(미분양아파트의 발생 등) 등으로 매수자우위의 시장이 형성된다. 투자자의 입장에서는 매수자우위의 시장에서 매입하는 것이 좋다.

09 회복

▸ 매수자우위 vs 매도자우위

회복	호황	후퇴	불황
매수자 → 매도자 전환	매도자우위	매도자 → 매수자 전환	매수자우위

10 부동산가격이 지속적으로 하락하면서 거래가 거의 이루어지고 있지 않고, 금리가 높아지는 경향이 있으며, 부동산시장에서 매수인우위가 더욱 강해지는 국면은 (후퇴 / 불황) 국면이다.

11 부동산경기는 일반경기에 비해서 (후행 / 선행)하거나 동행하는 것으로 알려져 있다.

12 부동산의 (수요 / 공급)에 미치는 요인으로는 건설비용, 기술수준, 기대, 금리, 공급자의 수, 부동산의 가격 등이 있다.

13 부동산가격이 오를 것이라는 기대감이 형성되면 부동산수요는 (증가 / 감소)하고, 부동산공급은 (증가 / 감소)한다.

14 부동산의 수요 증가 요인에 속하지 않는 것은 (인구 증가 / 대체부동산의 하락 / LTV규제의 완화 / 부동산가격 상승에 대한 기대감)이다.

15 부동산시장의 특징은 수요자와 공급자의 수의 제약, 부동산상품의 (동질성 / 비동질성), 정보의 (공개성 / 비공개성), 그리고 (높은 / 낮은) 거래비용이 있다.

16 (부동산시장의 실패 / 정부의 실패)는 독과점, 외부효과, 정보의 비대칭성 등으로 인해 발생한다.

17 부동산정책에는 정부가 부동산시장의 수요와 공급에 영향을 주어서 정책목표를 달성하는 수요정책 및 공급정책이 있고, 부동산시장의 가격에 직접적으로 영향을 주는 (   )이 있다.

18 LTV와 DTI 비율을 올리면 부동산의 수요가 (증가한다 / 감소한다).

19 부동산시장에 직접적인 개입을 하여 즉각적인 영향을 줄 수 있으나, 시장 본래의 가격기능을 훼손할 우려가 있는 정책은 (가격정책 / 조세정책)이다.

정답

10 불황

11 후행 ▸주가 > 일반경기 > 부동산경기

12 공급

13 증가, 증가 ▸부동산가격 상승에 대한 기대감은 수요, 공급을 모두 증가시킨다.

부동산수요 요인	부동산공급 요인
소득 / 인구변화 / 소비자기호 / 부동산가격 / 기대 등	건설비용 / 기술수준 / 공급자 수 / 부동산가격 / 기대 등

14 대체부동산의 하락 ▸대체부동산(B) 가격이 상승해야 대체관계에 있는 타부동산(A)의 수요가 증가한다.

15 비동질성, 비공개성, 높은

16 부동산시장의 실패 ▸부동산시장의 실패를 보정하기 위해 정부개입 시, '정부조직 내부의 특성 / 파생적인 외부효과 / 비용과 수익의 분리 / 독점성 / 권력에 의한 배분의 불공정성' 등에 의해 정부실패가 발생할 수 있다.

17 가격정책

▸부동산정책의 종류

수요정책	공급정책	조세정책	가격정책
LTV / DTI 규제, 기준금리 조정, 대출비용소득공제, 임대료보조 등	지역지구제, 택지공급제도, 그린벨트제도, 도시환경정비사업 등	취득세, 보유세, 양도소득세, 개발이익환수제도 등	분양가상한제, 임대료상한제
간접적인 개입			직접적 개입

18 증가한다 ▸LTV와 DTI의 비율을 상향하는 것은 규제를 완화하는 의미와 동일하다.

19 가격정책

20 부동산투자에 있어 투자의 알파와 오메가는 부동산의 (   )이다.

21 ○ × 부동산펀드 투자 시 검토사항으로서, 시장의 평판을 고려함에 있어서는 일반적으로 대중들에게 알려진 내용보다는 부동산투자 관련업계에서의 평판이 중요하다.

22 부동산투자에 있어 전통적인 4가지 투자전략은 (   ), (   ), (   ), (   )이다.

23 전통적인 부동산투자전략 중에서, 중심지역이나 교통의 요지에 존재하는 부동산에 대한 투자로 가장 보수적인 낮은 리스크를 감수하며 낮은 기대수익을 추구하는 전략은 (   )이다.

24 전통적인 부동산투자전략 중에서, 핵심전략보다는 다소 높은 리스크를 감수하며 보다 높은 수익을 추구하는 전략으로 다소간의 가치제고활동을 수반하거나 입지여건의 개선이 기대되는 부동산에 투자하는 전략을 (   )이라 한다.

25 전통적인 부동산투자전략 중에서, 부동산개량이나 일정수준의 재개발투자를 실행하고 시장이 좋을 때 되파는 전략을 사용하는 것은 (   )이다.

26 전통적인 부동산투자전략 중에서, 고위험을 감수하고 고수익을 추구하는 전략으로 개발되지 않은 토지에 투자하여 개발하거나 저평가된 시장이나 교통이 덜 발달된 지역의 토지 등에 투자하는 것은 (   )이다.

27 전통적인 부동산투자전략 중에서, 개량이나 재개발사업은 (   )에, 개발사업은 (   )에 해당된다.

28 (전통투자 / 대안투자)는 장기간 환매불가기간이 있고 유동성이 낮은 것이 특징이다.

29 부동산투자 시의 위험은 사업위험, (   ), 법적위험, (   ), 유동성위험이 있다.

30 부동산의 관리, 근로자의 파업, 영업경비의 변동 등으로 인해 야기될 수 있는 수익성의 불확실성은 부동산투자 시의 사업위험 중 (시장위험 / 운영위험)에 해당한다.

정답

20 입지(Location)
21 ○
22 핵심전략, 핵심플러스전략, 가치부가전략, 기회추구전략
23 핵심전략(Core전략) ▸ 저위험저수익에 해당된다.
24 핵심플러스전략(Core Plus전략) ▸ Core전략보다 조금 더 높은 리스크를 부담한다.
25 가치부가전략(Value-added전략) ▸ 중위험고수익 전략에 해당된다.
26 기회추구전략(Opportunitic전략) ▸ 고위험고수익에 해당된다.
27 가치부가전략(Value-added전략), 기회추구전략(Opportunistic전략)
28 대안투자 ▸ 대안투자의 특징 : 투자대상으로는 짧은 역사 / 보편적이지 않는 투자형태 / 장기간 환매불가기간 / 유동성이 낮음 / 높은 수수료 / 일반투자자보다는 기관투자자의 투자수단으로 활용 / 공정가치평가에 어려움 / 적절한 벤치마크가 없음 / 운용역의 전문성에 의존
29 금융위험, 인플레이션위험
30 운영위험(Operating Risk)

31 사전옵션계약이나 풋백옵션은 (시장위험 / 유동성위험 / 운영위험 및 임대위험)을 관리하는 방안이다.

32 아웃소싱, 리싱패키지는 (시장위험 / 유동성위험 / 관리운영과 임대위험)을 관리하는 방안이다.

33 부동산투자는 투자규모가 매우 크기 때문에 분산투자의 어려움이 있는데, 글로벌 리츠에 투자하는 재간접부동산펀드가 (체계적 / 비체계적) 위험을 최소화하는 데 유력한 수단이 될 수 있다.

34 부동산개발사업에 대한 현금흐름추정 시 사용되는 용어 중에 '연간 원리금 상환능력'을 나타내는 지표는 (DSCR / IRR / ROE)이다.

35 프로젝트파이낸싱(PF)은 (소구 / 비소구 또는 제한적 소구) 금융이며, (부내 / 부외) 금융에 해당한다.

36 대출형부동산펀드가 (공모펀드 / 사모펀드)일 경우 높은 금융비용과 융통성의 결여로부터 오는 위험에 노출된다.

37 부동산펀드를 운용함에 있어 조건변경이 필요할 경우 (공모펀드 / 사모펀드)에서는 융통성이 결여되어 의견 도출이 쉽지 않은 것이 현실이다.

38 대출형부동산펀드에서 발생할 수 없는 위험은 (인허가위험 / 시행사 또는 시공사의 부도위험 / 분양위험 / 차입위험)이다.

39 리스크유형을 '매입단계(건설 중인 부동산매입위험 포함), 운용단계, 청산단계'로 구분하여 파악하는 것은 (대출형 / 임대형 / 경공매형) 부동산펀드이다.

정답

31 유동성위험

▸ 위험의 종류별 관리방안

시장위험	유동성위험	관리운영 · 임대위험	개발위험
파생금융상품을 활용한 헤지	사전옵션계약, 풋백옵션	장기임대계약, 아웃소싱, 리싱패키지	일괄도급계약 (턴키베이스 계약)

32 관리운영과 임대위험

33 비체계적

34 DSCR

▸ 현금흐름추정 시의 주요 용어

DSCR	IRR	ROE
• 연간 원리금 상환능력을 뜻함 • $\text{DSCR} = \frac{\text{영업현금흐름}}{\text{원리금상환액}}$ → 통상 1.2 ~ 1.3이 적정함	내부수익률(또는 요구수익률, 만기수익률)	$\text{자기자본이익율} = \frac{\text{당기순이익}}{\text{자기자본}}$

35 비소구 또는 제한적 소구, 부외

36 공모펀드

37 공모펀드

38 차입위험 ▸ 대출형부동산펀드는 차입이 불가하다.

39 임대형

40 임대형부동산펀드가 '개발사업 위험, 부동산권리확보 위험, 기타 공사 관련 위험'에 노출되는 것은 (완공한 부동산 / 건설 중인 부동산)을 매입할 때 발생하는 위험이다.

41 임대형부동산펀드가 건설 중인 부동산을 매입할 경우 공사기간 중에는 사업대상 토지에 대해 계약금 및 중도금의 (　　　) ~ (　　　) 정도의 채권최고액으로 하는 담보신탁을 설정하는 것이 바람직하다.

42 건설 중인 부동산을 매입하고 잔금을 지급함에 있어서, 가급적 잔금비율을 (높여서 / 낮추어서) 건축기간 중 발생하는 위험에 노출되는 금액을 최소화해야 한다.

43 주요 임차인의 임대계약은 가급적 장기로 체결하여 임차인 변동에 따른 공실률 증가와 임대수입 변동 가능성을 최소화하는 것은 임대형부동산펀드의 '매입 단계, 운용 단계, 청산 단계' 중 (　　　)의 리스크 관리방안이다.

44 임대형부동산펀드에서 노출되지 않는 위험은 (임차인위험 / 공실위험 / 매각위험 / 조기상환위험)이다.

45 경공매형부동산펀드가 양호한 수익을 실현하기 위해서는 (아파트 또는 토지 / 상업용부동산 또는 업무용부동산)의 입찰에 참여하는 것이 바람직하다.

46 운용인력의 전문성이 가장 요구되는 부동산펀드는 (　　　)부동산펀드이다.

47 해외부동산투자 시 노출되는 위험이 아닌 것은 (인허가위험 / 현지인위험 / 환율위험 / 환매유동성위험)이다.

48 ○ × 국내 자산운용회사가 운용하는 펀드는 펀드 내 환헤지를 하는 경우가 많으나, 역외펀드는 개인투자자가 환헤지를 직접 해야 하는 경우가 많아 환율에 따른 위험이 존재한다.

49 환헤지방법으로 부동산의 매입금액과 동일한 금액으로 FX SWAP을 했을 경우 과도헤지나 과소헤지의 문제가 (발생하지 않는다 / 발생할 수 있다).

50 (글로벌 리츠 / 특정프로젝트에 투자하는 리츠)에 투자할 경우 환위험 노출이 더 크다.

정답
40 건설 중인 부동산 ▸ 완공된 부동산매입 시에는 발생하지 않는 위험이다.
41 120%, 130%
42 높여서
43 운용 단계
44 조기상환위험 ▸ 조기상환위험은 부동산개발사업에 투자하는 대출형부동산펀드에서 노출되는 리스크이다.
45 상업용부동산 또는 업무용부동산 ▸ 일반인들의 참여가 용이한 아파트, 토지의 경우 입찰과열 시 낙찰가가 상승할 수 있다.
46 경공매형 ▸ 경공매형부동산펀드의 경우 경공매물건의 낙찰에서 관리까지 가장 어렵다고 평가되므로 운용인력의 전문성이 가장 요구된다.
47 인허가위험
48 ○
49 발생할 수 있다 ▸ 매입가격과 동일하게 헤지를 했다 하더라도 이후 부동산가격이 크게 오르거나 하락하면 과소헤지 또는 과다헤지의 문제가 발생하게 된다.
50 특정프로젝트에 투자하는 리츠

S D E D U

합격의
공 식
시대에듀

많이 보고 많이 겪고 많이 공부하는 것은 배움의 세 기둥이다.

– 벤자민 디즈라엘리 –

합격의공식
시대
에듀

제1회 모의고사 OMR 답안지

성 명

교시	문제형	주민등록번호							
								–	
①	Ⓐ	①	①	①	①	①	①		①
②	Ⓑ	②	②	②	②	②	②		②
		③	③	③	③	③	③		
		④	④	④	④	④	④		
		⑤	⑤	⑤	⑤	⑤	⑤		
		⑥	⑥	⑥	⑥	⑥	⑥		
		⑦	⑦	⑦	⑦	⑦	⑦		
		⑧	⑧	⑧	⑧	⑧	⑧		
		⑨	⑨	⑨	⑨	⑨	⑨		
		⓪	⓪	⓪	⓪	⓪	⓪		

수 험 번 호									
①	①	①	①	①	①	①	①	①	①
②	②	②	②	②	②	②	②	②	②
③	③	③	③	③	③	③	③	③	③
④	④	④	④	④	④	④	④	④	④
⑤	⑤	⑤	⑤	⑤	⑤	⑤	⑤	⑤	⑤
⑥	⑥	⑥	⑥	⑥	⑥	⑥	⑥	⑥	⑥
⑦	⑦	⑦	⑦	⑦	⑦	⑦	⑦	⑦	⑦
⑧	⑧	⑧	⑧	⑧	⑧	⑧	⑧	⑧	⑧
⑨	⑨	⑨	⑨	⑨	⑨	⑨	⑨	⑨	⑨
⓪	⓪	⓪	⓪	⓪	⓪	⓪	⓪	⓪	⓪

감독위원 확인
인

1	① ② ③ ④ ⑤	21	① ② ③ ④ ⑤	41	① ② ③ ④ ⑤	61	① ② ③ ④ ⑤	81	① ② ③ ④ ⑤
2	① ② ③ ④ ⑤	22	① ② ③ ④ ⑤	42	① ② ③ ④ ⑤	62	① ② ③ ④ ⑤	82	① ② ③ ④ ⑤
3	① ② ③ ④ ⑤	23	① ② ③ ④ ⑤	43	① ② ③ ④ ⑤	63	① ② ③ ④ ⑤	83	① ② ③ ④ ⑤
4	① ② ③ ④ ⑤	24	① ② ③ ④ ⑤	44	① ② ③ ④ ⑤	64	① ② ③ ④ ⑤	84	① ② ③ ④ ⑤
5	① ② ③ ④ ⑤	25	① ② ③ ④ ⑤	45	① ② ③ ④ ⑤	65	① ② ③ ④ ⑤	85	① ② ③ ④ ⑤
6	① ② ③ ④ ⑤	26	① ② ③ ④ ⑤	46	① ② ③ ④ ⑤	66	① ② ③ ④ ⑤	86	① ② ③ ④ ⑤
7	① ② ③ ④ ⑤	27	① ② ③ ④ ⑤	47	① ② ③ ④ ⑤	67	① ② ③ ④ ⑤	87	① ② ③ ④ ⑤
8	① ② ③ ④ ⑤	28	① ② ③ ④ ⑤	48	① ② ③ ④ ⑤	68	① ② ③ ④ ⑤	88	① ② ③ ④ ⑤
9	① ② ③ ④ ⑤	29	① ② ③ ④ ⑤	49	① ② ③ ④ ⑤	69	① ② ③ ④ ⑤	89	① ② ③ ④ ⑤
10	① ② ③ ④ ⑤	30	① ② ③ ④ ⑤	50	① ② ③ ④ ⑤	70	① ② ③ ④ ⑤	90	① ② ③ ④ ⑤
11	① ② ③ ④ ⑤	31	① ② ③ ④ ⑤	51	① ② ③ ④ ⑤	71	① ② ③ ④ ⑤	91	① ② ③ ④ ⑤
12	① ② ③ ④ ⑤	32	① ② ③ ④ ⑤	52	① ② ③ ④ ⑤	72	① ② ③ ④ ⑤	92	① ② ③ ④ ⑤
13	① ② ③ ④ ⑤	33	① ② ③ ④ ⑤	53	① ② ③ ④ ⑤	73	① ② ③ ④ ⑤	93	① ② ③ ④ ⑤
14	① ② ③ ④ ⑤	34	① ② ③ ④ ⑤	54	① ② ③ ④ ⑤	74	① ② ③ ④ ⑤	94	① ② ③ ④ ⑤
15	① ② ③ ④ ⑤	35	① ② ③ ④ ⑤	55	① ② ③ ④ ⑤	75	① ② ③ ④ ⑤	95	① ② ③ ④ ⑤
16	① ② ③ ④ ⑤	36	① ② ③ ④ ⑤	56	① ② ③ ④ ⑤	76	① ② ③ ④ ⑤	96	① ② ③ ④ ⑤
17	① ② ③ ④ ⑤	37	① ② ③ ④ ⑤	57	① ② ③ ④ ⑤	77	① ② ③ ④ ⑤	97	① ② ③ ④ ⑤
18	① ② ③ ④ ⑤	38	① ② ③ ④ ⑤	58	① ② ③ ④ ⑤	78	① ② ③ ④ ⑤	98	① ② ③ ④ ⑤
19	① ② ③ ④ ⑤	39	① ② ③ ④ ⑤	59	① ② ③ ④ ⑤	79	① ② ③ ④ ⑤	99	① ② ③ ④ ⑤
20	① ② ③ ④ ⑤	40	① ② ③ ④ ⑤	60	① ② ③ ④ ⑤	80	① ② ③ ④ ⑤	100	① ② ③ ④ ⑤

제2회 모의고사 OMR 답안지

성 명

교시	문제형	주민등록번호						-	
①	Ⓐ	①	①	①	①	①	①		①
②	Ⓑ	②	②	②	②	②	②		②
		③	③	③	③	③	③		
		④	④	④	④	④	④		
		⑤	⑤	⑤	⑤	⑤	⑤		
		⑥	⑥	⑥	⑥	⑥	⑥		
		⑦	⑦	⑦	⑦	⑦	⑦		
		⑧	⑧	⑧	⑧	⑧	⑧		
		⑨	⑨	⑨	⑨	⑨	⑨		
		⓪	⓪	⓪	⓪	⓪	⓪		

수 험 번 호									
①	①	①	①	①	①	①	①	①	①
②	②	②	②	②	②	②	②	②	②
③	③	③	③	③	③	③	③	③	③
④	④	④	④	④	④	④	④	④	④
⑤	⑤	⑤	⑤	⑤	⑤	⑤	⑤	⑤	⑤
⑥	⑥	⑥	⑥	⑥	⑥	⑥	⑥	⑥	⑥
⑦	⑦	⑦	⑦	⑦	⑦	⑦	⑦	⑦	⑦
⑧	⑧	⑧	⑧	⑧	⑧	⑧	⑧	⑧	⑧
⑨	⑨	⑨	⑨	⑨	⑨	⑨	⑨	⑨	⑨
⓪	⓪	⓪	⓪	⓪	⓪	⓪	⓪	⓪	⓪

감독위원 확인
㊞ 인

1	① ② ③ ④ ⑤	21	① ② ③ ④ ⑤	41	① ② ③ ④ ⑤	61	① ② ③ ④ ⑤	81	① ② ③ ④ ⑤
2	① ② ③ ④ ⑤	22	① ② ③ ④ ⑤	42	① ② ③ ④ ⑤	62	① ② ③ ④ ⑤	82	① ② ③ ④ ⑤
3	① ② ③ ④ ⑤	23	① ② ③ ④ ⑤	43	① ② ③ ④ ⑤	63	① ② ③ ④ ⑤	83	① ② ③ ④ ⑤
4	① ② ③ ④ ⑤	24	① ② ③ ④ ⑤	44	① ② ③ ④ ⑤	64	① ② ③ ④ ⑤	84	① ② ③ ④ ⑤
5	① ② ③ ④ ⑤	25	① ② ③ ④ ⑤	45	① ② ③ ④ ⑤	65	① ② ③ ④ ⑤	85	① ② ③ ④ ⑤
6	① ② ③ ④ ⑤	26	① ② ③ ④ ⑤	46	① ② ③ ④ ⑤	66	① ② ③ ④ ⑤	86	① ② ③ ④ ⑤
7	① ② ③ ④ ⑤	27	① ② ③ ④ ⑤	47	① ② ③ ④ ⑤	67	① ② ③ ④ ⑤	87	① ② ③ ④ ⑤
8	① ② ③ ④ ⑤	28	① ② ③ ④ ⑤	48	① ② ③ ④ ⑤	68	① ② ③ ④ ⑤	88	① ② ③ ④ ⑤
9	① ② ③ ④ ⑤	29	① ② ③ ④ ⑤	49	① ② ③ ④ ⑤	69	① ② ③ ④ ⑤	89	① ② ③ ④ ⑤
10	① ② ③ ④ ⑤	30	① ② ③ ④ ⑤	50	① ② ③ ④ ⑤	70	① ② ③ ④ ⑤	90	① ② ③ ④ ⑤
11	① ② ③ ④ ⑤	31	① ② ③ ④ ⑤	51	① ② ③ ④ ⑤	71	① ② ③ ④ ⑤	91	① ② ③ ④ ⑤
12	① ② ③ ④ ⑤	32	① ② ③ ④ ⑤	52	① ② ③ ④ ⑤	72	① ② ③ ④ ⑤	92	① ② ③ ④ ⑤
13	① ② ③ ④ ⑤	33	① ② ③ ④ ⑤	53	① ② ③ ④ ⑤	73	① ② ③ ④ ⑤	93	① ② ③ ④ ⑤
14	① ② ③ ④ ⑤	34	① ② ③ ④ ⑤	54	① ② ③ ④ ⑤	74	① ② ③ ④ ⑤	94	① ② ③ ④ ⑤
15	① ② ③ ④ ⑤	35	① ② ③ ④ ⑤	55	① ② ③ ④ ⑤	75	① ② ③ ④ ⑤	95	① ② ③ ④ ⑤
16	① ② ③ ④ ⑤	36	① ② ③ ④ ⑤	56	① ② ③ ④ ⑤	76	① ② ③ ④ ⑤	96	① ② ③ ④ ⑤
17	① ② ③ ④ ⑤	37	① ② ③ ④ ⑤	57	① ② ③ ④ ⑤	77	① ② ③ ④ ⑤	97	① ② ③ ④ ⑤
18	① ② ③ ④ ⑤	38	① ② ③ ④ ⑤	58	① ② ③ ④ ⑤	78	① ② ③ ④ ⑤	98	① ② ③ ④ ⑤
19	① ② ③ ④ ⑤	39	① ② ③ ④ ⑤	59	① ② ③ ④ ⑤	79	① ② ③ ④ ⑤	99	① ② ③ ④ ⑤
20	① ② ③ ④ ⑤	40	① ② ③ ④ ⑤	60	① ② ③ ④ ⑤	80	① ② ③ ④ ⑤	100	① ② ③ ④ ⑤

제3회 모의고사 OMR 답안지

성 명

교시	문제형	주민등록번호						–	
①	Ⓐ	①	①	①	①	①	①		①
②	Ⓑ	②	②	②	②	②	②		②
		③	③	③	③	③	③		
		④	④	④	④	④	④		
		⑤	⑤	⑤	⑤	⑤	⑤		
		⑥	⑥	⑥	⑥	⑥	⑥		
		⑦	⑦	⑦	⑦	⑦	⑦		
		⑧	⑧	⑧	⑧	⑧	⑧		
		⑨	⑨	⑨	⑨	⑨	⑨		
		⓪	⓪	⓪	⓪	⓪	⓪		

수 험 번 호									
①	①	①	①	①	①	①	①	①	①
②	②	②	②	②	②	②	②	②	②
③	③	③	③	③	③	③	③	③	③
④	④	④	④	④	④	④	④	④	④
⑤	⑤	⑤	⑤	⑤	⑤	⑤	⑤	⑤	⑤
⑥	⑥	⑥	⑥	⑥	⑥	⑥	⑥	⑥	⑥
⑦	⑦	⑦	⑦	⑦	⑦	⑦	⑦	⑦	⑦
⑧	⑧	⑧	⑧	⑧	⑧	⑧	⑧	⑧	⑧
⑨	⑨	⑨	⑨	⑨	⑨	⑨	⑨	⑨	⑨
⓪	⓪	⓪	⓪	⓪	⓪	⓪	⓪	⓪	⓪

감독위원 확인
㊞ 인

1	① ② ③ ④ ⑤	21	① ② ③ ④ ⑤	41	① ② ③ ④ ⑤	61	① ② ③ ④ ⑤	81	① ② ③ ④ ⑤
2	① ② ③ ④ ⑤	22	① ② ③ ④ ⑤	42	① ② ③ ④ ⑤	62	① ② ③ ④ ⑤	82	① ② ③ ④ ⑤
3	① ② ③ ④ ⑤	23	① ② ③ ④ ⑤	43	① ② ③ ④ ⑤	63	① ② ③ ④ ⑤	83	① ② ③ ④ ⑤
4	① ② ③ ④ ⑤	24	① ② ③ ④ ⑤	44	① ② ③ ④ ⑤	64	① ② ③ ④ ⑤	84	① ② ③ ④ ⑤
5	① ② ③ ④ ⑤	25	① ② ③ ④ ⑤	45	① ② ③ ④ ⑤	65	① ② ③ ④ ⑤	85	① ② ③ ④ ⑤
6	① ② ③ ④ ⑤	26	① ② ③ ④ ⑤	46	① ② ③ ④ ⑤	66	① ② ③ ④ ⑤	86	① ② ③ ④ ⑤
7	① ② ③ ④ ⑤	27	① ② ③ ④ ⑤	47	① ② ③ ④ ⑤	67	① ② ③ ④ ⑤	87	① ② ③ ④ ⑤
8	① ② ③ ④ ⑤	28	① ② ③ ④ ⑤	48	① ② ③ ④ ⑤	68	① ② ③ ④ ⑤	88	① ② ③ ④ ⑤
9	① ② ③ ④ ⑤	29	① ② ③ ④ ⑤	49	① ② ③ ④ ⑤	69	① ② ③ ④ ⑤	89	① ② ③ ④ ⑤
10	① ② ③ ④ ⑤	30	① ② ③ ④ ⑤	50	① ② ③ ④ ⑤	70	① ② ③ ④ ⑤	90	① ② ③ ④ ⑤
11	① ② ③ ④ ⑤	31	① ② ③ ④ ⑤	51	① ② ③ ④ ⑤	71	① ② ③ ④ ⑤	91	① ② ③ ④ ⑤
12	① ② ③ ④ ⑤	32	① ② ③ ④ ⑤	52	① ② ③ ④ ⑤	72	① ② ③ ④ ⑤	92	① ② ③ ④ ⑤
13	① ② ③ ④ ⑤	33	① ② ③ ④ ⑤	53	① ② ③ ④ ⑤	73	① ② ③ ④ ⑤	93	① ② ③ ④ ⑤
14	① ② ③ ④ ⑤	34	① ② ③ ④ ⑤	54	① ② ③ ④ ⑤	74	① ② ③ ④ ⑤	94	① ② ③ ④ ⑤
15	① ② ③ ④ ⑤	35	① ② ③ ④ ⑤	55	① ② ③ ④ ⑤	75	① ② ③ ④ ⑤	95	① ② ③ ④ ⑤
16	① ② ③ ④ ⑤	36	① ② ③ ④ ⑤	56	① ② ③ ④ ⑤	76	① ② ③ ④ ⑤	96	① ② ③ ④ ⑤
17	① ② ③ ④ ⑤	37	① ② ③ ④ ⑤	57	① ② ③ ④ ⑤	77	① ② ③ ④ ⑤	97	① ② ③ ④ ⑤
18	① ② ③ ④ ⑤	38	① ② ③ ④ ⑤	58	① ② ③ ④ ⑤	78	① ② ③ ④ ⑤	98	① ② ③ ④ ⑤
19	① ② ③ ④ ⑤	39	① ② ③ ④ ⑤	59	① ② ③ ④ ⑤	79	① ② ③ ④ ⑤	99	① ② ③ ④ ⑤
20	① ② ③ ④ ⑤	40	① ② ③ ④ ⑤	60	① ② ③ ④ ⑤	80	① ② ③ ④ ⑤	100	① ② ③ ④ ⑤

제4회 모의고사 OMR 답안지

성 명

교시	문제형	주민등록번호							
								–	
①	Ⓐ	①	①	①	①	①	①		①
②	Ⓑ	②	②	②	②	②	②		②
		③	③	③	③	③	③		
		④	④	④	④	④	④		
		⑤	⑤	⑤	⑤	⑤	⑤		
		⑥	⑥	⑥	⑥	⑥	⑥		
		⑦	⑦	⑦	⑦	⑦	⑦		
		⑧	⑧	⑧	⑧	⑧	⑧		
		⑨	⑨	⑨	⑨	⑨	⑨		
		⓪	⓪	⓪	⓪	⓪	⓪		

수 험 번 호									
①	①	①	①	①	①	①	①	①	①
②	②	②	②	②	②	②	②	②	②
③	③	③	③	③	③	③	③	③	③
④	④	④	④	④	④	④	④	④	④
⑤	⑤	⑤	⑤	⑤	⑤	⑤	⑤	⑤	⑤
⑥	⑥	⑥	⑥	⑥	⑥	⑥	⑥	⑥	⑥
⑦	⑦	⑦	⑦	⑦	⑦	⑦	⑦	⑦	⑦
⑧	⑧	⑧	⑧	⑧	⑧	⑧	⑧	⑧	⑧
⑨	⑨	⑨	⑨	⑨	⑨	⑨	⑨	⑨	⑨
⓪	⓪	⓪	⓪	⓪	⓪	⓪	⓪	⓪	⓪

감독위원 확인
인

1	① ② ③ ④ ⑤	21	① ② ③ ④ ⑤	41	① ② ③ ④ ⑤	61	① ② ③ ④ ⑤	81	① ② ③ ④ ⑤
2	① ② ③ ④ ⑤	22	① ② ③ ④ ⑤	42	① ② ③ ④ ⑤	62	① ② ③ ④ ⑤	82	① ② ③ ④ ⑤
3	① ② ③ ④ ⑤	23	① ② ③ ④ ⑤	43	① ② ③ ④ ⑤	63	① ② ③ ④ ⑤	83	① ② ③ ④ ⑤
4	① ② ③ ④ ⑤	24	① ② ③ ④ ⑤	44	① ② ③ ④ ⑤	64	① ② ③ ④ ⑤	84	① ② ③ ④ ⑤
5	① ② ③ ④ ⑤	25	① ② ③ ④ ⑤	45	① ② ③ ④ ⑤	65	① ② ③ ④ ⑤	85	① ② ③ ④ ⑤
6	① ② ③ ④ ⑤	26	① ② ③ ④ ⑤	46	① ② ③ ④ ⑤	66	① ② ③ ④ ⑤	86	① ② ③ ④ ⑤
7	① ② ③ ④ ⑤	27	① ② ③ ④ ⑤	47	① ② ③ ④ ⑤	67	① ② ③ ④ ⑤	87	① ② ③ ④ ⑤
8	① ② ③ ④ ⑤	28	① ② ③ ④ ⑤	48	① ② ③ ④ ⑤	68	① ② ③ ④ ⑤	88	① ② ③ ④ ⑤
9	① ② ③ ④ ⑤	29	① ② ③ ④ ⑤	49	① ② ③ ④ ⑤	69	① ② ③ ④ ⑤	89	① ② ③ ④ ⑤
10	① ② ③ ④ ⑤	30	① ② ③ ④ ⑤	50	① ② ③ ④ ⑤	70	① ② ③ ④ ⑤	90	① ② ③ ④ ⑤
11	① ② ③ ④ ⑤	31	① ② ③ ④ ⑤	51	① ② ③ ④ ⑤	71	① ② ③ ④ ⑤	91	① ② ③ ④ ⑤
12	① ② ③ ④ ⑤	32	① ② ③ ④ ⑤	52	① ② ③ ④ ⑤	72	① ② ③ ④ ⑤	92	① ② ③ ④ ⑤
13	① ② ③ ④ ⑤	33	① ② ③ ④ ⑤	53	① ② ③ ④ ⑤	73	① ② ③ ④ ⑤	93	① ② ③ ④ ⑤
14	① ② ③ ④ ⑤	34	① ② ③ ④ ⑤	54	① ② ③ ④ ⑤	74	① ② ③ ④ ⑤	94	① ② ③ ④ ⑤
15	① ② ③ ④ ⑤	35	① ② ③ ④ ⑤	55	① ② ③ ④ ⑤	75	① ② ③ ④ ⑤	95	① ② ③ ④ ⑤
16	① ② ③ ④ ⑤	36	① ② ③ ④ ⑤	56	① ② ③ ④ ⑤	76	① ② ③ ④ ⑤	96	① ② ③ ④ ⑤
17	① ② ③ ④ ⑤	37	① ② ③ ④ ⑤	57	① ② ③ ④ ⑤	77	① ② ③ ④ ⑤	97	① ② ③ ④ ⑤
18	① ② ③ ④ ⑤	38	① ② ③ ④ ⑤	58	① ② ③ ④ ⑤	78	① ② ③ ④ ⑤	98	① ② ③ ④ ⑤
19	① ② ③ ④ ⑤	39	① ② ③ ④ ⑤	59	① ② ③ ④ ⑤	79	① ② ③ ④ ⑤	99	① ② ③ ④ ⑤
20	① ② ③ ④ ⑤	40	① ② ③ ④ ⑤	60	① ② ③ ④ ⑤	80	① ② ③ ④ ⑤	100	① ② ③ ④ ⑤